José Galizia Tundisi
Takako Matsumura-Tundisi

Recursos hídricos
no século XXI

nova edição ampliada e atualizada

Copyright © 2011 Oficina de Textos
1ª reimpressão 2014
2ª reimpressão 2018

Grafia atualizada conforme o Acordo Ortográfico da Língua Portuguesa de 1990, em vigor no Brasil desde 2009.

Conselho editorial Arthur Pinto Chaves; Cylon Gonçalves da Silva; Doris C. C. K. Kowaltowski; José Galizia Tundisi; Luis Enrique Sánchez; Paulo Helene; Rozely Ferreira dos Santos; Teresa Gallotti Florenzano

Foto da capa Irrigação por pivô central, Wadi Rum, Ma'an, Jordânia (29°36' N, 35°34' E) © Yann Arthus-Bertrand/Altitude

Capa Malu Vallim
Preparação de Textos Felipe Marques
Projeto gráfico e diagramação Douglas da Rocha Yoshida
Revisão de Textos Gerson Silva
Impressão e acabamento Rettec artes gráficas

Dados Internacionais de Catalogação na Publicação (CIP)
(Câmara Brasileira do Livro, SP, Brasil)

Tundisi, José Galizia
 Recursos hídricos no Século XXI / José Galizia Tundisi, Takako Matsumura-Tundisi. -- São Paulo : Oficina de Textos, 2011.

 Bibliografia.
 ISBN 978-85-7975-012-0

 1. Recursos hídricos - Aspectos econômicos - Brasil 2. Recursos hídricos - Aspectos sociais - Brasil 3. Recursos hídricos - Desenvolvimento - Aspectos ambientais - Brasil I. Matsumura-Tundisi, Takako. II. Título.

10-13342   CDD-333.9100981

Índices para catálogo sistemático:
1. Brasil : Recursos hídricos : Gestão : Aspectos éticos, jurídicos, econômicos e sociambientais   333.9100981

Todos os direitos reservados à
Editora Oficina de Textos
Rua Cubatão, 798
CEP 04013-003   São Paulo SP
tel. (11) 3085-7933
www.ofitexto.com.br
atend@ofitexto.com.br

Para José Eduardo, Elis Mara e nossos netos, Victor Hugo e Maria Eduarda (Duda), com a certeza de um futuro melhor para a humanidade.

Lista de abreviaturas e siglas

ANA	Agência Nacional de Águas
DNPWM/DPNGVS	Departamento de Parques Nacionais e Gerenciamento de Vida Selvagem
DSS/SSD	Sistema de Suporte à Decisão
EC/CE	Comunidade Europeia
ECLAC/CEPAL	Comissão Econômica para a América Latina e Caribe
EE & C/EA & C	Educação Ambiental e Comunicação
EIA/AIA	Estudo de Impacto Ambiental/Avaliação de Impacto Ambiental
EU/UE	União Europeia
FAPESP	Fundação de Amparo à Pesquisa do Estado de São Paulo
FWPCA/ACPA	Ato de Controle de Poluição Aquática
GDP/PIB	Produto Interno Bruto
GLWQA/AQAGL	Acordo para a Qualidade da Água dos Grandes Lagos
HELCOM	Comissão Helsinki (Comissão de Proteção de Ambiente Marinho do Báltico)
IIE	Instituto Internacional de Ecologia
IIEGA	Associação Instituto Internacional de Ecologia e Gerenciamento Ambiental
ILEC/CIAL	Comissão Internacional do Ambiente Lacustre
IPCC/PIMC	Painel Intergovernamental sobre Mudanças Climáticas
ITC	International Training Center (Centro Internacional de Treinamento)
IUCN/CICN	Comissão Internacional de Conservação da Natureza
LAC/CLA	Comissão Latino-americana
OAS/OEA	Organização dos Estados Americanos
OECD/OCED	Organização para Cooperação Econômica e Desenvolvimento
SABESP	Companhia de Saneamento Básico do Estado de São Paulo
SADS/CSAD	Conselho Sul-Africano para o Desenvolvimento
SCOPE/CCPA	Comitê Científico para Problemas Ambientais
SIL	Sociedade Internacional de Limnologia
SRH-MMA	Secretaria de Recursos Hídricos – Ministério do Meio Ambiente

UN/NU	Nações Unidas
UNCED/CNUAD	Conferência das Nações Unidas sobre Ambiente e Desenvolvimento
UNEP/PNUMA	Programa das Nações Unidas para o Meio Ambiente
UNESCO	Organização das Nações Unidas para a Educação, a Ciência e a Cultura
U.S. EPA/EUA APA	Agência de Proteção Ambiental dos Estados Unidos
WHO/OMS	Organização Mundial da Saúde
WMO/OMM	Organização Meteorológica Mundial
WRI/IMR	Instituto Mundial de Recursos
ZACPLAN/PAR	Plano de Ação do Rio Zambeze
ZESA/CEZ	Comissão de Eletricidade da Zâmbia
ZRA/ARZ	Autoridade do Rio Zambeze

Unidades de volume

1 acre-pé*	1.233 m^3 / 325,851 galões / 1 acre coberto por 1 pé (0,33 cm de água)
1 galão (gal)	3,755 litros
1 litro (L)	1.000 ml
1 metro cúbico (m^3)	1.000 litros
1 pé cúbico	28,3 litros
1 quilômetro cúbico (km^3)	1 bilhão de metros cúbicos / 246 bilhões de galões / 810.190 acres-pé

* Acre-pé: medida frequentemente utilizada em alguns países.

Agradecimentos

Agradecemos a diversas instituições e pessoas o apoio para a publicação desta obra. Em primeiro lugar, às agências de financiamento à pesquisa do Brasil, CNPq, Fapesp, Finep e Capes, pelo apoio continuado por muitos anos aos projetos de pesquisa e orientação de doutores e mestres, o que permitiu coletar informações e desenvolver meto-dologias de trabalho e novas abordagens. Agradeço à Academia Brasileira de Ciências pelo apoio a simpósios, seminários e publicações. Também às agências do exterior, ILEC (International Lake Environment Committee), World Resources Institute, Universidade das Nações Unidas, UNEP (United Nations Environment Programme) e SCOPE (ICSU), as quais financiaram inúmeras viagens de estudo, avaliação e consultoria, e possibilitaram muitas oportunidades de troca de ideias e trabalho em equipe, abrindo sempre novas perspectivas de atuação. Agradecemos também a Conrado Bauer, Yatsuka Saijo, Bernard Patten, Sven E. JØrgensen, Milan Straškraba, Colin S. Reynolds, Henri Dumont, A. Biswas, Aldo Rebouças, Benedito Braga, Ramon Margalef, Joan Armengol, Vicente Santiago, Alberto Calcagno, Odete Rocha, Ralph Daley, Carlos Tucci, Vera Lucia Reis, João Carlos Rela, Tatuo Kira, Blanca Jimenez, Marcos Cortesco, Carlos Bicudo e Marcos Nogueira, pelas inúmeras oportunidades de discussão, troca de ideias e integração de abordagens e perspectivas em pesquisa e gerenciamento. Um grande número de ex-colaboradores e ex-orientados contribuíram com ideias e sugestões ao longo do tempo.

Aos amigos, colegas e consultores do Instituto Internacional de Ecologia (IIE), que em várias ocasiões contribuíram com informações e resultados, nossos agradecimentos.

A diversos engenheiros e técnicos da Sabesp, Cetesb e CNEC, agradecemos a oportunidade de trocar ideias e informações.

José Galizia Tundisi
Instituto Internacional de Ecologia, São Carlos, SP
Professor Titular da Universidade FEEVALE, Novo Hamburgo, RS

Takako Matsumura-Tundisi
Instituto Internacional de Ecologia, São Carlos, SP

Agradecimentos especiais

Agradecemos às agências nacionais e internacionais de financiamento de pesquisa que, por meio do apoio a projetos, deram origem a muitas informações utilizadas neste volume:

Ao Conselho Nacional de Desenvolvimento Científico e Tecnológico: Processos 680277/01-3 "Gerenciamento e utilização dos usos múltiplos do reservatório da UHE Luís Eduardo Magalhães (Tocantins)";

À Finep (CTHIDRO): "Estudo comparado da Represa Luís Eduardo Magalhães (TO) e Barra Bonita (SP), com a finalidade de desenvolver modelos de gestão de recursos hídricos";

Ao ILEC (International Lake Environment Committee): "Avaliação e acompanhamento da eutrofização das represas de Barra Bonita (SP) e Carlos Botelho (Lobo-Broa) - SP";

À Fapesp (Programa PIPE): "Desenvolvimento de sistemas de suporte à decisão no gerenciamento de reservatórios de abastecimento público e hidroelétricas". Processo 00/007379-5 – Fapesp;

À Agência Nacional de Águas (ANA), pelo apoio para a organização e publicação do volume: "Planejamento e Gerenciamento de Lagos e Represas: uma abordagem integrada ao problema da eutrofização" (PNUMA, 2001), que foi fonte de referências e dados para esta obra.

Ao Programa Biota Fapesp – Proc. 98/05091-20, agradecemos o apoio e as oportunidades de pesquisa e viagens de estudo no Brasil e no exterior;

À Investco, pela autorização para reprodução de dados do projeto de gerenciamento da UHE Luís Eduardo Magalhães (Lajeado) – Tocantins, e ao Instituto de Desenvolvimento Sustentável de Mamirauá.

Ao Programa PELD do CNPq;

À Sabesp;

À Prefeitura Municipal de São Paulo, Secretaria do Verde e do Meio Ambiente.

Esta é uma contribuição do INCT Acqua (Instituto Nacional de Recursos Minerais, Biodiversidade e Recursos Hídricos).

Os Autores

Apresentação à nova edição

A importância da água para a vida, os riscos crescentes de conflitos pelo seu uso e os impactos da sua escassez refletem-se no grande interesse e no número crescente de publicações sobre o tema. Fatores ambientais, econômicos, sociais e gerenciais contribuem para o quadro de uma crise da abrangência mundial, que exige abordagens contemporâneas, sistêmicas e multidisciplinares.

A obra *Recursos Hídricos no Século XXI* mostra-se em sintonia com estas tendências e se distingue por apresentar uma visão integrada dos vários aspectos que compõem o cenário atual. Os temas, apresentados de uma forma acessível tanto ao leitor iniciante como ao especialista, revelam a ampla experiência dos autores. O livro é organizado em 11 capítulos. Nos primeiros são abordados os fundamentos sobre a água e os sistemas de sustentação à vida; os conceitos sobre o ciclo hidrológico; os usos múltiplos da água e a distribuição de águas doces no planeta e no Brasil. Os capítulos 4 e 5 examinam as diversas ameaças – no que se refere à qualidade e quantidade - que pairam sobre a água, como decorrência de fatores como a urbanização, a industrialização e a exploração excessiva. A seguir, é avaliada a situação dos recursos hídricos e seus usos múltiplos no Brasil. Os capítulos 7 e 8 discutem as novas ferramentas para o planejamento e gestão, assim como os avanços na legislação. São também objeto de análise o valor econômico da água e seu papel essencial nos diversos setores importantes da economia (Cap. 9). A obra é concluída como uma visão de futuro, no que se refere à formação de recursos humanos (Cap. 10) e às perspectivas relativas à água no terceiro milênio (Cap. 11).

Algumas palavras sobre os autores: a biografia do Prof. Tundisi e da Profa. Takako se confunde com a história da construção das áreas de conhecimento em Recursos Hídricos, Limnologia e Ecologia no Brasil. Durante um período superior a quatro décadas, os dois autores têm influenciado, direta e indiretamente, a formação de gerações de pesquisadores e docentes.

É, portanto, com grande satisfação que apresento a nova edição da obra *Recursos Hídricos no século XXI*. Ao disponibilizar para o leitor uma visão atualizada, abrangente e crítica desse tema de grande relevância, os autores oferecem sua contribuição para a construção da gestão dos recursos hídricos voltada ao desenvolvimento sustentável e para uma nova ética no uso da água.

Aos leitores, minha certeza de uma leitura agradável e muito proveitosa.

Virgínia S. T. Ciminelli
Professora Titular do Departamento de
Engenharia Metalúrgica e de Materiais
Universidade Federal de Minas Gerais

Coordenadora do Instituto Nacional em
Recursos Minerais, Água e Biodiversidade
INCT-Acqua

Apresentação à primeira edição

O desenvolvimento dos recursos hídricos não pode dissociar-se da conservação ambiental, já que na essência envolve a sustentabilidade do homem no meio natural. O ensino e a ciência têm sido por demais disciplinares e, ao longo do século passado, formaram profissionais com uma visão compartimentalizada do conhecimento, em profissões voltadas para ações dentro de um sistema muito limitado, como, por exemplo, o projeto de uma estação de tratamento de água e a drenagem de um loteamento. O século XXI tem por paradigma a ação de um sistema mais complexo, em que todos os componentes que o afetam sejam tratados na busca da sustentabilidade, como a visão integrada entre recursos hídricos e meio ambiente.

Para desenvolver esses princípios é necessário abrir a mente de engenheiros, geólogos, biólogos, agrônomos, economistas, advogados, geralmente influenciados pela tradicional delimitação do conhecimento, em razão de sua formação. Este livro apresenta os aspectos de recursos hídricos mesclando o tradicional enfoque da descrição do conhecimento básico com os problemas reais práticos, em que a interdisciplinaridade dos diferentes enfoques é essencial.

Os autores apresentam problemas críticos que envolvem a ação do homem sobre o ciclo hidrológico terrestre, como os impactos sobre a quantidade e a qualidade das águas, decorrentes dos usos múltiplos, e a necessidade de uma gestão integrada e adaptativa de bacias hidrográficas.

A riqueza de informações disponibilizada pelos autores em nível nacional e internacional permite avaliar os diferentes cenários para os diferentes sistemas hídricos, visando ao seu adequado uso e conservação. Neste livro discutem-se os aspectos econômicos dos usos múltiplos e do ciclo das águas, as relações entre saúde humana e qualidade das águas, e a necessária organização institucional e gerencial para fazer frente às demandas, às crises de abastecimento e aos conflitos nacionais e internacionais.

O texto permite uma visão conjunta e atualizada dos recursos hídricos, constituindo, sem dúvida, excelente contribuição para o conhecimento atual sobre o assunto em um país tão carente de literatura especializada.

Carlos E. M. Tucci
Professor Titular do Instituto de Pesquisas Hidráulicas –
Universidade Federal do Rio Grande do Sul

Prefácio à nova edição

Esta nova edição revista e ampliada do volume *Água no século XXI: enfrentando a escassez* mantém a proposta inicial do livro, de informar leitores interessados no problema, além de propor soluções e alternativas para a gestão de recursos hídricos e para o sempre presente problema de enfrentar a escassez, a poluição, as crises no abastecimento e os impactos provenientes de diferentes fontes. Como na edição anterior, procurou-se dar exemplos mundiais e, ao mesmo tempo, colocar foco em questões do Brasil, atualizando as informações quando necessário. Incluiu-se também nesta nova edição a descrição de 27 soluções inovadoras, em implantação ou já implantadas em 19 países, nos últimos quatro anos. No tempo decorrido entre a primeira e esta nova edição, o problema da escassez e contaminação da água, no Brasil e no mundo, só tem se agravado. Deficiências na gestão, aumento e exacerbação dos ciclos hidrológicos, enchentes, desastres naturais, aumento da contaminação e da poluição têm causado problemas em todo o planeta, e o Brasil, com somente 30% dos esgotos tratados, rios poluídos e deficiências em saneamento básico, faz parte desse quadro.

Os esforços realizados não têm sido suficientes para resolver os passivos ambientais na área de recursos hídricos, e é necessário acelerar o processo, descentralizar a gestão, melhorar e aprofundar o investimento público, e desenvolver cursos e programas de capacitação que possam dar condições de inovar, promover gestão integrada e estabelecer políticas públicas em consonância e em articulação com planos de bacia hidrográfica, gestão de municípios e políticas de estado de longo prazo. Espera-se que este volume seja útil como fonte de informações a profissionais que necessitam de atualização sobre o tema, a estudantes de graduação e pós-graduação e a todos aqueles para os quais a gestão de recursos hídricos é uma motivação importante, seja profissional ou como exercício de cidadania.

O capitulo final desta nova edição procura atualizar o leitor para os mais importantes desenvolvimentos científicos, tecnologias e sistemas gerenciais promovidos nos últimos cinco anos. Em cada capitulo foram também incluídas novas informações pertinentes a esse período de tempo. Os autores esperam que, como na edição anterior, este volume seja útil a estudantes de graduação e pós-graduação dos cursos de Biologia, Engenharia Ambiental,

Geografia e Ecologia. A utilização deste livro por consultores e profissionais que atuam na área ambiental, desde monitoramento de recursos hídricos até impacto ambiental e recuperação de ecossistemas aquáticos continentais, tem sido consistente, e temos plena certeza que essa tendência continuará com a publicação desta nova edição.

José Galizia Tundisi
Takako Matsumura-Tundisi
São Carlos, novembro 2010.

Introdução

O planeta Terra visto do espaço, como nos mostram inúmeras fotos de satélite, revela uma beleza impressionante. "O planeta é azul", disse Yuri Gagarin, o primeiro astronauta a ter essa visão. Qual a causa dessa beleza? Seguramente é a água. Um padrão de oceanos, calotas polares, grandes rios e lagos, nuvens, tudo isso nos remete à presença de água no Planeta. Abaixo da superfície, também há grandes reservatórios de águas subterrâneas. Sem dúvida, a Terra é o planeta da água. Este é o único planeta do sistema solar em que a água se encontra em diferentes estados: sólido, liquido e gasoso.

A água é essencial à vida; portanto, todos os organismos vivos, incluindo o homem, dependem da água para a sua sobrevivência. As mudanças de estado físico da água, no ciclo hidrológico, são essenciais e influenciam os processos que operam na superfície da Terra, entre os quais se incluem o desenvolvimento e a manutenção da vida.

Através dos séculos, a complexidade dos usos múltiplos da água pelo homem aumentou e produziu um enorme volume de degradação e poluição. Por outro lado, os usos múltiplos excessivos e as retiradas permanentes para diversas finalidades têm diminuído consideravelmente a disponibilidade de água e produzido inúmeros problemas de escassez em muitas regiões e países.

No limiar do século XXI, entre outras crises sérias, a crise da água é uma ameaça permanente à humanidade e à sobrevivência da biosfera como um todo. Essa crise tem grande importância e interesse geral: além de colocar em perigo a sobrevivência do componente biológico, incluindo o *Homo sapiens*, ela impõe dificuldades ao desenvolvimento, aumenta a tendência a doenças de veiculação hídrica, produz estresses econômicos e sociais e aumenta as desigualdades entre regiões e países. A água sempre foi um recurso estratégico à sociedade. O crescimento populacional e as demandas sobre os recursos hídricos superficiais e subterrâneos são algumas das causas fundamentais da crise.

A água, além de recurso estratégico, é um bem comum que deve ser compartilhado por todos. "A água é muito mais do que um recurso natural. Ela é uma parte integrante do nosso planeta. Está presente há bilhões de anos, e é parte da dinâmica funcional da natureza" (Pielou, 1998, p. 2).

É falsa a aparente concepção de que a água doce é abundante. Somente 3% da água do Planeta é disponível como água doce. Desses 3%, cerca de 75% estão congelados nas calotas polares e cerca de 10% estão reservados nos aquíferos. Portanto, somente 15% dos 3% de água doce do Planeta estão disponíveis, e o suprimento global de água tem-se reduzido com o aumento da população e dos usos múltiplos, e com a perda dos mecanismos de retenção de água (remoção de áreas alagadas, desmatamento, perda de volume por sedimentação de lagos e represas).

Esta obra foi escrita com a perspectiva de oferecer uma descrição e uma visão global, integrada e sintética dos problemas e da crise da água neste início do século XXI, e suas possíveis soluções estratégicas. Ela decorre da experiência de trabalho de pesquisa e consultoria em Ecologia, Limnologia e Gerenciamento de Recursos Hídricos em 40 países, sempre com o tema água e seus problemas: ecológicos e limnológicos, poluição e contaminação, eutrofização, usos múltiplos, remediação e recuperação de lagos, represas e rios.

Os primeiros capítulos tratam do problema da distribuição, da disponibilidade, do ciclo hidrológico e das reservas de águas superficiais e subterrâneas no mundo e no Brasil. A seguir, discorre-se sobre os usos múltiplos da água pelo homem, seus impactos e as causas da crise.

Delineiam-se os principais avanços tecnológicos, a questão do gerenciamento integrado dos recursos hídricos e as técnicas de recuperação. Os avanços na legislação e a descentralização de ações também são apresentados. Discutem-se a importância econômica da água, seu papel estratégico no desenvolvimento sustentável e a Agenda 21, especialmente o capítulo que trata dos problemas da água e sua futura conservação e gerenciamento.

No Cap. 10, levanta-se uma questão relevante: a formação de recursos humanos qualificados em amplo contexto: pesquisadores, gerentes e administradores cuja visão integrada e sistêmica do problema é essencial para a adequada gestão das águas e, principalmente, das bacias hidrográficas. O capitulo também trata do acesso do grande público às questões relevantes sobre a água e o futuro do Planeta.

Um capítulo final, com perspectivas e desafios, procura projetar no futuro as questões relevantes e sugere rumos, possibilidades e possíveis inovações na resolução do problema.

Viver em harmonia com a água e conservar os recursos hídricos para o futuro é a mensagem principal que queremos fazer chegar aos leitores desta obra. Para tanto, mostramos os erros na gestão, os problemas causados pelos mais diversos impactos, e também apresentamos soluções criativas e novas oportunidades na pesquisa e gestão dos recursos hídricos.

No ano de 2011, completam-se 40 anos de pesquisa científica, ecológica e limnológica desenvolvida na Represa da UHE Carlos Botelho (Lobo/Broa). Os capítulos finais e a revisão da edição anterior para ampliação e atualização foram realizados em nossa residência às margens dessa represa, que tem sido objeto de pesquisa durante esse tempo. Gerações de visitantes, estudantes, gerentes e pesquisadores já trabalharam nessa represa, que atualmente é parte do programa PELD (Pesquisas Ecológicas de Longa Duração) do CNPq. Graças ao trabalho desenvolvido e às muitas gerações que aqui se dedicaram, a represa e sua bacia hidrográfica apresentam um razoável grau de conservação, sendo uma reserva de água importante para diversos usos. Muitas das ações descritas neste volume, as ideias, a metodologia e a abordagem são resultados desse trabalho e das reflexões que dele resultam.

José Galizia Tundisi
Takako Matsumura-Tundisi
São Carlos, novembro 2010.

Sumário

1 A ÁGUA E OS SISTEMAS DE SUSTENTAÇÃO À VIDA 23

2 O CICLO HIDROLÓGICO E A DISTRIBUIÇÃO DE ÁGUAS DOCES NO PLANETA ... 29
    2.1   O ciclo hidrológico e as principais reservas de água doce do Planeta 29
    2.2   As águas subterrâneas 38
    2.3   A distribuição mundial da água e as interferências humanas no ciclo da água... 40
    2.4   A disponibilidade de águas doces no Brasil: a distribuição de águas doces e a dinâmica das águas continentais no Brasil 43
    Conclusões 49

3 USOS MÚLTIPLOS DAS ÁGUAS SUPERFICIAIS E SUBTERRÂNEAS 53
    3.1   A diversificação dos usos múltiplos e os impactos 56
    Conclusões 61

4 A DETERIORAÇÃO DOS SUPRIMENTOS DE ÁGUA E DOS MANANCIAIS: A CRISE DA ÁGUA 63
    4.1   Urbanização e seus impactos no ciclo hidrológico e na qualidade das águas 68
    4.2   Os problemas mundiais de água e a degradação dos recursos hídricos no Planeta 69
    4.3   A contaminação química das águas e a saúde humana 72
    4.4   Diversão de rios, o transporte e a canalização de água 76
    4.5   A construção de represas: impactos positivos e negativos 79
    4.6   A introdução de espécies exóticas nos ecossistemas aquáticos e os impactos totais sobre a biodiversidade aquática 82
    4.7   Retirada excessiva de água 84
    4.8   Água e saúde humana 84
    4.9   Recursos hídricos e mudanças globais 90
    4.10 Degradação dos recursos hídricos no Planeta 92
    Conclusões 99

5 A CRISE DA ÁGUA: EUTROFIZAÇÃO E SUAS CONSEQUÊNCIAS 101
    5.1   O problema da eutrofização 101
    5.2   Causas da eutrofização 106
    5.3   Toxinas 106
    5.4   Programa de monitoramento e gerenciamento da eutrofização 110
    5.5   Problemas econômicos resultantes da eutrofização 111
    5.6   A redução da eutrofização: custos e benefícios 113
    Conclusões 118

6 Situação atual dos recursos hídricos no Brasil: distribuição, usos múltiplos, impactos e desafios 121

- 6.1 Usos múltiplos dos recursos hídricos 122
- 6.2 Uso urbano 124
- 6.3 Produção de energia elétrica 125
- 6.4 Navegação 126
- 6.5 Uso agrícola 126
- 6.6 Recreação e turismo 126
- 6.7 Pesca e piscicultura – aquacultura 128
- 6.8 Impactos nos recursos hídricos 130
- 6.9 Uma síntese dos problemas 131
- Conclusões 149

7 Planejamento e gestão dos recursos hídricos: novas abordagens e tecnologias 151

- 7.1 Novos paradigmas para o planejamento e a gestão dos recursos hídricos 151
- 7.2 A bacia hidrográfica como unidade de planejamento e gestão 152
- 7.3 Serviços e valoração dos ecossistemas aquáticos e dos recursos hídricos 156
- 7.4 O reúso da água: novas oportunidades na gestão de recursos hídricos no Brasil 159
- 7.5 Conservação da biodiversidade em ecossistemas aquáticos 160
- 7.6 Gerenciamento integrado dos recursos hídricos 163
- 7.7 Principais métodos para a recuperação e o gerenciamento integrado de bacias hidrográficas 164
- 7.8 Métodos ecotecnológicos para aplicação no ecossistema aquático 165
- 7.9 A gestão das águas e o papel dos gerentes 166
- 7.10 Integrando pesquisa, gerenciamento e políticas públicas 170
- 7.11 Gerenciamento preditivo – o papel do monitoramento em tempo real 176
- 7.12 Monitoramento como atividade fundamental no gerenciamento de recursos hídricos 177
- 7.13 Metodologia e tecnologias avançadas 178
- 7.14 Exemplos de desenvolvimento sustentado e gerenciamento integrado 180
- Conclusões 187

8 Avanços na legislação e descentralização de ações 189

- 8.1 A Agenda 21 e a gestão dos recursos hídricos 191
- 8.2 Arcabouço legal e diretrizes para a gestão das águas, União Europeia – 2000 193
- 8.3 A Legislação no Brasil 196
- 8.4 O papel das parcerias na descentralização de ações para a gestão de recursos hídricos 199

8.5 Organização institucional para a gestão das águas 200
8.6 Experiências institucionais no Brasil 200
Conclusões 207

9 Água e economia 209
9.1 O valor econômico da água 209
9.2 O impacto econômico dos usos da água 210
9.3 Hidroeletricidade e economia 215
9.4 A disponibilidade de água: custos da tecnologia não tradicional 217
9.5 Água, agricultura e economia 217
9.6 Água, indústria e economia 220
9.7 Lagos, represas e rios na economia regional – mudanças históricas no uso da água no lago Biwa, Japão, e os usos múltiplos 221
9.8 Valoração de serviços dos ecossistemas aquáticos 224
Conclusões 228

10 Formação de recursos humanos: passado, presente, tendências e perspectivas 231
10.1 Limnologia e as bases científicas para o gerenciamento de águas 231
10.2 A formação de gerentes 234
10.3 Capacitação e mobilização do público em geral 236
10.4 Treinamento: destaques especiais 238
Conclusões 241

11 Água no terceiro milênio: perspectivas e desafios 243
11.1 Estratégias de sobrevivência para escassez da água 247
11.2 O panorama internacional 250
11.3 Uma nova ética para a água 250
11.4 Água e desenvolvimento sustentável 258
11.5 Soluções inovadoras 261
Conclusões 268

Conclusões e considerações finais: o futuro da gestão de recursos hídricos 269

Apêndice 275
Considerações sobre a Portaria nº 1.469 (CMS 518) 275
Portaria nº 1.469/GM de 29 de dezembro de 2000 275
Anexo 276
Capítulo I 277
Capítulo II 277
Capítulo III 279
Capítulo IV 283

Capítulo V 292
Capítulo VI 294
Capítulo VII 295

Glossário 297

Referências bibliográficas 303

A água e os sistemas de sustentação à vida

Desde os primórdios da vida no planeta Terra e da história da espécie humana – o *Homo sapiens* –, a água sempre foi essencial. Qualquer forma de vida depende da água para sua sobrevivência e/ou para seu desenvolvimento. Mesmo organismos que vivem em desertos, formas de vida muito primitivas que põem seus sacos ovígeros em cistos para resistir à dessecação, dependem da água para a continuidade da espécie, pois os ovos só eclodem quando há água. A água é o que nutre as colheitas e as florestas, mantém a biodiversidade e os ciclos no Planeta e produz paisagens de grande e variada beleza. Muitas religiões batizam seus fiéis na água. Para os índios Kogi da Colômbia, os três elementos principais no começo da vida são a mãe, a noite e a água. Onde não há água não há vida. As grandes civilizações do passado e do presente sempre dependeram da água doce para sua sobrevivência e seu desenvolvimento cultural e econômico. A água doce é, portanto, essencial à sustentação da vida, e suporta também as atividades econômicas e o desenvolvimento.

Embora dependam da água para a sobrevivência e para o desenvolvimento econômico, as sociedades humanas poluem e degradam esse recurso, tanto as águas superficiais quanto as subterrâneas. A diversificação dos usos múltiplos, o despejo de resíduos líquidos e sólidos em rios, lagos e represas e a destruição das áreas alagadas e das matas de galeria têm produzido contínua e sistemática deterioração e perdas extremamente elevadas em quantidade e em qualidade da água. Como a água escoa se não houver mecanismos de retenção na superfície – naturais e artificiais, tais como lagos, represas, florestas –, perdem-se quantidades enormes e diminuem as reservas. Isso também ocorre nos aquíferos subterrâneos, cujas reservas são recarregadas pela cobertura vegetal natural.

> **Boxe 1.1**
> **Características essenciais da água**
>
> Fórmula química: H_2O
> Peso molecular: 18
> Características físicas – em atmosfera padrão e à temperatura ambiente:
> ≈ Congela a 0°C
> ≈ Ferve a 100°C
> ≈ Sofre expansão ao congelar
> ≈ Sem cor, sem odor
> ≈ Densidade máxima a 4°C
>
> Calor específico: 1 cal (g°) = 75,25 J/mol · °C
> Calor de vaporização a 100°C: 538 cal/g = 40,6 KJ/mol
> Solubilidade de substâncias na água:
> ≈ Cloreto de sódio (NaCl) = 360 g/L
> ≈ 1 butanol (C_4H_9OH) = 80 g/L
> ≈ Etanol (C_2H_5OH) = todas as proporções
> ≈ Lipídios = muito pouca solubilidade na água
> ≈ Viscosidade a 20°C = 1 centipoise; diminui pouco com o aumento da temperatura
> ≈ Condutividade elétrica a 20°C: 4×10^{-8} mho/cm = 4×10^{-6} siemens (s)/m
> ≈ Constante dielétrica a 25°C = 78,5
> *Fonte: várias.*

A história da água sobre o planeta Terra é complexa e está diretamente relacionada ao crescimento da população humana, ao grau de urbanização e aos usos múltiplos que afetam a quantidade e a qualidade. Também se relaciona com a saúde, pois muitas doenças que afetam a espécie humana têm veiculação hídrica – organismos que se desenvolvem na água ou que têm parte de seu ciclo de vida em vetores que crescem em sistemas aquáticos. Os usos da água geram conflitos em razão de sua multiplicidade e suas finalidades diversas, as quais demandam diferentes quantidades e qualidades. Água para abastecimento público, hidroeletricidade, agricultura, transporte, recreação e turismo, disposição de resíduos, indústria, todos esses usos são conflitantes e têm gerado tensões, em muitos casos resolvidas nos tribunais, e também produzido muitos problemas legais.

Entretanto, amplia-se a percepção de que a água é um recurso finito, de que há limites em seu uso e de que os custos do seu tratamento estão cada vez mais elevados. Além disso, os custos da recuperação de lagos, rios e represas são também muito altos.

Nos últimos relatórios do Instituto Mundial de Recursos (WRI –World Resources Institute), do Programa das Nações Unidas para o Meio Ambiente (PNUMA-UNEP), os resultados de análises de especialistas sobre as bases biogeofísicas da sustentabilidade, os volumes disponíveis de água e os efeitos dos usos múltiplos apontam para uma crise sem precedentes na história da humanidade. Essa crise põe em risco a sobrevivência das espécies, inclusive da espécie humana.

Os relatórios apontam seis grandes alterações nos mecanismos e na legislação sobre os usos da água, a avaliação dos impactos, a disponibilidade de água *per capita* e as necessidades de gerenciamento integrado – controle do desperdício e dos desastres que podem ocorrer (enchentes e secas):

1   água potável e de qualidade para todos;
2   aumento do suprimento e alternativas;
3   crescimento populacional e usos da água na agricultura;
4   controle das enchentes e secas;
5   mudanças climáticas e seus efeitos;
6   impactos sociais e econômicos nos usos da água.

Boxe 1.2
As necessidades humanas de água

As necessidades humanas de água são complexas e representam, em primeiro lugar, uma demanda fisiológica. Em média, cerca de 60% a 70% do peso de um ser humano é constituído por moléculas de água. Uma pessoa com 100 kg tem, portanto, entre 60 e 70 kg de água em seu corpo, considerando-se 1 litro de água = 1 kg de peso. Em níveis bioquímico e celular, há necessidade de água para atuar como solvente e para o funcionamento do organismo. O consumo médio diário de uma pessoa com 90 kg é de aproximadamente três litros, obtidos sob a forma de água, outras bebidas ou alimentação. Em uma pessoa sadia, há um estado de equilíbrio entre a água ingerida sob diversas formas e a água eliminada sob a forma de urina (53%), por evaporação na pele, pelos pulmões (42%) e nas fezes (5%). A água também é utilizada na preparação e no cozimento de alimentos, no banho, na toalete e lavagem em geral, e muitos usos dependem das culturas local, regional ou nacional. O suprimento de água para as casas pode ser considerado uma "produção reprodutiva" (Merrett; Gray, 1982) porque permite a reprodução da espécie humana e, portanto, a sobrevivência da espécie. Em muitos países, a água também é utilizada em atividades religiosas; portanto, parte do volume das águas de rios, lagos ou represas é utilizada em atividades sagradas que são produto de culturas milenares. Casamentos coletivos às margens do rio Ganges, na Índia, por exemplo, podem agregar uma multidão composta de 1 milhão de pessoas.

Técnicos e administradores que se baseiam apenas no ciclo hidrológico, nas quantidades e qualidades para o gerenciamento da água, também devem fazer esforços para conhecer melhor as bases sociais e econômicas que definem e dão condições de sustentabilidade.

As avaliações sobre a água, sua disponibilidade e seu papel no desenvolvimento mostram a necessidade de mudanças substanciais na direção do planejamento e gerenciamento dos recursos hídricos (águas superficiais e subterrâneas).

A Tab. 1.1 compara as propriedades da água pura e da água do mar, e o Quadro 1.1 apresenta a imprescindível palavra "água" em 30 idiomas.

Tab. 1.1 COMPARAÇÃO ENTRE AS PROPRIEDADES DA ÁGUA PURA E DA ÁGUA DO MAR

Propriedade	Água do mar 35‰ sal	Água pura
Densidade, g/cm^3, 25°C	1,02412	1,0029
Condutividade equivalente, 25°C, cm^2 ohm^{-1} equiv^{-1}	–	–
Condutividade específica, 25°C, ohm^{-1}cm^{-1}	0,0532	–
Viscosidade, 25°C, millipoise	9,02	–
Pressão de vapor, mmHg a 20°C	17,4	17,34
Compressibilidade isotérmica 0°, unid vol/atm	46,4 x 10^{-6}	50,3 x 10^{-6}
Temperatura da densidade máxima, °C	–3,52	+3,98
Ponto de congelamento, °C	–1,91	0.00
Tensão superficial, 25°C, dyne/cm	72,74	71,97
Velocidade do som, 0°C, m/s	1.450	1.407
Calor específico, 17,5°C, J g^{-10}C^{-1}	3,898	4,182

Fonte: várias.

Quadro 1.1 "ÁGUA" EM 30 IDIOMAS

Africano "Swahili"	maji	Holandês	water
Alemão	Wasser	Húngaro	viz
Alemão "Frisian"	Wetter	Indonésio	air
Algonquin "Cree"	nibi	Inglês	water
Árabe	mayah	Italiano	acqua
Chinês	shui	Japonês	mizu'k
Dinamarquês	vand	Latim	aqua
Espanhol	agua	Norueguês	vann
Esperanto	akvo	Polonês	woda
Finlandês	vettä	Português	água
Francês	eau	Russo	woda
Grego	hydor	Sânscrito	udan
Havaiano	wai	Sueco	vatten
Hebraico	mayim	Tcheco	woda
Hindu	pani	Turco	su

Fonte: Speidel, Ruedisili e Agnew (1988).

2 O ciclo hidrológico e a distribuição de águas doces no Planeta

2.1 O ciclo hidrológico e as principais reservas de água doce do Planeta

O ciclo hidrológico é o princípio unificador fundamental de tudo o que se refere à água no Planeta. O ciclo é o modelo pelo qual se representam a interdependência e o movimento contínuo da água nas fases sólida, líquida e gasosa. Toda a água do Planeta está em contínuo movimento cíclico entre as reservas sólida, líquida e gasosa. Evidentemente, a fase de maior interesse é a líquida, fundamental para o uso e para satisfazer as necessidades do homem e de todos os outros organismos, animais e vegetais.

Os componentes do ciclo hidrológico são (Speidel; Ruedisili; Agnew, 1988):

- ≈ *Precipitação*: água adicionada à superfície da Terra a partir da atmosfera. Pode ser líquida (chuva) ou sólida (neve ou gelo).
- ≈ *Evaporação*: processo de transformação da água líquida para a fase gasosa (vapor d'água). A maior parte da evaporação se dá a partir dos oceanos; nos lagos, rios e represas também ocorre evaporação.
- ≈ *Transpiração*: processo de perda de vapor d'água pelas plantas, o qual entra na atmosfera.
- ≈ *Infiltração*: processo pelo qual a água é absorvida pelo solo.
- ≈ *Percolação*: processo pelo qual a água entra no solo e nas formações rochosas até o lençol freático.
- ≈ *Drenagem*: movimento de deslocamento da água nas superfícies, durante a precipitação.

A água que atinge a superfície de uma bacia hidrográfica pode, então, ser drenada, ser reservada em lagos e represas e daí evaporar para a atmosfera ou infiltrar-se e percolar-se no solo. A Fig. 2.1 mostra as peculiaridades do ciclo hidrológico e seus principais processos.

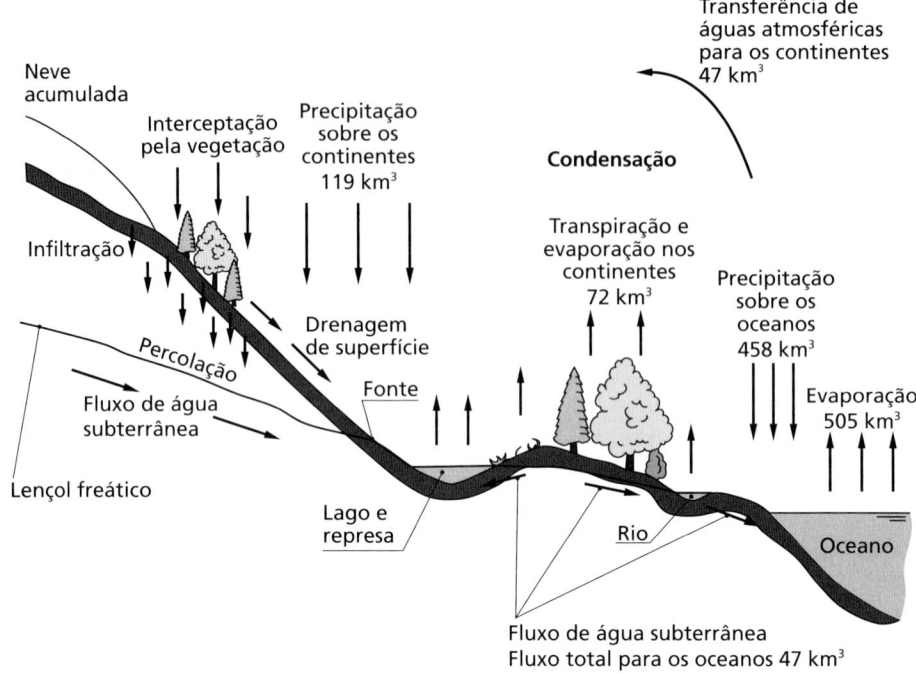

Fig. 2.1 O ciclo hidrológico. Os números em km³ (x 10³) indicam os fluxos de evaporação, precipitação e drenagem para os oceanos
Fonte: modificado de várias fontes.

Até o final da década de 1980, acreditava-se que o ciclo hidrológico no Planeta era fechado, ou seja, que a quantidade total de água permanecera sempre a mesma desde o início da Terra. Nenhuma água entraria no planeta Terra a partir do espaço exterior, e nenhuma água o deixaria. Descobertas recentes, entretanto, sugerem que "bolas de neve" de 20 a 40 toneladas, denominadas pelos cientistas de "pequenos cometas", provenientes de outras regiões do sistema solar, podem atingir a atmosfera da Terra. As chuvas de "bolas de neve" vaporizam-se quando se aproximam da atmosfera terrestre e podem ter acrescentado 3 trilhões de toneladas de água a cada 10 mil anos (Frank, 1990; Pielou, 1998).

A velocidade do ciclo hidrológico varia de uma era geológica para outra, assim como as proporções da soma total de águas doces e de águas marinhas. Em períodos de glaciação, por exemplo, era menor a proporção de água doce líquida, enquanto em períodos mais quentes a forma líquida era mais comum.

De acordo com Pielou (1998), o ciclo hidrológico pode ser considerado um "ciclo de vida", e a história natural da água no Planeta está relacionada aos ciclos de vida e à história da vida. A Tab. 2.1 mostra a distribuição da água e dos principais reservatórios de água da Terra e a Fig. 2.2 apresenta a distribuição das águas no Planeta e a porcentagem de águas salgada e doce.

Tab. 2.1 ÁREAS E VOLUMES TOTAIS E RELATIVOS DE ÁGUA DOS PRINCIPAIS RESERVATÓRIOS DA TERRA

Reservatório	Área (10^3 km^2)	Volume (10^3 km^3)	Volume total (%)	Volume de água doce (%)
Oceanos	361.300	1.338.000	96,5	–
Água subterrânea	134.800	23.400	1,7	–
Água doce	–	10.530	0,76	30,1
Umidade do solo	–	16.5	0,001	0,05
Calotas polares	16.227	24.064	1,74	68,7
Antártica	13.980	21.600	1,56	61,7
Groenlândia	1.802	2.340	0,17	6,68
Ártico	226	83,5	0,006	0,24
Geleiras	224	40,6	0,003	0,12
Solos gelados	21.000	300	0,022	0,86
Lagos	2.058,7	176,4	0,013	–
Água doce	1.236,4	91	0,007	0,26
Água salgada	822,3	85,4	0,006	–
Pântanos	2.682,6	11,47	0,0008	0,03
Fluxo dos rios	148.800	2,12	0,0002	0,006
Água na biomassa	510.000	1,12	0,0001	0,003
Água na atmosfera	510.000	12,9	0,001	0,04
Totais	510.000	1.385.984	100	–
Total de reservas de água doce	148.800	35.029	2,53	100

Fonte: Shiklomanov (1998).

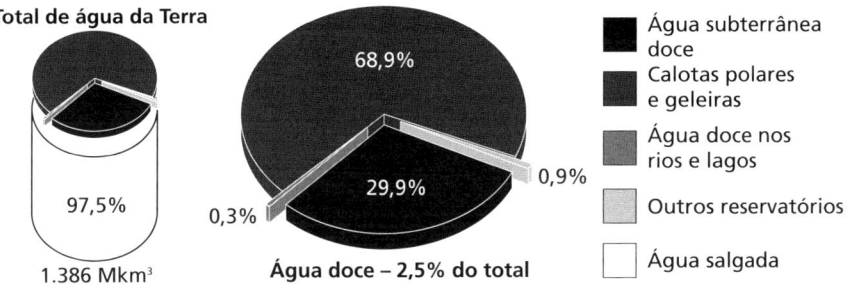

Fig. 2.2 Distribuição das águas na Terra em um dado instante
Fonte: Shiklomanov (1998).

Himalaia da Índia. Em muitas regiões do Planeta, a distribuição das águas é escassa e feita em pontos específicos, de onde a população deve transportá-la em recipientes. A falta de distribuição adequada de água nas residências pode causar problemas adicionais de saúde humana, pois o transporte consome calorias e, em alguns casos, produz subnutrição por falta de água, e não por falta de alimento

Local de distribuição de águas no Himalaia da Índia

A distribuição da água no Planeta não é homogênea. A Tab. 2.2 mostra a distribuição do suprimento renovável de água por continente e a porcentagem da população global.

Os principais rios e lagos da Terra constituem importantes reservatórios de água doce. Situados no interior dos continentes e drenando extensas áreas, esses vastos reservatórios são fundamentais para a sobrevivência

Tab. 2.2 DISTRIBUIÇÃO DO SUPRIMENTO RENOVÁVEL DE ÁGUA POR CONTINENTE

Região	Média anual: drenagem (km³)	Drenagem global (%)	População global (%)	Porcentagem estável
África	4.225	11	11	45
Ásia	9.865	26	58	30
Europa	2.129	5	10	43
América do Norte	5.960	15	8	40
América do Sul	10.380	27	6	38
Oceania	1.965	5	1	25
União Soviética	4.350	11	6	30
Mundo	38.874	100	100	36

Fonte: adaptado de L'Vovich (1979).

de organismos, plantas e animais, incluindo a do próprio *Homo sapiens*. As Tabs. 2.3 e 2.4 mostram, respectivamente, os principais rios e os grandes lagos do Planeta, e a Fig. 2.3 apresenta as principais bacias hidrográficas.

Represas artificiais foram construídas pelo homem há milênios, para diversas finalidades, e constituem outraimportante reserva de água doce, com aproximadamente 9.000 km³ (Straškraba; Tundisi; Duncan, 1993). Somente na segunda metade do século XX é que as dimensões aumentaram com novas tecnologias.

A Tab. 2.4 inclui um grande número de lagos situados no Hemisfério Norte, em regiões temperadas. O continente africano também possui um elevado número de lagos com áreas e volumes consideráveis. Grandes lagos são raros no continente sul-americano, onde, principalmente nos trópicos, predominam pequenos lagos de várzea e extensas áreas pantanosas com muitos lagos. Na região sul do continente sul-americano, há lagos de maior área e volume na Patagônia e nas regiões andinas.

Os Grandes Lagos são importantes reservas de águas doces e constituem recurso hídrico internacional compartilhado por Canadá e Estados Unidos. Na América do Sul, o lago Titicaca é compartilhado por Bolívia e Peru, e há um projeto internacional de grande dimensão para a recuperação da bacia hidrográfica e do lago. Todos os grandes lagos apresentados na tabela têm importantes usos múltiplos e enorme e relevante impacto na economia de muitos países e regiões. Esses lagos têm biota aquática bastante significativa e são importantes sistemas para a manutenção da biodiversidade aquática. Lagos muito antigos, como o Baikal na Rússia ou o Tanganica na África, apresentam alta diversidade biológica.

Tab. 2.3 Principais características dos rios mais importantes do mundo (*)

Rio	Comprimento (km)	Área da bacia (km²)	Descarga (km³/ano)	Intensidade mm/ano (D/C)	Transporte de substâncias dissolvidas Td t/km²/ano	Transporte de sólidos em suspensão Ta t/km²/ano	Ta/Td	Quantidade total transportada (t x 10⁶/ano)
A	B	C	D	E	F	G	H	I
1. Amazonas	7,047	7.049.980	3.767,8	534	46,4	79,0	1,7	290,0
2. Congo	4,8888	3.690.750	1.255,9	340	11,7	13,2	1,1	47,0
3. Yangtze	6,1812	1.959.375	690,8	353	NA	490,0	NA	NA
4. Mississippi Missouri	6,948	3.221.183	556,2	173	40,0	94,0	2,3	131,0
5. Ienissei	5,58	2.597.700	550,8	212	28,0	5,1	0,2	73,0
6. Mekong	4,68	810.670	538,3	664	75,0	435,0	5,8	59,0
7. Orinoco	2,3094	906.500	538,2	594	52,0	91,0	1,7	50,0
8. Paraná	4,3308	3.102.820	493,3	159	20,0	40,0	2	56,0
9. Lena	6,5448	2.424.017	475,5	196	36,0	6,3	0,15	85,0
10. Brahmaputra	1,8	934.990	475,5	509	130,0	1.370,0	10,5	75,0
11. Irrawaddy		431.000	443,3	1,029	NA	700,0	NA	NA
12. Ganges	1,8	488.992	439,6	899	78,0	537,0	6,9	76,0
13. Mackenzie	3,663	1.766.380	403,7	229	39,0	65,0	1,7	
14. Obi	6,1578	3.706.290	395,5	107	20,0	6,3	0,3	50,0
15. Amur	4,86	1.843.044	349,9	190	10,9	13,6	1,1	20,0
16. St Lawrence	2,808	1.010.100	322,9	320	51,0	5,0	0,1	54,0

Tab. 2.3 Principais características dos rios mais importantes do mundo (*) (continuação)

Rio	Comprimento (km)	Área da bacia (km²)	Descarga (km³/ano)	Intensidade mm/ano (D/C)	Transporte de substâncias dissolvidas Td t/km²/ano	Transporte de sólidos em suspensão Ta t/km²/ano	Ta/Td	Quantidade total transportada (t x 10⁶/ano)
A	B	C	D	E	F	G	H	I
17. Indus	3,24	963.480	269,1	279	65,0	500,0	8,0	68,0
18. Zambezi	3,06	1.329.965	269,1	202	11,5	75,0	6,5	15,4
19. Volga	4,1238	1.379.952	256,6	186	57,0	19,0	0,3	77,0
20. Niger	4,68	1.502.200	224,3	149	9,0	60,0	6,7	10,0
21. Columbia	2,1852	668.220	210,8	316	52,0	43,0	0,8	34,0
22. Danúbio	3,1986	816.990	197,4	242	75,0	84,0	1,1	60,0
23. Yukon	3,5622	865.060	193,8	224	44,0	103,0	2,3	34,8
24. Fraser	1,530	219.632	112,4	512	NA	NA	NA	NA
25. São Francisco	3,5766	652.680	107,7	165	NA	NA	NA	NA
26. Hwang-Ho (Yellow)	5,2218	1.258.740	104,1	83	NA	2.150,0	NA	NA
27. Nilo	7,4826	2.849.000	80,7	28	5,8	37,0	6,4	10,0
28. Nelson	2,88	1.072.260	76,2	71	27,0	NA	NA	31,0
29. Murray-Darling	6,0678	1.072.808	12,6	12	8,2	30,0	13,6	2,3

Fonte: modificado a partir de Office of Technology Assessment (1983); Gleick (1993); Rebouças, Braga e Tundisi (2002).

(*) Para a maioria dos rios manteve-se o nome original.

Tab. 2.4 ALGUMAS CARACTERÍSTICAS DOS LAGOS MAIS IMPORTANTES DO MUNDO

Lago	Área (km²)	Volume (km³)	Profundidade máxima (m)	Continente
Superior	82.680	11.600	406	América do Norte
Vitória	69.000	2.700	92	África
Huron	59.800	3.580	299	América do Norte
Michigan	58.100	4.680	281	América do Norte
Tanganica	32.900	18.900	1.435	África
Baikal	31.500	23.000	1.741	Ásia
Niassa	30.900	7.725	706	África
Grande Lago do Urso	30.200	1.010	137	América do Norte
Grande Lago do Escravo	27.200	1.070	156	América do Norte
Erie	25.700	545	64	América do Norte
Winnipeg	24.600	127	19	América do Norte
Ontário	19.000	1.710	236	América do Norte
Ladoga	17.700	908	230	Europa
Chade	16.600	44,4	12	África
Maracaibo	13.300	–	35	América do Sul
Tonle Sap	10.000	40	12	Ásia
Onega	9.630	295	127	Europa
Rudolf	8.660	–	73	África
Nicarágua	8.430	108	70	América Central
Titicaca	8.110	710	230	América do Sul
Athabasca	7.900	110	60	América do Norte
Reindeer	6.300	–	–	América do Norte
Tung Ting	6.000	–	10	Ásia
Vänerm	5.550	180	100	Europa
Zaysan	5.510	53	8,5	Ásia
Winnipegosis	5.470	16	12	América do Norte
Albert	5.300	64	57	África
Mweru	5.100	32	15	África

Fonte: adaptado de Shiklomanov (apud Gleick, 2000).

O volume de material em suspensão transportado depende dos usos das bacias hidrográficas, do grau de desmatamento ou da cobertura vegetal. O material em suspensão é depositado nos deltas e estuários, ou é transportado pelas correntes marítimas, acumulando-se em golfos ou baías.

2 O ciclo hidrológico e a distribuição de águas doces no Planeta

África			
1 Congo	27 Glama	54 Hwang He	80 Colorado
2 Lago Chad	28 Guadalquivir	55 Indigirka	81 Columbia
3 Jubba	29 Kemijoki	56 Indus	82 Fraser
4 Limpopo	30 Kura-Araks	57 Irrawaddy	83 Hudson
5 Mangoky	31 Liore	58 Kapuas	84 Mackenzie
6 Mania	32 Neva	59 Kolyma	85 Mississippi
7 Niger	33 North Dvina	60 Krishna	86 Nelson
8 Nile	34 Oder	61 Lena	87 Rio Grande
9 Ogooue	35 Po	62 Mahakam	88 Rio Grande de Santiago
10 Okavango Swamp	36 Reno e Meuse	63 Mahanadi	
11 Orange	37 Rhone	64 Mekong	89 Sacramento
12 Oude Drâa	38 Sena	65 Murray-Darling	90 St. Lawrence
13 Senegal	39 Tagus	66 Narmada	91 Susquehanna
14 Shabelle	40 Tigris e Euphrates	67 Ob	92 Thelon
15 Turkana	41 Ural	68 Salween	93 Usumacinta
16 Volta	42 Vistula	69 Sepik	94 Yaqui
17 Zambezi	43 Volga	70 Syr Darya	95 Yukon
	44 Weser	71 Tapti	
Europa		72 Tarim	América do Sul
18 Dalälven	Ásia e Oceania	73 Xi Jiang	96 Amazonas
19 Danúbio	45 Amu Darya	74 Yalu Jiang	97 Chubut
20 Daugava	46 Amur	75 Yangtze	98 Magdalena
21 Dnieper	47 Lago Balkhash	76 Yenisey	99 Orinoco
22 Dniester	48 Brahmaputra		100 Paraná
23 Don	49 Chao Phrya	América do Norte e Central	101 Parnaíba
24 Ebro	50 Fly		102 Rio Colorado
25 Elbe	51 Ganges	77 Alabama e Tombigbee	103 São Francisco
26 Garonne	52 Godavari		104 Lago Titicaca
	53 Hong (Red River)	78 Balsas	105 Tocantins
		79 Brazos	106 Uruguay

Fig. 2.3 As principais bacias hidrográficas do Planeta ilustradas por continente. Os nomes originais foram mantidos
Fonte: Revenga et al. (1998).

Represas construídas para diversos fins alteram os fluxos e o transporte de sedimentos dos rios, causando impactos principalmente nas regiões costeiras e nos deltas. Informações científicas recentes mostram que represas do médio Tietê, no Estado de São Paulo, podem reter até 80% do material em suspensão (Tundisi, 1999). A drenagem dos rios, que representa a renovação dos recursos hídricos, é o componente mais importante do ciclo hidrológico. O rio mais importante do Planeta, o Amazonas, produz 16% da drenagem mundial, e 27% de toda a drenagem dos rios é representada pelo Amazonas, Ganges com o Brahmaputra, Congo, Lantz e Orinoco.

Nem todas as bacias hidrográficas têm descargas para os oceanos. As que não drenam para os oceanos são chamadas de regiões *endorreicas* (sem drenagem), com área de 30 milhões de km² (20% da área total de terras). As regiões que drenam para os oceanos são chamadas de exorreicas.

2.2 As águas subterrâneas

A água que se encontra no subsolo da superfície terrestre é chamada de água subterrânea e ocorre em duas zonas. A zona superior estende-se da superfície até profundidades que vão de menos de um metro a algumas centenas de metros em regiões semiáridas. Essa região é denominada zona insaturada, uma vez que contém água e ar. A zona saturada, que ocorre logo abaixo, contém somente água. A Fig. 2.4 apresenta as características fundamentais das águas subterrâneas e a terminologia geral utilizada. Parte da precipitação que atinge a superfície terrestre percola através da zona insaturada para a zona saturada. Essas áreas são denominadas áreas de recarga, uma vez que é nelas que ocorre a recarga dos aquíferos subterrâneos. O movimento das águas subterrâneas inclui deslocamentos laterais, em que ocorrem gradientes hidráulicos em direção às áreas de descarga dos aquíferos (Fig. 2.5).

A água que percola através da superfície do solo forma aquíferos não confinados, em contraste com aquíferos confinados, onde há água retida por solos menos permeáveis. Todos os tipos de rochas – ígneas, sedimentares ou metamórficas – confinam águas nas diferentes regiões. Importantes fontes de depósitos de águas subterrâneas incluem rochas calcáreas e dolomita, basalto e arenito. É importante destacar que a água existente no solo suporta a biomassa de várias origens, natural ou cultivada.

As águas subterrâneas estão disponíveis em todas as regiões da Terra, constituindo importante recurso natural. Essas águas são utilizadas frequentemente para abastecimento doméstico, para irrigação em áreas rurais e para fins industriais. Os usos generalizados das águas subterrâneas resultam também da sua disponibilidade próximo ao local de utilização e da sua qualidade, uma vez que essas águas podem estar livres de patógenos e contaminantes. A disponibilidade permanente das águas subterrâneas é outra razão para o seu uso intensivo. A contribuição dos fluxos de águas subterrâneas para a descarga dos rios por continente é mostrada na Tab. 2.5.

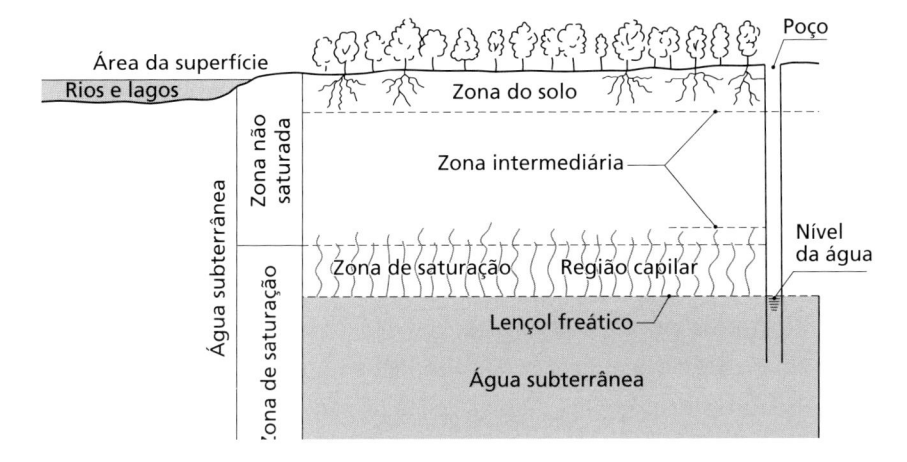

Fig. 2.4 Águas subterrâneas. A porção superior da zona saturada é ocupada pela água situada na região capilar mantida pela tensão superficial
Fonte: Heath (1988); Speidel, Ruedisili e Agnew (1988).

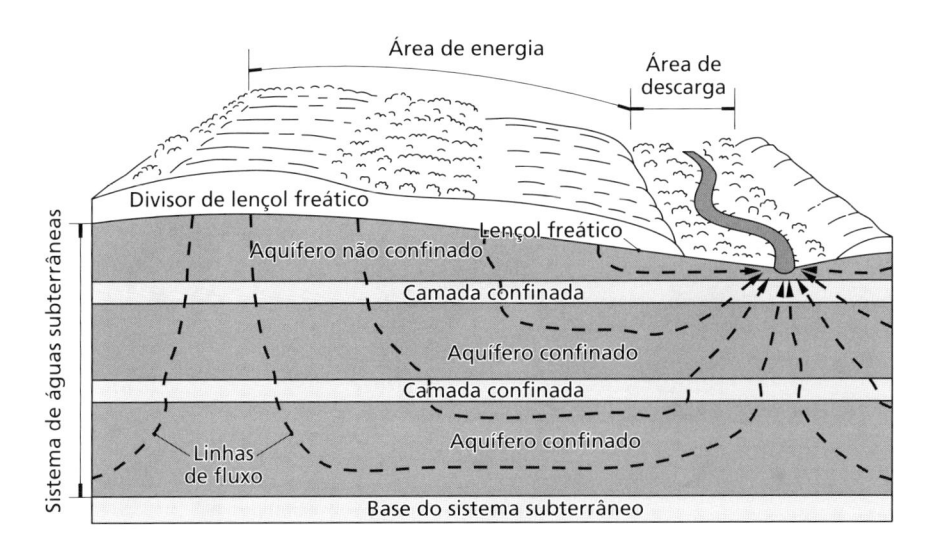

Fig. 2.5 Movimento da água através dos sistemas de águas subterrâneas. A água entra no sistema em recargas e move-se através dos aquíferos e das camadas confinadas
Fonte: Heath (1988); Speidel, Ruedisili e Agnew (1988).

Tab. 2.5 Contribuição dos fluxos subterrâneos para a descarga dos rios (km³/ano)

Continentes/recursos	Europa	Ásia	África	A. Norte	A. Sul	Austrália/Oceania	Ex-URSS	Total mundial
Escoamento superficial	1.476	7.606	2.720	4.723	6.641	1.528	3.330	27.984
Contribuição subterrânea	845	2.879	1.464	2.222	3.736	483	1.020	12.689
Descarga total média dos rios	2.321	10.485	3.808	6.945	10.377	2.011	4.350	40.673

Fonte: World Resources Institute (1991).

2.3 A distribuição mundial da água e as interferências humanas no ciclo da água

Em razão das peculiaridades climáticas causadas por diferenças latitudinais e altitudinais, as águas doces não estão distribuídas igualmente pelo Planeta. A Fig. 2.6 mostra as características da disponibilidade de água por continente e a Tab. 2.6, a drenagem anual *per capita* para 21 países em 1983 e 2000.

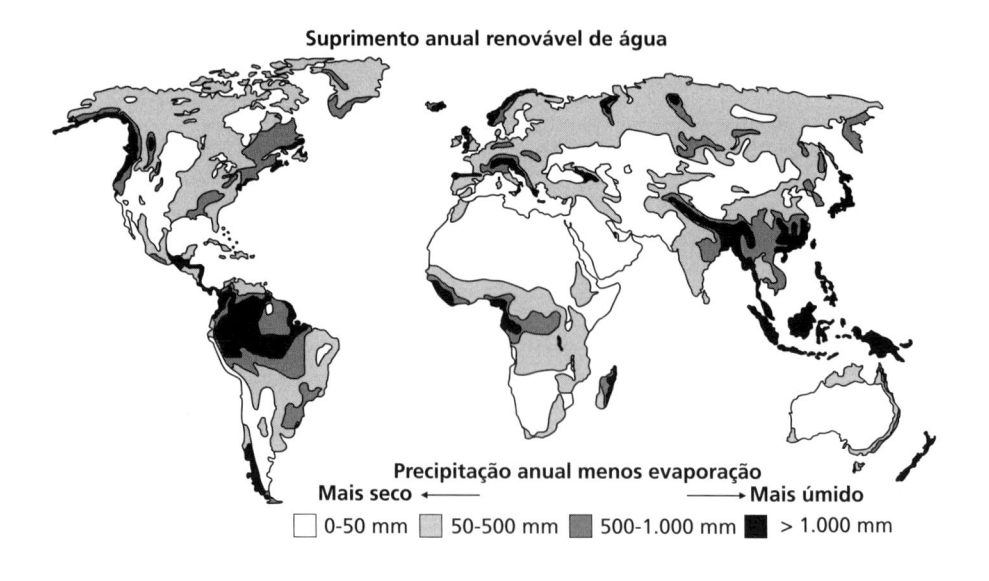

Fig. 2.6 Disponibilidade atual do suprimento de água por continente
Fonte: Postel (1997), baseado em: State Hidrological Institute of the USRR – *Atlas of World Water Balance* (Paris: Unesco, 1997).

Tab. 2.6 DRENAGEM ANUAL PER CAPITA DE 21 PAÍSES EM 1983, COM PROJEÇÕES PARA 2000

País	1983 (1.000 m³)	2000 (1.000 m³)	Alterações (%)
Canadá	110,0	95,1	−14
Noruega	91,7	91,7	0
Brasil	43,2	30,2	−30
Venezuela	42,3	26,8	−37
Suécia	23,4	24,3	+4
Austrália	21,8	18,5	−15
Ex-União Soviética	16,0	14,1	−12
Estados Unidos	10,0	8,8	−12
Indonésia	9,7	7,6	−22
México	4,4	2,9	−34
França	4,3	4,1	−5
Japão	3,3	3,1	−6
Nigéria	3,1	1,8	−42
China	2,8	2,3	−18
Índia	2,1	1,6	−24
Quênia	2,0	1,0	−50
África do Sul e Suazilândia	1,9	1,2	−37
Polônia	1,5	1,4	−7
Oeste da Alemanha	1,4	1,4	0
Bangladesh	1,3	0,9	−31
Egito	0,09	0,06	−33
Terra	8,3	6,3	−24

Fonte: Postel (1997).

A Tab. 2.7A apresenta a disponibilidade para países com escassez de água (menos de 1.000 m³/ano por pessoa) e a Tab. 2.7B, os países com mais e com menos água. Além de a distribuição mundial da água ser desigual, há ainda variabilidade natural de séries hidrométricas históricas (medidas dos volumes e vazões dos rios) em determinadas bacias hidrográficas. Essas séries determinam os principais usos da água e as estratégias de gerenciamento.

Em razão da variabilidade – associada aos fluxos de água, à vazão e ao volume –, programas de gerenciamento de água baseados em estatísticas de longo prazo não são realistas se considerados para curtos períodos de tempo (um ano ou meses). As interferências das atividades humanas no ciclo hidrológico ocorrem em muitos países de todos os continentes. Os impactos dessa intervenção no ciclo variam para cada região ou continente. De modo geral, esses impactos são:

   a] construção de reservatórios para aumentar as reservas de água e impedir o escoamento;

Tab. 2.7A Países com escassez de água(*)

Região/país	Suprimentos de águas renováveis (m³/pessoa)	População (milhões)	Tempo de duplicação da população (anos)
África			
Argélia	730	26,0	27
Botsuana	710	1.4	23
Burundi	620	5,8	21
Cabo Verde	500	0,4	21
Djibuti	750	0,4	24
Egito	30	55,7	28
Quênia	560	26,2	19
Líbia	160	4,5	23
Mauritânia	190	2,1	25
Ruanda	820	7,7	20
Tunísia	450	8,4	33
Oriente Médio			
Bahrein	0	0,5	29
Israel	330	5,2	45
Jordânia	190	3,6	20
Kuwait	0	1,4	23
Qatar	40	0,5	28
Arábia Saudita	140	16,1	20
Síria	550	13,7	18
Emirados Árabes	120	2,5	25
Iêmen	240	10,4	20
Outros			
Barbados	170	0,3	102
Bélgica	840	10,0	347
Hungria	580	10,3	–
Malta	80	0,4	92
Holanda	660	15,2	147
Singapura	210	2,8	51
População total		231,5	

(*) Países com suprimentos de água renováveis de menos de 1.000 m3/ano. Não inclui água que flui de países vizinhos

Fonte: Postel (1997).

2 O ciclo hidrológico e a distribuição de águas doces no Planeta 43

Tab. 2.7B PAÍSES COM MAIS E COM MENOS ÁGUA

Países com mais água (m³/hab)	
1. Guiana Francesa	812.121
2. Islândia	609.319
3. Suriname	292.566
4. Congo	275.679
25. Brasil	48.314
Países com menos água (m³/hab)	
Kuwait	10
Faixa de Gaza (Territ. Palestino)	52
Emirados Árabes Unidos	58
Ilhas Bahamas	66

Fonte: Unesco (2003).

b] uso excessivo de águas subterrâneas;
c] importação de água e transposição de águas entre bacias hidrográficas.

As atividades humanas alteram, portanto, o padrão espacial de vazão natural – em alguns casos, em mais de 70%.

2.4 A disponibilidade de águas doces no Brasil: a distribuição de águas doces e a dinâmica das águas continentais no Brasil

O Brasil possui grande disponibilidade hídrica, distribuída de forma desigual em relação à densidade populacional. A Tab. 2.8 mostra a disponibilidade hídrica e as vazões médias e de estiagem no Brasil. A produção total de águas doces no Brasil representa 53% do continente sul-americano (334.000 m³/s) e 12% do total mundial (1.488.000 m³/s) (Rebouças; Braga; Tundisi, 2006).

Tab. 2.8 DISPONIBILIDADE HÍDRICA E VAZÕES MÉDIAS E DE ESTIAGEM

Região hidrográfica	Vazão média (m³/s)	Disponibilidade hídrica (m³/s)	Estiagem – Q95 (m³/s)
Amazônica	132.145	73.748	73.748
Tocantins-Araguaia	13.799	5.447	2.696
Atlântico Nordeste Ocidental	2.608	320	320
Parnaíba	767	379	294
Atlântico Nordeste Oriental	774	91	32
São Francisco	2.846	1.886	852
Atlântico Leste	1.484	305	252

Tab. 2.8 DISPONIBILIDADE HÍDRICA E VAZÕES MÉDIAS E DE ESTIAGEM (CONTINUAÇÃO)

Região hidrográfica	Vazão média (m³/s)	Disponibilidade hídrica (m³/s)	Estiagem – Q95 (m³/s)
Atlântico Sudeste	3.162	1.109	986
Atlântico Sul	4.055	647	647
Paraná	11.414	5.792	3.901
Uruguai	4.103	565	394
Paraguai	2.359	782	782
Brasil	179.516	91.071	84.904

Fonte: ANA (2009).

Boxe 2.1
Estimativas dos recursos hídricos e dos volumes renováveis

As estimativas dos volumes renováveis de recursos hídricos podem ser feitas por meio de informações meteorológicas ou da determinação do volume de drenagem dos rios.

O volume dos recursos hídricos renováveis é estimado, em longos períodos de tempo, pela diferença entre precipitação e evaporação a partir dos continentes. As informações meteorológicas aplicam-se quando há insuficiência de dados e medições hidrológicas, e onde o número de estações meteorológicas permite ampla cobertura de território. Esse método, entretanto, dificilmente pode ser aplicado em regiões áridas ou semiáridas, onde valores de precipitação e evaporação podem apresentar muitos erros. A abordagem comum e mais acurada é a medida de drenagem dos rios, em continentes, regiões e países; as redes hidrológicas constituem excelente base de dados quantitativos e as informações meteorológicas servem de subsídio.

A disponibilidade de dados em longas séries é fundamental para os cálculos dos volumes renováveis de recursos hídricos. A Organização Meteorológica Mundial (OMM) tem atualmente 64 mil estações com medidas de drenagem de rios. Essas estações não estão distribuídas uniformemente pelo Planeta e a duração das observações varia de alguns meses a 180 anos!

Apesar dessa grande rede de estações hidrológicas, cerca de 15%-20% da superfície dos continentes não é coberta por estimativas regulares. Portanto, os dados sobre os volumes de água nos diferentes reservatórios (rios, lagos e represas artificiais), atmosfera e águas subterrâneas variam. Neste volume, as informações quantitativas apresentadas foram baseadas em fontes de organismos internacionais compiladas em Unesco (1978); Gleick (1993); Postel (1992); Shiklomanov (1998) e Speidel, Ruedisili e Agnew (1988). As informações para os volumes de recursos hídricos e drenagem no Brasil foram extraídas de Rebouças, Braga e Tundisi (2002).

As estimativas sobre os impactos das atividades humanas no ciclo hidrológico são mais difíceis de obter e envolvem uma série de cálculos e medições sobre atividades como irrigação, uso doméstico e industrial e uso municipal. Essas estimativas baseiam-se em dados fornecidos por países, regiões e municípios, e nos sistemas de abastecimento de água, mas, evidentemente, necessitam de mais acuracidade e eficiência na cobertura das informações.

Para realizar um balanço hídrico efetivo de regiões, deve-se considerar as seguintes condições:
≈ disponibilidade de informações confiáveis em longas séries históricas, com a maior frequência;
≈ localização das estações de coleta e informação com distribuição regular nas regiões onde está sendo efetuado o balanço hídrico;
≈ as observações devem refletir o sistema de drenagem natural;
≈ disponibilidade de informações quantitativas sobre os usos múltiplos e seus impactos nas várias regiões.

A Tab. 2.9 apresenta a produção hídrica por Estado no Brasil e a disponibilidade hídrica social, incluindo os dados de densidade populacional e a utilização anual em metros cúbicos por ano. Como acentuam Rebouças, Braga e Tundisi (1999), 80% da produção hídrica brasileira concentra-se em três grandes unidades hidrográficas: Amazonas, São Francisco e Paraná. As Figs. 2.7, 2.8 e 2.9 mostram, respectivamente, as principais bacias hidrográficas da América do Sul, as províncias hidrogeológicas e os potenciais de águas subterrâneas do Brasil. Por sua vez, as Figs. 2.10 e 2.11 mostram, respectivamente, a precipitação anual no Brasil e suas regiões hidrográficas com a distribuição populacional.

Tab. 2.9 Disponibilidade hídrica social e demandas por Estado no Brasil

Estados	Potencial hídrico (km^3/ano)	População (hab)[2]	Disponibilidade hídrica social (m^3/hab/ano)	Densidade populacional (hab/km^2)	Utilização total (m^3/hab/ano)[3]	Nível de utilização 1991
RO	150,2	1.229.306	115.538	5,81	44	0,03
AC	154,0	483.593	351.123	3,02	95	0,02
AM	1.848,3	2.389.279	773.000	1,50	80	0,00
RR	372,31	247.131	1.506.488	1,21	92	0,00
PA	1.124,7	5.510.849	204.491	4,43	46	0,02
AP	196,0	379.459	516.525	2,33	69	0,01
TO[1]	122,8	1.048.642	116.952	3,66		
MA	84,7	5.22.183	16.226	15,89	61	0,35

Tab. 2.9 DISPONIBILIDADE HÍDRICA SOCIAL E DEMANDAS POR ESTADO NO BRASIL (CONTINUAÇÃO)

Estados	Potencial hídrico (km³/ano)	População (hab)[2]	Disponibilidade hídrica social (m³/hab/ano)	Densidade populacional (hab/km²)	Utilização total (m³/hab/ano)[3]	Nível de utilização 1991
PI	24,8	2.673.085	9.185	10,92	101	1,05
CE	15,5	6.809.290	2.279	46,42	259	10,63
RN	4,3	2.558.660	1.654	49,15	207	11,62
PB	4,6	3.305.616	1.394	59,58	172	12,00
PE	9,4	7.399.071	1.270	75,98	268	20,30
AL	4,4	2.633.251	1.692	97,53	159	9,10
SE	2,6	1.624.020	1.625	73,97	161	5,70
BA	35,9	12.541.675	2.872	22,60	173	5,71
MG	193,9	16.672.613	11.611	28,34	262	2,12
ES	18,8	2.802.707	6.714	61,25	223	3,10
RJ	29,6	13.406.308	2.189	305,35	224	9,68
SP	91,9	34.119.110	2.209	137,38	373	12,00
PR	113,4	9.003.804	12.600	43,92	189	1,41
SC	62,0	4.875.244	12.653	51,38	366	2,68
RS	190,0	9.634.688	19.792	34,31	1.015	4,90
MS	69,7	1.927.834	36.684	5,42	174	0,44
MT	522,3	2.235.832	237.409	2,62	89	0,03
GO	283,9	4.514.967	63.089	12,81	177	0,25
DF	2,8	1.821.946	1.555	303,85	150	8,56
Brasil	5.610,0	157.070.163	35.732	18,37	273	0,71

Fontes: 1. SRH-MMA; 2. Censo IBGE (1996); 3. Rebouças (1994).

Boxe 2.2
Aquífero Guarani

O termo Aquífero Guarani (Rocha, 1997) é a denominação dada ao sistema hidroestratigráfico Mesozoico, constituído por depósitos de origem fluviolacustre/eólicos do Triássico (Formações Pirambóia e Rosário do Sul no Brasil e Buena Vista no Uruguai) e por depósitos de origem eólica do Jurássico (Formação Botucatu no Brasil, Missiones no Paraguai e Tacuarenbó no Uruguai e na Argentina). Sua área de ocorrência, de 1.195.200 km², extrapola a porção brasileira da bacia do Paraná em mais de 839.800 km² (MS = 213.200 km², RS = 157.600 km², SP = 155.800 km², PR = 131.300 km², GO = 55.000 km², MG = 51.300 km², SC = 49.200 km² e MT = 26.400 km²) e estende-se na direção do Paraguai (71.700 km²), da Argentina (225.300 km²) e do Uruguai (58.400 km²). O aquífero é confinado pelos basaltos da

Formação Serra Geral (Cretáceo) e por sedimentos permotriássicos de baixa permeabilidade. As reservas brasileiras de água subterrânea desse aquífero são estimadas em 48.000 km^3, sendo as recargas naturais, nos 118.000 km^2 de afloramento, da ordem de 26 km^3/ano, e as recargas indiretas reduzidas pelos potenciais hidráulicos superiores das águas acumuladas nos basaltos e sedimentos do Grupo Bauru/Caiuá, da ordem de 140 km^3/ano. O tempo de renovação de suas águas é de 300 anos, contra 20.000 anos na Grande Bacia Artesiana da Austrália, por exemplo. As águas são de excelente qualidade para consumo doméstico, industrial e irrigação, e, em função das temperaturas superiores a 30°C em todo o domínio confinado, vêm sendo muito utilizadas para desenvolvimento de balneários. Em cerca de 70% da área de ocorrência, onde as cotas topográficas são inferiores a 500 m, há possibilidade de os poços serem jorrantes. O extrativismo é dominante e o desperdício é flagrante, exigindo medidas urgentes nos planos nacional e internacional (Rebouças, 1976, 1994). O Aquífero Guarani é uma importante reserva de água de excelente qualidade e que necessita de proteção e conservação.

Fonte: Rebouças, Braga e Tundisi (2002).

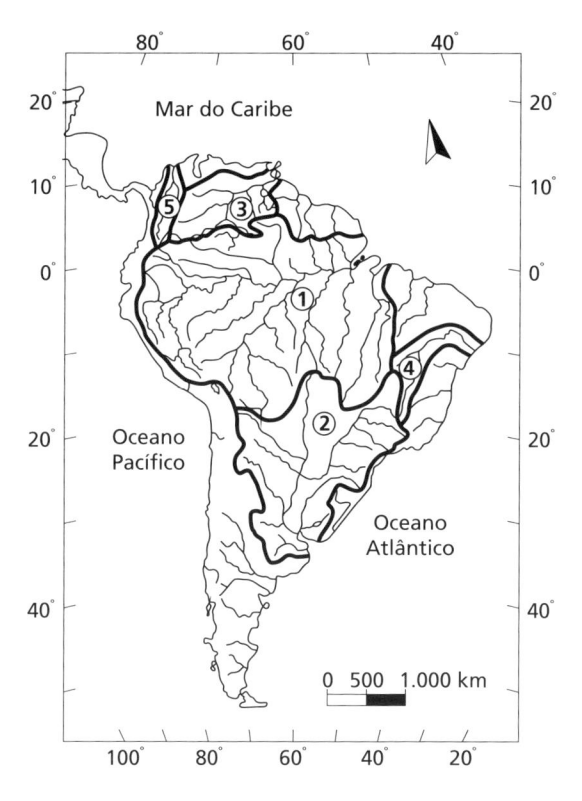

Fig. 2.7 Principais bacias hidrográficas da América do Sul
Fonte: Tundisi (1994a).

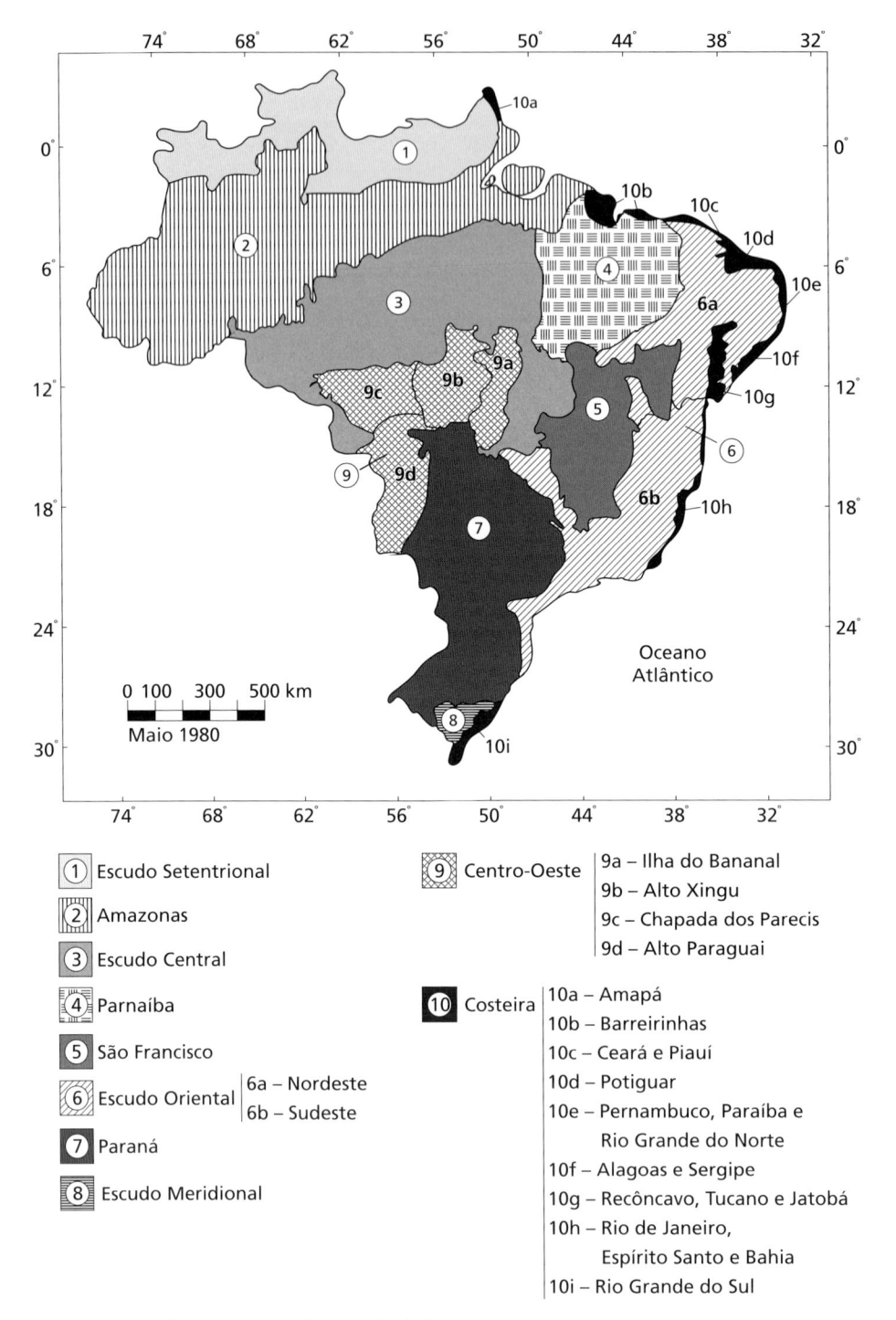

① Escudo Setentrional
② Amazonas
③ Escudo Central
④ Parnaíba
⑤ São Francisco
⑥ Escudo Oriental | 6a – Nordeste
                    | 6b – Sudeste
⑦ Paraná
⑧ Escudo Meridional
⑨ Centro-Oeste
9a – Ilha do Bananal
9b – Alto Xingu
9c – Chapada dos Parecis
9d – Alto Paraguai
⑩ Costeira
10a – Amapá
10b – Barreirinhas
10c – Ceará e Piauí
10d – Potiguar
10e – Pernambuco, Paraíba e Rio Grande do Norte
10f – Alagoas e Sergipe
10g – Recôncavo, Tucano e Jatobá
10h – Rio de Janeiro, Espírito Santo e Bahia
10i – Rio Grande do Sul

Fig. 2.8 Principais províncias e subprovíncias hidrogeológicas do Brasil
Fonte: Rebouças (2002).

2 O ciclo hidrológico e a distribuição de águas doces no Planeta   49

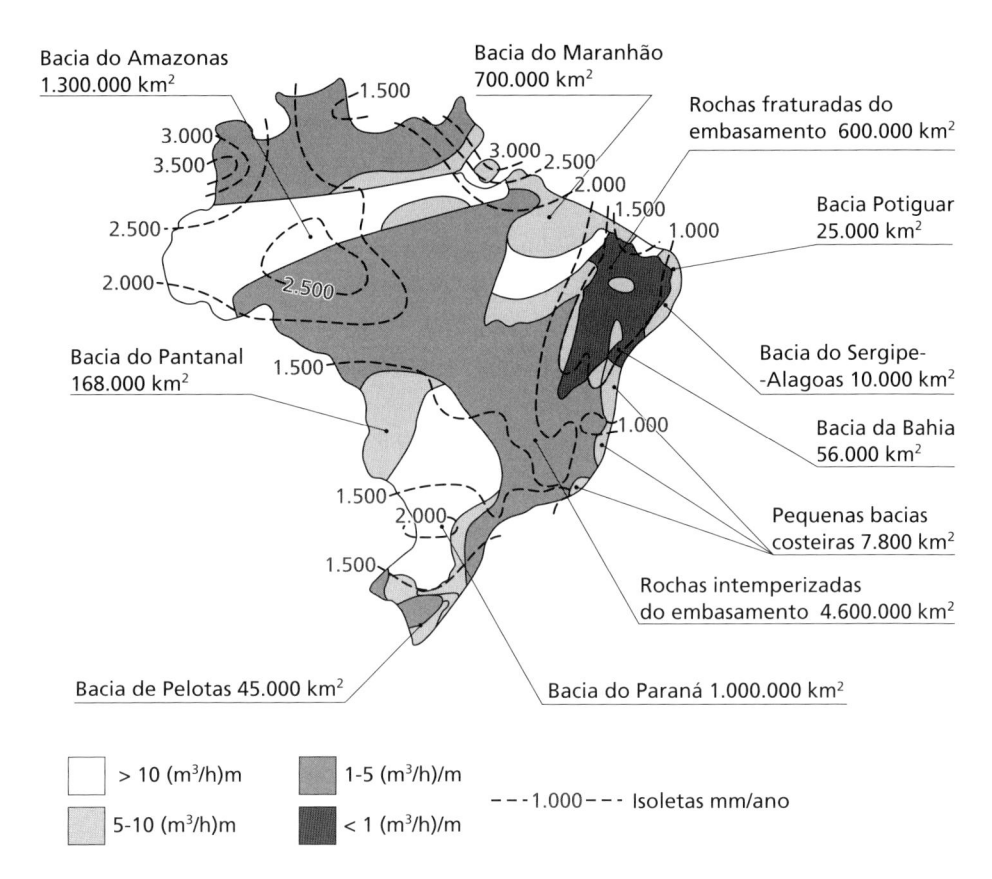

Fig. 2.9 Potenciais de águas subterrâneas do Brasil
Fonte: Rebouças, Braga e Tundisi (1999).

Conclusões

O ciclo hidrológico é impulsionado pelos seguintes fatores: energia da radiação solar, ação dos ventos, interação dos oceanos com a atmosfera e evaporação a partir das massas de águas continentais e oceânicas. As reservas de águas superficiais estão distribuídas de forma desigual pela Terra, e as águas subterrâneas são um potencial importante de suprimento explorado em determinadas regiões. Como as águas doces constituem uma porção ínfima (3%) do total de água no Planeta, o suprimento de água líquida é fundamental para os usos e a economia de municípios, países e regiões. Rios e lagos constituem importantes reservas de água, às quais deve-se adicionar as represas construídas pelo homem, com diversas finalidades e localizadas em todos os continentes.

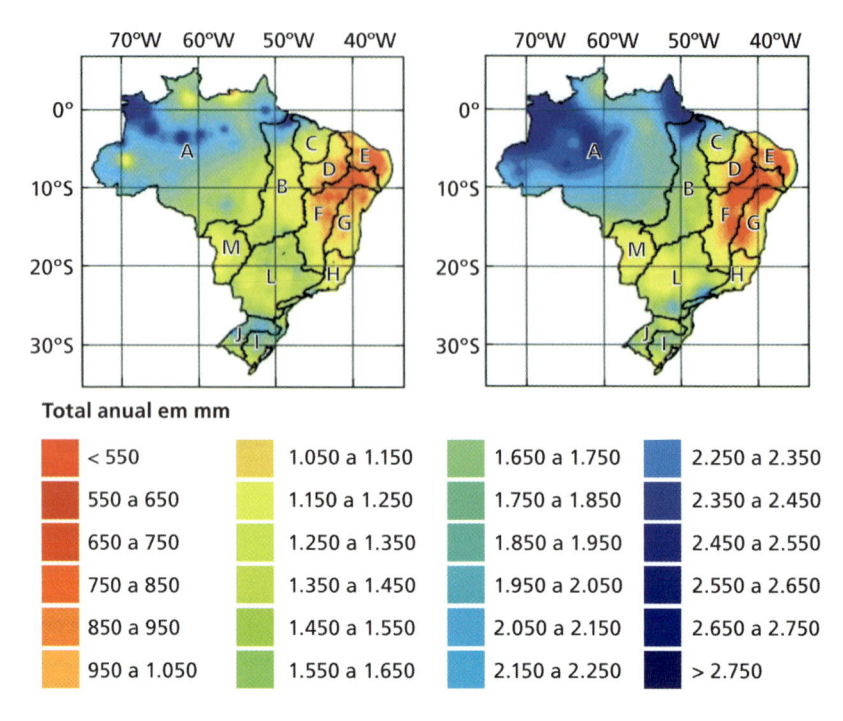

Fig. 2.10 Precipitação anual no Brasil – ano hidrológico 2007 e média de 1961 a 2007
Fonte: ANA (2009).

O ciclo global da água, por um lado, depende das fontes naturais de energia e, por outro, tem considerável influência no balanço de energia da atmosfera e na superfície dos continentes.

A circulação na atmosfera e na hidrosfera tem efeito relevante no ciclo global da água, e as correntes marinhas alteram substancialmente a temperatura da superfície dos oceanos, produzindo alterações em evaporação e precipitação.

No Brasil, há desproporção entre os suprimentos de água doce, a distribuição da população e as demandas *per capita*. O balanço hídrico global do Brasil (relação descarga/precipitação) é de 36%. As demandas para agricultura (irrigação) e para uso doméstico em função da urbanização tendem a aumentar no País.

2 O ciclo hidrológico e a distribuição de águas doces no Planeta   51

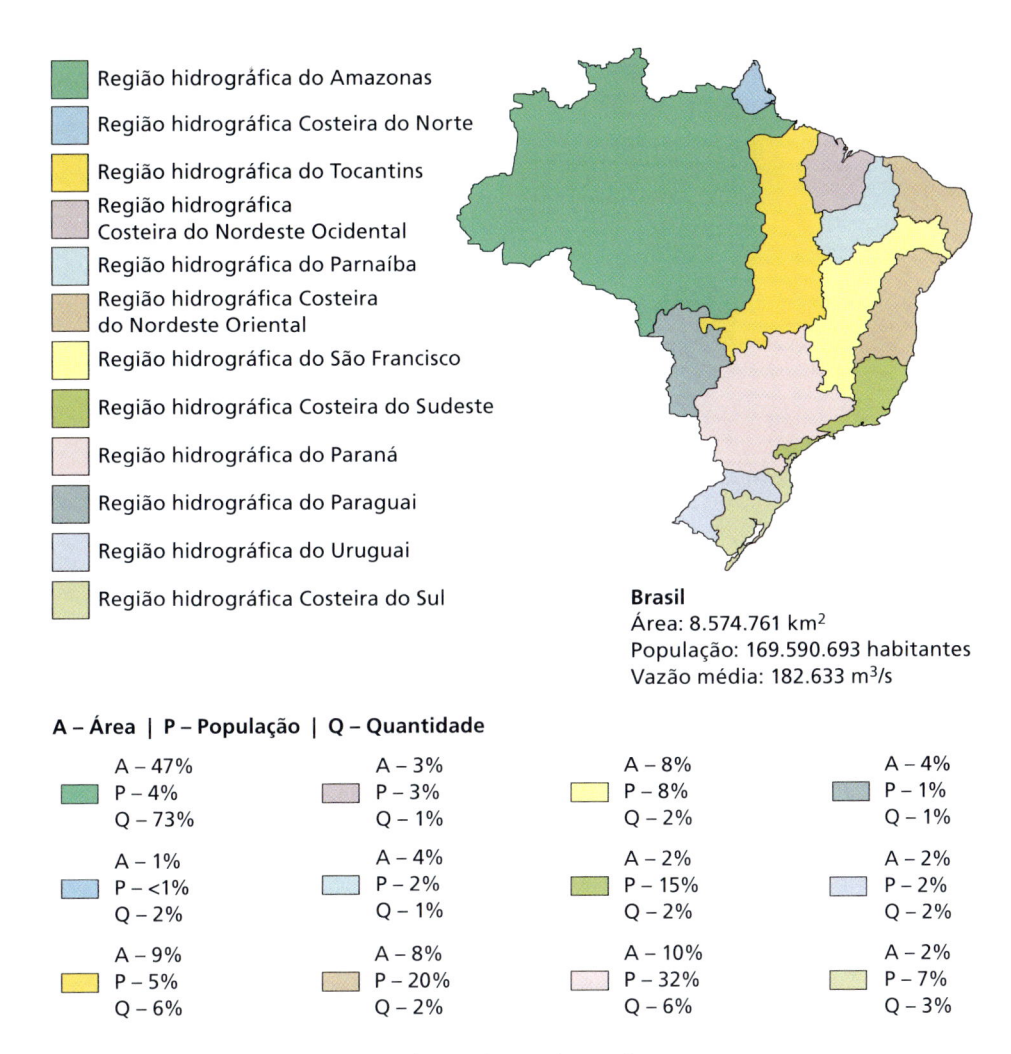

- Região hidrográfica do Amazonas
- Região hidrográfica Costeira do Norte
- Região hidrográfica do Tocantins
- Região hidrográfica Costeira do Nordeste Ocidental
- Região hidrográfica do Parnaíba
- Região hidrográfica Costeira do Nordeste Oriental
- Região hidrográfica do São Francisco
- Região hidrográfica Costeira do Sudeste
- Região hidrográfica do Paraná
- Região hidrográfica do Paraguai
- Região hidrográfica do Uruguai
- Região hidrográfica Costeira do Sul

Brasil
Área: 8.574.761 km²
População: 169.590.693 habitantes
Vazão média: 182.633 m³/s

A – Área | P – População | Q – Quantidade

A – 47%
P – 4%
Q – 73%

A – 3%
P – 3%
Q – 1%

A – 8%
P – 8%
Q – 2%

A – 4%
P – 1%
Q – 1%

A – 1%
P – <1%
Q – 2%

A – 4%
P – 2%
Q – 1%

A – 2%
P – 15%
Q – 2%

A – 2%
P – 2%
Q – 2%

A – 9%
P – 5%
Q – 6%

A – 8%
P – 20%
Q – 2%

A – 10%
P – 32%
Q – 6%

A – 2%
P – 7%
Q – 3%

Fig. 2.11 Regiões hidrográficas do Brasil e distribuição da população
Fonte: ANA (2002).

Usos múltiplos das águas superficiais e subterrâneas

3

O consumo de água nas atividades humanas varia muito entre diversas regiões e países. Os usos múltiplos da água e as permanentes necessidades de água para fazer frente ao crescimento populacional e às demandas industriais e agrícolas têm gerado permanente pressão sobre os recursos hídricos superficiais e subterrâneos.

Quando determinada área é desenvolvida para uso humano, muitos sistemas que retêm a água do ciclo hidrológico são removidos. Há um aumento rápido do escoamento urbano, por causa da pavimentação e da retirada da vegetação, fatores fundamentais na recarga dos aquíferos.

As tendências no uso mundial da água são descritas, de modo geral, na Fig. 3.1.

No início da década de 1960, houve considerável acréscimo do uso da água na agricultura, principalmente para a irrigação, e

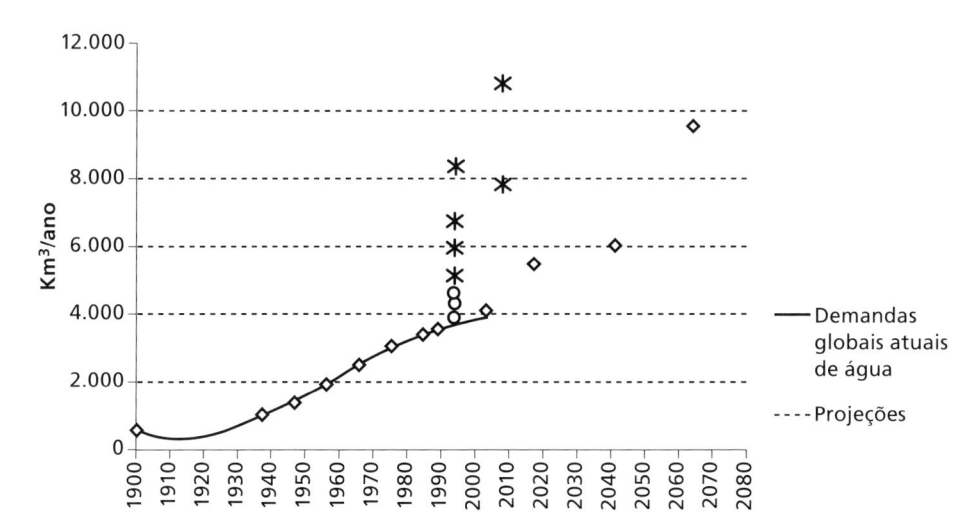

Fig. 3.1 Tendências no consumo global de água, no período 1900-2000
Fonte: Gleick (1993).

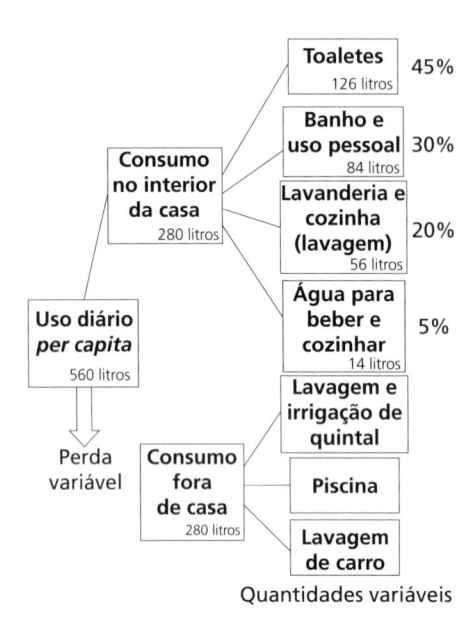

Fig. 3.2 O uso da água em residências. O volume *per capita* varia de um lugar para outro. Os volumes apresentados referem-se a uma família de classe média em país desenvolvido; os números são menores para famílias de classe média e baixa renda em países pobres ou emergentes
Fonte: Gibbons (1987); Postel (1997).

Uso diário *per capita* 560 litros → Perda variável

Consumo no interior da casa 280 litros:
- Toaletes 126 litros — 45%
- Banho e uso pessoal 84 litros — 30%
- Lavanderia e cozinha (lavagem) 56 litros — 20%
- Água para beber e cozinhar 14 litros — 5%

Consumo fora de casa 280 litros (Quantidades variáveis):
- Lavagem e irrigação de quintal
- Piscina
- Lavagem de carro

também em outras atividades, como na produção de suínos e aves, dessedentação de animais e disponibilização de águas superficiais e subterrâneas para várias atividades agrícolas (Biswas, 1983, 1990a, 1991). Outra importante utilização da água, na manutenção das funções vitais dos seres vivos e do *Homo sapiens*, é descrita na Fig. 3.2, que relaciona também o consumo diário de água por pessoa.

Os usos múltiplos da água incluem, além da irrigação e da utilização doméstica, a navegação, a recreação e o turismo. As duas últimas atividades são extremamente importantes em regiões do interior dos continentes, em que o acesso à recreação em água doce é mais fácil e barato, consequentemente, com pressão considerável sobre rios, lagos e represas.

Foto: J. G. Tundisi

Lagos utilizados para recreação: são muitos ao redor do mundo. Este lago, em Nainital, na Índia, é um dos mais conhecidos locais de recreação, próximo ao Himalaia da Índia

3 Usos múltiplos das águas superficiais e subterrâneas   55

Foto: J. G. Tundisi

Viena, Áustria. Em muitos lugares da Europa, dos Estados Unidos, do Sudeste da Ásia e também do Brasil, a utilização de rios e canais para recreação e transporte é uma alternativa econômica extremamente importante

Foto: J. G. Tundisi

Lago natural na província de Alberta, Canadá. Lagos naturais em regiões protegidas são valiosos componentes da paisagem e têm enorme importância turística, econômica e social

Outro uso intensivo de água é na mineração, principalmente na lavagem e purificação de minérios, além de diversificada e múltipla série de processos na indústria, como resfriamento e plantas de lavagem, limpeza e descarga de materiais. Nos Estados Unidos, por exemplo, em 1990, a indústria consumia 120 bilhões de litros por dia para suprir a produção.

Outro importante uso da água é na produção de hidroeletricidade, que, no caso do Brasil, supre cerca de 85% da energia necessária ao País. A produção de energia hidroelétrica, com a construção de represas, causa impactos tanto negativos quanto positivos (ver Cap. 4). A produção de 1 kw de eletricidade requer 16 mil litros de água, o que dá uma ideia quantitativa dos volumes de água necessários para produzir energia. O Quadro 3.1 apresenta os principais usos múltiplos da água; a Tab. 3.1, os diferentes usos da água em km^3 por continente; e a Tab. 3.2, a área irrigada em 20 países.

Quadro 3.1 Usos múltiplos da água

Agricultura	Irrigação e outras atividades relacionadas
Abastecimento público	Usos domésticos
Hidroeletricidade	
Usos industriais diversificados	
Recreação	
Turismo	
Pesca	Produção pesqueira comercial ou esportiva
Aquacultura	Cultivo de peixes, moluscos, crustáceos de água doce. Reserva de água doce para futuros empreendimentos e consequente uso múltiplo
Transporte e navegação	
Mineração	
Usos estéticos	Recreação, turismo, paisagem

O Quadro 3.2 mostra os benefícios obtidos pelo homem com os usos da água e dos ecossistemas aquáticos. Esses benefícios distribuem-se desde o suprimento de alimentos até a produção de energia e também recreação, controle, preservação da biodiversidade e uso estético de lagos, rios e represas.

3.1 A diversificação dos usos múltiplos e os impactos

Ao longo de toda a história da humanidade, o desenvolvimento econômico e a diversificação da sociedade resultaram em usos múltiplos e

3 Usos múltiplos das águas superficiais e subterrâneas

Tab. 3.1 USOS MÚLTIPLOS DA ÁGUA POR CONTINENTE (KM^3) (1995)

Região	Irrigação	Indústria	Doméstico/municipal
África	127,7	7,3	10,2
Ásia	1.388,8	147,0	98,0
Austrália – Oceania	5,7	0,3	10,7
Europa	141,1	250,4	63,7
Américas do Norte e Central	248,1	235,5	54,8
América do Sul	62,7	24,4	19,1
Total mundial	2.024,1	684,9	256,5
Porcentagem do total mundial (%)	68,3	23,1	8,6

Fonte: Raven, Berg e Johnson (1998).

Tab. 3.2 ÁREA IRRIGADA EM 20 PAÍSES (1989)

País	Área irrigada (milhares de hectares)	Porcentagem de terras agriculturáveis irrigadas (%)
China	45.349	47
Índia	43.039	25
União Soviética	21.064	9
Estados Unidos	20.162	11
Paquistão	16.220	78
Indonésia	7.550	36
Irã	5.750	39
México	5.150	21
Tailândia	4.230	19
Romênia	3.450	33
Espanha	3.360	17
Itália	3.100	26
Japão	2.868	62
Bangladesh	2.738	29
Brasil	2.700	3
Afeganistão	2.660	33
Egito	2.585	100
Iraque	2.550	47
Turquia	2.220	8
Sudão	1.890	15
Outros	36.664	7
Mundo	235.299	16

variados dos recursos hídricos superficiais e subterrâneos. Não só o aumento populacional e a aceleração da economia ampliam os usos múltiplos, mas também o desenvolvimento cultural faz com que outras necessidades sejam incorporadas, resultando em impactos diversificados e de maior amplitude (Fig. 3.3). Comum em muitos países é a visão religiosa da água, o que resulta, em alguns casos, na utilização em massa de rios e lagos sagrados para diversas atividades (Biswas; Jellali; Stout, 1993).

Quadro 3.2 BENEFÍCIOS DOS ECOSSISTEMAS AQUÁTICOS PARA O HOMEM

Benefícios do uso dos ecossistemas aquáticos pelo homem
Preparação de alimentos nas residências e elaboração industrial de alimentos
Suprimento de água para o corpo, higiene pessoal e disposição de resíduos
Irrigação
Água para animais domesticados, produção em massa de vários alimentos
Geração de energia
≈ Hidroeletricidade
≈ Regulação de temperatura
≈ Transferência de energia em processos de aquecimento e resfriamento
≈ Uso em manufatura
≈ Uso para extinguir incêndios
Produtos de colheita em ecossistemas aquáticos saudáveis
Pesca e vida selvagem (esporte, pesca esportiva, caça, natação)
Extração de madeira e fungos (florestas tropicais)
Produtos vegetais de áreas alagadas, brejos, lagos (arroz, bagas silvestres)
Minerais de rios e materiais (areia e cascalho)
Serviços proporcionados pelos ecossistemas aquáticos saudáveis
Recreação
Turismo
Transporte e navegação
Reserva de água doce (em bacias hidrográficas e em geleiras)
Controle de enchentes
Deposição de nutrientes nas várzeas
Purificação natural de detritos
Hábitat para diversidade biológica
Moderação e estabilização de microclimas urbanos e rurais
Moderação do clima global
Balanço de nutrientes e efeitos tampão em rios
Saúde mental e estética

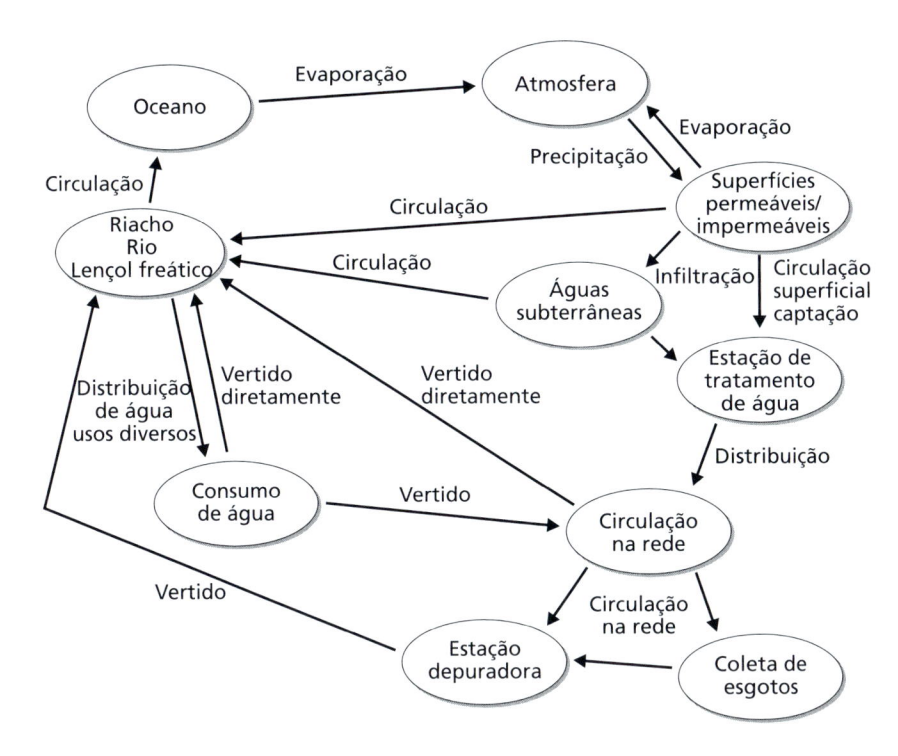

Fig. 3.3 Os efeitos das atividades humanas no ciclo da água
Fonte: modificado de Desbordes, Deutsch e Frerot (1990).

Cerimônia religiosa no rio Ganges, na Índia. Cerimônias religiosas em muitos rios do planeta podem reunir milhões de pessoas

O aumento e a diversificação dos usos múltiplos da água resultaram em uma multiplicidade de impactos, de diversas magnitudes, que exigem, evidentemente, diferentes tipos de avaliação qualitativa e quantitativa, além de um monitoramento adequado e de longo prazo. Um mesmo rio, lago ou represa pode ser objeto de variados usos ao longo de seu trajeto, como a utilização de suas praias e diferentes regiões. Rios internacionais, como o Ganges-Brahmaputra-Meghna, têm usos diversificados ao longo de seu trajeto com mais de três mil km. Em uma área de 1.087.300 km^2 vivem cerca de 535 milhões de pessoas na Índia, Bangladesh e Nepal (Biswas; Uitto, 2001).

A bacia do Prata, na América do Sul, também apresenta diversificação de usos múltiplos ao longo do seu eixo norte-sul. Por exemplo, na parte norte da bacia, principalmente nas cabeceiras dos rios Paraná, Paranapanema e Tietê, a água é utilizada para a produção de hidroeletricidade e atividades agrícolas, enquanto na região sul predomina o uso em transporte e pesca. A Fig. 3.4 mostra as principais propriedades da água que são necessárias para os diversos usos. Observa-se por essa figura que as propriedades variam com os usos da água. A Tab. 3.3 ilustra as quantidades de água necessárias para a produção de alimentos, mostrando os grandes volumes utilizados. A duplicação da produção de alimentos, exigência para suprir as deficiências em toda a humanidade, certamente demandará volumes muito significativos de água (Botsford; Castilla; Peterson, 1997).

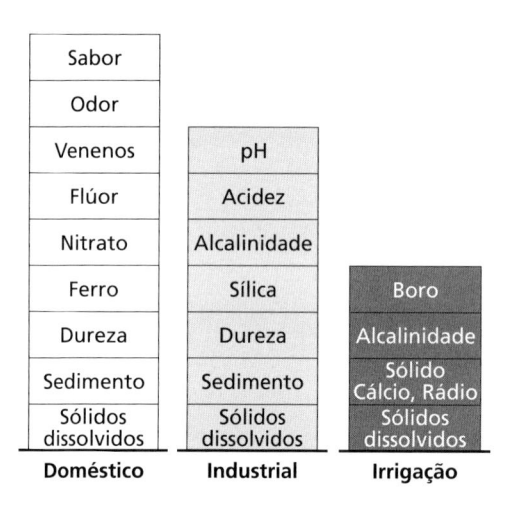

Doméstico	Industrial	Irrigação
Sabor		
Odor		
Venenos	pH	
Flúor	Acidez	
Nitrato	Alcalinidade	
Ferro	Sílica	Boro
Dureza	Dureza	Alcalinidade
Sedimento	Sedimento	Sólido Cálcio, Rádio
Sólidos dissolvidos	Sólidos dissolvidos	Sólidos dissolvidos

Fig. 3.4 As principais propriedades da água importantes para os diversos usos
Fonte: Speidel, Ruedisili e Agnew (1988).

Boxe 3.1
Água em números

≈ Cerca de 70% do corpo humano consiste em água.
≈ Aproximadamente 34 mil pessoas morrem diariamente em consequência de doenças relacionadas com a água.

- ≈ 65% das internações hospitalares no Brasil se devem a doenças de veiculação hídrica.
- ≈ Uma pessoa necessita de, no mínimo, cinco litros de água por dia para beber e cozinhar, e 25 litros para higiene pessoal.
- ≈ Uma família média consome cerca de 350 litros de água por dia no Canadá, 20 litros na África, 165 litros na Europa e 200 litros no Brasil.
- ≈ As perdas de água na rede de distribuição no Brasil variam de 30% a 65% do total aduzido.
- ≈ Aproximadamente 1,4 bilhão de litros de água são necessários para produzir um dia de papel para a imprensa mundial.
- ≈ Um tomate contém 95% de água.
- ≈ 9.400 litros de água são necessários para produzir 4 pneus de carro.
- ≈ Abastecimento e saneamento adequados reduzem a mortalidade infantil em 50%.
- ≈ Uma pessoa sobrevive apenas uma semana sem água.
- ≈ Mulheres e crianças em muitos países em desenvolvimento viajam, em média, de 10 a 15 km todos os dias para obter água.

Fonte: CTHidro, McGill University (2001).

Tab. 3.3 QUANTIDADE DE ÁGUA NECESSÁRIA PARA PRODUZIR OS PRINCIPAIS ALIMENTOS

Produto	Unidade	Água (m^3)
Bovino	Cabeça	4.000
Ovelhas e cabras	Cabeça	500
Carne fresca de bovino	Quilograma	15
Carne fresca de ovelha	Quilograma	10
Carne fresca de frango	Quilograma	6
Cereais	Quilograma	1,5
Cítricos	Quilograma	1
Azeites	Quilograma	2
Legumes, raízes e tubérculos	Quilograma	1

Fonte: Unesco (2003).

Conclusões

A diversificação dos usos múltiplos, com o desenvolvimento econômico e social, produziu inúmeras pressões sobre o ciclo hidrológico e sobre as reservas de águas superficiais e subterrâneas. Os usos da água para agricultura intensificaram-se a partir da segunda metade do século XX, tornando-se uma das principais utilizações. A diversificação dos usos múltiplos tornou os impactos mais severos e complexos. Os benefícios dos usos dos ecossistemas aquáticos ao homem são múltiplos e variados e, além de apresentarem repercussão econômica, têm valores estéticos e culturais.

A deterioração dos suprimentos de água e dos mananciais: a crise da água

4

O conjunto de ações produzidas pelas atividades humanas ao explorar os recursos hídricos para expandir o desenvolvimento econômico, além de fazer frente às demandas industriais e agrícolas, somadas ao crescimento da população e das áreas urbanas, foi se tornando complexo ao longo da história da humanidade. Os diferentes impactos produzidos pelo homem no decorrer da história estão representados na Tab. 4.1, que, mesmo incompleta, apresenta uma ideia da evolução dos diferentes usos com o tempo.

O Quadro 4.1 apresenta a variada gama de impactos produzidos pelas mais diversas atividades humanas sobre os recursos hídricos,

Tab. 4.1 Histórico do uso e da transformação dos ecossistemas aquáticos continentais

Alteração e uso	1680	1800	1900	1950	1980	1985	1990
Navegação em canais naturais (km)	< 200	3.125	8.750	N. D.	498.000	N. D.	
Navegação em canais construídos	5.000	8.750	21.250	N. D.	63.125	N. D.	
Grandes represas (> 5 km^3)	N. D.	N. D.	41	539	N. D.	1.777	> 2.000
Volume represado (km^3)	N. D.	N. D.	N. D.	528	N. D.	4.982	> 6.000 m^3
Potencial hidroelétrico (MWh/ano × 10^6)	N. D.	N. D.	N. D.	50	N. D.	550	2.112
Retiradas de águas (km^3/ano)							
Irrigação	95	226	550	1.080	N.D.	2.710	3.000
Consumo	5	8	25	65	195	N. D.	300
Todos os usos	104	243	654	1.415	3.640	N. D.	4.130
Uso *per capita* (m^3 × ano/pessoa × 10^3)	153	254	396	563	824	N. D.	
Áreas drenadas (km^2)	N. D.	N. D.	N. D.	N. D.	N. D.	160	600

Fonte: modificado de Naiman et al. (1995).

N. D. – não determinado, sem informações.

Quadro 4.1 Impactos das atividades humanas sobre os ecossistemas aquáticos e respectivos valores/serviços em riscos

Atividade humana	Impacto nos ecossistemas aquáticos	Valores/serviços em risco
Construção de represas	Altera o fluxo dos rios e o transporte de nutrientes e sedimento, e interfere na migração e reprodução de peixes	Altera hábitats e a pesca comercial e esportiva; altera os deltas e suas economias
Construção de diques e canais	Destrói a conexão do rio com as áreas inundáveis	Afeta a fertilidade natural das várzeas e o controle das enchentes
Alteração do canal natural dos rios	Danifica ecologicamente os rios; modifica os fluxos dos rios	Afeta os hábitats e a pesca comercial e esportiva; afeta a produção de hidroeletricidade e o transporte
Drenagem de áreas alagadas	Elimina um componente-chave dos ecossistemas aquáticos	Perda de biodiversidade; de funções naturais de filtragem e reciclagem de nutrientes; de hábitats para peixes e aves aquáticas
Desmatamento/uso do solo	Altera padrões de drenagem, inibe a recarga natural dos aquíferos, aumenta a sedimentação	Altera a qualidade e a quantidade da água, pesca comercial, biodiversidade e o controle de enchentes
Poluição não controlada	Diminui a qualidade da água	Altera o suprimento de água, a pesca comercial; aumenta os custos de tratamento; diminui a biodiversidade; e afeta a saúde humana
Remoção excessiva de biomassa	Diminui os recursos vivos e a biodiversidade	Altera a pesca comercial e esportiva, os ciclos naturais dos organismos, e diminui a biodiversidade
Introdução de espécies exóticas	Elimina as espécies nativas; altera ciclos de nutrientes e ciclos biológicos	Perda de hábitats e alteração da pesca comercial; perda da biodiversidade natural e dos estoques genéticos
Poluentes do ar (chuva ácida) e metais pesados	Altera a composição química de rios e lagos	Altera a pesca comercial; afeta a biota aquática, a recreação, a saúde humana e a agricultura

Quadro 4.1 IMPACTOS DAS ATIVIDADES HUMANAS SOBRE OS ECOSSISTEMAS AQUÁTICOS E RESPECTIVOS VALORES/SERVIÇOS EM RISCOS (CONTINUAÇÃO)

Atividade humana	Impacto nos ecossistemas aquáticos	Valores/serviços em risco
Mudanças globais no clima	Afeta drasticamente o volume dos recursos hídricos; altera padrões de distribuição de precipitação e evaporação	Afeta o suprimento de água, transporte, produção de energia elétrica, produção agrícola e pesca; e aumenta enchentes e fluxo de água em rios
Crescimento da população e padrões gerais do consumo humano	Aumenta a pressão para construção de hidroelétricas e aumenta a poluição da água e a acidificação de lagos e rios; altera ciclos hidrológicos	Afeta praticamente todas as atividades econômicas que dependem dos serviços dos ecossistemas aquáticos

Fontes: NAS (1999); Tundisi, Matsumura-Tundisi e Rocha (2002); Tundisi et al. (2000); Turner et al. (1990).

bem como os valores/serviços de ecossistemas em risco. Essa percepção dos "serviços" do ecossistema que estão em risco também é importante por representar uma valoração adequada e necessária para cada ecossistema aquático, seja ele rio, lago, represa, área alagada, tanque ou qualquer sistema natural ou artificial. Essa valoração é fundamental para cálculos econômicos, valores de perda de serviços e também para calcular os custos do tratamento e da recuperação. Trata também da inter-relação entre os vários componentes dos sistemas terrestres e aquáticos e da interdependência de fatores como clima, biodiversidade, cobertura florestal, produção de alimentos, usos e "serviços" dos sistemas aquáticos e respectivos valores de cada "serviço".

A Fig. 4.1 mostra duas das causas fundamentais dos impactos nos ecossistemas aquáticos continentais de superfície e subterrâneos: o crescimento mundial da população humana e o grau de urbanização.

A contaminação das águas subterrâneas é outra fonte importantíssima de deterioração dos recursos hídricos e das reservas disponíveis. A Fig. 4.2 mostra as principais fontes de contaminação das águas subterrâneas com efeitos diversificados na qualidade das águas e repercussão na saúde humana. A contaminação inclui percolação por resíduos de aterros sanitários, percolação a partir de lagoas de estabilização, perdas por derrames, acidentes em tanques de reservas de combustíveis e descargas a partir de fossas negras. O uso de fertilizantes na irrigação (inclusive o restilo de cana-de-açúcar) pode contaminar, por percolação, os aquíferos. Tanques que reservam resíduos industriais, alguns tóxicos, também podem ser causa de contaminação dos aquíferos. Outra fonte são tanques para reservas de resíduos de animais (fezes) ou para reservas de ração; além disso, algumas disposições inadequadas de resíduos industriais também podem ser fontes importantes de deterioração das reservas de águas subterrâneas. Águas municipais, com esgotos não tratados, também podem conter detritos de várias origens. No Brasil, uma fonte muito significativa de contaminação é a mineração, assim como a perda de material de tanques de reserva de álcool ou gasolina em postos de combustíveis, e ainda a grande concentração de fazendas de criação de gado confinado ou suínos, ou granjas, em que o material sólido permanece no solo. Chuva ácida e contaminações resultantes de algumas contribuições da atmosfera também podem causar essa deterioração.

Em regiões próximas à costa, algumas obras podem resultar no influxo de águas salobras em aquíferos ou no lençol freático. A gravidade dos efeitos dessa contaminação depende da concentração, da persistência e da toxicidade das substâncias que se infiltram. Os tipos de substâncias químicas e de elementos que contaminam os aquíferos são: *nitratos, cloro, materiais radioativos, substâncias orgânicas, metais pesados* e *hidrocarbonetos*. A degradação dessas substâncias e elementos por bactérias nos solos também pode mudar a composição química, tornando mais difícil a

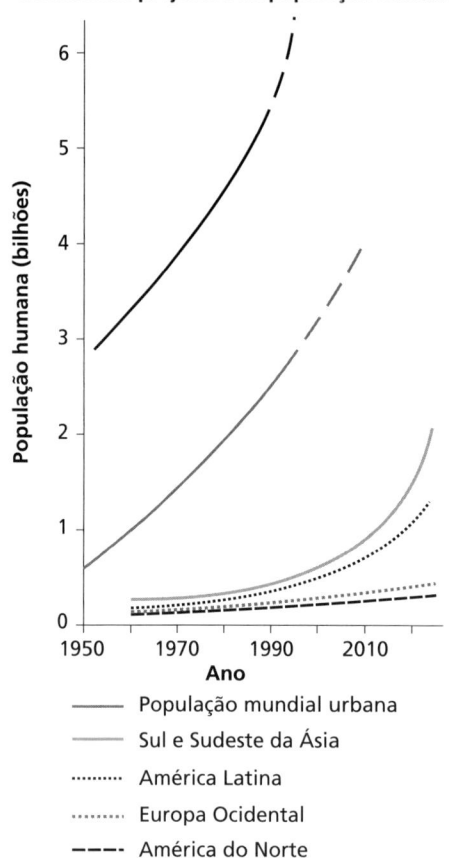

Fig. 4.1 Tendências atuais (linha sólida) e projetadas (linha pontilhada), número total da população mundial e da população urbana mundial
Fonte: Barica (1993).

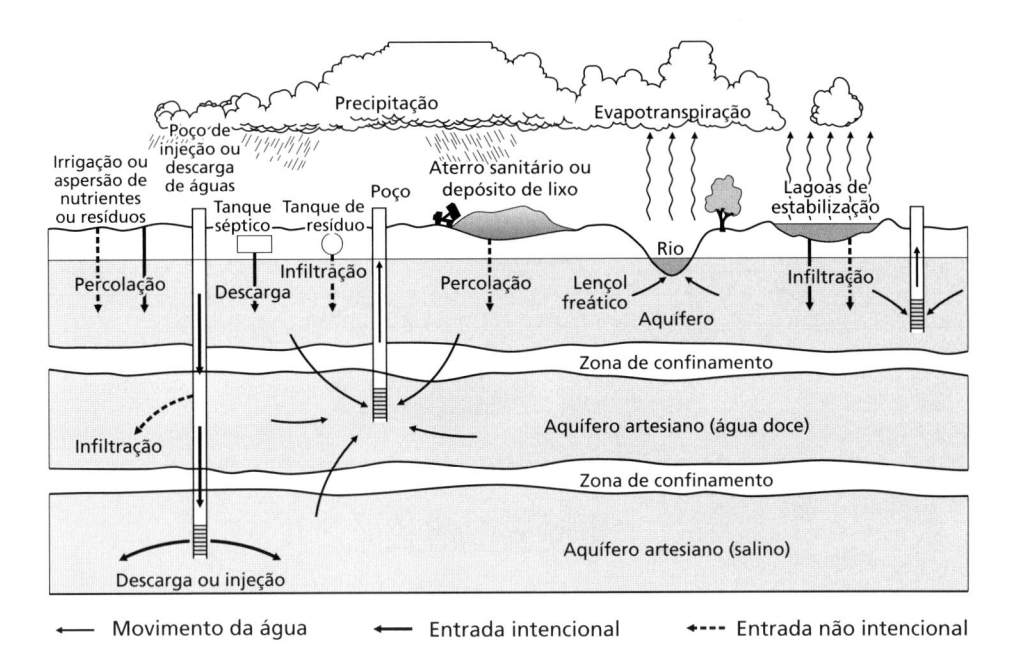

Fig. 4.2 Principais fontes de contaminação das águas subterrâneas
Fonte: Pye e Kelly (1988).

identificação dos contaminantes (Pye; Kelly, 1988). A contaminação composta de várias substâncias ou elementos é de grande complexidade, o que torna mais cara a recuperação das águas subterrâneas. A contaminação das águas subterrâneas pelo uso indiscriminado e inadequado de fossas negras é outra fonte de degradação de recursos hídricos, agravada pelo fato de que águas de poços subterrâneos podem ser ou são usadas sem qualquer tratamento.

O conjunto geral dos impactos causados nos ecossistemas aquáticos pode ser detectado no estudo desenvolvido pelo ILEC (International Lake Environment Committee) em 600 lagos e represas de todo o Planeta. Os cinco impactos mais comuns estão descritos na Fig. 4.3.

Com base nesse estudo, a síntese a seguir mostra que os problemas de deterioração estão relacionados com o crescimento e a diversificação das atividades agrícolas, o aumento da urbanização e da intensificação das atividades nas bacias hidrográficas.

A eutrofização, atualmente um fenômeno global, será tratada no próximo capítulo.

A Fig. 4.4 mostra os problemas da poluição ao longo do tempo, de uma escala local e regional para uma escala global. A evolução dos processos de poluição, contaminação e acidificação é mostrada a partir de 1950.

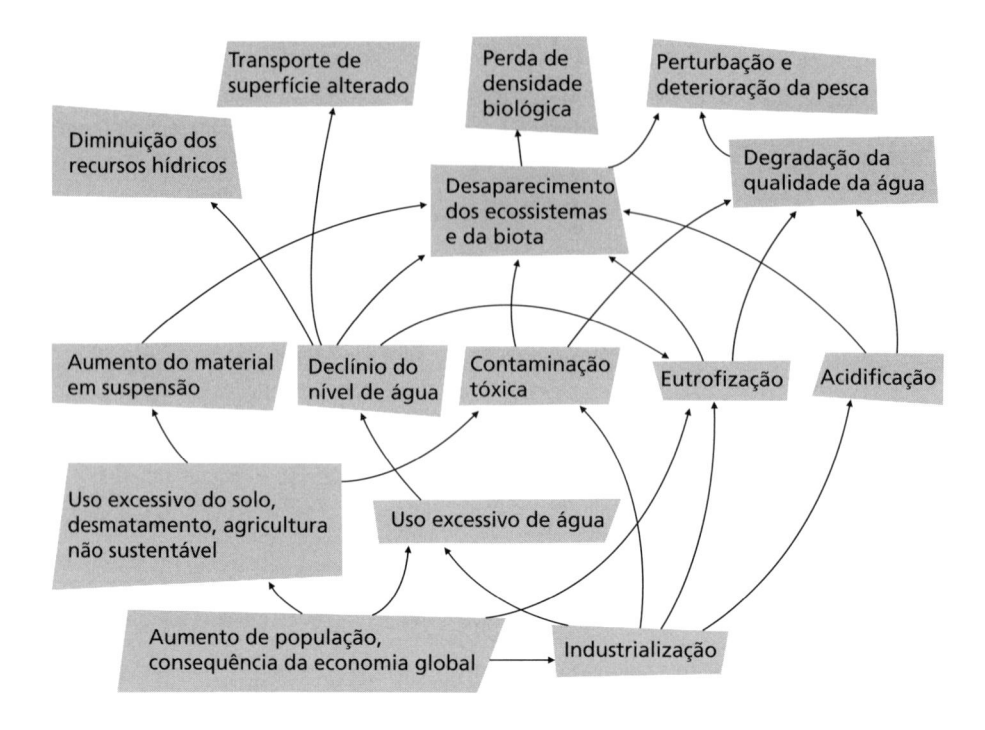

Fig. 4.3 Principais problemas e processos relacionados com a contaminação de águas superficiais (lagos, rios, represas). Resultado de estudo realizado em 600 lagos de vários continentes pelo ILEC
Fontes: Kira (1993); Tundisi (1999).

A Fig. 4.5 mostra outro problema na escala global, que é a falta de tratamento de esgotos e a contaminação nas grandes metrópoles, principalmente de países em desenvolvimento.

O despejo de águas residuárias de uso doméstico, não tratadas, é uma das principais causas da deterioração dos recursos hídricos em águas interiores e nas águas costeiras. Cada pessoa excreta, nas fezes, por dia, 4 g de P, 15 g de N e 100 g de C.

4.1 Urbanização e seus impactos no ciclo hidrológico e na qualidade das águas

Um dos principais impactos produzidos no ciclo hidrológico é a rápida taxa de urbanização, com inúmeros efeitos diretos e indiretos (Fig. 4.6). Essa urbanização tem grandes consequências, alterando substancialmente a drenagem e produzindo problemas à saúde humana, além de impactos como enchentes, deslizamentos e desastres provocados pelo desequilíbrio no escoamento das águas.

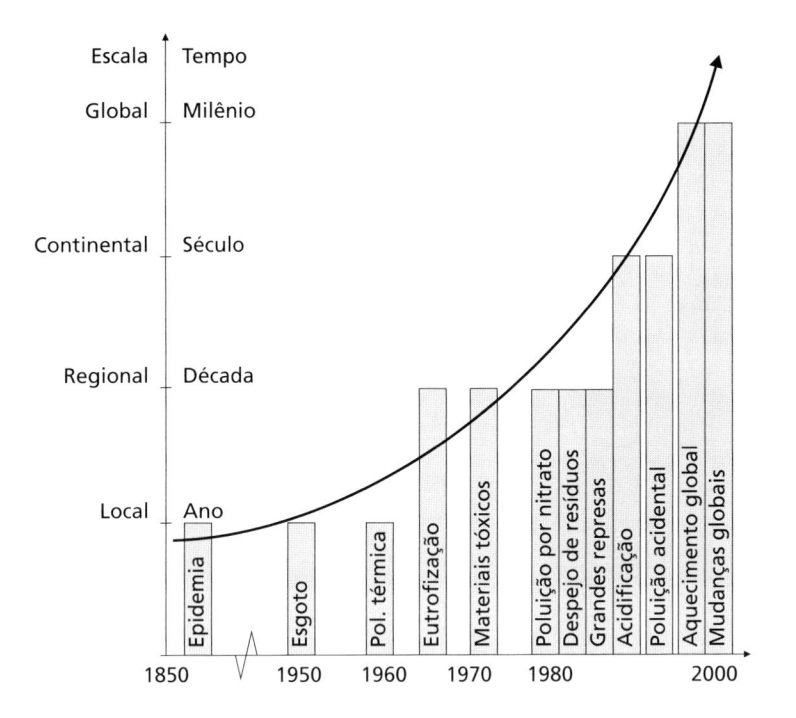

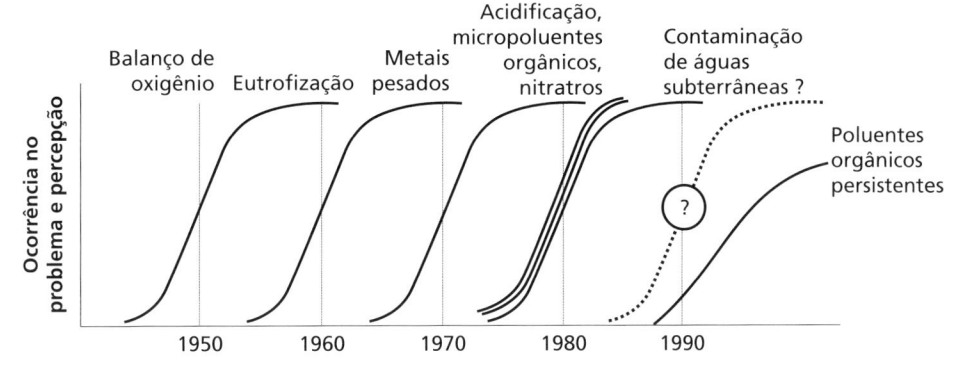

Fig. 4.4 Evolução ao longo do tempo dos problemas da poluição e as escalas locais, regionais e globais em que ocorreram
Fonte: Meybeck, Chapman e Helmer (1989); Straškraba (1995).

4.2 Os problemas mundiais de água e a degradação dos recursos hídricos no Planeta

≈ A última avaliação do Programa das Nações Unidas para o Meio Ambiente (PNUMA) identifica 80 países com sérias dificuldades para manter a disponibilidade de água. Esses 80 países representam 40% da população mundial.

70 Recursos hídricos no século XXI

Foto: J. G. Tundisi

Ceské Budejovice, República Tcheca, agosto de 2002. Áreas urbanas estão sujeitas a grandes inundações em muitos países, em razão do desmatamento nas cabeceiras das bacias hidrográficas e de alterações na drenagem

MC Cidade do México
SP São Paulo
BY Bombaim
CA Calcutá
BA Buenos Aires
RJ Rio de Janeiro
JA Jacarta
BG Bandung
LS Lagos
NY Nova York
S Estocolmo

População
1 milhão
10 milhões

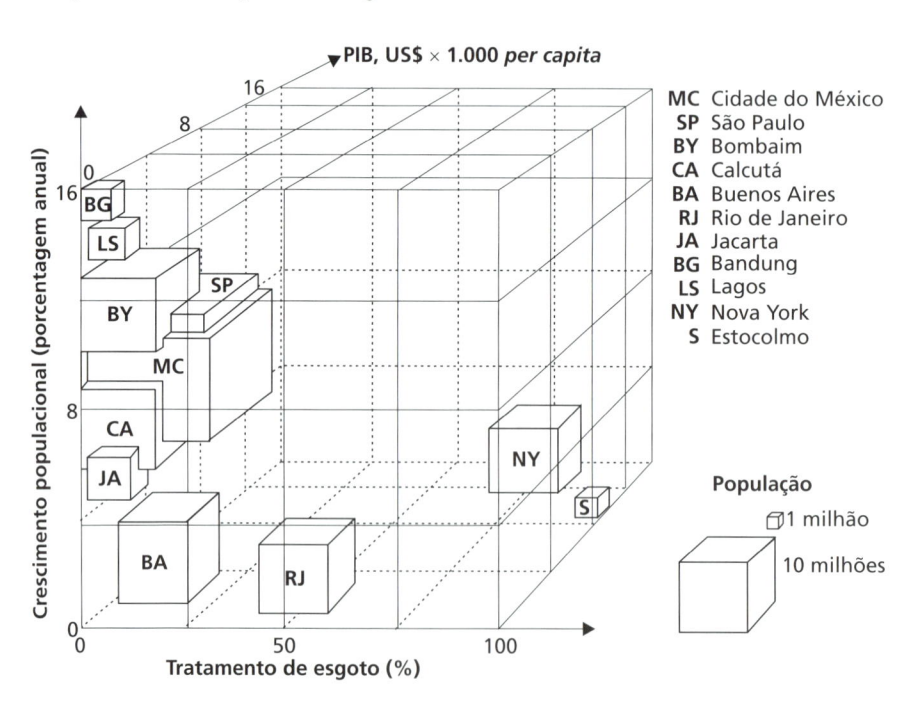

Fig. 4.5 Tratamento de esgotos, % PIB *per capita* e população em 11 metrópoles
Fonte: Barica (1993).

4 A deterioração dos suprimentos de água e dos mananciais: a crise da água

≈ Cerca de 1/3 da população mundial vive em países onde a falta de água vai de moderada a altamente impactante, e o consumo representa mais de 10% dos recursos renováveis da água.
≈ Mais de 1 bilhão de pessoas têm problemas de acesso à água potável; 2,4 bilhões não têm acesso a saneamento básico.

```
                          ┌─────────────┐
                          │ Urbanização │
                          └─────────────┘
                     ↓                      ↓
     ┌───────────────────────────┐   ┌──────────────────────┐
     │ Aumento da densidade       │   │ Aumento da densidade │
     │ populacional               │   │ de construções e da  │
     │                            │   │ cobertura asfáltica  │
     └───────────────────────────┘   └──────────────────────┘
        ↓                 ↓              ↓              ↓
   ┌─────────┐      ┌─────────┐    ┌──────────┐   ┌────────────┐
   │ Aumenta │      │ Aumenta │    │ Aumenta a│   │Alterações  │
   │ o volume│      │ a       │    │ área     │   │no sistema  │
   │ de águas│      │ demanda │    │impermea- │   │ de drenagem│
   │residuária│     │ de água │    │bilizada  │   │            │
   └─────────┘      └─────────┘    └──────────┘   └────────────┘
        ↓                ↓              ↓              ↓
   Deterioram-se    Reduz a         Alterações
   os rios a        quantidade      do clima
   jusante...       de água         urbano
```

Fluxograma (Urbanização):

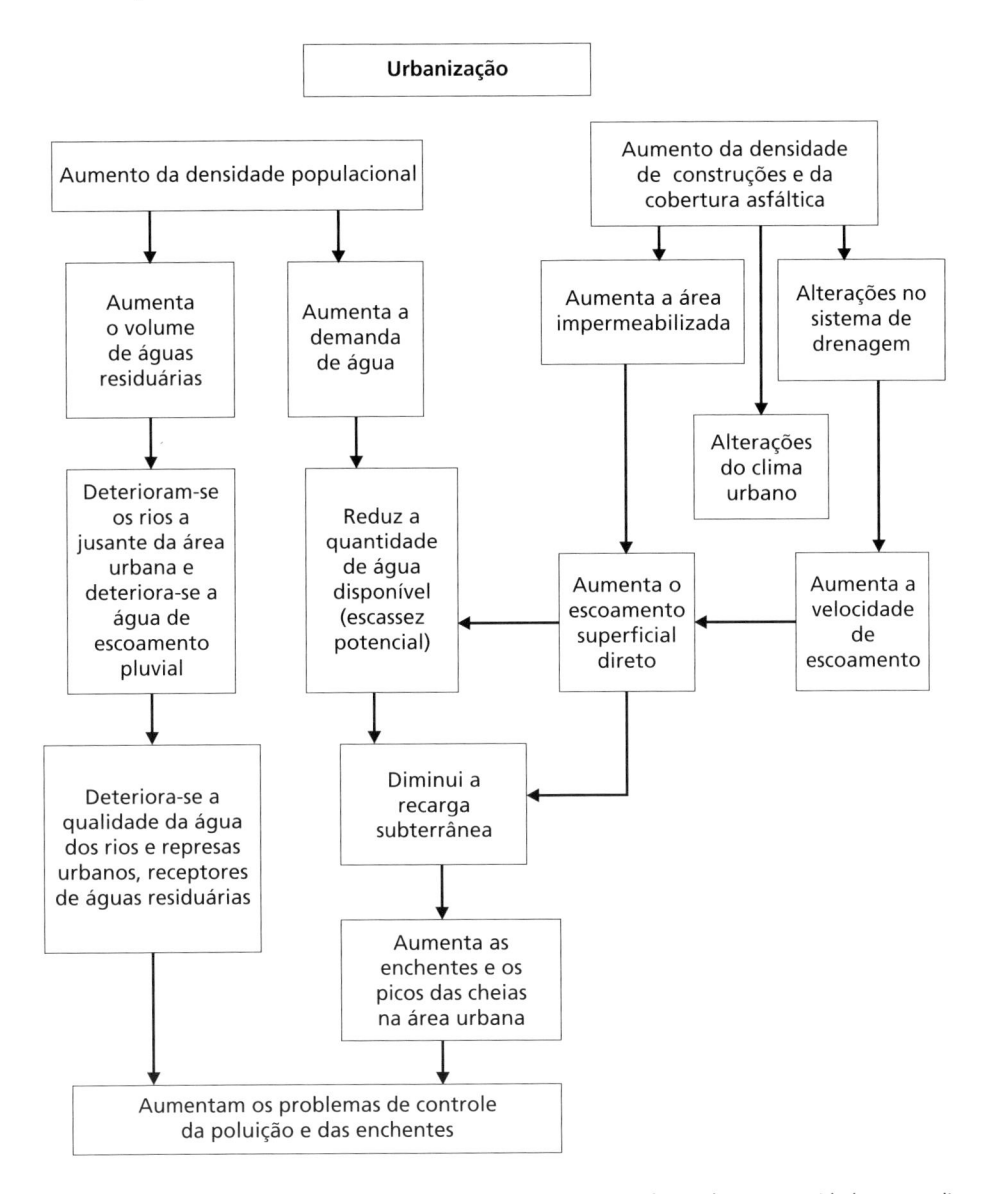

- Urbanização →
  - Aumento da densidade populacional
    - Aumenta o volume de águas residuárias → Deterioram-se os rios a jusante da área urbana e deteriora-se a água de escoamento pluvial → Deteriora-se a qualidade da água dos rios e represas urbanos, receptores de águas residuárias
    - Aumenta a demanda de água → Reduz a quantidade de água disponível (escassez potencial)
  - Aumento da densidade de construções e da cobertura asfáltica
    - Aumenta a área impermeabilizada → Alterações do clima urbano
    - Alterações no sistema de drenagem → Aumenta a velocidade de escoamento
    - → Aumenta o escoamento superficial direto
      - → Diminui a recarga subterrânea
      - → Aumenta as enchentes e os picos das cheias na área urbana
- → Aumentam os problemas de controle da poluição e das enchentes

Fig. 4.6 Principais problemas decorrentes da urbanização que incidem sobre a quantidade e a qualidade das águas
Fonte: Tucci (2000).

- Falta de acesso à água de boa qualidade e ao saneamento resulta em centenas de milhões de casos de doenças de veiculação hídrica e mais de 5 milhões de mortes a cada ano. Estima-se que entre 10 e 20 mil crianças morrem todos os dias vítimas de doenças de veiculação hídrica.
- Em algumas regiões da China e da Índia, o lençol freático afunda de 2 a 3 m anualmente, e 80% dos rios são muito tóxicos para suportar peixes.
- Mais de 20% de todas as espécies de água doce estão ameaçadas ou em perigo, em razão da construção de barragens, diminuição do volume de água e de danos causados por poluição e contaminação.
- Cerca de 37% da população mundial vive próximo à costa, onde o esgoto doméstico é a maior fonte de contaminação.
- Eutrofização marinha e costeira, causada pelo impacto do nitrogênio, é uma das principais fontes de poluição, contaminação e degradação de recursos costeiros e marinhos.
- Há preocupação adicional com as consequências das mudanças globais no ciclo de água no Planeta e na conservação dos recifes de coral nas regiões tropicais.
- 30 a 60 milhões de pessoas foram deslocadas diretamente pela construção de represas em todo o Planeta.
- 120 mil km^3 de água estão contaminados e, para 2050, espera-se uma contaminação de 180 mil km^3, caso persista a poluição.

Fontes: PNUMA e IETC (2001); Unesco (2003).

4.3 A contaminação química das águas e a saúde humana

Uma das grandes ameaças à sobrevivência da humanidade nos próximos séculos é a contaminação química das águas. O aumento da fabricação de substâncias químicas, logo após a Segunda Guerra Mundial (a chamada "revolução química"), produziu enorme e diversificada variedade de compostos químicos (Kates; Turner; Clark, 1990) e 87 mil compostos sintéticos (Dumanoski, 1999).

Essas substâncias químicas, desenvolvidas para controlar as doenças, aumentaram a produção de alimentos e a expectativa de vida das pessoas, mas, ironicamente, tornaram-se uma ameaça à saúde publica, à saúde humana e à biodiversidade, colocando em risco os sistemas de suporte à vida, incluindo a biodiversidade do Planeta.

A composição química da atmosfera tem sido alterada, bem como a composição química do corpo humano, no qual incorporam-se substâncias químicas que se acumulam, inclusive nos fetos ainda no útero materno. Substâncias como DDT, PCBs e Dioxina ficam armazenadas na gordura dos seres humanos durante anos. Além da ameaça de câncer representada pelo acúmulo dessas substâncias no corpo humano, há outros possíveis sérios problemas de saúde relacionados às substâncias químicas sintéticas:

- ≈ efeitos negativos à reprodução dos seres humanos;
- ≈ desenvolvimento sexual prejudicado;
- ≈ deformidades no esperma e na sua contagem, reduzindo o potencial de reprodução da espécie humana;
- ≈ comprometimento do sistema imunológico;
- ≈ efeitos negativos no desenvolvimento do cérebro; aberrações de comportamento e problemas de aprendizagem.

O descontrole dos sistemas endócrinos pode ocorrer pela ação de doses muito pequenas dessas substâncias químicas dissolvidas na água – partes por trilhão. Os "sinais hormonais" de cada ser humano podem ser perturbados por essas substâncias (cerca de 70), que resistem à degradação, acumulam-se nas redes alimentares e vêm dissolvidas na água, passando para os alimentos e, finalmente, para o homem, desde os primeiros estágios de desenvolvimento da vida humana.

Algumas dessas substâncias não são retiradas dos sistemas de tratamento da água, permanecendo quase intactas na água potável e provocando "disrupção endócrina" permanente.

Embora as pesquisas ainda estejam só começando, as evidências mostram ameaças muito sérias à biodiversidade e à saúde humana, muito além das constatações já feitas sobre a conexão entre essas substâncias e mutações, câncer e defeitos do crescimento. A "disrupção endócrina" deverá ser um dos principais objetos de pesquisa científica nos próximos 25 anos.

A contaminação por mercúrio e metais pesados é outro problema muito grave de contaminação química (Sakamoto et al., 1991). A Tab. 4.2 mostra a concentração de mercúrio em tecido muscular de peixes, para diferentes sistemas aquáticos no Brasil e na América do Sul.

Sedimentos de rios, lagos e represas apresentam, em inúmeras regiões, altas concentrações de metais pesados, tóxicos à saúde de organismos aquáticos, e que atingem a espécie humana por meio da rede alimentar.

O Quadro 4.2 mostra os principais compostos orgânicos também encontrados em águas poluídas.

As Figs. 4.7 e 4.8 mostram outros problemas de contaminação. Arsênico pode ser encontrado em águas subterrâneas em muitos países (Fig. 4.7), enquanto a contaminação orgânica pode ser evidenciada pelo acúmulo de coliformes fecais em regiões com maior população (Fig. 4.8).

Tab. 4.2 Concentração de mercúrio ($*g\ g^{-1}$ peso úmido) em tecido muscular de peixes com diferentes hábitos alimentares

Local	Hábito	Conteúdo de Hg	Autores
Rio Madeira, rio acima/	C	0,07-2,89	Martinelli et al. (1988)
contracorrente de Porto Velho, reserva de minério	NC	0,02-0,65	Malm (1991)
Rio Madeira, rio abaixo/correnteza abaixo da reserva de minério	C	0,67-1,47	Malm et al. (1990)
	NC	0,05-1,01	Martinelli et al. (1988)
Região Poconé e resíduos	C	0,06-0,68	Oliveira et al. (1990)
	NC	< 0,04-0,16	CETEM (1989)
Rio Paraíba do Sul, SE do Brasil	C	0,16-0,37	Lima et al. (1990)
	NC	0,01-0,22	Pfeiffer et al. (1989)
Rio San Juan, Choco, Colômbia	C	0,66-1,26	CODECHOCO (1991)
	NC	0,04-1,87	
Região de minério do rio Teles Pires, sul do Amazonas, Brasil	C	0,05-3,82	Farid (1991)
	NC	0,02-0,19	Akagi et al. (1994)
Represa Tucuruí, SE do Amazonas, Brasil	C	0,99-2,90	Aula et al. (1994)
	NC	0,05-0,60	Lima (1990)
Distrito de minério Carajás, SE do Amazonas, Brasil	C	0,11-2,30	Lacerda et al. (1994)
	NC	< 0,01-0,31	Farid, Machado e Silva (1991)
Rio Tapajós, SE do Amazonas, Brasil	C	0,04-2,58	Akagi et al. (1994)
	NC	0,01-0,31	Rodrigues et al. (1992)
Rio Lerderberg, Vitória, Austrália	C	0,03-0,64	Bycroft et al. (1982)
Davao Del Norte, Filipinas	C	0,05-2,60	Torres (1992)
Rio Negro, Amazonas, Brasil	C	?-4,20	Malm et al. (1994)
	NC	0,14-0,35	Forsberg et al. (1994)
Rio Cuyuní, Guiana, Venezuela	C	0,07-0,86	Nico e Taphorn (1994)
	NC	< 0,03-0,24	Malm et al. (1990)
Rios do Amazonas não contaminados	C	< 0,17	Pfeiffer et al. (1989)
	NC	< 0,10	Oliveira (2002)

C – carnívoros; NC – não carnívoros de várias áreas de mineração (Lacerda; Solomons, 1998).

Os dados e as áreas de concentrações, como eles se apresentam nos artigos originais, foram coletados de diferentes fontes literárias

4 A deterioração dos suprimentos de água e dos mananciais: a crise da água

Quadro 4.2 Compostos orgânicos sintéticos encontrados em águas poluídas

Compostos	Efeitos à saúde humana
Aldicarb (pesticida)	Ataca o sistema nervoso
Benzeno (solvente)	Doenças do sangue, leucemia
Tetracloreto de carbono (solvente)	Câncer, danos ao fígado; pode atacar os rins e a visão
Dioxinas (contaminante químico)	Pode causar câncer; pode danificar os sistemas imunológico e reprodutivo
Etileno dibromida (fumigante)	Câncer; ataca fígado e rins
Bifenóis policlorados (substâncias químicas industriais)	Ataca fígado e rins, podendo causar câncer
Tricloroetileno (solvente)	Induz câncer de fígado em ratos
Cloreto de vinil (indústria plástica)	Câncer

Fonte: Raven, Berg e Johnson (1998).

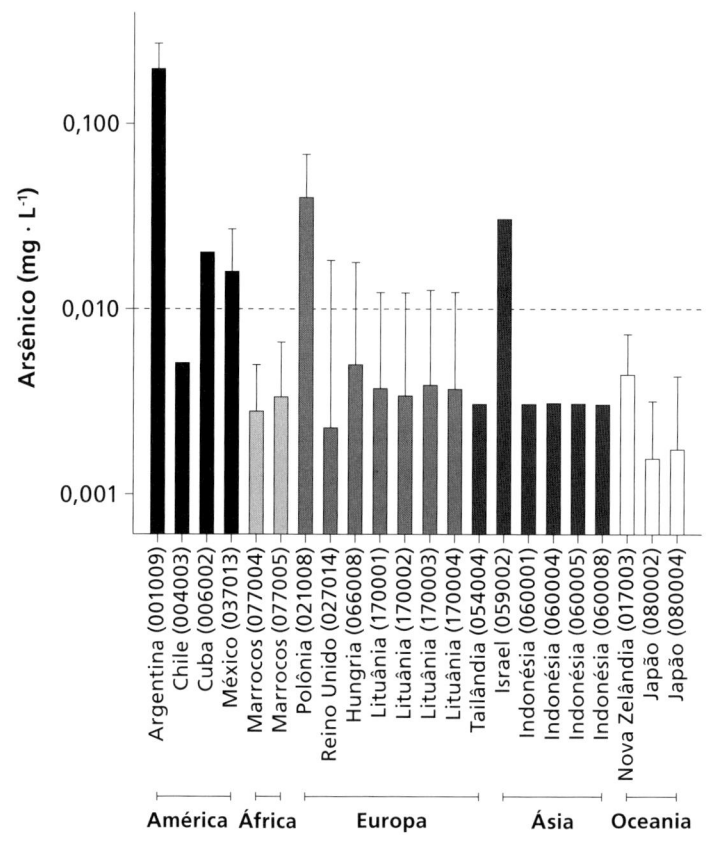

Fig. 4.7 Arsênico em águas subterrâneas de países dos cinco continentes. Os dados são a média com desvio padrão de ±1. A linha tracejada significa a diretriz para a qualidade da água potável segundo a OMS
Fonte: UNEP/GEMSWater (2008).

Coliformes fecais (N°/100 ml MF)

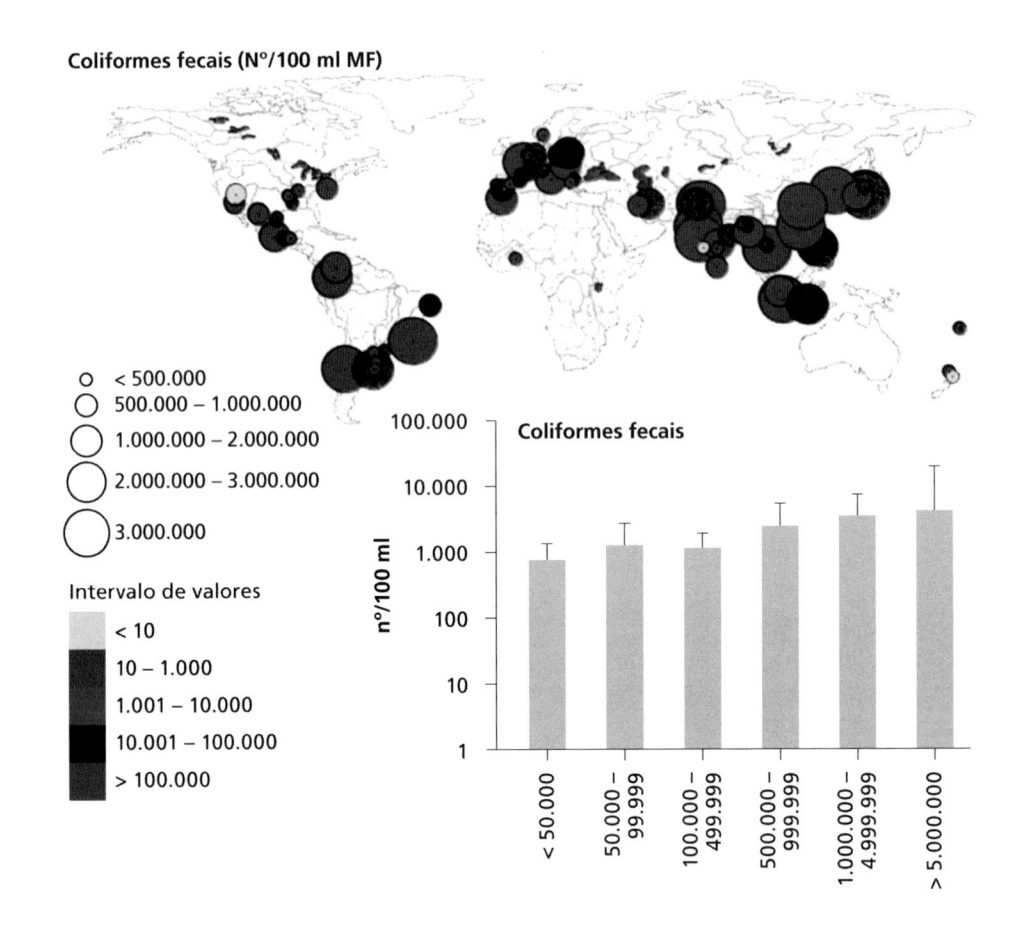

○ < 500.000
○ 500.000 – 1.000.000
○ 1.000.000 – 2.000.000
○ 2.000.000 – 3.000.000
○ 3.000.000

Intervalo de valores
- < 10
- 10 – 1.000
- 1.001 – 10.000
- 10.001 – 100.000
- > 100.000

Fig. 4.8 Concentrações de coliformes fecais nas estações de monitoramento de rios localizadas próximo às principais cidades, traçadas de acordo com o tamanho da população. O gráfico mostra as médias (erro padrão ±1) das concentrações de coliformes fecais, separados por tamanho da população das cidades vizinhas
Fonte: UNEP/GEMS Water (2008).

4.4 Diversão de rios, o transporte e a canalização de água

A diversão de rios (ver exemplos na Tab. 4.3) para vários tipos de utilização produz variados impactos nos sistemas que fornecem a água e também naqueles que a recebem. Os custos desses desvios e transposições são elevados, e também deve-se considerar os possíveis impactos posteriores resultantes dos usos múltiplos agregados aos novos canais ou represas produzidos pela transposição.

4 A deterioração dos suprimentos de água e dos mananciais: a crise da água

Tab. 4.3 PRINCIPAIS EXEMPLOS DE DIVERSÃO DE RIOS EM ESTUDO OU EM EXECUÇÃO

Projeto	Distância (km)	Volume anual (km³)	Custo (bilhões de dólares)	Situação
Chan Jiang – planícies do norte da China	1.150	15,0	5,2	Início em 1983. Em construção
Rios do norte da Europa – bacia do mar Cáspio	3.500	20,0	3,1	Início da construção: 1986
Rios da Sibéria para a Ásia Central	2.500	25,0	41,0	Em estudo
Arizona Central, Estados Unidos	536	1,5	3,5	Disponibilidades de água a Phoenix e Tucson 1985 e 1991
Projeto de água do Estado da Califórnia	715	5,2	3,8	Em operação com 60% da capacidade
Rio S. Francisco, Brasil	–	–	–	Em discussão e estudo
Rio Tocantins ao rio S. Francisco, Brasil	–	–	–	Em discussão e estudo

Modificado de várias fontes.

Boxe 4.1
Mar de Aral: o desastre dos megaprojetos sem planejamento integrado

Em 1960, a profundidade média do mar de Aral, localizado na Ásia Central, na República do Casaquistão, era de 53,4 m, com área de 66,9 mil km² e volume de 1.050 km³. Esse grande lago interior suportava uma indústria de pesca florescente, recreação e turismo. Os dois principais rios que alimentam o mar de Aral, o Amurdarya e o Syrdarya, mantiveram o nível e o volume do mar por muitos séculos. Entretanto, o projeto de estabelecer e expandir a produção de algodão irrigado aumentou a dependência de várias repúblicas da Ásia Central (Casaquistão, Tajiquistão, Usbequistão) da irrigação e monocultura.

O aumento das demandas resultou em diversão periódica de água para irrigação, que se tornou extremamente desenvolvida nos últimos 30 anos do século XX, acarretando redução drástica do volume dos tributários ao mar de Aral. A área reduziu-se de 66,9 mil km² em 1960 para 31.938 km2 em 1994 e 25.217 km² em 2000. A drástica redução de volume aumentou a salinidade, a qual passou de 10 g/L em 1960 para 60 g/L em 2000.

Foi criado na Ásia Central um novo deserto, com mais de 5 milhões de hectares, como resultado da redução em volume do mar de Aral. Esse novo deserto expande-se a uma taxa de 150 mil hectares/ano e tem alta concentração de sais. As causas desse desastre foram, sem dúvida, os impactos persistentes dos grandes volumes de água utilizados para irrigação e a consequente redução do volume do mar de Aral. "A catástrofe do mar de Aral pode ser resumida em uma palavra: algodão" (Tsukatani, 1998). A cultura do algodão levou ao uso intensivo de pesticidas, que destruíram o solo e, juntamente com a salinização, produziram um solo tóxico e inutilizável. As consequências ecológicas, econômicas e sociais desse megaprojeto de uma política governamental centralizadora e destrutiva foram catastróficas. A morbidez aumentou 29% em razão de doenças resultantes de substâncias tóxicas e salinização. Pesticidas, fertilizantes e outras substâncias carcinogênicas aumentaram em 50% o índice de câncer. A indústria da pesca desapareceu, deixando milhares de desempregados: 35 milhões de pessoas foram afetadas por esse desastre.

O desastre do mar de Aral mostra que a imprudência do controle estatal centralizado no uso dos recursos hídricos e no planejamento regional, sem estudos prévios e sem capacidade de prognóstico, foi muito longe, afetando não só os recursos hídricos desta vasta região, mas um conjunto complexo de economias regionais e condições sociais. Portanto, as questões são as seguintes: qual o futuro dos megaprojetos? Como se pode equilibrar e conciliar desenvolvimento econômico com o uso adequado dos recursos hídricos?

O problema de megaprojetos como as transposições não é só o impacto inicial, é também o efeito posterior, que necessita ser dimensionado. Megaprojetos atraem milhares de novos habitantes que devem utilizar os recursos hídricos das formas mais variadas. Esse efeito posterior da disponibilidade de água deve ser considerado e dimensionado. Equipes interdisciplinares devem trabalhar incessantemente para dotar os projetos de situações preditivas e cenários alternativos. Megaprojetos produzem megaimpactos e, como foi muito bem enfatizado por Falkenmark (1999), esses impactos podem vir de regiões muito distantes, e não necessariamente das margens dos lagos e das represas (Figs. 4.9 e 4.10).

Fontes: Glantz (1998); Scope Committee (1986); Tundisi (1999); Uitto e Schneider (1997).

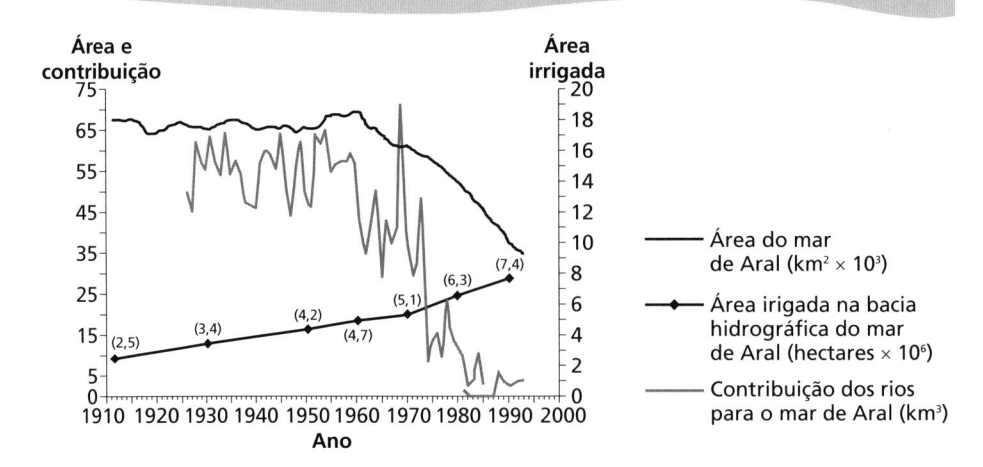

Fig. 4.9 As causas da crise no mar de Aral: irrigação excessiva, com consequente diminuição da contribuição dos rios e diminuição da área do mar de Aral
Fonte: Glantz (1998).

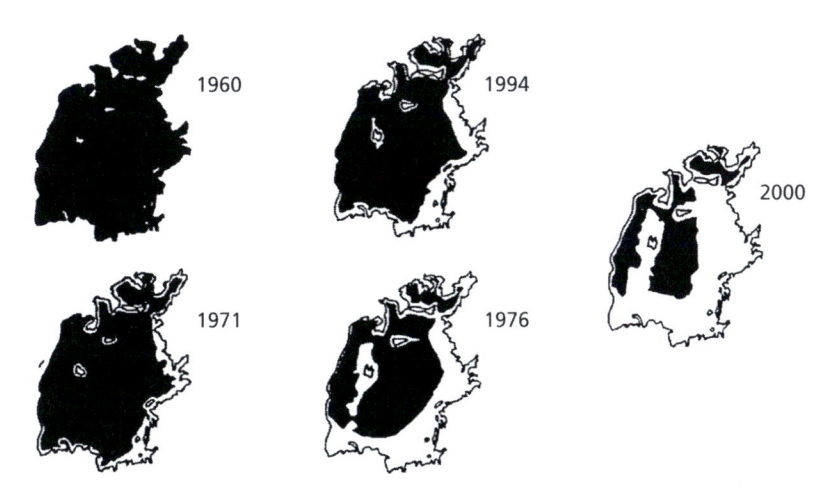

4 A deterioração dos suprimentos de água e dos mananciais: a crise da água   79

Fig. 4.10 A diminuição do volume do mar de Aral
Fontes: Glantz (1998); Micklin e Williams (1996).

4.5 A construção de represas: impactos positivos e negativos

As primeiras represas foram construídas há 8.000 anos, na região da Mesopotâmia (rios Tigre e Eufrates). As informações registradas da construção de represas datam de 3.000 a.C.

A construção de reservatórios representa uma das grandes causas de modificações do ciclo hidrológico e de impactos ambientais no Planeta, com efeitos positivos e negativos. A seguir são descritos os possíveis efeitos ambientais em razão da construção de reservatórios (Branski et al., 1989; Straškraba; Tundisi; Duncan, 1993a; Tundisi, 1986a, 1986b; Tundisi; Straškraba, 1999). Nem todos os eventos ocorrem simultaneamente.

4.5.1 Efeitos positivos

≈ Produção de energia – hidroeletricidade.
≈ Criação de purificadores de água com baixa energia.
≈ Retenção de água no local.
≈ Fonte de água potável e para sistemas de abastecimento.
≈ Representativa diversidade biológica.
≈ Maior prosperidade para setores das populações locais.
≈ Criação de oportunidades de recreação e turismo.
≈ Proteção contra cheias das áreas a jusante.
≈ Aumento das possibilidades de pesca.
≈ Armazenamento de água para períodos de seca.
≈ Navegação.

- Aumento do potencial para irrigação.
- Geração de empregos.
- Promoção de novas alternativas econômicas regionais.
- Controle de enchentes.
- Aumento de produção de peixes por aquacultura.

4.5.2 Efeitos negativos

- Deslocamento de populações.
- Emigração humana excessiva.
- Deterioração das condições da população original.
- Problemas de saúde pela propagação de doenças hidricamente transmissíveis.
- Perda de espécies nativas de peixes de rios.
- Perda de terras férteis e de madeira.
- Perda de várzeas e ecótonos terra/água – estruturas naturais úteis. Perda de terrenos alagáveis e alterações em hábitats de animais.
- Perda de biodiversidade (espécies únicas); deslocamento de animais selvagens.
- Perda de terras agrícolas cultivadas por gerações, como arrozais.
- Excessiva imigração humana para a região do reservatório, com os consequentes problemas sociais, econômicos e de saúde.
- Necessidade de compensação pela perda de terras agrícolas, locais de pesca e habitações, bem como peixes, atividades de lazer e de subsistência.
- Degradação da qualidade hídrica local.
- Redução das vazões a jusante do reservatório e aumento em suas variações.
- Redução da temperatura e do material em suspensão nas vazões liberadas para jusante.
- Redução do oxigênio no fundo e nas vazões liberadas (zero em alguns casos).
- Aumento do H_2S e do CO_2 no fundo e nas vazões liberadas.
- Barreira à migração de peixes.
- Perda de valiosos recursos hídricos e culturais. Por exemplo, a perda no Estado de Oregon (EUA) de inúmeros cemitérios indígenas e outros locais sagrados, comprometendo a identidade cultural de algumas tribos.

4 A deterioração dos suprimentos de água e dos mananciais: a crise da água   81

- ≈ Perda de valores estéticos.
- ≈ Perda da biodiversidade terrestre em represas da Amazônia.
- ≈ Aumento da emissão de gases de efeito estufa, principalmente em represas em que a floresta nativa não foi desmatada (Rosa; Schaeffer, 1995; Rosa; Schaeffer; Santos, 1996; Rosa; Santos, 1999; Matvienko; Tundisi, 1996).

A Tab. 4.4 mostra os principais empreendimentos hidroelétricos, em escala mundial, e seus impactos, principalmente na relocação de populações.

Tab. 4.4 EMPREENDIMENTOS HIDROELÉTRICOS E SUAS CARACTERÍSTICAS DE ÁREA DE INUNDAÇÃO E RELOCAÇÃO

Projeto	Potência (MW)	Área inundada (ha)	Relocados	Área/Potência (ha/MW)	Rel./Potência n/MW
Three Gorges	18.200	110.000	1.300.000	6,04	71,43
La Grande	14.743	1.293.600	2.000	87,74	0,14
Itaipu	12.600	135.000	59.000	10,71	4,68
Hurí	10.300	426.000	1.500	41,36	0,15
Tucuruí	7.600	243.000	30.000	31,97	3,95
Longtan	4.200	37.000	73.000	8,81	17,38
Paulo Afonso	3.984	1.600	52.000	0,40	13,05
Tabela	3.478	24.280	96.000	6,98	27,60
Ertan	3.300	10.100	30.000	3,06	9,09
Jingping	3.200	160	1	0,05	0,00
Yacyreta	2.700	17.200	50.000	63,70	18,52
Kalabagh	2.400	55.000	83.000	22,92	34,58
Bakun	2.400	70.000	10.000	29,17	4,17
Cabora Bassa	2.250	380.000	25.000	168,89	11,11
Aswan High	2.100	400.000	100.000	190,48	47,62
Xialangdi	1.800	27.200	181.600	15,11	100,89
Ghazi Barotha	1.450	2.640	899	1,82	0,62
San Kosi	1.357	3.100	1	2,28	0,00
Segredo	1.260	8.200	2.700	6,51	2,14
Kurokawa	1.212	109	1	0,09	0,00
Indravati	1.000	40.000	8.800	40,00	8,80
Narmada	1.000	90.829	80.500	90,83	80,50
Kainji	760	125	50.000	0,16	65,79
Saguling	700	5.340	60.000	7,63	85,71
Nam Theum	600	34.000	4.500	56,67	7,50

Tab. 4.4 EMPREENDIMENTOS HIDROELÉTRICOS E SUAS CARACTERÍSTICAS DE ÁREA DE INUNDAÇÃO E RELOCAÇÃO (CONTINUAÇÃO)

Projeto	Potência (MW)	Área inundada (ha)	Relocados	Área/Potência (ha/MW)	Rel./Potência n/MW
Pehuence	500	400	10	0,80	0,02
Lubuge	450	145	5.000	0,32	11,11
Zimapan	292	2.290	2.500	7,84	8,56
Dom Sahong	240	1	1	0,00	0,00
Balbina	250	314.700	1.000	1.258,80	4,00
NamNgum	150	37.000	3.000	246,67	20,00
Kaipichira	125	200	50	1,60	0,40
Pak Mun	34	6.000	4.950	176,47	145,59
Kedung Ombo	29	4.600	29.000	158,62	1.000,00

Fontes: Fearnside (1988, 1994); Goodland (1997).

4.6 A introdução de espécies exóticas nos ecossistemas aquáticos e os impactos totais sobre a biodiversidade aquática

A biota aquática tem importância fundamental no funcionamento dos ecossistemas continentais – rios, lagos, lagoas, riachos, represas, tanques e pequenos reservatórios. Em toda essa variedade de ecossistemas aquáticos, algas, invertebrados, peixes e outros vertebrados, como aves e alguns mamíferos, têm papel relevante na manutenção dos ciclos biogeoquímicos, na constante reprodução de biomassa viável que interage permanentemente com os vários componentes do sistema. Essa fauna e flora aquáticas têm papel econômico relevante em certas áreas, sendo exploradas intensamente, por exemplo, em algumas regiões do Brasil, mais especificamente na Amazônia, onde a exploração de peixes de rios e lagos mobiliza 70 mil pessoas, mantendo no total 250 mil pessoas, e a pesca artesanal movimenta de 100 milhões a 200 milhões de dólares por ano (Petrere, 1992; Barthem; Goulding, 1997).

Atividades humanas, como a construção de reservatórios, afetam a biodiversidade e alteram as redes alimentares. Entretanto, outro problema tem produzido consideráveis alterações na biodiversidade aquática: as invasões por espécies introduzidas intencional ou acidentalmente (Penchaszadeth, 2005). A introdução de espécies exóticas em reservatórios no Brasil, se por um lado tem aumentado a produção pesqueira, por outro, tem causado muitos problemas de depleção da biodiversidade e alterações na rede trófica das represas. Há muitos casos de introdução de espécies exóticas de peixes para, por exemplo, aumentar a produção de biomassa, cujos efeitos foram extremamente significativos para a biodiversidade da fauna e flora local.

Os casos mais conhecidos são os do lago Balaton na Hungria (Biró, 1997); a introdução da tilápia nilótica (*Lates niloticus*) no lago Vitória e em outros lagos da África, que especialmente no caso do lago Vitória causou profundas alterações na rede alimentar e transformações muito grandes no sistema terrestre e na bacia hidrográfica, pelos efeitos econômicos (Raven; Berg; Johnson, 1998); e a introdução de tilápias (*Oreochromis tilapia*) em muitas represas no Nordeste brasileiro e em muitos lagos africanos. Essas introduções alteram os mecanismos de produtividade dos sistemas aquáticos e podem causar perdas econômicas (Fig. 4.11) (Fernando; Holcick, 1991).

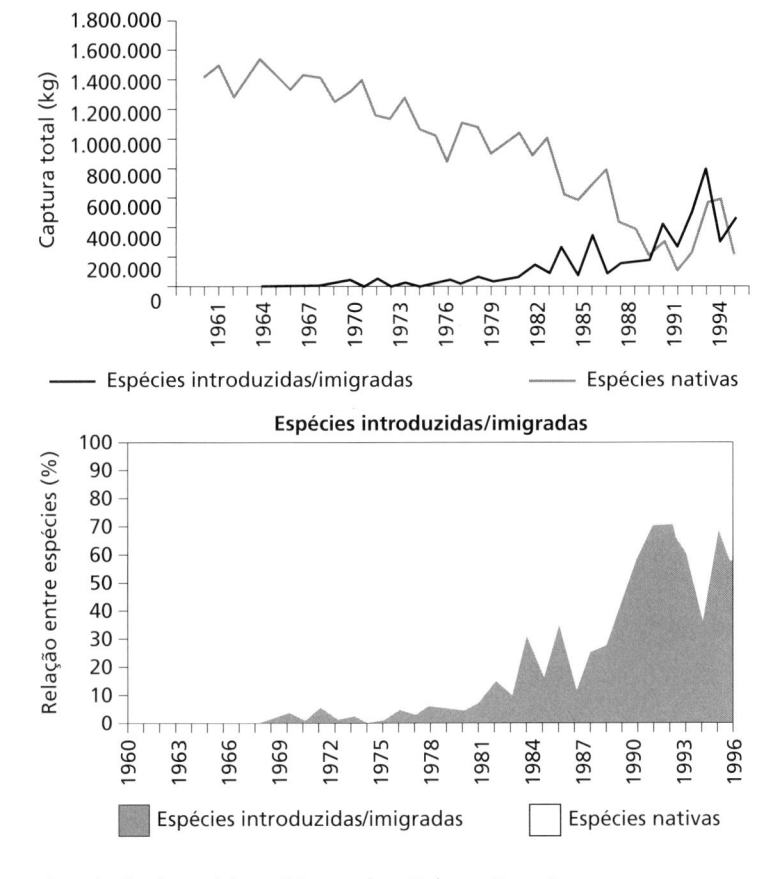

Fig. 4.11 Introdução de espécies exóticas no lago Balaton, Hungria
Fonte: Biró (1997).

Outros exemplos de efeitos negativos da invasão de espécies exóticas estão relacionados com a introdução da *Dreisenia* sp. (molusco) – *Zebra mussell* – nos Grandes Lagos, e de moluscos do gênero *Corbiculla* na bacia do Prata. *Dreisenia* sp. alterou profundamente a rede alimentar nos Grandes Lagos norte-americanos, produzindo diminuição de 20% na pesca em 2001. E *Corbiculla fluminea* e *Limnoperna fortunei* (Olivera, 2002) têm afetado tubulações e canalizações em represas e sistemas de abastecimento na bacia do Prata.

Os impactos das alterações dos ecossistemas aquáticos sobre a biodiversidade aquática podem ser assim sintetizados (Tundisi et al., 1988):

- Introdução de espécies exóticas, especialmente espécies predadoras.
- Remoção de vegetação ciliar de rios tributários, de lagos ou represas.
- Remoção de áreas alagadas.
- Eutrofização excessiva.
- Uso excessivo de equipamentos de recreação.
- Construção de áreas alagadas.
- Aumento da navegação e transporte.
- Aumento da toxicidade aquática.
- Poluição e contaminação.
- Construção de represas.
- Aumento do material em suspensão na água.
- Alteração do nível da água e interferência no regime hidrológico.
- Canalização excessiva.

4.7 Retirada excessiva de água

O aumento da retirada de água tem significado para muitos países perdas substanciais e desequilíbrios no ciclo hidrológico. Quando as retiradas de água para irrigação, abastecimento público ou uso industrial excedem a quantidade de água reposta pela precipitação e a recarga, há um desequilíbrio que causa escassez. Isso ocorre tanto em águas superficiais quanto em águas subterrâneas.

O Quadro 4.3 descreve vários casos de retiradas excessivas de água e suas consequências em diversas regiões dos Estados Unidos, China, Índia e México.

4.8 Água e saúde humana

Os recursos hídricos poluídos por descargas de resíduos humanos e de animais transportam grande variedade de patógenos, entre eles bactérias, vírus, protozoários ou organismos multicelulares, que

4 A deterioração dos suprimentos de água e dos mananciais: a crise da água

Quadro 4.3 Casos selecionados de retirada excessiva de água

Rio Colorado, Estados Unidos	Consumo excessivo produz déficit de 5%; o rio Colorado tem a salinidade aumentada; lençol freático baixou em regiões próximas a Tucson e Phoenix
High Plains, Estados Unidos	O aquífero Ogallala, que supre água de irrigação para essas regiões, está diminuindo e, em algumas áreas, já perdeu 50% do volume de água
Norte da China	Retiradas de água subterrânea excedem a recarga. Em Pequim, as retiradas de água excedem o suprimento anual em 25%. Em algumas áreas, o lençol freático sofreu reduções de 1 a 4 metros por ano
Tamil Nadu, Índia	Excesso de água retirada para irrigação causou queda nos volumes dos aquíferos em regiões costeiras, contaminando suprimentos de água doce com água salobra
Cidade do México, Pequim, China, Central Valley, Califórnia, Houston, Galveston, Texas	Excesso de retirada de águas superficiais causou compactação de aquíferos e rebaixamento do nível da superfície do solo, danificando ruas, edifícios, tubulações e poços
Califórnia, Estados Unidos	Águas do Owens Valley e da bacia hidrográfica do Mono Lake foram derivadas para o suprimento de usuários do sul do Estado. O Owens Lake secou e a superfície do Mono Lake diminuiu 1/3

Fonte: Speidel et al. (1988).

podem causar doenças gastrointestinais. Outros organismos podem infectar os seres humanos por intermédio do contato com a pele ou pela inalação por dispersão no ar, a partir de aerossóis contaminados.

As bactérias patogênicas comumente detectadas em água contaminada são *Shigella*, *Salmonella*, *Campylobacter*, *Escherichia coli* tóxica, *Vibrio* e *Yersinia*. Outras bactérias patogênicas são *Mycobacterium*, *Pasteurella*, *Leptospina* e *Legionella*, sendo as duas últimas e alguns fungos transmitidos pelo aerossol. Agentes virais também são importantes contaminantes, como o vírus da hepatite, do rotavírus e anterovírus (echovírus, adenovírus), do parvovírus e gastroenterite tipo A (Meybeck; Chapman; Helmer, 1989). À medida que os métodos de detecção melhoram suas características técnicas, aumenta a lista de agentes virais encontrados na água.

Dos protozoários patogênicos, *Giardia* sp., *Entamoeba* sp. e *Cryptosporidium* são os mais significativos: causam doenças gastrointestinais e afetam os tecidos da mucosa intestinal, produzindo disenteria, desidratação e perda de peso. *Naegleria gruberi* produz infecção quase sempre fatal (Hachich; Sato, 2001). Muitos vermes parasitas encontrados em águas contaminadas por

A falta de vegetação nas margens de rios e represas causa processo contínuo de perda de taludes, aumentando o assoreamento e resultando em perda de solo e da qualidade da água. Nesta foto, às margens da represa de Salto Grande (Uruguai/Argentina), vê-se nitidamente o resultado dessa perda

Transporte de material em suspensão na represa da UHE Carlos Botelho (Lobo-Broa), Estado de São Paulo

esgotos ou em águas de irrigação podem afetar trabalhadores em serviços públicos (tratamento de esgotos), inúmeras pessoas em áreas de recreação ou trabalhadores do campo em projetos de irrigação. Esses patógenos incluem Taenia saginata, Ascaris lumbricoides, várias espécies de Schistosoma e Ancylostoma moderade.

Todos esses organismos se desenvolvem na água em função de descargas de água não tratada (esgotos domésticos), por contribuição de pessoas e animais infectados, animais em regiões de intensa atividade pecuária (gado, aves, suínos) ou por animais silvestres. As doenças de veiculação hídrica aumentam de intensidade e distribuição em regiões com alta concentração populacional, por exemplo, zonas periurbanas de metrópoles, pela intensificação de atividades humanas, como pecuária ou agricultura, ou atividades industriais com resíduos para processamento de carnes ou lacticínios e, portanto, com alta carga de matéria orgânica. Quando há disposição inadequada de resíduos sólidos, pode haver contaminação por patógenos das águas superficiais e subterrâneas. Inadequada disposição de resíduos em "aterros sanitários" também pode ocasionar problemas de contaminação de águas superficiais ou subterrâneas. Resíduos sólidos urbanos (restos de alimentos, resíduos de animais domésticos, fraldas descartáveis) contêm patógenos. A reurbanização e a drenagem de rios urbanos podem produzir dispersão de patógenos e veiculá-los. Pequenos rios urbanos (vazão 2 m^3/s a 5 m^3/s) contaminados, poluídos ou eutrofizados, que atravessam muitos municípios no Brasil, podem ter fontes de dispersão de patógenos para as populações periurbanas e urbanas. Sua recuperação promove a revitalização de áreas urbanas degradadas, melhora o saneamento público e estimula o aproveitamento de áreas ribeirinhas antes imprestáveis.

Ao serem despejados em rios, lagos, represas e tanques, muitos desses patógenos apresentam persistência que depende da concentração de matéria orgânica e da capacidade de autodepuração do ecossistema aquático. O Quadro 4.4 descreve as principais doenças de veiculação hídrica, e a Fig. 4.12 mostra as rotas de transmissão de organismos patogênicos em esgotos e excretas. A Tab. 4.5 apresenta uma das causas mais graves de contaminação orgânica, a descarga de dejetos de suínos, que têm alto poder poluente da DBO, e sem tratamento representam inúmeras oportunidades de contaminação e de doenças por veiculação hídrica.

A eutrofização dos ecossistemas continentais e costeiros também causa outros problemas para a saúde humana, os quais serão descritos no Cap. 5.

Quadro 4.4 PRINCIPAIS DOENÇAS DE VEICULAÇÃO HÍDRICA EM ESCALA MUNDIAL E COMPARATIVA

Doenças humanas transmitidas por veiculação hídrica			
Doença	Agente infeccioso	Tipo de organismo	Sintomas
Cólera	*Vibrio cholerae*	Bactéria	Diarreia severa e grande perda de líquido
Disenteria	*Shigella dysinteriae*	Bactéria	Infecção do cólon e dores abdominais mais intensas
Enterite	*Clostridium perfringes* e outra bactéria	Bactéria	Inflamação do intestino delgado; diarreia; dores abdominais
Febre tifoide	*Salmonella typhi*	Bacteria	Dor de cabeça; perda de energia; hemorragia intestinal; febre
Hepatite infecciosa	*Hepatite, Vírus A*	Vírus	Inflamação do fígado; vômitos e febre; perda de apetite
Poliomielite	*Polivírus*	Vírus	Febre, diarreia, dores musculares; paralisia e atrofia dos músculos
Criptosporidiose	*Cryptosp.oridum*	Protozoário	Diarreia e dores abdominais
Disenteria amebiana	*Entamoeba lytolytica*	Protozoário	Infecção do cólon; diarreia e dores abdominais
Esquistossomose	*Schistosoma* sp.	Verme	Doença tropical do fígado; diarreia; perda de energia; fraqueza; dores abdominais intensas
Ancilostomíase	*Ancylostoma* sp.	Verme	Anemia severa
Malária	*Anopheles* sp.	Protozoário	Febre alta
Febre amarela	*Aedes* sp.	Vírus	Anemia
Dengue	*Aedes* sp.	Vírus	Anemia

Fonte: Raven, Berg e Johnson (1998).

A escala global das doenças relacionadas com a água está descrita na Tab. 4.6, com dados de 1990. As doenças são expressas como centenas de milhares de perdas por inabilidades causadas por doenças (ICD) por ano. O ICD integra os efeitos causados por morte prematura e inabilidade resultante em perda de vida produtiva.

4 A deterioração dos suprimentos de água e dos mananciais: a crise da água   89

Organismos patogênicos em esgotos ou excretas

```
                    ┌──────────┬──────────┬──────────┬──────────┬──────────┐
                  Mãos       Moscas   Água superficial  Resíduos   Resíduos
                                         e esgoto      sólidos    sólidos
```

Agricultura e aquicultura ↔ Água superficial e subterrânea

Alimentos — Abastecimento de água — Lazer (natação etc.)

Organismos patogênicos em seres humanos

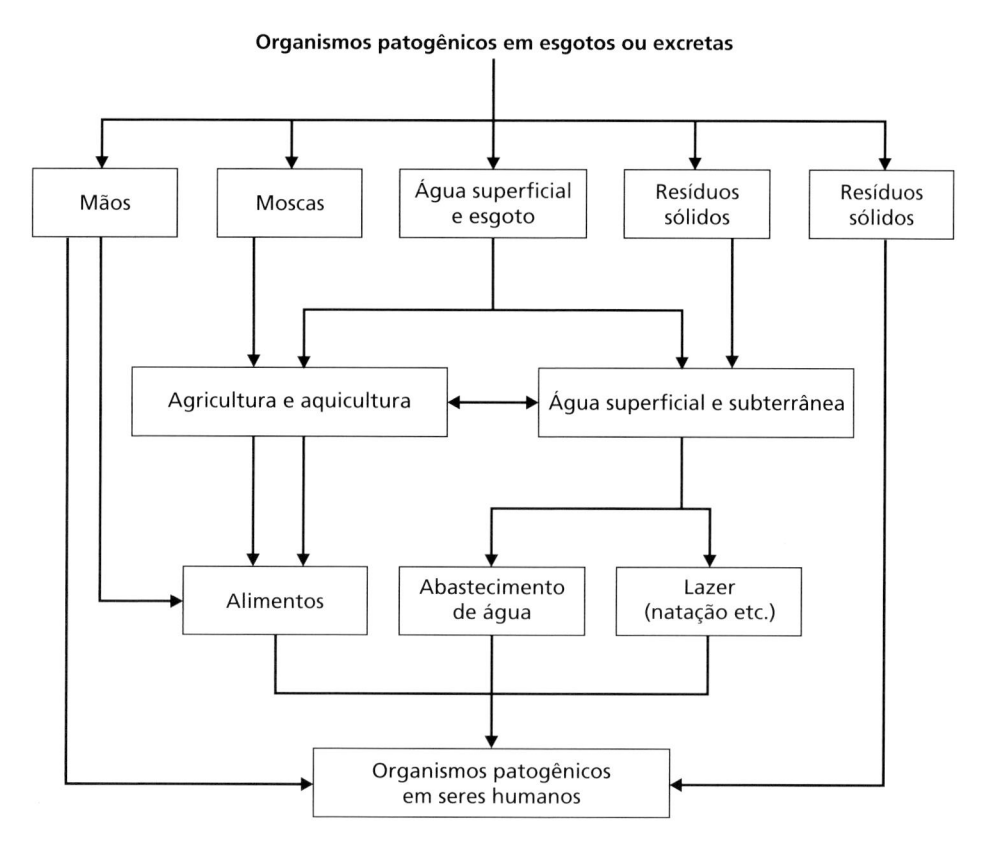

Fig. 4.12 Rotas de transmissão de organismos patogênicos encontrados em esgotos e excretas
Fonte: Franceys, Pickford e Reed (1992).

Tab. 4.5 Volume de dejetos e poder poluente em DBO de suínos em Santa Catarina

Especificações	Volume de dejetos produzidos por dia (em litros)	Poder poluente de D. B. O.
1 cabeça de suíno	10 a 12 pessoas	100 pessoas
Município de Concórdia (250.000 suínos)	2,5 milhões de pessoas	25 milhões de pessoas
Oeste catarinense (3.000 suínos)	30 milhões de pessoas	300 milhões de pessoas

Fonte: Estado de Santa Catarina (1994).

Além disso, as alterações indiretas na vegetação natural e na agricultura podem aumentar a poluição de reservatórios, lagos e rios, com o aumento da descarga de nutrientes e de contaminação. O Quadro 4.5 mostra os principais impactos de diversas atividades nos recursos hídricos.

Tab. 4.6 PROBLEMAS DAS DOENÇAS DE VEICULAÇÃO HÍDRICA EM ESCALA GLOBAL E SUA IMPORTÂNCIA NOS VÁRIOS CONTINENTES

	África Sub-saariana	Índia	China	Outros países da Ásia e ilhas	América Latina e Caribe	Oriente Médio	Europa Oriental	Países industrializados
Pop. em milhões	510	850	1134	683	444	503	346	798
Doenças com origem na água, incluindo doenças relacionadas com a falta de higiene								
Diarreia	303,5	280,3	42,4	147,3	58,9	154,0	2,2	2,4
Pólio	14,3	18,4	2,3	4,1	2,3	6,7	< 0,1	< 0,1
Hepatite	2,4	3,1	6,7	2,8	1,6	1,8	0,4	0,7
Tracoma	9,0	3,1	4,7	9,4	1,1	5,8	< 0,1	< 0,1
Ascaríase	4,4	11,7	38,6	32,0	13,5	5,0	< 0,1	< 0,1
Triquiurase	3,0	4,9	22,5	23,6	9,0	< 0,1	< 0,1	< 0,1
Amarelão	1,0	4,0	1,9	2,4	1,4	0,4	< 1,0	< 1,0
Doenças com base na água								
Esquistossomose	34,9	2,6	4,3	1,0	1,8	0,8	< 1,0	< 1,0
Dracunculose	*	*	*	*	*	*	*	*
Doenças com vetores de insetos								
Malária	315,1	9,5	0,1	25,4	4,4	2,8	< 1,0	< 1,0
Tripanossomíase	17,8	< 1,0	< 1,0	< 1,0	< 1,0	< 1,0	< 1,0	< 1,0
Chagas	< 1,0	< 1,0	< 1,0	< 1,0	27,4	< 1,0	< 1,0	< 1,0
Filariose	1,8	4,4	0,9	1,2	< 1,0	0,2	< 1,0	< 1,0
Oncocercose	6,4	< 1,0	< 1,0	< 1,0	< 1,0	< 1,0	< 1,0	< 1,0
Doenças não relacionadas com a água para comparação								
HIV	183,6	40,7	< 1,0	12,9	44,3	3,2	1,6	15,8
Câncer	44,8	119,3	185,1	78,1	53,1	48,8	85,9	179,0
Doenças cardíacas	12,1	81,4	42,4	62,1	27,3	26,1	79,5	93,6
Acidentes	150,5	231,1	233,0	143,9	110,5	113,2	68,9	73,7
Guerra	79,8	2,9	< 1,0	3,9	6,0	49,6	< 1,0	< 1,0

Fontes: World Development Report (1993) The World Bank, Washington, D.C., p. 329; Guerrant, Souza e Nations (1996).

4.9 Recursos hídricos e mudanças globais

As mudanças climáticas globais podem causar impactos extremamente significativos no suprimento de água doce e na qualidade da água. O ciclo hidrológico pode sofrer alterações substanciais do ponto de vista de suas várias etapas, sendo acelerado e desacelerado de

Quadro 4.5 PRINCIPAIS IMPACTOS NOS RECURSOS HÍDRICOS POR ATIVIDADE

Consequência	Setor					
	Agricultura	Uso urbano	Silvicultura	Geração de energia hidroelétrica e estocagem de água	Mineração	Indústrias
Sedimentação	x	x	x	x	x	x
Eutrofização	x	x	x	x	x	x
Poluição térmica	x	x	x	x	x	x
Oxigênio dissolvido		x		x	x	x
Acidificação					x	x
Contaminação por microrganismos	x	x				
Salinização	x	x				x
Contaminação por metais traço	x	x			x	x
Mercúrio				x		x
Toxinas não metálicas					x	x
Pesticidas	x	x	x			
Hidrocarbonetos		x				x
Redução de micronutrientes				x		

Fonte: UNEP/GEMS Water (2008).

acordo com a região do Planeta. Em lagos e reservatórios, esperam-se algumas alterações na hidrodinâmica e na qualidade da água como consequência das mudanças globais.

A qualidade da água das vazões de efluentes dos reservatórios deverá se alterar. O tratamento da água para transformá-la em potável precisa ser reavaliado. Aumentará a necessidade de previsão dos impactos e o uso de modelagem ecológica e quantitativa para avaliação. Os métodos ecotecnológicos e de engenharia ecológica devem ser aplicados com mais frequência e intensidade; já as abordagens tradicionais para exploração e conservação dos ecossistemas aquáticos e dos recursos hídricos necessitam de reavaliação, por causa dos novos processos e da disponibilidade de água, que sofrerá alterações no século XXI.

> **Boxe 4.2**
> **Mudanças globais e recursos hídricos na América Latina**
>
> ≈ Perda e retração das geleiras podem impactar a drenagem e o suprimento de água nos locais onde o degelo é importante fonte de água doce (alto grau de confiança).
> ≈ Enchentes e secas serão mais frequentes. As enchentes aumentarão o transporte de sedimentos e a degradação da qualidade da água em algumas regiões (alto grau de confiança).
> ≈ Aumento na intensidade dos ciclones tropicais deve provocar aumento dos riscos de morte, riscos à propriedade e aos ecossistemas, a partir de chuvas pesadas, enchentes, tempestades e ventos fortes (alto grau de confiança).
> ≈ Agricultura de subsistema estuarino ameaçada, bem como a produção de certos grãos (alto grau de confiança).
> ≈ A distribuição geográfica de doenças de veiculação hídrica deverá aumentar nas altas latitudes e regiões montanhosas, assim como a exposição a doenças como malária, dengue e cólera (grau de confiança médio).
> ≈ Diminuição de atividades produtivas nas áreas costeiras, danos à infraestrutura, e as regiões de mangue serão afetadas pelo aumento do nível do mar (grau de confiança médio).
>
> *Fonte: IPCC (2001a).*

A biodiversidade nos ecossistemas aquáticos será afetada, principalmente, pelo efeito do aquecimento térmico da água, o que deverá interferir na tolerância dos invertebrados e vertebrados (por mudanças na temperatura e na composição iônica das águas), e pelo aumento da concentração de substâncias tóxicas e poluentes, decorrente da evaporação. A eutrofização das águas continentais deve ser acelerada.

A Fig. 4.13 mostra as mudanças globais em progressão, as quais terão consequências acentuadas na distribuição global e regional dos recursos hídricos e no ciclo hidrológico (Fig. 4.14).

4.10 Degradação dos recursos hídricos no Planeta

Os oito principais problemas ambientais do Planeta foram analisados em uma série de reuniões de cientistas, administradores, gerentes e ministros do Meio Ambiente sob os auspícios da UNEP, da NASA e do Banco Mundial (Watson et al., 1988). Dessas reuniões resultaram documentos que, a partir de 1990, foram sintetizados em oito temas centrais para o futuro do Planeta: 1. mudanças globais; 2. perda de

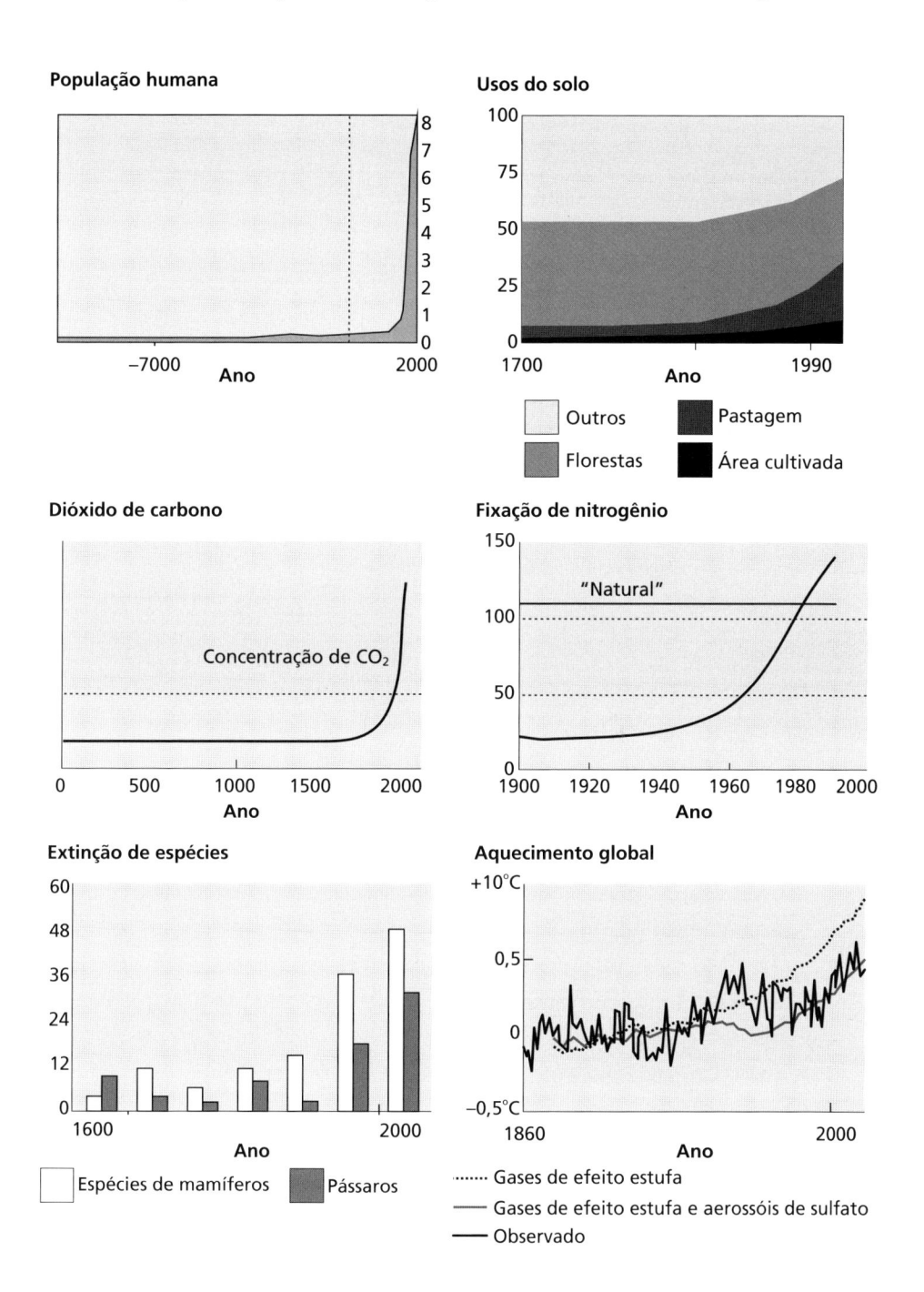

Fig. 4.13 Mudanças globais em progressão e as alterações apresentadas em várias escalas de tempo
Fonte: IPCC (2001b).

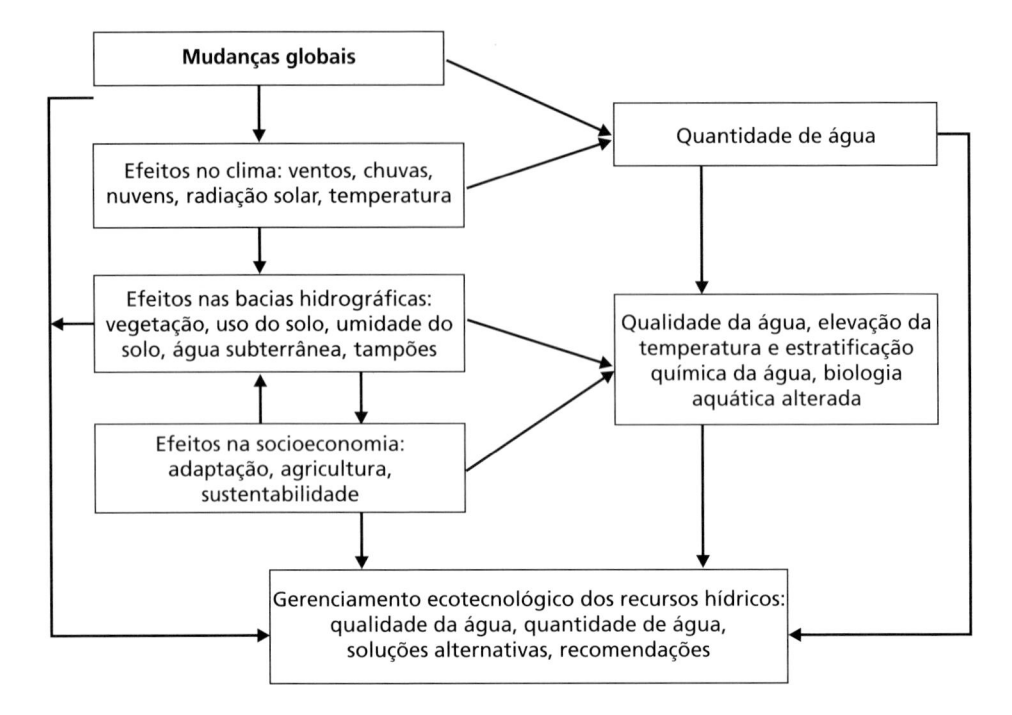

```
                    ┌─────────────────────────┐
                    │    Mudanças globais     │
                    └─────────────────────────┘
                         │           │
                         ▼           ▼
         ┌───────────────────────────┐      ┌──────────────────────┐
         │ Efeitos no clima: ventos, │─────▶│  Quantidade de água  │
         │ chuvas, nuvens, radiação  │      └──────────────────────┘
         │   solar, temperatura      │                 │
         └───────────────────────────┘                 │
                    │                                  ▼
                    ▼                      ┌──────────────────────────┐
         ┌───────────────────────────┐     │ Qualidade da água, elev- │
         │ Efeitos nas bacias hidro- │────▶│ ação da temperatura e    │
         │ gráficas: vegetação, uso  │     │ estratificação química   │
         │ do solo, umidade do solo, │     │ da água, biologia        │
         │ água subterrânea, tampões │     │ aquática alterada        │
         └───────────────────────────┘     └──────────────────────────┘
                    │
                    ▼
         ┌───────────────────────────┐
         │  Efeitos na socioeconomia:│
         │  adaptação, agricultura,  │
         │     sustentabilidade      │
         └───────────────────────────┘
                    │
                    ▼
         ┌─────────────────────────────────────────────────┐
         │ Gerenciamento ecotecnológico dos recursos       │
         │ hídricos: qualidade da água, quantidade de      │
         │ água, soluções alternativas, recomendações      │
         └─────────────────────────────────────────────────┘
```

Fig. 4.14 Consequências das mudanças globais sobre a qualidade da água dos rios, reservatórios e lagos
Fonte: Straškraba e Tundisi (2000).

diversidade biológica; 3. depleção estratosférica de ozônio; 4. degradação de recursos hídricos; 5. desertificação e degradação do solo; 6. desmatamento e uso não sustentável de florestas; 7. degradação de recursos do mar e do ambiente marinho; e 8. poluentes orgânicos persistentes (POPs).

No caso específico dos recursos hídricos continentais, as principais conclusões foram assim sintetizadas:

4.10.1 Degradação de recursos hídricos continentais

Tendências atuais:

- ≈ A crise da água atingiu muitas regiões do Planeta. Um terço da população mundial habita áreas com estresse de água.
- ≈ 1,3 bilhão de pessoas não têm acesso à água potável e 2 bilhões não têm acesso a saneamento adequado.
- ≈ 70% das retiradas de água são utilizadas para irrigação.
- ≈ Funções hidrológicas e ecológicas das áreas alagadas vêm sendo reduzidas paulatinamente.

4 A deterioração dos suprimentos de água e dos mananciais: a crise da água

Foto: J. G. Tundisi

Áreas alagadas são essenciais para manter os ciclos hidrológicos e biogeoquímicos e para a manutenção e conservação da biodiversidade. Área alagada da represa da UHE Carlos Botelho (Lobo-Broa), Estado de São Paulo

≈ A diversidade global dos ecossistemas aquáticos vem sendo reduzida significativamente.
≈ A poluição crescente da água aumenta os custos de tratamento.
≈ Uso inadequado do solo resulta em perdas econômicas para os usos e conservação dos recursos hídricos.

Principais causas:
≈ Crescimento populacional e rápida urbanização.
≈ Diversificação dos usos múltiplos.
≈ Gerenciamento não coordenado dos recursos hídricos disponíveis.
≈ Não reconhecimento de que saúde humana e qualidade de água são interativos.
≈ Peso excessivo de políticas governamentais nos "serviços de água" (fornecimento de água e tratamento de esgotos).
≈ Degradação do solo por pressão da população, aumentando a erosão e a sedimentação de rios, lagos e represas.
≈ A água é tratada exclusivamente como um bem social, e não econômico, resultando em uso ineficiente, em irrigação e em desperdícios após o tratamento (na distribuição).

- Problemas sociais, econômicos e ambientais referentes aos recursos hídricos são tratados separadamente e de forma pouco eficiente (L'vovich; White, 1990).

Projeções para o futuro:
- Em 2025, dois terços da população humana estarão vivendo em regiões com estresse de água. Em muitos países em desenvolvimento, a pouca disponibilidade de água afetará o crescimento da economia local e regional.
- A poluição da água continuará afetando os recursos hídricos continentais e as águas costeiras.
- Uso inadequado do solo afetará bacias hidrográficas nos continentes, águas costeiras e estuários.

Consequências econômicas e sociais das mudanças nos cenários já projetados:
- Degradação mais rápida de águas superficiais e subterrâneas, afetando as reservas.
- Suprimento inadequado de água para zonas rurais e urbanas.
- Riscos de epidemias e efeitos crescentes na saúde humana, especialmente em regiões urbanas.
- Aumento dos impactos econômicos resultantes da degradação dos recursos hídricos.
- Conflitos locais, regionais e institucionais sobre os usos múltiplos.
- Exacerbação dos usos setoriais e prioridade para determinados usos sem integração.

Tecnologias, políticas públicas e outras medidas mitigadoras e de impactos no gerenciamento:
- Gerenciamento integrado, adaptativo, preditivo e com atenção para usos múltiplos.
- Consideração da qualidade/quantidade de água.
- Reconhecimento da água como fator econômico.
- Melhoria da capacidade de gerenciamento, treinando recursos humanos e estimulando as mulheres à ativa participação no gerenciamento (a partir das famílias).
- Suporte a medidas e tecnologias inovadoras em nível local e nacional.

≈ Integração do gerenciamento do solo e das atividades agrícolas com o gerenciamento de recursos hídricos.
≈ Estimulo à adoção de tecnologias de baixo custo, especialmente técnicas de conservação da água na agricultura.

Em nível internacional:
≈ Promover diálogos em bacias hidrográficas internacionais.
≈ Estimular programas regionais de treinamento.
≈ Promover focos adequados para resolução de problemas de conservação, proteção e recuperação de recursos hídricos (McCaffrey, 1983; Dooge et al., 1992).

Boxe 4.3
Cidade do México e Região Metropolitana de São Paulo: um exemplo de gerenciamento complexo de recursos hídricos em regiões metropolitanas

A Cidade do México e a Região Metropolitana de São Paulo são exemplos muito evidentes dos grandes problemas de proteção de mananciais, de tratamento e de distribuição de águas em regiões metropolitanas. Com aproximadamente 20 milhões de habitantes, a Cidade do México é o centro cultural, econômico e industrial da República mexicana. A situação de abastecimento de água da capital está próxima de uma grande crise.

Cerca de 70% do abastecimento de água da cidade provém de um aquífero localizado na região metropolitana. O crescimento urbano desordenado ocupou inúmeras áreas próximas à capital e aumentou muito a necessidade de investimentos para ampliar a rede de distribuição de água potável. Como consequência da exploração intensa do aquífero, o nível da área metropolitana recuou 7,5 m, o que aumenta as inundações e causa danos à infraestrutura.

Com essas inundações, aumenta a possibilidade de contaminação a partir das redes de drenagem e de água potável. Em 1995, publicou-se um relatório-síntese de um "Comitê de Academias para o Estudo de Abastecimento de Água da Cidade do México" com as seguintes ações prioritárias:

≈ Estudos detalhados sobre o aquífero da bacia hidrográfica da região metropolitana da Cidade do México (características físicas, químicas, hidrológicas e biológicas).
≈ Determinação do rendimento ótimo do aquífero.
≈ Implementação de programas de reúso de água; cerca de 44 m3/s é a descarga de esgotos da região metropolitana da Cidade do México, o que equivale a 74% do uso total da água.
≈ Implementação de um programa intensivo de monitoramento e proteção de recursos hídricos, com mapeamento de áreas vulneráveis e áreas de risco.

- Tratamento de esgotos com ampliação do volume de água tratada e prioridade para estudos epidemiológicos relacionando a qualidade da água com a saúde humana.
- Detalhamento e ampliação do banco de dados sobre os recursos hídricos da região metropolitana da Cidade do México e organização de um sistema de informação.
- Os custos de abastecimento, despejo de águas em zonas metropolitanas, tratamento de águas residuárias e produção de água potável sofreram grandes incrementos, fazendo-se necessário planejamento avançado.
- Introdução de um programa educativo e programas de conservação, regulamentação e atualização de preços e tarifas.
- Modernização dos sistemas de medidores e serviços de cobrança de água.
- Ampliação do abastecimento e atualização do sistema de manutenção e reparos.
- Integração de programas sociais no planejamento e distribuição da água.
- Ampliação dos serviços de abastecimento de água de qualidade para a população carente.
- Apoio e estímulo à maior participação da população nas decisões sobre os problemas de água da região metropolitana da Cidade do México.

Região Metropolitana de São Paulo

- A Região Metropolitana de São Paulo, que necessita do fornecimento de água de qualidade para aproximadamente 21 milhões de pessoas diariamente, apresenta problemas de mesma magnitude e relevância. Um sumário dos grandes problemas nos remete à seguinte situação:
- Proteção dos mananciais de águas superficiais e controle do crescimento urbano desordenado que afeta os mananciais.
- Necessidade de implementação de programa de reúso da água, principalmente para fins industriais.
- Tratamento de esgotos, com aumento dos volumes das águas tratadas e coleta de esgotos em larga escala.
- Redução dos custos de tratamento a partir da proteção dos mananciais e introdução de programas educativos e de conservação de água.
- Ampliação dos serviços de distribuição para todas as áreas da Região Metropolitana de São Paulo.
- Detalhamento do banco de dados e promoção de sistemas de informação e sistemas de suporte à decisão.
- Implantação de programas efetivos de monitoramento e proteção de áreas vulneráveis.
- Treinamento e atualização permanente de técnicos e gerentes.
- Diminuição do desperdício na distribuição.
- Ampliação da capacidade de gestão preditiva e de antecipação de eventos de alto risco.

≈ Resolução de conflitos sobre os usos múltiplos.
≈ Avaliação do impacto em águas subterrâneas.
≈ Ampliação e aprofundamento da educação sanitária e ambiental da população.
≈ Recuperação dos rios Pinheiros e Tietê (e respectivas bacias hidrográficas) e dos tributários.

Fontes: Diversos documentos e estudos da Cidade do México e da Região Metropolitana de São Paulo (1995, 2002, 2003).

Conclusões

A deterioração dos mananciais e do suprimento de água é resultado do constante aumento no volume de água utilizado para diversas finalidades e do aumento da poluição e da contaminação hídrica. Esses impactos, dos pontos de vista qualitativo e quantitativo, têm custos econômicos elevados na recuperação dos mananciais e fontes de abastecimento, lagos e represas. Esses custos incidem sobre a sociedade nos diferentes continentes e países. Um dos agravantes da deterioração dos recursos hídricos é a repercussão na saúde humana e no aumento da mortalidade infantil e das internações hospitalares. Outra causa das mudanças no ciclo hidrológico são as alterações globais pelas quais passa e passará o Planeta e que deverão causar impactos na evaporação, no balanço hídrico e na biodiversidade dos sistemas aquáticos. Invasões de espécies exóticas, pesca excessiva e impactos nas bacias hidrográficas são causas da diminuição da biodiversidade aquática, de difícil recuperação. Águas superficiais e subterrâneas sofrem impactos cumulativos progressivos com grandes danos ao funcionamento dos ecossistemas, ao balanço hídrico e à disponibilidade de recursos hídricos para a espécie humana e outras espécies de animais e plantas.

A crise da água: eutrofização e suas consequências

5.1 O problema da eutrofização

A eutrofização dos ecossistemas aquáticos continentais, das águas costeiras marinhas e das águas subterrâneas é resultado do enriquecimento com nutrientes de plantas, principalmente fósforo e nitrogênio, que são despejados de forma dissolvida ou particulada em lagos, represas e rios, e são transformados em partículas orgânicas, matéria viva vegetal, pelo metabolismo das plantas. A eutrofização natural é resultado da descarga normal de nitrogênio e fósforo nos sistemas aquáticos. A eutrofização "cultural" é proveniente dos despejos de esgotos domésticos e industriais e da descarga de fertilizantes aplicados na agricultura. Geralmente, a eutrofização cultural acelera o processo de enriquecimento das águas superficiais e subterrâneas. No caso de lagos, represas e rios, esse processo consiste no rápido desenvolvimento de plantas aquáticas, inicialmente cianobactérias, ou "algas verde-azuis", as quais produzem substâncias tóxicas que podem afetar a saúde do homem e causar a mortalidade de animais e intoxicações. Além disso, a eutrofização, em seus estágios mais avançados, resulta em crescimento excessivo de aguapé (*Eichhornia crassipes*) ou alface-d'água (*Pistia stratiotes*), que são plantas aquáticas superiores mais comuns nesse processo.

Na Tab. 5.1 são apresentados os dados de composição das plantas aquáticas de águas doces em uma base de peso úmido. Geralmente, 0,7% de nitrogênio e 0,09% de fósforo que compõem as plantas aquáticas são os primeiros elementos a serem fixados e se deplecionam com a atividade fotossintética. Cerca de oito vezes mais nitrogênio do que fósforo é requerido pelas plantas. O fósforo, portanto, limita a eutrofização se o nitrogênio for oito vezes mais abundante na água, enquanto o nitrogênio limita a eutrofi-

Tab. 5.1 COMPOSIÇÃO DAS PLANTAS AQUÁTICAS DE ÁGUA DOCE

Composição média das plantas aquáticas (em relação ao peso úmido)	
Oxigênio	80,5
Hidrogênio	9,7
Carbono	6,5
Sílica	1,3
Nitrogênio	0,7
Cálcio	0,4
Potássio	0,3
Fósforo	0,09
Magnésio	0,07
Enxofre	0,06
Cloro	0,06
Sódio	0,04
Ferro	0,02
Boro	0,001
Manganês	0,0007
Zinco	0,0003
Cobre	0,0001
Molibdênio	0,00005
Cobalto	0,000002

Nota: valores expressos em porcentagens
Fonte: PNUMA (2002).

zação se sua concentração for oito vezes menor que a do fósforo na água. A água de esgoto ou a água tratada mecanicamente por meios biológicos contém cerca de 32 mg/L de nitrogênio e 8 mg/L de fósforo, em média. Assim, em um lago ou represa com altas concentrações de água de esgoto, a eutrofização é limitada por nitrogênio. Entretanto, muitas cianobactérias podem fixar nitrogênio do ar e, portanto, crescer rapidamente, produzindo alterações na qualidade da água e afetando a composição da biota, com alterações significativas no funcionamento do ecossistema aquático.

Fósforo, nitrogênio e carbono ocorrem nos tecidos das plantas nas seguintes proporções:

1 P : 7 N : 40 C por 100 unidades de peso seco.

1 P : 7 N : 40 C por 500 unidades de peso úmido.

Uma comparação entre as quantidades relativas de diferentes elementos que são requeridos para o crescimento de algas fitoplanctônicas ilustra a importância do fósforo e do nitrogênio e explica as causas da eutrofização (Tab. 5.2). Mesmo em condições em que a solubilidade e a disponibilidade proporcionam certos elementos em abundância – tais como sílica e ferro –, *fósforo* e *nitrogênio*, este em segundo lugar, são os primeiros elementos a se tornarem limitantes, uma vez que são críticos para o crescimento. Já que fósforo é relativamente raro nos sistemas naturais e é necessário para manter o crescimento em populações de algas em expansão, sua demanda em relação ao suprimento de nitrogênio é muito maior.

À medida que o fósforo é descarregado em lagos e rios, a partir de fontes pontuais e não pontuais (por exemplo, esgotos domésticos não tratados e resíduos de nutrientes agrícolas), os requerimentos das plantas são satis-

Tab. 5.2 PROPORÇÕES DE ELEMENTOS ESSENCIAIS EM TECIDOS VIVOS DE PLANTAS AQUÁTICAS E REQUERIDOS PARA O CRESCIMENTO DESSAS PLANTAS

Elemento	Conteúdo médio nas plantas ou requerimentos (%)	Concentração média na água (%)	Razão
Oxigênio	80,5	89	1
Hidrogênio	9,7	11	1
Carbono	6,5	0,0012	5.000
Sílica	1,3	0,00065	2.000
Nitrogênio	0,7	0,000023	30.000
Cálcio	0,4	0,0015	<1.000
Potássio	0,3	0,00023	1.300
Fósforo	0,09	0,000001	80.000
Magnésio	0,07	0,0004	<1.000
Enxofre	0,06	0,0004	<1.000
Cloro	0,06	0,0008	<1.000
Sódio	0,04	0,0006	<1.000
Ferro	0,02	0,00007	<1.000
Boro	0,001	0,00001	<1.000
Manganês	0,0007	0,0000015	<1.000
Zinco	0,0003	0,000001	<1.000
Cobre	0,0001	0,000001	<1.000
Molibdênio	0,00005	0,0000003	<1.000
Cobalto	0,000002	0,000000005	<1.000

Fonte: Francko e Wetzel (1983).

feitos, o crescimento aumenta e o outro elemento mais comumente requerido, o nitrogênio, torna-se limitante. Várias fontes pontuais de nitrogênio estão disponíveis para as plantas, tais como amônio (NH_4^+) e nitrato (NO^-_3). Certas cianobactérias podem fixar nitrogênio gasoso (N_2) que se dissolve na água, a partir da atmosfera, quando outras fontes de nitrogênio estão disponíveis, mas em quantidades muito pequenas.

Com suprimento suficiente de fósforo para acelerar o crescimento e a capacidade de fixar N_2 (o que lhes fornece vantagem competitiva sobre outras algas ou plantas superiores), as cianobactérias crescem rapidamente, formando extensas populações que se desenvolvem próximo à superfície e aproveitam o máximo de radiação solar disponível. As cianobactérias têm mecanismos de ajuste à profundidade para maximizar o uso de radiação solar.

As densas populações de algas que cobrem a superfície de lagos, represas e rios decompõem-se e liberam matéria orgânica, além de substâncias tóxicas. À medida que essas populações perdem a capacidade de flutuação por morte, depositam-se no fundo de lagos e represas, e sua decomposição utiliza oxigênio dissolvido na água, produzindo variadas concentrações de oxigênio dissolvido na água, e muitas vezes completa anoxia, causando mortalidade de outros organismos aquáticos, especialmente peixes. Em muitos casos, há mortalidade em massa de peixes associada à ausência de oxigênio dissolvido, produzida pelo extenso florescimento de cianobactérias e pelo aumento de matéria orgânica em decomposição.

Os principais efeitos da eutrofização são:

- ≈ anoxia (ausência de oxigênio na água), que provoca mortalidade em massa de peixes e invertebrados e também produz liberação de gases com odor e muitas vezes tóxicos (H_2S e CH_4);
- ≈ florescimento de algas e crescimento não controlado de plantas aquáticas, especialmente macrófitas;
- ≈ produção de toxinas por algumas espécies de algas tóxicas;
- ≈ altas concentrações de matéria orgânica, as quais, se tratadas com cloro, podem produzir substâncias carcinogênicas;
- ≈ deterioração dos valores recreacionais dos lagos ou represas, em razão da diminuição da transparência;
- ≈ acesso restrito à pesca e atividades recreacionais, em razão do acúmulo de plantas aquáticas que podem impedir a locomoção e o transporte;
- ≈ acentuada queda na biodiversidade e no número de espécies de plantas e animais;
- ≈ alterações na composição de espécies de peixes, com diminuição de seu valor comercial (mudanças nas espécies e perda do valor comercial pela contaminação);
- ≈ diminuição da concentração de oxigênio dissolvido, especialmente nas camadas mais profundas de lagos de regiões temperadas, durante o outono;
- ≈ diminuição dos estoques de peixes causada pela depleção de oxigênio dissolvido na água e nas regiões mais profundas de lagos e represas;
- ≈ efeitos na saúde humana (crônicos e agudos) (Azevedo, 2001).

5 A crise da água: eutrofização e suas consequências

Em muitos países, e praticamente em todo o Planeta, a deterioração de lagos, rios e represas pela eutrofização já representa grave problema ambiental. As Figs. 5.1 e 5.2 mostram o impacto da eutrofização na qualidade da água e nas perdas econômicas produzidas pela deterioração dos ecossistemas aquáticos.

——— Deterioração da saúde humana
· · · · Grau de eutrofização
——— Nível de toxicidade
– – · Valores das propriedades próximas a lagos e represas (R$/m²)
– – – Qualidade da água

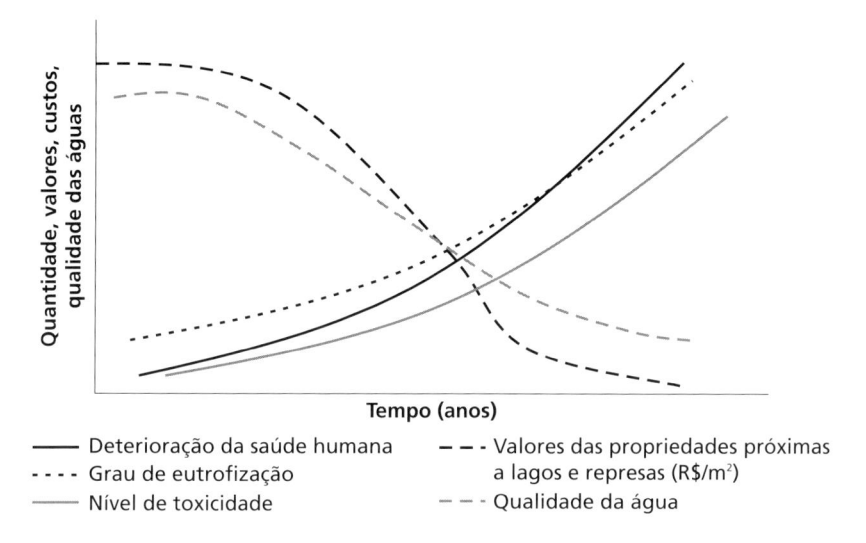

Fig. 5.1 Alterações na quantidade e qualidade da água, com aumento da eutrofização e perda da capacidade de sustentabilidade do sistema, em função do avanço da eutrofização, e custos econômicos da eutrofização

——— Custo do tratamento da água (R$1.000 m³)
· · · · Grau de eutrofização
——— Nível de toxicidade
– – · Desenvolvimento econômico baseado em águas (capacidade de sustentabilidade do sistema)
– – – Quantidade e qualidade da água

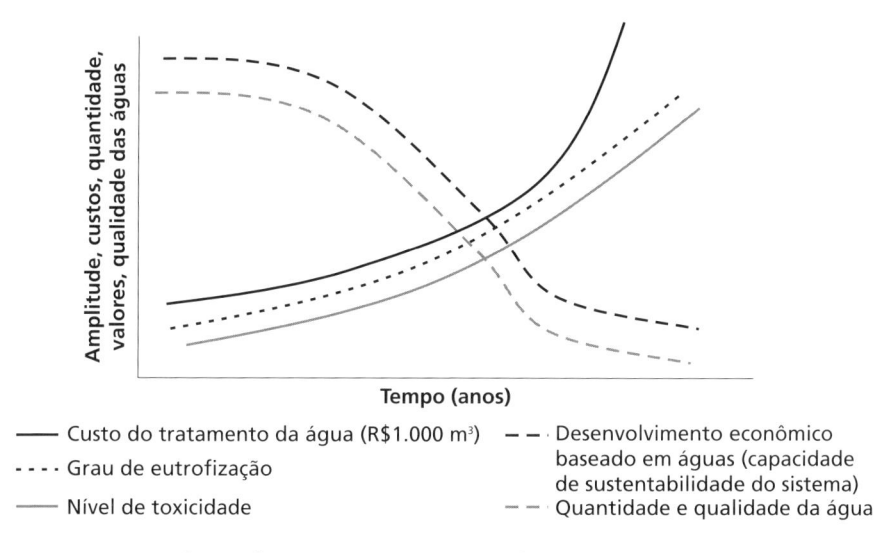

Fig. 5.2 Os custos de eutrofização: aumento nos custos de tratamento da água, perda da capacidade de sustentabilidade e aumento do nível de toxicidade

5.2 Causas da eutrofização

Como já foi ressaltado, a eutrofização é resultante da descarga excessiva de águas de esgotos ou de despejos agrícolas não tratados, que acelera o processo de enriquecimento natural dos lagos, represas e rios. Os processos que ocorrem nos lagos também aceleram a eutrofização, uma vez que a carga orgânica existente, após acelerar o crescimento de algas e plantas aquáticas, pode depositar-se no sedimento sob a forma de matéria orgânica em decomposição. Assim, além da carga externa, proveniente dos esgotos domésticos não tratados ou outras fontes, deve-se considerar a carga interna resultante do acúmulo de matéria orgânica nos sedimentos e na água intersticial. As fontes de eutrofização podem resultar de cargas pontuais provenientes de canais ou rios, ou de cargas não pontuais, que são despejos difusos resultantes de ações dispersas na bacia hidrográfica, como, por exemplo, drenagem agrícola de áreas com excesso de fertilizantes na camada superficial do solo. A carga interna dos lagos e represas é originalmente difusa a partir dos sedimentos e produz efeitos de eutrofização muito tempo após ter cessado a contribuição externa. Lagos e represas que ocupam várias fases da eutrofização recebem denominações diversas em função da concentração de nitrogênio e fósforo que apresentam. Assim, as denominações oligotrófico, mesotrófico, eutrófico e hipereutrófico referem-se a lagos, represas ou rios com diferentes concentrações de nutrientes, principalmente nitrogênio (N) e fósforo (P). Lagos oligotróficos têm baixa eutrofização e lagos eutróficos ou hipereutróficos são altamente providos de N e P. As concentrações de N e P para lagos oligotróficos e eutróficos de regiões temperadas e regiões tropicais variam, e os níveis de concentração que definem o estado trófico não são iguais para as regiões temperadas e tropicais (PNUMA/CITA, 2001; UNEP/IETC, 2001).

5.3 Toxinas

As toxinas presentes em lagos eutróficos ou hipereutróficos são produzidas por cianobactérias e classificadas como hepatoxinas, citotoxinas e endotoxinas. Em alguns casos, a remoção dessas toxinas é difícil, uma vez que são estáveis e resistentes à hidrólise química ou oxidação. A Fig. 5.3 mostra algumas das fórmulas das toxinas presentes na água e que são provenientes das células das cianobactérias após estas se

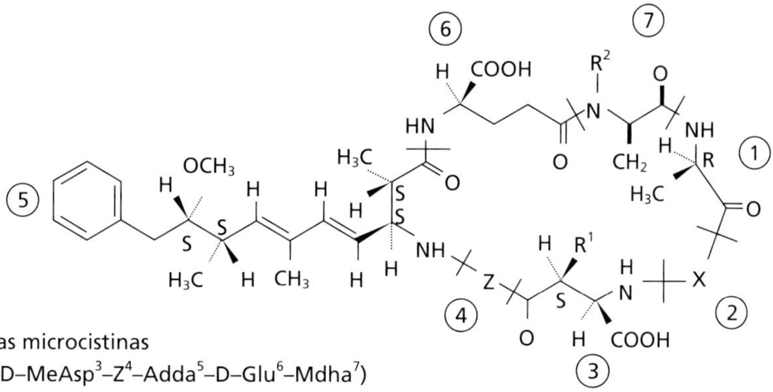

Estrutura geral das microcistinas
ciclo–(D–Ala^1–X^2–D–MeAsp^3–Z^4–Adda^5–D–Glu^6–Mdha^7)

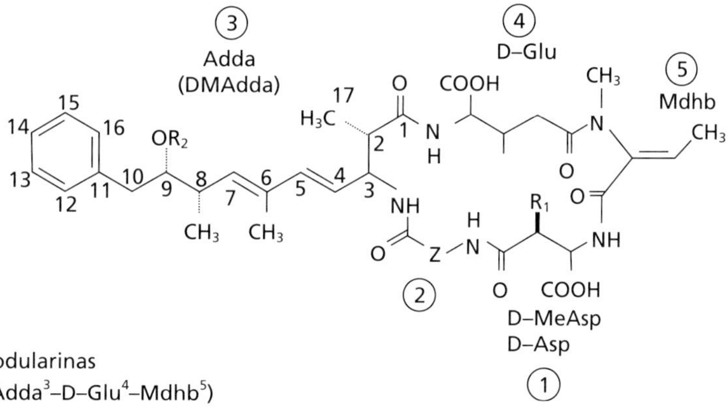

Estrutura geral das nodularinas
ciclo–(D–MeAsp^1–Z^2–Adda^3–D–Glu^4–Mdhb^5)

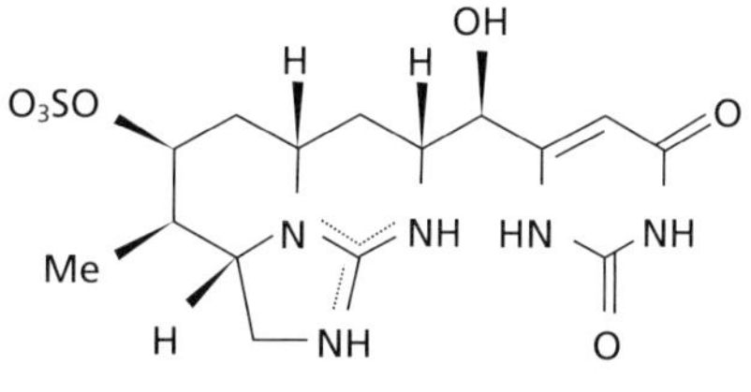

Cilindrospermopsina
MW 415; $C_{15}H_{21}N_5O_7S$

Fig. 5.3 A estrutura das toxinas de peptídeos cíclicos e de cilindrospermopsina
Fonte: Chorus e Barthram (1999).

decomporem. Em alguns casos, essas toxinas podem estar presentes na água após os tratamentos de água bruta, o que pode agravar seus efeitos crônicos (Quadro 5.1). Em fevereiro de 1996, houve crise de hepatite aguda em um centro de hemodiálise em Caruaru, no Brasil; 86% dos pacientes sofreram perturbações visuais e outros sintomas e muitos apresentaram falhas no funcionamento do fígado – 50 pacientes

Quadro 5.1 Características gerais das cianotoxinas

Grupo de toxinas	Órgão principal afetado em mamíferos	Gêneros de cianobactérias
Peptídeos cíclicos		
Microcistina	Fígado	Mycrocystis sp.
		Anabaena sp.
		Nostoc sp.
		Anabaenopsis sp.
Nodularina	Fígado	Nodularia sp.
Alcaloides		
Anatoxina a	Sinapses nervosas	Anabaena sp.
		Oscillatoria sp.
		Aphanizomenon sp.
Anatoxina a (s)	Sinapse nervosa	Anabaena sp.
Aplysiatoxinas	Pele	Lyngbya sp.
		Echizothrix sp.
		Planktotrix sp.
		Oscillatoria sp.
Cylindrospermopsinas	Fígado	Cylindrospermopsis sp.
		Sphanizomenon sp.
Lyngbyatoxina	Pele	Lyngbya sp.
	Trato gastrointestinal	
Saxitoxinas	Axônios Nervosos	Anabaena sp.
		Aplunizonenon sp.
		Cylindrospermopsis sp.
Lipopolissacarídeos CLPS	Irritante potencial: afeta qualquer tecido exposto	Todos

Fonte: diversas.

Eutrofização do lago Dianchi, na China

Foto: J. G. Tundisi

Eutrofização na represa de Barra Bonita, Estado de São Paulo

Eutrofização na represa da UHE Carlos Botelho (Lobo-Broa), Estado de São Paulo. Observa-se a ocupação por *Pistia stratioides* (alface-d'água)

morreram. A evidência biológica e química suporta a hipótese inicial de morte por efeitos da microcistina na água da diálise. A ocorrência da microcistina na água se deve ao tratamento insuficiente da água do manancial e à ineficiência do tratamento da água na clínica de diálise (Chorus; Barthram, 1999).

O crescimento de plantas aquáticas como o aguapé (*Eichhornia crassipes*) ou o alface-d'água (*Pistia stratiotes*) é um outro processo importante que resulta na aceleração da eutrofização. Há impedimento à navegação e bloqueio de canais de irrigação, alta evapotranspiração e aumento da concentração de detritos orgânicos nas raízes dessas plantas, além de constituírem um núcleo para o crescimento de larvas de mosquitos e parasitas com efeitos na saúde humana.

5.4 Programa de monitoramento e gerenciamento da eutrofização

Os aspectos gerais do planejamento e gerenciamento dos recursos hídricos, particularmente das águas superficiais – lagos, represas e rios –, serão tratados no Cap. 7. Entretanto, alguns tópicos referentes ao controle da eutrofização serão tratados neste capítulo. Um dos temas importantes é justamente a classificação dos lagos e represas em função do estado trófico, a partir do monitoramento. O monitoramento deve, portanto, enfocar os seguintes aspectos fundamentais:

- ≈ identificar a procedência da eutrofização e das contribuições difusas e pontuais (Chapman, 1992);
- ≈ realizar balanços de massa (entradas e saídas) de nutrientes para lagos, represas ou rios (Vollenweider; Kerekes, 1981);
- ≈ identificar o estado trófico do ecossistema aquático em função das concentrações de N e P e clorofila *a* (oligotrófico a eutrófico);
- ≈ criar cenários que possibilitem a avaliação e a progressão do estado trófico em função de futuros impactos (Vollenweider, 1987);
- ≈ detalhar ações de gerenciamento e tratamento, incluindo custos (Thanh; Biswas, 1990);
- ≈ identificar possíveis organismos indicadores de eutrofização, além das cianobactérias;
- ≈ ampliar a informação sobre eutrofização para o grande público e autoridades (UNEP/IETC, 2001).

O monitoramento das condições físicas, químicas e biológicas da água deve ser paralelo ao monitoramento hidrológico. O monitoramento biológico deve contemplar a classificação das algas, as flutuações das espécies no espaço e no tempo, a identificação das épocas favoráveis aos florescimentos e a concentração de toxinas na água. Também é fundamental que se utilizem modelos da eutrofização que possibilitem estudar cenários em função de fontes pontuais e não pontuais de nitrogênio e fósforo (PNUMA/CITA, 2001).

5.5 Problemas econômicos resultantes da eutrofização

Como já foi ressaltado, a aceleração da eutrofização e a degradação dos sistemas aquáticos e da qualidade da água produzem uma série de impactos econômicos, tais como o aumento muito rápido dos custos de tratamento (ver Cap. 9), a perda do valor estético de lagos, represas e rios e o impedimento à navegação e à recreação, o que diminui o valor turístico e os investimentos nas bacias hidrográficas.

Por outro lado, a despoluição de lagos, represas e rios pode representar nova oportunidade econômica de aumentar o número de empregos, estimular companhias ambientais e de consultoria e apoiar inovações apropriadas com novas soluções tecnológicas para o gerenciamento e a redução da eutrofização. Os impactos econômicos resultantes da eutrofização também se referem às perdas de horas de trabalho por afetar a saúde humana e às internações resultantes de doenças de veiculação hídrica (Quadro 5.2). Além das perdas econômicas, a eutrofização causa, direta ou indiretamente, impactos sociais, pois, ao atingir a qualidade da água e as atividades econômicas relacionadas aos lagos e às represas, reduz a capacidade de gerar emprego e renda, provocando, em muitos casos, a migração de populações para regiões com melhores oportunidades de trabalho. A instalação de indústrias também pode ser prejudicada em razão dos efeitos da eutrofização. Para certos tipos de indústria, o custo do tratamento de águas eutrofizadas pode impedir sua instalação. Os impactos na saúde humana, com efeitos tóxicos crônicos ou agudos, também podem ser considerados perdas econômicas.

Os diferentes usos da água e sua relação com o estado trófico são mostrados no Quadro 5.3.

O quadro mostra que, mesmo em condições eutróficas, lagos e represas podem ser úteis ao homem. Deve ser considerado sempre, entretanto, que a condição oligotrófica ou mesotrófica é a mais adequada em todas as circunstâncias. Lagos e represas eutróficos, mesmo que sejam utilizados somente para hidroeletricidade, navegação ou irrigação, são sempre fontes de contaminação e degradação de outros corpos d'água, o que gera novas oportuni-

Quadro 5.2 EFEITOS ECONÔMICOS DA EUTROFIZAÇÃO E BENEFÍCIOS RESULTANTES DA SUA REDUÇÃO

Efeitos da eutrofização	Benefícios da redução da eutrofização	Como os benefícios podem ser medidos
Gosto e odor acentuados e problemas no abastecimento	» menores custos para o tratamento da água » consumidores mais satisfeitos » menor necessidade de água alternativa (por exemplo, engarrafada)	» economia nos custos de tratamento » maior consumo de água e diferencial entre preços dos substitutos e do abastecimento municipal
Qualidade visual e tátil do corpo hídrico prejudicada	» residentes próximos mais satisfeitos » maior desenvolvimento nas proximidades do corpo hídrico » mais recreação » biota mais diversificada	» maior valor das propriedades » maior desenvolvimento da região » gastos adicionais em recreação » preços das diferentes espécies capturadas » WTP (*willingness-to-pay*, "disposição para pagar") popular para a melhoria do ecossistema
Maior possibilidade de toxinas nas águas	» aumento da pesca comercial e esportiva » biota mais diversificada » maior contato com a água	» aumento no preço e no valor dos peixes capturados » WTP (disposição para pagar) popular para a melhoria do ecossistema » gastos adicionais em recreação
Redução na profundidade, na área superficial e na capacidade de armazenamento	» menor necessidade de abastecimento alternativo » valor das propriedades marginais preservado » viabilidade de pesca continuada » viabilidade de recreação continuada	» despesas evitadas com dragagens e abastecimento alternativo de água » perdas evitadas no valor das propriedades » valor dos peixes que não seriam capturados » gastos com lazer que não teriam sido realizados » WTP (disposição para pagar) popular para a existência do lago; outros além de seu valor de uso

Fonte: PNUMA/CITA (2001).

Quadro 5.3 Usos de lagos e represas em relação ao estado trófico

Utilização desejada	Estado trófico	
	Requerido	Ainda tolerável
produção de água potável	oligotrófico	mesotrófico
uso para recreação	mesotrófico	ligeiramente eutrófico
cultivo de peixes (espécies de salmonídeos)	oligotrófico	mesotrófico
água para processamento industrial	mesotrófico	ligeiramente eutrófico
água para resfriamento industrial	–	eutrófico
água para compor paisagem em áreas de recreação	–	ligeiramente eutrófico
esportes na água (sem banho)	mesotrófico	ligeiramente eutrófico
irrigação (por canais)	–	eutrófico
produção de energia	mesotrófico	eutrófico[1]

1. Não é valido para as plantas de eletricidade em rios, em razão da interferência de macrófitas ou do crescimento de algas.

Fonte: modificado de várias fontes.

dades para ampliar a distribuição geográfica da eutrofização e aumenta as ameaças à saúde humana. As alterações mais importantes que ocorrem nos ecossistemas aquáticos são: deterioração, por causa da intensa decomposição de matéria orgânica, bem como liberação de certos elementos e substâncias como Fe, Mn, NH_3, H_2S e nitritos a partir do sedimento, especialmente se a anoxia se desenvolver no fundo, como produto do consumo excessivo de oxigênio na oxidação de matéria orgânica. A deterioração da qualidade da água como resultado da eutrofização também é extremamente significativa, principalmente em razão da produção de substâncias tóxicas pelas cianobactérias. Os custos do tratamento da água para conseguir a potabilidade duplicam com o tempo de duplicação da eutrofização (Hidroconsult/IIE, dados originais, 2003).

5.6 A redução da eutrofização: custos e benefícios

O problema descrito no Boxe 5.1 foi comentado em um trabalho recente (Lomborg, 2002). A redução da carga de nitrogênio em 40% deve aumentar a reoxigenação das águas do Golfo do México e diminuir a frequência dos episódios de hipoxia e anoxia. A redução dos fertilizantes e o aumento da vegetação ripária e das áreas alagadas contribuiria com a diminuição da eutrofização e daria melhores oportunidades para os

Boxe 5.1
A "zona morta" no Golfo do México – O impacto do rio Mississippi na costa da Louisiana

Uma área de aproximadamente 12 mil km² está sendo afetada no Golfo do México. Essa região chamada de "zona morta" pelos pescadores, já mostra uma ausência de vida marinha (crustáceos e espécies comerciais de peixes) que afeta severamente as economias regionais costeiras, baseadas na pesca. A principal causa desta "zona morta" está localizada a milhares de quilômetros ao norte, nas fazendas de milho e de suínos, nos Estados de Illinois e Iowa, nos Estados Unidos. A bacia do rio Mississippi é a maior da América do Norte, drenando 31 estados, e onde se localiza metade das fazendas produtivas dos Estados Unidos (98 bilhões de dólares de produção anual).

Em associação com o aumento do uso de fertilizantes, ocorreu uma perda substancial de áreas alagadas ao longo do rio Mississippi e também nas regiões costeiras, o que agravou o efeito da eutrofização. Além do uso excessivo de fertilizantes, problemas no controle de resíduos das fazendas de suínos agravaram a situação de tal forma que a eutrofização causa danos, principalmente no início da primavera e no verão (maio a outubro) de cada ano, provocados por hipoxia (deficiência de oxigênio na água): a morte de toneladas de organismos do *bentos* – moluscos e outros animais –, e a fuga de peixes e crustáceos que, ao se deslocarem, despovoam a região. A solução está na redução de 20% da aplicação de fertilizantes nas culturas, no aperfeiçoamento dos métodos de tratamento de esgotos das fazendas de suínos e na recomposição das áreas alagadas, que podem funcionar como "filtros" de nutrientes próximo ao delta do Mississippi, na costa da Louisiana.

Isso deverá custar bilhões de dólares em investimentos. Os pescadores do Golfo do México e os fazendeiros da bacia do Mississippi usam de forma conflitante os recursos naturais. Os pescadores que se consideram "fazendeiros do mar" consideram que os "fazendeiros da terra" estão sendo privilegiados por não investirem em redução de adubos e tratamento de esgotos das fazendas de suínos.

Este exemplo, que também pode ser encontrado em muitas áreas costeiras no Brasil, mostra o enorme impacto que os usos múltiplos dos ecossistemas aquáticos continentais e dos recursos hídricos superficiais e subterrâneos podem ter nas águas costeiras, colocando em risco o funcionamento dos ecossistemas marinhos e provocando perdas econômicas. O exemplo do rio Mississippi mostra também que os impactos podem resultar de atividades desenvolvidas há muitos quilômetros do local efetivo do impacto.

O processo de recuperação já começou. Atualmente estão sendo realizadas estimativas dos custos, que, como já foi mencionado, devem ficar em alguns bilhões de dólares, e uma década para a sua resolução (Fig. 5.4).

Fonte: modificado de Annin (1999).

pescadores do Golfo do México. Entretanto, os custos da redução dos nutrientes, associados ao aumento nos preços de serviços, de 4% a 10%, segundo Lomborg (2002), elevariam em 4,8 bilhões de dólares os gastos com a recuperação. De acordo com o relatório do "Hypoxia Assessment", "os benefícios da redução da carga de nitrogênio na bacia do Mississippi serão bastante limitados". O argumento de Lomborg mostra as reais contradições no processo de desenvolvimento: se, por um lado, a eutrofização causou depleção nos estoques de peixes e moluscos no Golfo do México, por outro, houve aumento na produção de alimento nas fazendas no sistema terrestre, o que compensaria as perdas econômicas resultantes da eutrofização dos sistemas costeiros.

Entretanto, quando se trata de águas continentais ou costeiras, verifica-se que as perdas ocasionadas por águas hipereutróficas ou eutróficas são muito mais severas, uma vez que há custos para a recuperação de águas para

1 Dead Zone
2 Nichupti Lagoon
3 Mobile Bay
4 Perdido Bay
5 Hillsborough Bay
6 Chesapeake Mainstream
7 Potomac River
8 Rappahannock River
9 York River
10 Pagan River
11 Long Island Sound
12 New York/New Jersey Bight
13 Flushing Bay
14 Raritan Bay
15 Barnegatt Inlet
16 Mullica River Estuary
17 Townsend-Hereford Inlet
18 Great Egg Harbor River
19 New York City
20 Puget Sound
21 Saanich Inlet
22 Los Angeles
23 Pamlico River
24 Cape Fear River
25 Corpus Christi Bay
26 Freeport
27 Seto Inland Sea
28 Tokyo Harbor
29 Mikawa & Ise Bays
30 Omura Bay
31 Osaka Bay
32 Caspian Sea
33 Black Sea NW Shelf
34 Sea of Azov
35 Gulf of Trieste
36 Rias Baixas
37 Fosa de Cariaco
38 Gulf of Finland
39 Baltic Sea Channel
40 Bornholm Basin
41 Elefsis Bay
42 Tolo Harbor, Hong Kong
43 Kattegat
44 Laholm Bay
45 Byfjord
46 Gullmasrsfjord
47 Port Hacking
48 Sommone Bay
49 Lough Ine
50 German Bight, North Sea
51 Kiel Bay
52 Wadden Sea
53 Marmara Sea
54 Limfjorden
55 Arthus Bay
56 New Zealand
57 Oslofjiord
58 Stockholm Inner Archipeligo

Fig. 5.4 Distribuição mundial de zonas hipóxicas (o nome original das localidades foi mantido)
Fonte: World Resources Institute (2000).

> **Boxe 5.2**
> **A caracterização da eutrofização**
>
> Os índices de estado trófico (IETs) foram desenvolvidos para facilitar a classificação de lagos e reservatórios e de proporcionar aos gestores de lagos, represas e rios informações quantitativas que pudessem ser comparadas ao longo do tempo para o mesmo ecossistema, ou caracterizar Tipologia de Estados Tróficos por vários ecossistemas.
>
> A classificação trófica é dividida em uma série de classes denominadas de estados tróficos; os mais comuns são o oligotrófico, o mesotrófico e o eutrófico. Mais tarde, o termo hipereutrófico começou a ser utilizado para caracterizar altos graus de eutrofização. O termo ultraoligotrófico também foi introduzido. O índice de Carlson (1977) tem sido usado frequentemente, mas o índice de Salas e Martino (1991) aplicado a lagos tropicais também é comumente utilizado. Os IETs estão baseados na concentração de fósforo total nas águas, nitrogênio total, clorofila *a* e, em alguns índices, utiliza-se também a condutividade elétrica da água (Kratzer; Brezonik, 1981).
>
> Para caracterizar o estágio de eutrofização, também é importante determinar a carga total de entrada de fósforo e de nitrogênio, estimada a partir de fontes pontuais e não pontuais (Vollenweider, 1968; Rolich, 1969; Rast; Holland; Olof, 1989).
>
> Os IETs foram desenvolvidos para identificar estágios de eutrofização. A obtenção de um IET depende da determinação da concentração de fósforo, nitrogênio e clorofila na água. A utilização da transparência na água (leitura do disco de Secchi) para determinar o IET, utilizado em lagos de regiões temperadas não se aplica a lagos de regiões tropicais. As relações clorofila *a* (que mede a biomassa do fitoplâncton) e fósforo total na água são bem conhecidas. Essas duas variáveis são as mais utilizadas para determinação do IET. Existem vários índices, e o mais utilizado atualmente é o de Lamparelli (2004), que caracteriza os lagos e reservatórios como (Tab. 5.3):
>
> Tab. 5.3 ÍNDICES E RESPECTIVAS CATEGORIAS DE ESTADO TRÓFICO
>
> | Categoria de estado trófico | Ponderação |
> |---|---|
> | Ultraoligotrófico | IET $\leq$ 47 |
> | Oligotrófico | 47 < IET $\leq$ 52 |
> | Mesotrófico | 52 < IET $\leq$ 59 |
> | Eutrófico | 59 < IET $\leq$ 63 |
> | Supereutrófico | 63 < IET $\leq$ 67 |
> | Hipereutrófico | IET $\leq$ 67 |
>
> Fonte: Lamparelli (2004).

Índice de estado trófico – IET

Rios (ver Tab. 5.4)

$IET\ (CL) = 10 \times (6 - ((-0{,}7 - 0{,}6 \times (\ln CL))/\ln 2)) - 20$

$IET\ (PT) = 10 \times (6 - ((0{,}42 - 0{,}36 \times (\ln PT))/\ln 2)) - 20$

Tab. 5.4 CLASSIFICAÇÃO DO ESTADO TRÓFICO PARA RIOS SEGUNDO O ÍNDICE DE CARLSON MODIFICADO

Categoria de estado trófico	Ponderação	P-total - P (mg · m⁻³)	Clorofila a (mg · m⁻³)
Ultraoligotrófico	IET ≤ 47	P ≤ 13	CL ≤ 0,74
Oligotrófico	47 < IET ≤ 52	13 < P ≤ 35	0,74 < CL ≤ 1,31
Mesotrófico	52 < IET ≤ 59	35 < P ≤ 137	1,31 < CL ≤ 2,96
Eutrófico	59 < IET ≤ 63	137 < P ≤ 296	2,96 < CL ≤ 4,70
Supereutrófico	63 < IET ≤ 67	296 < P ≤ 640	4,70 < CL ≤ 7,46
Hipereutrófico	IET > 67	640 < P	7,46 < CL

Fonte: Lamparelli (2004).

Reservatórios (ver Tab. 5.5)

$IET\ (CL) = 10 \times (6 - ((0{,}92 - 0{,}34 \times (\ln CL))/\ln 2))$

$IET\ (PT) = 10 \times (6 - (1{,}77 - 0{,}42 \times (\ln PT)/\ln 2))$

Tab. 5.5 CLASSIFICAÇÃO DO ESTADO TRÓFICO PARA RESERVATÓRIOS SEGUNDO O ÍNDICE DE CARLSON MODIFICADO

Categoria de estado trófico	Ponderação	Secchi - S (m)	P-total - P (mg · m⁻³)	Clorofila a (mg · m⁻³)
Ultraoligotrófico	IET ≤ 47	S ≥ 2,4	P ≤ 8	CL ≤ 1,17
Oligotrófico	47 < IET ≤ 52	2,4 > S ≥ 1,7	8 < P ≤ 19	1,17 < CL ≤ 3,24
Mesotrófico	52 < IET ≤ 59	1,7 > S ≥ 1,1	19 < P ≤ 52	3,24 < CL ≤ 11,03
Eutrófico	59 < IET ≤ 63	1,1 > S ≥ 0,8	52 < P ≤ 120	11,03 < CL ≤ 30,55
Supereutrófico	63 < IET ≤ 67	0,8 > S ≥ 0,6	120 < P ≤ 233	30,55 < CL ≤ 69,05
Hipereutrófico	IET > 67	0,6 > S	233 < P	69,05 < CL

Fonte: Lamparelli (2004).

onde:

PT: concentração de fósforo total medida à superfície da água, em µg · L⁻¹;

CL: concentração de clorofila a medida à superfície da água, em µg · L⁻¹;

ln: logaritmo natural.

A Fig. 5.5 apresenta o IET para o Brasil.

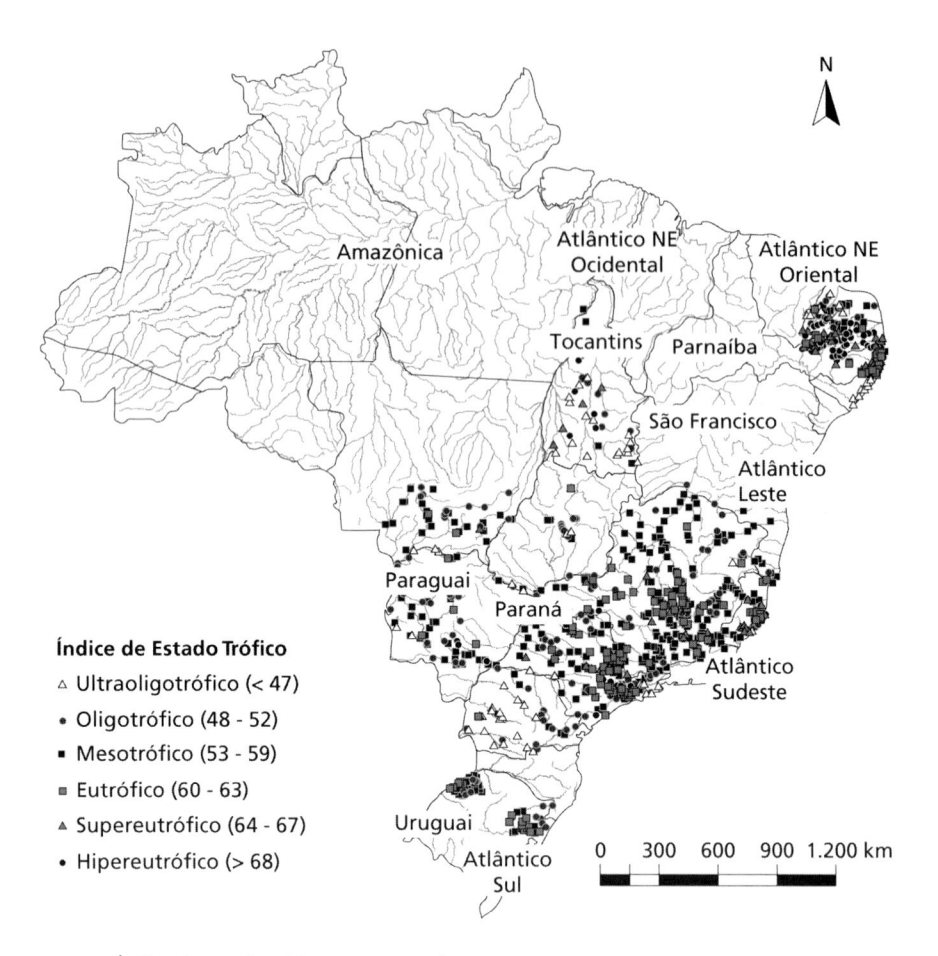

Fig. 5.5 Índice de estado trófico para o Brasil
Fonte: ANA (2009).

fins potáveis e perdas econômicas associadas a vários usos múltiplos. Perdas muito altas também decorrem da incidência de doenças de veiculação hídrica, que podem causar mortalidade e internações hospitalares. O problema não é simples e deve ser analisado sob vários ângulos e perspectivas (Straškraba, 1986, 1994; Tundisi, Matsumura-Tundisi; Sidagis Galli, 2006).

Conclusões

A eutrofização é um fenômeno mundial que afeta rios, lagos, represas e tanques de abastecimento, na superfície, nas águas subterrâneas e nas águas costeiras. A eutrofização tem provocado a deterioração dos ecossistemas aquáticos e produzido impactos ecológicos, econômicos, sociais e na saúde pública. Sua diminuição implica grandes gastos para a recuperação de rios, lagos e represas, e seu controle depende de ações que se iniciam nas bacias hidrográficas e nas fontes pontuais e não pontuais de descarga de nitrogênio e fósforo. Para a maioria dos usos múltiplos, a eutrofização limitada pode ser útil, mas para fins de abastecimento de água, recreação e turismo, há impedimentos. Eutrofização excessiva com crescimento de cianobactérias agrava a toxicidade das águas superficiais, subterrâneas e costeiras. O desenvolvimento da eutrofização aumenta os custos do tratamento necessário para produzir a potabilidade da água, agravando os custos de obtenção de água adequada para consumo humano.

6
Situação atual dos recursos hídricos no Brasil: distribuição, usos múltiplos, impactos e desafios

Das principais bacias hidrográficas do continente sul-americano, a bacia Amazônica e a bacia do Prata são de fundamental importância para o Brasil.

A América do Sul é abundante em rios, os quais têm papel ecológico, econômico e social extremamente relevante. Esses rios, suas áreas de várzea e vastas planícies de inundação, associados a muitos lagos permanentes e temporários, apresentam uma variedade de hábitats, flora e fauna altamente especializadas e diversificadas e constituem importante reserva de água doce, que é utilizada para inúmeras finalidades.

Igualmente importante no contexto ecológico e econômico são os pequenos riachos e rios que fluem na floresta amazônica e no cerrado e que são coletores de material alóctone que é transportado para outros sistemas de maior porte. Gradientes latitudinais muito vastos, extensas áreas alagadas com lagos permanentes e temporários, regiões de várzea associadas aos rios principais e seus tributários e pequenos riachos no interior do continente são característicos dos sistemas hídricos do Brasil. Deve-se acrescentar também a grande reserva de águas subterrâneas, que é fundamental para o abastecimento e a irrigação em muitas regiões do País.

De fundamental importância do ponto de vista de reserva de água e como sistemas ecológicos únicos no Planeta, a Amazônia e o pantanal mato-grossense apresentam características especiais, alta biodiversidade, diversidade de hábitats e enorme potencial para usos múltiplos e diversificados, conjugados com processos e sistemas de proteção e conservação adequados e com permanente revisão de estratégias (veja a seção "Exemplo de desenvolvimento sustentado e gerenciamento integrado", no Cap. 7, que trata, entre outros assuntos, da reserva de Mamirauá).

Igualmente relevante do ponto de vista quantitativo é o uso de sistemas hídricos próximos à costa, o que ocasiona muitos impactos e eutrofização nas águas costeiras, e se faz necessário um esforço para estimar a contaminação e a eutrofização de águas costeiras a partir de despejos em rios que deságuam nessas regiões. Grande parte da população brasileira ocupa bacias costeiras ou está, no máximo, localizada a 100 km da costa. Do ponto de vista do funcionamento ecológico e hidrológico, há três características consideradas fundamentais para os usos dos recursos hídricos e sua conservação:

a) Flutuações no nível de águas de grandes rios como o Amazonas e o Paraná (9 a 12 m no rio Amazonas, 3 a 4 m no rio Paraná) e nas planícies de inundação (1 a 2 m), inundando periodicamente vastas áreas de várzea.

b) Interações entre sistemas terrestres e aquáticos – as áreas terrestres inundadas periodicamente fornecem nutrientes, biomassa e alimento para muitas espécies de peixes, como frugívoros e herbívoros. As áreas de floresta inundada, no Amazonas e no pantanal, as matas galeria e as florestas ripárias ao longo dos rios funcionam como "filtros biológicos" que fornecem detritos e matéria orgânica para os rios e protegem o sistema aquático, sendo, em muitos casos, as fontes de sua biodiversidade.

c) Interações entre organismos e sistemas aquáticos – além das extensas áreas de vegetação que interagem com os sistemas aquáticos, muitos organismos, como os grandes vertebrados das regiões de inundação (por exemplo, capivara, ratões-do-banhado, jacarés e pássaros aquáticos), podem alterar e acelerar os ciclos de nutrientes, remover ou contribuir para a remoção de biomassa de peixes e crustáceos e enriquecer a biodiversidade animal e vegetal (Tundisi, 1994b).

Ab'Saber (1967, 1977, 1987, 1988) chamou a atenção para a importância do quaternário sul-americano, relacionando a geomorfologia desses sistemas aquáticos e a distribuição dos recursos hídricos no Brasil.

6.1 Usos múltiplos dos recursos hídricos

A diversificação dos usos múltiplos dos recursos hídricos no Brasil depende, evidentemente, do grau de concentração da população humana, do estágio de desenvolvimento econômico regional e da intensidade das atividades nas bacias hidrográficas. Aproximadamente 90% dos recursos hídricos do Brasil são utilizados para produção agrícola, produção industrial e consumo humano (Tucci, 2000). No entanto, o conjunto de atividades em que se utilizam recursos hídricos superficiais e subterrâneos pode ser assim descrito:

- ≈ abastecimento público em áreas urbanas;
- ≈ irrigação a partir de águas superficiais e subterrâneas;
- ≈ uso industrial (várias finalidades);
- ≈ navegação para transporte em larga escala;
- ≈ pesca e piscicultura;
- ≈ aquicultura; hidroeletricidade;
- ≈ abastecimento em áreas rurais;
- ≈ turismo;
- ≈ recreação.

A Tab. 6.1 mostra as demandas hídricas no Brasil divididas em demandas urbana, industrial e para irrigação, e a Tab. 6.2 apresenta o consumo de água no Brasil para várias atividades.

Tab. 6.1 Demandas hídricas no Brasil

Unidade/região	Demanda urbana (km³/ano)	Demanda irrigação (km³/ano)	Demanda industrial (km³/ano)
Rondônia	0,03	0,00	0,01
Acre	0,02	0,00	0,00
Amazonas	0,10	0.01	0,03
Roraima	0,01	0,00	0,00
Pará	0,19	0,05	0,06
Amapá	0,01	0,00	0,00
Região Norte	**0,36**	**0,06**	**0,10**
Maranhão	0,22	0,01	0,02
Piauí	0,12	0,09	0,01
Ceará	0,29	0,96	0,09
Rio Grande do Norte	0,14	0,23	0,05
Paraíba	0,15	0,27	0,04
Pernambuco	0,45	0,98	0,16
Alagoas	0,11	0,18	0,04
Sergipe	0,06	0,12	0,02
Bahia	0,52	1,07	0,12
Região Nordeste	**2,06**	**3,91**	**0,55**

Tab. 6.1 DEMANDAS HÍDRICAS NO BRASIL (CONTINUAÇÃO)

Unidade/região	Demanda urbana (km³/ano)	Demanda irrigação (km³/ano)	Demanda industrial (km³/ano)
Minas Gerais	1,22	1,63	0,59
Espírito Santo	0,18	0,22	0,08
Rio Janeiro	1,03	0,63	0,73
São Paulo	2,74	1,81	4,16
Região Sudeste	**5,17**	**4,29**	**5,56**
Paraná	0,70	0,28	0,35
Santa Catarina	0,33	0,65	0,40
Rio Grande do Sul	0,71	6,32	0,70
Região Sul	**1,74**	**7,25**	**1,45**
Mato Grosso do Sul	0,10	0,13	0,03
Mato Grosso	0,08	0,03	0,02
Goiás/Tocantins	0,28	0,25	0,06
Distrito Federal	0,13	0,04	0,03
Região Centro-Oeste	**0,59**	**0,45**	**0,14**
Brasil	**9,92**	**15,96**	**7,80**

Fonte: Barth (1987).

Tab. 6.2 CONSUMO DE ÁGUA NO BRASIL ($10^6 \cdot$ m³/ANO) PARA VÁRIAS ATIVIDADES

Bacia	Humano	Dessedentação	Irrigação	Industrial	Total	m³/s	%
Amazonas	279,0	225,8	6.002,4	52,3	6.559,5	208,0	10,3
Tocantins	180,3	211,3	1.602,6	78,0	2.072,2	65,7	3,3
Atlântico N/NE	2.105,8	277,2	4.206,3	1.617,7	8.207,0	260,2	12,9
São Francisco	876,5	220,5	5.085,6	926,5	7.109,1	225,4	11,2
Atlântico Leste	2.705,8	13,3	380,0	2.506,8	5.155,9	163,5	8,1
Atlântico Sul	664,8	204,9	9.796,3	535,5	11.201,4	355,2	17,6
Paraná	3.251,8	1.379,2	7.858,6	3.518,6	16.008,2	507,6	25,2
Paraguai	127,2	325,2	1.287,0	35,0	1.774,4	56,3	2,8
Uruguai	249,5	282,0	4.942,3	12,3	5.486,1	174,0	8,6
Totais	10.440,7	3.139,5	41.161,1	8.832,6	63.573,8	2.015,9	100,0
m³/s	331,1	99,6	1.305,2	280,1	2.015,9	–	–
% do total	16,4	4,9	64,7	13,9	100,0	–	–

Fonte: FGV (1998).

6.2 Uso urbano

A população do Brasil encontra-se, em sua maioria, localizada em regiões urbanas. O crescimento e a taxa de urbanização são apresentados na Tab. 6.3.

Tab. 6.3 CRESCIMENTO DA POPULAÇÃO BRASILEIRA E TAXA DE URBANIZAÇÃO

Ano	População*	Parcela urbana da população
1970	93,1	55,9
1980	118,0	68,2
1991	146,8	75,6
1996	157,1	78,4
2000	169,0	81,1

*Em milhões de habitantes

Fonte: IBGE (2000a).

O crescimento da população urbana no Brasil promoveu um aumento considerável nas demandas hídricas, associado à expansão urbana, degradação dos mananciais, contaminação e poluição.

Alterações no ciclo hidrológico, produzidas pela inadequada ocupação do espaço, geram frequentes enchentes urbanas, problemas na coleta e disposição do lixo urbano, que resultam em contaminação dos aquíferos e águas superficiais, e perdas na distribuição (Tucci, 2000). A produção concentrada de esgotos aumentou extraordinariamente nos últimos 30 anos.

A ocupação desordenada e irregular de mananciais nas áreas periurbanas é uma das principais causas da deterioração de recursos hídricos em grandes metrópoles brasileiras, assim como em municípios de médio porte.

6.3 Produção de energia elétrica

A produção de energia elétrica no Brasil é dependente, em grande parte, dos recursos hídricos. A Tab. 6.4 mostra a disponibilidade, em potência instalada, no mês de dezembro de 2000.

Tab. 6.4 DISPONIBILIDADE, EM POTÊNCIA INSTALADA, DE ENERGIA ELÉTRICA NO BRASIL (DEZ/2000)

Tipo	Potência instalada (MW)	Participação (%)
Pequenas centrais hidroelétricas	1.485	2,02
Usinas hidroelétricas	59.165	80,55
Usinas térmicas	9.664	13,16
Usinas nucleares	1.966	2,68
Importações	1.150	1,57
Total	73.449	

Fonte: ANEEL (2000).

O Brasil é responsável por 10% da produção hidroelétrica mundial. A Fig. 6.1 mostra a distribuição das hidroelétricas no Brasil, com grande concentração na região Sudeste. O Brasil utiliza, atualmente, cerca de 35% de seu potencial hidroelétrico. No Sudeste, a capacidade de produção de hidroeletricidade está praticamente esgotada.

6.4 Navegação

Nos últimos 20 anos, iniciou-se uma revitalização do uso de águas interiores para navegação, com a construção e adaptação de hidrovias de grande porte associadas aos sistemas de transporte ferroviário e hidroviário (Tab. 6.5).

6.5 Uso agrícola

O desenvolvimento agrícola depende da disponibilidade de água e de seu uso adequado. Além da água para irrigação, o uso para abastecimento rural representa um desafio relevante, pois nessa área estão concentrados muitos problemas de saúde pública relacionados ao abastecimento e ao saneamento. As estimativas de áreas irrigadas e de demandas para irrigação em 2010 nas várias regiões são apresentadas na Tab. 6.6. Com o uso de novas tecnologias para irrigação, pode-se reduzir de 30% a 70% o consumo de água. A zona rural nordestina depende da água para o desenvolvimento econômico (Tab. 6.7). Nas regiões Sul e Sudeste, a intensificação do uso do solo tem produzido perdas consideráveis, de até 20 toneladas por hectare/ano do solo superficial. A erosão nessas regiões é um dos grandes problemas a serem resolvidos (Tab. 6.8).

6.6 Recreação e turismo

As águas interiores no Brasil representam enorme recurso disponível para recreação e turismo em larga escala. Recreação em águas geralmente é uma atividade de baixo custo, e nas principais regiões do Brasil, principalmente no interior, rios e reservatórios são utilizados intensivamente para atividades de lazer e recreação. Essas atividades desempenham papel econômico relevante e geram muitas alternativas e opções para todas as regiões do Brasil, especialmente aquelas com águas doces de excelente qualidade e fácil acesso.

01 - Alegrete
02 - P. Médici A/B
03 - Charqueadas
04 - Itaúba
05 - Jacuí
06 - Passo Real
07 - Passo Fundo
08 - J. Lacerda A/B/C
09 - G. B. Munhoz
10 - Segredo
11 - Salto Santiago
12 - Salto Osório
13 - Itaipu Binacional
14 - G. P. Souza
15 - A. A. Laydner
16 - Chavantes
17 - L. N. Garcez
18 - Capivara
19 - Taquaruçu
20 - Rosana
21 - Jupiá
22 - Três Irmãos
23 - N. Avanhandava
24 - Promissão
25 - Ibitinga
26 - A. S. Lima
27 - Barra Bonita
28 - Carioba
29 - Henry Borden
30 - Piratininga
31 - Paraibuna
32 - Funil
33 - Angra I
34 - Santa Cruz
35 - Nilo Peçanha
36 - I. Pombos
37 - P. Passos/Fontes ABC
38 - Porto Silveira
39 - Mascarenhas
40 - Salto Grande
41 - Igarapé
42 - Camargos
43 - Itutinga
44 - Furnas
45 - Caconde/E. Cunha/A. S. Oliveira
46 - M. de Moraes
47 - Estreito
48 - Jaguara
49 - Volta Grande
50 - Porto Colômbia
51 - Marimbondo
52 - Água Vermelha
53 - Ilha Solteira
54 - São Simão
55 - C. Dourada
56 - Itumbiara
57 - Nova Ponte
58 - Emborcação
59 - Três Marias
60 - Camaçari
61 - Xingó
62 - P. Afonso 1234
63 - Moxotó
64 - Itaparica
65 - Sobradinho
66 - Boa Esperança
67 - Tucuruí
68 - Coaracy Nunes
69 - Samuel
70 - Balbina
71 - Curuá-Una
72 - Corumbá
73 - S. da Mesa

Fig. 6.1 Distribuição das principais hidroelétricas no Brasil
Fonte: Kelman et al. (1999).

Tab. 6.5 Principais hidrovias brasileiras

Bacias	Rios principais	Extensão (km)
Amazonas	Amazonas, Negro, Madeira, Purus, Jurus, Branco e Juruá	18.300
Tocantins	Tocantins e Araguaia	3.000
Atlântico Sul	Jacuí, Taquari, Lagoa dos Patos e Lagoa Mirim	1.300
Atlântico Leste	Doce e Paraíba do Sul	1.000 (potencial)
Atlântico Norte/Nordeste	Mearim, Pindaré, Itapecuru e Parnaíba	3.000
São Francisco	São Francisco e Grande	4.100
Paraná	Paraná e Tietê	4.800
Paraguai	Paraguai e Cuiabá	2.800
Uruguai	Uruguai e Ibicuí	1.200 (potencial)
Total		38.200

Fonte: Cabral (1995).

Tab. 6.6 Estimativas de áreas irrigadas e de demandas para irrigação em 2010

Região	Área irrigada (1.000 ha)	Demanda específica (L/s · ha)	Vazão demandada (m³/s)	Demanda total (%)
Sul	1.150	0,226	259,9	28
Sudeste	900	0,297	267,3	28,8
Nordeste	450	0,472	212,4	22,88
Centro-Oeste	400	0,380	152	16,37
Norte	100	0,367	36,7	3,95
Total	3.000	–	928,3	–

Fonte: Cristofidis (1999).

O turismo em geral, e o turismo ecológico em particular, também são desenvolvidos em rios e represas do interior do Brasil, onde o acesso é mais fácil e a logística, adequada. Recreação e turismo requerem água de excelente qualidade para a sua consolidação, e entre os grandes problemas que afastam o grande público das águas estão a eutrofização e a perda de qualidade estética, além dos problemas de saúde pública que podem ocorrer (Rebouças; Braga; Tundisi, 2002).

6.7 Pesca e piscicultura – aquacultura

Tradicionalmente, a atividade pesqueira no Brasil desenvolveu-se nos grandes rios, como Amazonas, Paraná e São Francisco, além de seus

Tab. 6.7 Demanda de água para irrigação na região Nordeste e seus Estados

Região/Estado	Área irrigada (ha)	Água derivada dos mananciais (mil m³/ano)	Água consumida pelos cultivos (m³/ha/ano)	Água derivada dos mananciais (mil m³/ano)	Água consumida pelos cultivos (m³/ha/ano)	Eficiência de irrigação (%)
Brasil	2.870.204	33.747.297	21.039.159	11.758	7.330	62,3
Nordeste	495.370	8.114.586	5.340.116	16.380	10.780	65,81
Maranhão	44.200	815.446	499.283	18.361	11.296	61,5
Piauí	24.300	445.929	272.257	18.351	11.204	61,1
Ceará	82.400	1.426.014	922.633	17.306	11.197	64,7
Rio Grande do Norte	19.780	310.961	221.556	15.721	11.201	71,3
Paraíba	32.690	471.521	333.798	14.424	10.211	70,8
Pernambuco	89.000	1.619.355	1.046.640	18.195	11.760	64,6
Alagoas	8.950	155.014	102.495	17.320	11.452	66,1
Sergipe	25.840	427.600	293.026	16.548	11.340	68,5
Bahia	168.210	2.442.746	1.648.458	14.522	9.800	67,5

Fonte: Cristofidis (1999).

tributários. Por exemplo, no rio Amazonas e seus tributários, a atividade emprega 70 mil pessoas, mantém 250 mil e movimenta entre 100 milhões e 200 milhões de dólares por ano. A construção de grandes barragens interferiu na biodiversidade e comprometeu a atividade pesqueira em muitas regiões; entretanto, essas barragens podem e estão sendo utilizadas para a produção em larga escala de algumas espécies introduzidas em aquacultura (Agostinho et al., 1999).

O potencial da aquacultura no Brasil, em águas interiores, é enorme. Hoje, são produzidas 100 mil toneladas de peixes por ano em aquacultura, mas o potencial estimado é pelo menos 30 vezes maior. Entretanto, Novaes (2003) chama a atenção para o efeito do incremento da aquacultura na deterioração dos recursos hídricos (aumento da contaminação orgânica e da capacidade de transmissão de parasitas de peixes) e, também, para os efeitos da pesca excessiva sobre os estoques pesqueiros dos vários ecossistemas de águas interiores e costeiras do Brasil. A regulamentação da atividade de aquacultura no Brasil é um desafio importante para a gestão dos recursos hídricos (Borghetti; Ostrenshy, 2002).

Tab. 6.8 PERDAS DE SOLO POR EROSÃO

Culturas	Área (1.000 ha)	Perdas de terra (t/ha/ano)	Total perdas de terra (1.000 t/ano)
Culturas anuais			
Algodão	349,27	24,8	8.661,4
Amendoim	76,63	26,7	2.046,02
Arroz	271,2	25,1	6.807,12
Feijão	428,05	38,1	16.308,7
Milho	1.285,3	12	15.423,6
Soja	534,6	20,1	10.745,46
Outras	386,95	24,5	9.480,27
Subtotal	3.331,98		69.472,58
Culturas temporárias			
Cana	2.152,05	12,4	26.685,42
Mamona	11,96	41,5	496,34
Mandioca	39,06	33,9	1.324,13
Subtotal	2.203,07		28.505,89
Culturas permanentes			
Banana	51,67	0,9	46,49
Café	732,77	0,9	659,49
Laranja	786,3	0,9	707,67
Outras	40,25	0,9	36,22
Subtotal	1.610,97	–	1.449,87
Pastagem	10.236,13	0,4	4.094,45
Vegetação	1.243	0,4	497,2
Reflorestamento	1.110,35	0,9	999,32
Áreas críticas			
(Estrada periurbana)	562,5	175	98.437,5
Outras	4.467,73	1	4.467,73
Subtotal	17.619,71	–	108.496,2
Totais	24.765,73	–	207.924,54
Redução das perdas em função das práticas de controle da erosão (culturas anuais, temporárias e permanentes) 15%			14.914,25
Total das perdas			193.010,29

Fonte: Governo do Estado de São Paulo (1994).

6.8 Impactos nos recursos hídricos

Do ponto de vista quantitativo e qualitativo, as principais atividades humanas cujos impactos nos recursos hídricos são relevantes e, portanto, alteram o ciclo hidrológico e a qualidade da água, são:

≈ urbanização e despejos de esgoto sem tratamento;
≈ construção de estradas;

- ≈ desvio de rios e construção de canais;
- ≈ mineração;
- ≈ hidrovias;
- ≈ construção de represas;
- ≈ atividades industriais;
- ≈ agricultura;
- ≈ pesca e piscicultura;
- ≈ aquicultura;
- ≈ introdução de espécies exóticas;
- ≈ remoção de espécies críticas;
- ≈ disposição de resíduos sólidos (lixo urbano);
- ≈ desmatamento nas bacias hidrográficas.

Esse conjunto de ações tem por consequência os seguintes impactos:
- ≈ eutrofização;
- ≈ aumento do material em suspensão e assoreamento de rios, lagos e represas;
- ≈ perda da diversidade biológica;
- ≈ alterações no ciclo hidrológico e no volume de reservatórios, rios e lagos;
- ≈ alterações na flutuação de nível dos rios e nas áreas de inundação;
- ≈ contaminação dos aquíferos;
- ≈ aumento da toxicidade das águas e sedimentos;
- ≈ perda da capacidade tampão (pela remoção de áreas alagadas e florestas ripárias);
- ≈ expansão geográfica de doenças de veiculação hídrica;
- ≈ degradação dos mananciais e das áreas de abastecimento.

Portanto, atualmente, os principais problemas resultantes dos usos de recursos hídricos estão relacionados *à eutrofização, ao aumento da toxicidade das águas superficiais e subterrâneas e às alterações no ciclo hidrológico e na disponibilidade de água*. Assim, os problemas agravam-se dos pontos de vista qualitativo e quantitativo.

6.9 Uma síntese dos problemas

Nesta seção, faremos uma síntese da situação dos recursos hídricos no Brasil. A região com maior abundância e disponibilidade de recursos hídricos é a região Norte, principalmente levando-se em conta a baixa densidade populacional. Entretanto, as condições sanitárias (drenagem de esgotos e tratamento de água) são precárias, agravando o problema da saúde humana, com incidência sobre a mortalidade infantil. Na região Sudeste, o problema é outro: há água suficiente, mas o crescimento da urbanização, a ampliação do parque industrial e a intensificação de atividades agrícolas, além do crescimento populacional e da diversificação dos usos múltiplos, aumentaram os custos do tratamento, tornando a água tratada um bem extremamente caro, o que representa um empecilho ao crescimento econômico e ao desenvolvimento.

Boxe 6.1
Riscos ambientais nas represas do médio Tietê – Estado de São Paulo

O Estado de São Paulo iniciou a construção de grandes represas para a produção de hidroeletricidade no final da década de 1950. Os investimentos maciços produziram um conjunto de reservatórios de grande porte que hoje constituem a paisagem dominante do Estado de São Paulo em muitas regiões. Esse conjunto de grandes represas, além de ser utilizado para hidroeletricidade, foi objeto de inúmeros usos múltiplos que se intensificaram nos últimos dez anos como uma série de alternativas econômicas de peso para o Estado de São Paulo (Fig. 6.2).

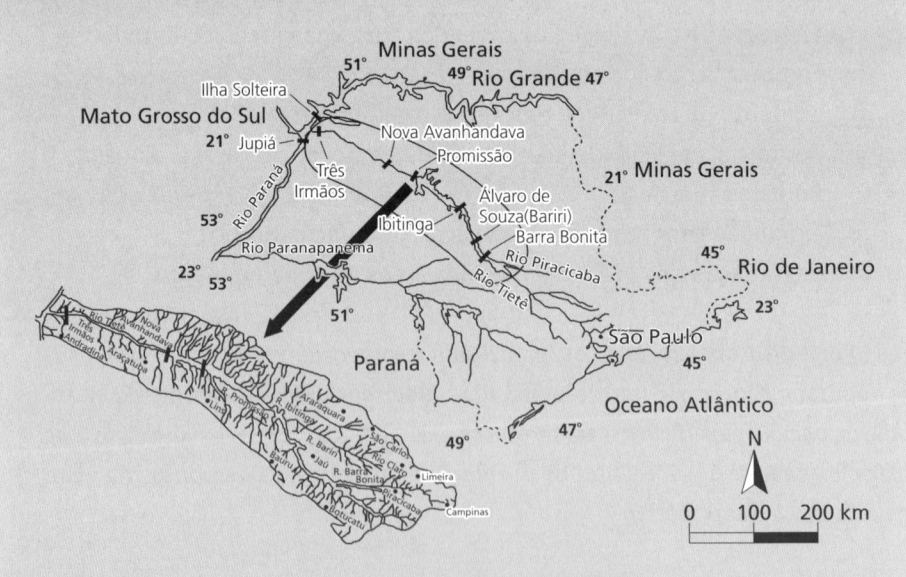

Fig. 6.2 Reservatórios do rio Tietê, Brasil. A qualidade hídrica dos reservatórios a jusante é afetada pelo sistema de reservatórios a montante
Fonte: Tundisi (1992b), (1993a), (1999), (2000a).

As represas do médio Tietê (Barra Bonita, Bariri, Ibitinga, Promissão, Nova Avanhandava e Três Irmãos) localizam-se no rio de maior importância histórica, econômica e social para o Estado de São Paulo. Além de darem oportunidade à implantação de hidrovias no Tietê (700 km), esses seis reservatórios servem aos seguintes usos múltiplos:
≈ produção de hidroeletricidade;
≈ navegação;
≈ recreação;
≈ pesca e aquacultura;
≈ turismo;
≈ irrigação;
≈ abastecimento de água.

Em conjunto, essas atividades representam uma relevante economia que depende da quantidade e da qualidade da água, além do funcionamento adequado dos reservatórios. Em função dos vários usos múltiplos, essas represas estão submetidas a um grande número de riscos potenciais de média e grande magnitude, e de curto e longo prazo. O risco de curto prazo é a deterioração local da qualidade da água ao longo dos reservatórios, em consequência de esgotos não tratados e de efeitos imediatos da navegação, como despejos de esgotos sanitários das embarcações e despejos de resíduos de petróleo ou substâncias e materiais transportados. Estes têm consequências imediatas na qualidade da água. Os riscos de longo prazo são: aumento e expansão geográfica da eutrofização; aumento da toxicidade (em razão da eutrofização e do acréscimo de despejos de substâncias com metais pesados e resíduos tóxicos); deterioração do solo e impacto das atividades agrícolas na erosão e no aumento de material em suspensão; descargas de fertilizantes, com a deterioração da qualidade da água; e aumento da taxa de sedimentação, com perda de volume da água das represas.

Esses riscos podem ser evitados e reduzidos a partir das seguintes ações gerenciais (em nível de bacias hidrográficas e de reservatórios):
≈ monitoramento permanente e em tempo real;
≈ treinamento de gerentes ambientais nos municípios;
≈ treinamento de agentes ou gerentes de bacias hidrográficas;
≈ educação do público em geral (educação sanitária e educação ambiental);
≈ tratamento de esgotos dos municípios;
≈ implementação de coleta seletiva, redução de lixo e implementação de aterros sanitários nos municípios;
≈ reflorestamento ciliar com espécies nativas às margens das represas e dos principais tributários;

≈ práticas agrícolas que reduzem a erosão: plantio direto e uso de curvas de nível;
≈ controle do uso de pesticidas e herbicidas e de fertilizantes no solo;
≈ controle dos resíduos industriais nos municípios;
≈ aperfeiçoamento da legislação e controle das bacias;
≈ implementação de controle e avaliação dos recursos pesqueiros;
≈ disciplinamento, regularização e avaliação dos impactos dos projetos de aquacultura em tanques rede.

Fonte: Tundisi, Matsumura-Tundisi e Rocha (2002).

Na região Sul, o problema também está relacionado com a diminuição da água *per capita*, o aumento das atividades agrícolas e industriais, o aumento dos custos do tratamento e a diversificação dos usos múltiplos: irrigação, uso industrial, piscicultura, navegação e recreação (Hespanhol, 1999).

No Nordeste, o problema é a escassez, a contaminação por doenças tropicais de veiculação hídrica e a falta de saneamento básico. Deve ser acrescido o fato de que as águas disponíveis na superfície e nos aquíferos podem ser salobras, o que causa problemas de saúde pública e diminui o potencial de uso. Águas salobras no Nordeste, ou em outras regiões semiáridas, podem causar doenças renais e outros efeitos que dependem de investigação mais profunda. Águas salobras ingeridas desde tenra idade podem ser causa de maior incidência de cálculos renais, pressão arterial mais elevada e problemas renais precoces.

A região Centro-Oeste tem uma área de alta biodiversidade, única no mundo em dimensão contínua (aproximadamente 200 mil km²): o pantanal mato-grossense, altamente ameaçado dos pontos de vista ecológico e quantitativo e qualitativo pela diversificação dos impactos (desmatamento, criação de gado, hidrovias, excesso de atividades turísticas e pesca predatória). O pantanal mato-grossense possui alta diversidade de organismos aquáticos, incluindo-se vertebrados de grande porte que dependem da água para sobreviver (jacarés, aves, capivaras). Além disso, a regulação dos ciclos hidrológicos nessa região (rios e lagos) depende do efeito "esponja" do pantanal e de sua capacidade de retenção das águas nos milhares de quilômetros de lagos e áreas alagadas. Esse sistema tem papel relevante na ecologia e na economia regional, dada a sua característica de regulador e armazenador da biodiversidade (Tundisi; Matsumura-Tundisi; Rocha, 2002).

Um dos principais desafios para o Brasil no século XXI será garantir o suprimento adequado de água para as regiões metropolitanas e urbanas, pois 20% da população brasileira não recebe água tratada, recorrendo a outras fontes para seu suprimento. Em muitas cidades de pequeno porte (<20 mil habitantes) e de médio porte (entre 100 mil e 200 mil habitantes), o suprimento de água é adequado, mas o aumento no custo de tratamento de água e esgotos exigirá grandes investimentos (Tundisi et al., 2000). Já no caso das represas urbanas, deve-se atentar para a diversificação de usos múltiplos e para uma pressão elevada para utilização em lazer, recreação, turismo e pesca (Tundisi; Matsumura-Tundisi; Reis, 2002). O Quadro 6.1, elaborado por Tucci (2000), compara os usos e a gestão dos recursos hídricos nos países desenvolvidos e no Brasil, no período de 1945 a 2000.

Quadro 6.1 COMPARAÇÃO DOS PERÍODOS DE DESENVOLVIMENTO E A EVOLUÇÃO DE TECNOLOGIAS E AVANÇOS INSTITUCIONAIS NA GESTÃO DE RECURSOS HÍDRICOS

Período	Países desenvolvidos	Brasil
1945-1960 Crescimento industrial e populacional	≈ uso dos recursos hídricos: abastecimento, navegação, energia etc. ≈ qualidade da água dos rios ≈ controle das enchentes com obras	≈ inventário dos recursos hídricos ≈ início dos empreendimentos hidroelétricos e planos de grandes sistemas
1960-1970 Início da pressão ambiental	≈ controle de efluentes ≈ medidas não estruturais para enchentes ≈ legislação para a qualidade da água dos rios	≈ início da construção de grandes empreendimentos hidroelétricos ≈ deterioração da qualidade da água de rios e lagos próximos a centros urbanos
1970-1980 Início do controle ambiental	≈ legislação ambiental ≈ contaminação de aquíferos ≈ deterioração ambiental de grandes áreas metropolitanas ≈ controle na fonte da drenagem urbana da poluição doméstica e industrial	≈ ênfase em hidroelétricas e abastecimento de água ≈ início da pressão ambiental ≈ deterioração da qualidade da água dos rios, em razão do aumento da produção industrial e da concentração urbana
1980-1990 Interações do ambiente global	≈ impactos climáticos globais ≈ preocupação com a conservação das florestas ≈ prevenção de desastres ≈ fontes pontuais e não pontuais ≈ poluição rural ≈ controle dos impactos da urbanização no ambiente ≈ contaminação de aquíferos	≈ redução do investimento em hidroelétricas ≈ piora das condições urbanas: enchentes, qualidade da água ≈ fortes impactos das secas do Nordeste ≈ aumento de investimentos em irrigação ≈ legislação ambiental

Quadro 6.1 COMPARAÇÃO DOS PERÍODOS DE DESENVOLVIMENTO E A EVOLUÇÃO DE TECNOLOGIAS E AVANÇOS INSTITUCIONAIS NA GESTÃO DE RECURSOS HÍDRICOS (CONTINUAÇÃO)

Período	Países desenvolvidos	Brasil
1990-2000 Desenvolvimento sustentável	≈ desenvolvimento sustentável ≈ aumento do conhecimento sobre o comportamento ambiental causado pelas atividades humanas ≈ controle ambiental das grandes metrópoles ≈ pressão para controle da emissão de gases, preservação da camada de ozônio ≈ controle da contaminação dos aquíferos das fontes não pontuais	≈ legislação de recursos hídricos ≈ investimento no controle sanitário das grandes cidades ≈ aumento do impacto das enchentes urbanas ≈ programas de conservação dos biomas nacionais: Amazônia, Pantanal, Cerrado e Costeiro ≈ início da privatização dos serviços de energia e saneamento
2000 Ênfase na água	≈ desenvolvimento da visão mundial da água ≈ uso integrado dos recursos hídricos ≈ melhora da qualidade da água das fontes difusas: rural e urbana ≈ busca de solução para os conflitos transfronteiriços ≈ desenvolvimento do gerenciamento dos recursos hídricos dentro de bases sustentáveis	≈ avanço do desenvolvimento dos aspectos institucionais da água ≈ privatização do setor energético e de saneamento ≈ diversificação da matriz energética ≈ aumento da disponibilidade e água no Nordeste ≈ planos de drenagem urbana para as cidades

Fonte: Tucci (2000).

Um resumo dos principais problemas referentes à quantidade e à qualidade dos recursos hídricos no Brasil mostra uma situação diversificada e complexa, que exige avanços institucionais e tecnológicos para recuperação e proteção, além de novas visões para a gestão *preditiva*, *integrada* e *adaptativa*. Os diversos processos para gestão de recursos hídricos no Brasil serão abordados nos capítulos subsequentes.

A Tab. 6.9 apresenta os dados de abastecimento de água e saneamento no Brasil em comparação aos outros países da América Latina e Caribe. Embora os índices tenham melhorado em todos os países, ainda é enorme o desafio quanto às questões de saneamento e disponibilização de água nas

Represa de Guarapiranga, Região Metropolitana de São Paulo. Observar a grande urbanização, causa de usos múltiplos e impactos característicos de represas urbanas

zonas urbana e rural. A Tab. 6.10 mostra a situação de saneamento básico no Brasil em 2000 e a Tab. 6.11, a situação de incidências associadas ao saneamento no País em 1999 (IBGE, 1999, 2000a).

Tab. 6.9 ABASTECIMENTO DE ÁGUA E SANEAMENTO. SITUAÇÃO DO BRASIL EM COMPARAÇÃO A OUTROS PAÍSES DA AMÉRICA LATINA E CARIBE (DADOS DE 1991 PARA O BRASIL)

País	Pop. 1994 (x 10^3)	Ano de referência	Abastecimento de água (% população atendida)			Saneamento (% população atendida)		
			Urbana	Rural	Total	Urbana	Rural	Total
Belize	210	1994	96	82	89	23	87	57
Bolívia	6.893	1992	78	22	55	58	16	41
Brasil	**146.825**	**1991**	**85**	**31**	**72**	**55**	**3**	**44**
Chile	13.600	1992	94	37	85	82	ND	ND
Colômbia	33.985	1993	88	48	76	76	33	63
Costa Rica	3.192	1992	85	99	92	85	99	92
Cuba	10.960	1994	96	85	93	71	51	66
Rep. Dominicana	7.543	1993	74	67	71	76	83	78
Equador	10.980	1993	82	55	70	87	34	64
El Salvador	5.517	1993	78	37	55	78	59	68
Guiana	808	1992	90	45	61	82	80	81

Tab. 6.9 ABASTECIMENTO DE ÁGUA E SANEAMENTO. SITUAÇÃO DO BRASIL EM COMPARAÇÃO A OUTROS PAÍSES DA AMÉRICA LATINA E CARIBE (DADOS DE 1991 PARA O BRASIL) (CONTINUAÇÃO)

País	Pop. 1994 (x 10³)	Ano de referência	Abastecimento de água (% população atendida)			Saneamento (% população atendida)		
			Urbana	Rural	Total	Urbana	Rural	Total
Haiti	7.035	1994	37	23	28	42	16	24
Honduras	5.493	1994	81	53	65	81	53	65
México	90.027	1993	91	62	83	81	26	66
Nicarágua	4.255	1994	81	27	61	34	27	31
Panamá	2.941	1992	ND	ND	83	ND	ND	86
Peru	22.886	1993	74	24	60	62	10	44
Venezuela	19.502	1990	80	75	79	64	30	58

ND = não determinado

Fontes: Banco Mundial (1993); WRI (2000).

Tab. 6.10 SITUAÇÃO DO SANEAMENTO BÁSICO NO BRASIL NO ANO 2000 EM COMPARAÇÃO COM O ANO DE 1989

Grandes regiões	Municípios					
	1989			2000		
	Total	Com serviço de abastecimento de água		Total	Com serviço de abastecimento de água	
		Total	Percentual (%)		Total	Percentual (%)
Brasil	4425	4245	95,9	5507	5391	97,9
Norte	298	259	86,9	449	422	94,0
Nordeste	1461	1371	93,8	1787	1722	96,4
Sudeste	1430	1429	99,9	1666	1666	100,0
Sul	857	834	97,3	1159	1142	98,5
Centro-Oeste	379	352	92,9	446	439	98,4

Fonte: IBGE, Diretoria de Pesquisas, Departamento de População e Indicadores Sociais, Pesquisa Nacional de Saneamento Básico, 1989/2000.

As Figs. 6.3 e 6.4 mostram, respectivamente, a situação do abastecimento de água e do tratamento de esgoto no Brasil.

A Tab. 6.12 mostra os déficits de saneamento por região brasileira, e a Tab. 6.13, o acesso aos serviços de saneamento por classe de renda. Verifica-se que, quanto maior a classe de renda, maior é a porcentagem dos domicílios que recebem água canalizada. Por outro lado, as classes de renda mais baixa têm menos acesso à água canalizada e sem ligação à rede de esgotos, o que agrava a situação sanitária e de saneamento em geral.

Tab. 6.11 INCIDÊNCIA DE DOENÇAS ASSOCIADAS AO SANEAMENTO

Unidade da federação	Casos confirmados de cólera (1996)	Casos confirmados de malária (1996)	Casos notificados de dengue (1996)	Taxa de mortalidade por doenças infecciosas e parasitárias (por 100 mil habitantes) (1995)
Acre	26	13.868	2	53,16
Amapá	0	19.056	0	27,28
Amazonas	54	70.044	0	24,09
Pará	1	146.334	321	20,98
Rondônia	0	96.654	100	29,41
Roraima	0	35.471	400	36,23
Tocantins	0	2.276	1.965	18,45
Norte	**81**	**383.703**	**2.788**	**24,27**
Alagoas	401	9	2.591	33,74
Bahia	130	121	64.435	25,89
Ceará	8	102	2.099	25,10
Maranhão	27	20.125	6.312	11,20
Paraíba	104	14	12.070	17,07
Pernambuco	238	61	22.423	35,93
Piauí	0	134	5.770	10,64
Rio G. Norte	28	14	6.608	25,52
Sergipe	0	8	3.163	39,00
Nordeste	**936**	**20.588**	**125.471**	**25,06**
Espírito Santo	0	170	5.706	19,95
Minas Gerais	0	178	3.551	30,46
Rio de Janeiro	0	61	16.213	30,75
São Paulo	0	567	6.760	23,43
Sudeste	**0**	**976**	**32.230**	**26,58**
Paraná	0	455	5.052	20,65
Rio G. do Sul	0	38	9	16,71
Santa Catarina	0	59	3	13,00
Sul	**0**	**552**	**5.064**	**17,42**
D. Federal	0	117	64	27,39
Goiás	0	364	5.396	34,65
Mato Grosso	0	37.638	6.016	23,86
Mato G. do Sul	0	111	3.363	26,71
Centro-Oeste	**0**	**38.230**	**14.839**	**29,62**
Brasil	**1.017**	**444.049**	**180.392**	**24,81**

Fonte: Ministério da Saúde (1999).

População urbana atendida (%)

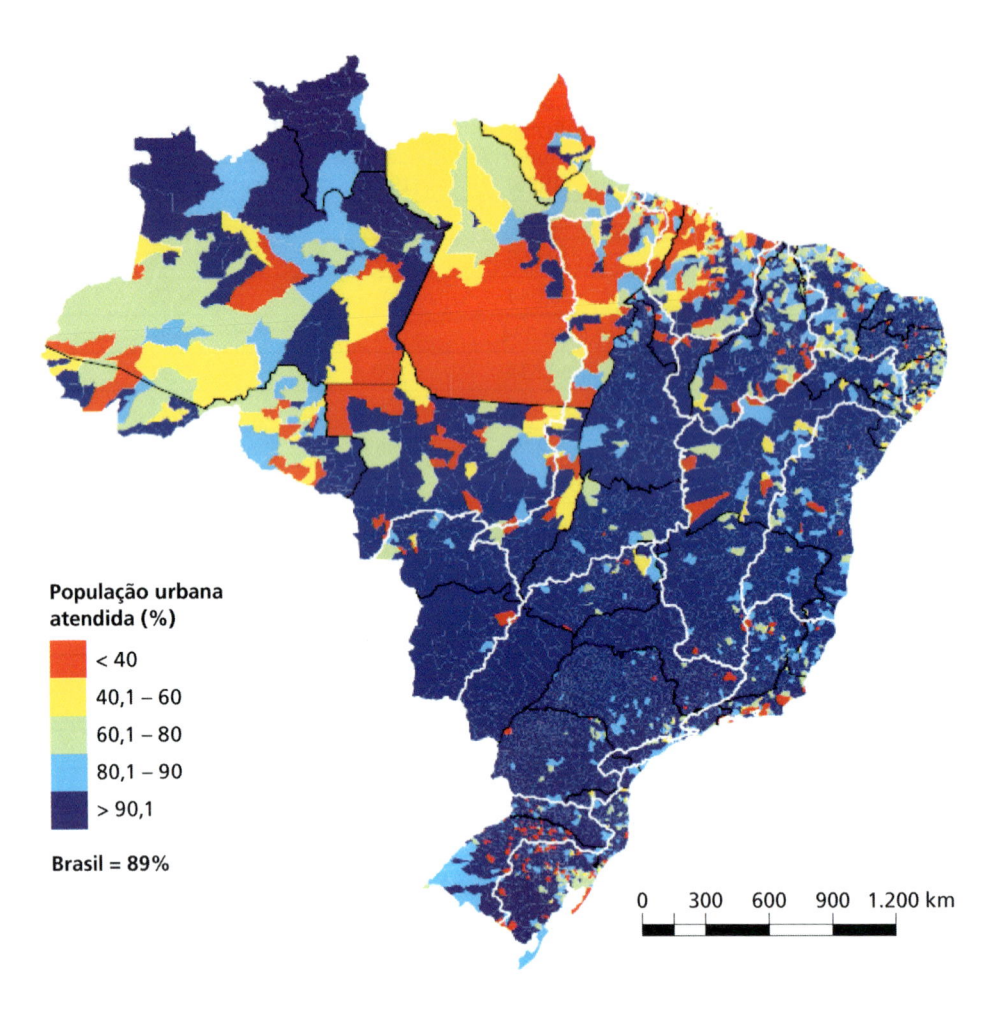

- < 40
- 40,1 – 60
- 60,1 – 80
- 80,1 – 90
- > 90,1

Brasil = 89%

Fig. 6.3 Abastecimento de água no Brasil
Fonte: ANA (2009).

Tab. 6.12 DÉFICITS DO SETOR DE SANEAMENTO POR REGIÃO BRASILEIRA

Serviço	Déficit (%)[1]					
	Brasil[1]	Região Norte[2]	Região Nordeste[2]	Região Sudeste[2]	Região Sul[2]	Região Centro-Oeste[2]
Água	24,07	32,53	21,74	6,47	9,38	20,29
Esgoto	62,17	98,28	86,78	29,55	82,15	66,73

1. Com base nos dados do IBGE de 1997.

2. Com base no Censo de 1991 do IBGE.

Fonte: adaptado de Hespanhol (1999) e IBGE (1997).

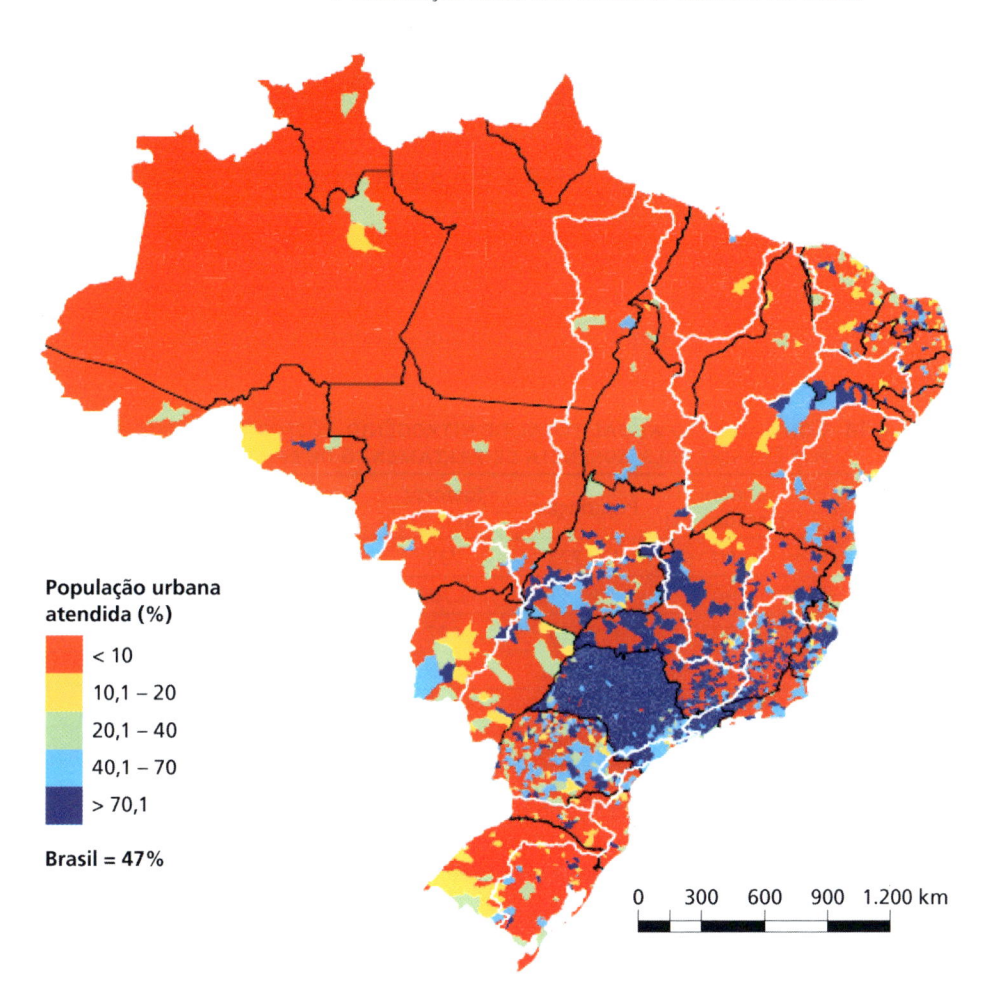

6 A situação atual dos recursos hídricos no Brasil   141

População urbana atendida (%)
- < 10
- 10,1 – 20
- 20,1 – 40
- 40,1 – 70
- > 70,1

Brasil = 47%

Fig. 6.4 Tratamento de esgoto no Brasil
Fonte: ANA (2009).

Tab. 6.13 ACESSO AOS SERVIÇOS DE SANEAMENTO POR CLASSE DE RENDA

Classe de renda (em salários mínimos)	Domicílios sem água canalizada (%)	Domicílios sem ligação à rede de esgoto ou fossa séptica (%)
0 a 1	33	59
1 a 2	38	56
2 a 3	12	40
3 a 5	5	28
5 a 10	3	20
10 a 20	1	12
Mais de 20	1	9

Fonte: IBGE (2000a).

A Tab. 6.14 mostra a contribuição anual, por Estado da Federação, do nitrogênio, fósforo e carbono para águas residuárias não tratadas, considerando-se a contribuição diária *per capita* de 4 gP, 15 gN e 100 gC. Esses dados têm por base informações da ANA (2002) sobre a porcentagem de esgotos tratados por Estado e o volume anual de despejos totais não tratados. Como se pode observar, o volume de fósforo, nitrogênio e carbono despejado anualmente em rios, represas e águas costeiras é uma das causas da eutrofização, excedendo a capacidade de autodepuração das águas interiores e costeiras.

Tab. 6.14 CONTRIBUIÇÃO ANUAL TOTAL DE NITROGÊNIO, FÓSFORO E CARBONO, POR ESTADO, PELA AUSÊNCIA DE TRATAMENTO DE ESGOTOS

Estado	não tratados (%)	População	fósforo/ ano (t)	nitrogênio/ ano (t)	carbono/ ano (t)
Acre	90	501.773	733	2,747	18,315
Alagoas	90	2.540.359	3.709	13,908	92,723
Amapá	90	429.329	627	2,351	15,671
Amazonas	90	2.531.301	3.696	13,859	92,392
Bahia	70	9.149.175	13.358	50,092	333,945
Ceará	75	5.572.996	8.137	30,512	203,414
Distrito Federal	70	1.435.802	2.096	7,861	52,407
Espírito Santo	85	2.632.647	3.844	14,414	96,092
Goiás	85	4.252.744	6.209	23,284	155,225
Maranhão	90	5.086.327	7.426	27,848	185,651
Mato Grosso	85	2.128.700	3.108	11,655	77,698
Mato Grosso do Sul	85	1.773.951	2,590	9,712	64,749
Minas Gerais	90	13.102.345	23,509	88,160	587,736
Pará	90	5.573.076	8.137	30,513	203,417
Paraíba	75	2.582.869	3,771	14,141	94,275
Paraná	75	7.172.520	10,472	39,270	261,797
Pernambuco	85	6.730.592	9,827	36,850	245,667
Piauí	90	2.558.950	3,736	14,010	93,402
Rio de Janeiro	70	10.073.897	14,708	55,155	367,697
Rio Grande do Norte	90	2.499.104	3,649	13,683	91,217
Rio Grande do Sul	90	9.169.018	13,387	50,200	334,669

Tab. 6.14 CONTRIBUIÇÃO ANUAL TOTAL DE NITROGÊNIO, FÓSFORO E CARBONO, POR ESTADO, PELA AUSÊNCIA DE TRATAMENTO DE ESGOTOS (CONTINUAÇÃO)

Estado	% não tratados	População	t de fósforo/ano	t de nitrogênio/ano	t de carbono/ano
Rondônia	90	1.241.808	1,813	6,799	45,326
Roraima	75	243.298	355	1,332	8,880
Santa Catarina	75	4.017.270	5,865	21,995	146,630
São Paulo	70	25.922.682	37,847	141,927	946,178
Sergipe	85	1.525.304	2,227	8,351	55,674
Tocantins	90	1.041.388	1,520	5,702	38,011
Total para o Brasil			196,354	736,329	4.908,857

Fontes: ANA (2002); IIE (2003).

Boxe 6.2
A hidrovia Paraguai-Paraná: impactos e custos ambientais

A hidrovia Paraguai-Paraná baseia-se em um projeto cuja finalidade é desenvolver um sistema de navegação que possa ser utilizado por Argentina, Bolívia, Brasil, Paraguai e Uruguai. Essa hidrovia se estende por 3.440 km, desde Cáceres, no Brasil, até o ponto de Nova Palmira, no Uruguai.

A hidrovia é considerada uma alternativa mais econômica para o transporte na região. Ela tem seu maior trecho no alto Paraguai (1.670 km) e trechos menores, de 350 km a 600 km, no médio e baixo Paraná. A avaliação de impacto ambiental da hidrovia foi realizada por diversos grupos e por várias iniciativas governamentais e não governamentais.

Este quadro reproduz, em grande parte, as análises de Butcher et al. (1994) das *Humedades para las Américas – Wetlands for the Américas – Áreas alagadas para as Américas*.

O impacto mais relevante, qualitativa e quantitativamente, deverá ocorrer no pantanal mato-grossense. Os impactos diretos relacionados com o projeto são: alteração do regime hídrico; deterioração da qualidade da água; perda de áreas úmidas; perda do efeito regulador no aumento das inundações; perda da biodiversidade local, regional e global, particularmente dos peixes; declínio de produtividade biológica, especialmente da pesca; e mudanças nos padrões das cadeias alimentares. O sistema também perderá complexidade em nível paisagístico.

Os impactos indiretos, segundo o relatório, poderão incluir grandes pressões sobre os recursos naturais, mudanças no estilo de vida das populações e expansão de doenças de veiculação hídrica. Além disso, outro fator muito comum em projeto de exploração de recursos hídricos é o posterior desenvolvimento induzido pela obra, que pode causar outros impactos diretos e indiretos.

De acordo com as conclusões da análise realizada "para determinar a alternativa economicamente mais eficiente, se faz necessária uma análise equilibrada que inclua de modo específico os custos e benefícios ambientais de todas elas" (Butcher et al., 1994).

Tundisi (1994a) analisou e listou 64 impactos diretos e indiretos da hidrovia que serão produzidos pela obra. Um dos impactos mais relevantes é a modificação hidrológica da região e a perda da capacidade de regulação do regime hidrológico pelo pantanal. As obras e os canais realizados podem acelerar o deflúvio, provocando enchente a jusante e diminuindo a capacidade de retenção da água do pantanal. A solução para a hidrovia Paraguai-Paraná deverá estar relacionada ao uso adequado dos recursos: utilizar navegação do tipo tradicional, sem grandes obras no trecho do rio Paraguai, para impedir o impacto no regime hidrológico da região.

Fontes: Tundisi (1994a); Salati e Klabin (1997).

Boxe 6.3
Distribuição e acesso à água e exclusão social

O acesso à água tratada e de qualidade é um direito de todo cidadão que o Estado deve garantir. O acesso à água para todos promove novas formas de integração social e de cidadania, especialmente levando-se em conta a saúde humana, a qualidade e a expectativa de vida. É fato reconhecido e demonstrado a enorme redução da mortalidade infantil proporcionada pelo acesso à água tratada e de qualidade. Em grandes centros urbanos, especialmente de países em desenvolvimento ou emergentes, a população da área central recebe a água que o setor público distribui às residências, escolas, indústrias, clubes ou associações e comércio. Já a população situada em áreas periurbanas não tem acesso à água encanada e, portanto, depende da água distribuída por companhias privadas, em carros-pipa, tendo de pagar mais caro por uma água de pior qualidade. A população da zona central das cidades, em muitos países, gasta 1% do salário com a água, enquanto a população da zona periurbana gasta 15% do salário. Igualmente exclusiva é a distribuição de água à população rural, que, além de não ter acesso à água adequada, depende do uso de cacimbas ou poços sem água tratada e de qualidade ou, em muitos casos, contaminados por resíduos de fossas, pocilgas ou estábulos com grande concentração animal. Portanto, todos os projetos e iniciativas que promovem a chegada de água de qualidade às zonas periurbanas e rurais, especialmente para populações de baixa renda, representam políticas públicas de inclusão social e de equidade entre os cidadãos.

Fonte: IBGE (2000).

O Quadro 6.2 apresenta uma síntese dos principais problemas no que se refere à gestão dos recursos hídricos nas regiões brasileiras.

6 A situação atual dos recursos hídricos no Brasil

Quadro 6.2 Síntese dos principais problemas e desafios para a gestão de recursos hídricos no Brasil

Região	Usos	Características principais e impactos	Principais desafios e problemas
Região Norte	» navegação » pesca » abastecimento público » energia	» abundância de água per capita » desmatamento » queimadas » mineração	» conservação e sustentabilidade dos recursos hídricos » saneamento básico » manutenção da biodiversidade » controle da pesca
Região Nordeste	» pesca » navegação » abastecimento público » energia » irrigação	» escassez de água no semiárido » salinização » doenças de veiculação hídrica	» sustentabilidade do semiárido » saneamento básico » disponibilização de água nas regiões urbana e rural » incremento da pesca e aquacultura nos grandes reservatórios
Região Centro-Oeste	» pesca » navegação » abastecimento » turismo » recreação	» áreas alagadas frágeis e de alta biodiversidade » introdução de espécies exóticas » pesca excessiva » desmatamento » hidrovias	» conservação » manutenção da sustentabilidade » manutenção da biodiversidade » proteção de ecossistemas representativos » controle da pesca
Região Sudeste	» abastecimento público » hidroeletricidade » turismo e recreação	» escassez relativa (alta concentração de população) » intensa urbanização » grande número de espécies exóticas introduzidas	» recuperação de rios, lagos e represas » proteção dos mananciais e da biodiversidade » redução dos custos de tratamento » solução da eutrofização e toxicidade

Quadro 6.2 Síntese dos principais problemas e desafios para a gestão de recursos hídricos no Brasil

Região	Usos	Características principais e impactos	Principais desafios e problemas
Região Sudeste	» pesca e aquacultura » navegação » uso industrial » pesca	» eutrofização e toxicidade » aquíferos contaminados » uso excessivo dos aquíferos	» estímulo ao reúso » controle do turismo em grandes represas » recuperação e proteção dos aquíferos
Região Sul	» abastecimento público » irrigação » hidroeletricidade » navegação » pesca » uso industrial » turismo e recreação	» abundância de água com tendência à escassez relativa por concentração de população » intensa urbanização » contaminação e poluição por atividades agrícolas » aumento da toxicidade e eutrofização » contaminação dos aquíferos	» recuperação de rios, lagos e represas » redução dos custos de tratamento » tratamento da eutrofização e toxicidade » proteção de mananciais » proteção da biodiversidade em alagados » recuperação dos aquíferos
Todas as regiões	» uso municipal	» esgotos não tratados » degradação dos mananciais » contaminação dos aquíferos » disposição de resíduos sólidos nas bacias hidrográficas	» proteção dos mananciais » diminuição do desperdício » proteção e conservação das bacias hidrográficas » tratamento de esgotos » treinamento de gerentes » disposição adequada de resíduos sólidos urbanos

Fonte: modificado de Tucci (2004).

Boxe 6.4
O Plano Nacional de Recursos Hídricos

Trata-se do reordenamento das ações relativas à gestão dos recursos hídricos no Brasil e do principal instrumento para a atualização dos Planos de Recursos Hídricos em nível estadual, regional ou em bacias hidrográficas (ANA, 2009). O Plano Nacional de Recursos Hídricos (PNRH) define uma agenda que identifica ações de gestão, planos, projetos, obras e investimentos com uma clara apresentação de prioridades para cada região ou bacia hidrográfica. Nesses instrumentos de gestão dos recursos hídricos, deve-se destacar:
– O enquadramento dos campos de água segundo as prioridades regionais, os sistemas de informações; a cobrança pelo uso da água e a outorga do direito por esse uso. Os Planos de Recursos Hídricos devem, como objetivos específicos, estabelecer: controle adequado dos usos múltiplos à região; atendimento das demandas de água com foco no social; equilíbrio entre a oferta e a demanda da água; orientação no uso de recursos hídricos com foco nos cenários futuros de desenvolvimento e gerenciamento integrado dos recursos hídricos, com prioridade para a gestão de bacias hidrográficas. De acordo com a Lei 9.433/97, os planos de recursos hídricos devem ser elaborados por Estado, para a região e por bacia hidrográfica. O PNRH apresenta os componentes e os programas (Quadro 6.3).

Quadro 6.3 TIPOS E PLANOS

Plano		Conteúdo	Aprovação
Nacional		Metas, diretrizes e programas gerais	CNRH
Estadual		Plano estratégico do sistema estadual	Conselho Estadual
Bacia	Domínio da união	Agenda de recursos hídricos da bacia	Comitês de bacias
	Domínio estadual		

Aprovado em 2006, o PNRH previu ações emergenciais de curto, médio e longo prazo, para os horizontes temporais de 2007, 2011, 2015 e 2020, respectivamente. Os programas e subprogramas do PNRH foram organizados em quatro componentes, estruturados com base nos objetivos estratégicos e nas macrodiretrizes do Plano, apresentadas no Quadro 6.4.
Fonte: ANA (2009).

Quadro 6.4 ESTRUTURA DO PROGRAMA PNRH

Componentes	Componente de Desenvolvimento da Gestão Integrada dos Recursos Hídricos (GIRH) no Brasil	Componentes da Articulação Intersetorial, Interinstitucional e Intrainstitucional da GIRH	Componente de Programas Regionais de Recursos Hídricos	Componente do Gerenciamento da Implementação do PNRH
	↓	↓	↓	↓
Programas	I – Programa de Estudos Estratégicos de Recursos Hídricos	V – Programa de Articulação Intersetorial, Interinstitucional e Intrainstitucional da Gestão de Recursos Hídricos	VIII – Programa Nacional de Águas Subterrâneas	XIII – Programa de Gerenciamento Executivo e de Monitoramento e Avaliação da Implementação do PNRH
	II – Programa de Desenvolvimento Institucional da GIRH no Brasil	VI – Programa de Usos Múltiplos e Gestão Integrada de Recursos Hídricos	IX - Programa de Gestão de Recursos Hídricos Integrados ao Gerenciamento Costeiro, incluindo Áreas Úmidas	
	III – Programa de Desenvolvimento e Implementação de Instrumentos de Gestão de Recursos Hídricos	VII – Programas Setoriais voltados aos Recursos Hídricos	X - Programa de Gestão Ambiental de Recursos Hídricos na Região Amazônica	
	IV – Programa de Desenvolvimento Tecnológico, Capacitação, Comunicação e Difusão de Informações em GIRH		XI - Programa de Conservação das Águas no Pantanal, em Especial suas Áreas Úmidas	
			XII – Programa de Gestão Sustentável de Recursos Hídricos e Convivência com o Semiárido Brasileiro	

Fonte: ANA (2009).

Conclusões

Os usos múltiplos e os impactos nos recursos hídricos do Brasil são de variada magnitude e distribuição pelo País. Eles se devem, em parte, à urbanização e aos usos agrícola e industrial. Um dos principais empecilhos ao gerenciamento dos recursos hídricos no Brasil é controlar efetivamente a disposição de resíduos não tratados, impedir o uso excessivo dos recursos hídricos pelos mecanismos de gestão integrada e descentralizada e melhorar a relação qualidade do recurso hídrico/qualidade de vida da população. Há, ainda, enorme trabalho a ser realizado na questão do saneamento público e na disponibilidade de água para certas regiões. Para a região amazônica e o pantanal, a proteção da biodiversidade é essencial para manter a sustentabilidade. Técnicas inovadoras de proteção e recuperação de recursos hídricos são fundamentais em todas as regiões do Brasil. A implementação de legislação local e regional, a proteção de bacias interestaduais e a educação sanitária e ambiental são focos relevantes de atuação em todas as bacias hidrográficas. Para enfrentar esses desafios, é necessário densa legislação descentralizada por região e bacia. Por outro lado, o sistema tributário deve apresentar alterações. Para que o esforço seja efetivo, é fundamental, por exemplo, que os comitês de bacias hidrográficas possam gerir os recursos localmente. Há uma relação muito clara, mas ainda com contornos indefinidos quantitativamente em muitas regiões, entre pobreza/condições econômicas, economia regional, saúde e recursos hídricos.

7 Planejamento e gestão dos recursos hídricos: novas abordagens e tecnologias

7.1 Novos paradigmas para o planejamento e a gestão dos recursos hídricos

O planejamento dos usos múltiplos e do controle dos recursos hídricos desenvolve-se em dois níveis: de implementação e viabilização de políticas públicas e de interpretação. No primeiro plano estão situados os objetivos, as opções e a zonação em larga escala das prioridades no uso integrado do solo, da agricultura, pesca, conservação, recreação e dos usos domésticos e industriais da água, em uma unidade que é a bacia hidrográfica.

No segundo, o da interpretação, destaca-se a capacidade de gerenciar conflitos resultantes dos usos múltiplos e a interpretação de informações existentes, de forma a possibilitar a montagem de cenários de longo prazo, incorporando as perspectivas de desenvolvimento sustentável, os impactos dos usos múltiplos e a escolha de alternativas adequadas para a conservação e recuperação dos recursos hídricos (Roberts; Roberts, 1984).

Neste caso e nas ações de gerenciamento, o papel dos pesquisadores e dos gerentes e administradores é essencial, e deve ser realizado em conjunto, com a finalidade de obter o máximo possível de benefícios dessa associação e dar condições para otimizar os usos múltiplos (Frederick, 1993).

Do ponto de vista de planejamento e gerenciamento, é fundamental considerar a mudança de paradigma de um sistema **setorial**, **local** e de **resposta** a crises para um sistema **integrado**, **preditivo** e em **nível de ecossistema**.

Isso deverá produzir uma visão mais abrangente dos problemas e deverá incorporar a dimensão social e econômica nas abordagens de planejamento e gerenciamento dos recursos hídricos. A Fig. 7.1 mostra alguns componentes essenciais do problema de gerenciamento, considerando-se o papel dos gerentes, administradores e cientistas.

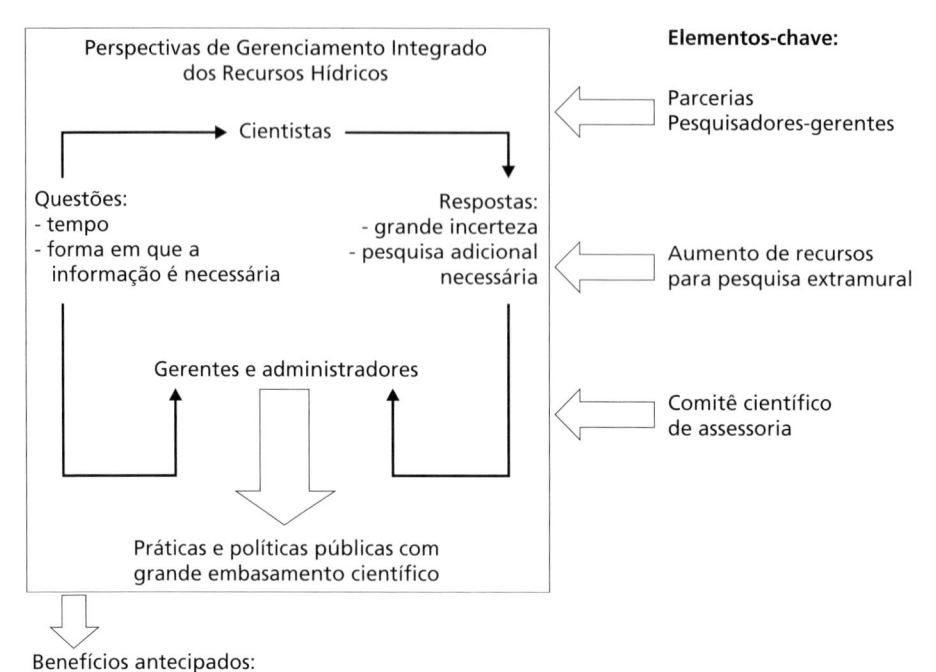

```
┌─────────────────────────────────────────────┐
│   Perspectivas de Gerenciamento Integrado   │         Elementos-chave:
│          dos Recursos Hídricos              │
│                                             │ ⇐      Parcerias
│         ┌──→ Cientistas ──┐                 │        Pesquisadores-gerentes
│         │                 ↓                 │
│  Questões:              Respostas:          │
│  - tempo                - grande incerteza  │
│  - forma em que a       - pesquisa adicional│ ⇐      Aumento de recursos
│    informação é            necessária       │        para pesquisa extramural
│    necessária                               │
│         ↑                 ↓                 │
│         └─ Gerentes e administradores ─┘    │ ⇐      Comitê científico
│                    ↓                        │        de assessoria
│         Práticas e políticas públicas com   │
│           grande embasamento científico     │
└─────────────────────────────────────────────┘
```

Benefícios antecipados:
- Gerenciamento de águas não efetivo para antecipar problemas ambientais críticos
- Desenvolvimento de cooperação e confiança

Fig. 7.1 Participação de cientistas, gerentes e administradores de recursos hídricos e os elementos--chave para a promoção de políticas públicas adequadas
Fonte: Naiman et al. (1995).

7.2 A bacia hidrográfica como unidade de planejamento e gestão

A abordagem tradicional para a gestão de recursos hídricos sempre foi realizada de forma compartimentada, e não integrada. Foi necessário um longo tempo, cerca de 50 anos, para os limnólogos e engenheiros iniciarem sua interação na gestão das águas. A abordagem tradicional da engenharia, que é o tratamento de água, provém da concepção de que com tecnologia é possível tratar qualquer água e transformá-la em potável. Mesmo sendo verdade, os custos do tratamento tornam-se proibitivos, encarecendo demasiadamente a produção de água potável. Por outro lado, é necessário dar condições para cuidar dos mananciais e das fontes de abastecimento de água potável. Assim, os cuidados no gerenciamento devem incluir da "fonte à torneira" e tratar de todo o sistema de produção de água. Portanto, os avanços no sistema de planejamento e gerenciamento das águas devem considerar *processos conceituais* (a adoção da bacia hidrográfica como unidade de planejamento e gerenciamento e a integração econômica e social), *processos tecnológicos* (o uso adequado de tecnologias de proteção, conservação, recuperação e tratamento) e *processos institucionais* (a integração institucional em uma unidade fisiográfica, a bacia hidrográfica, é fundamental).

Nos últimos dez anos, a concepção de que a bacia hidrográfica é a unidade mais apropriada para o gerenciamento, a otimização de usos múltiplos e o desenvolvimento sustentável consolidou-se de forma a ser adotada em muitos países e regiões. Não há dúvida de que a introdução dos conceitos de desenvolvimento sustentável a partir da Agenda 21 teve ampla repercussão mundial.

Muitos organismos internacionais deram aval a essa concepção, e o conceito de "serviços de ecossistema" (Ayensu et al., 1999) também envolve os "serviços" prestados pelo ecossistema a partir da bacia hidrográfica.

Os trabalhos realizados por Likens (1984, 1985, 1989, 1992) e Likens, Bormann e Johnson (1972) em Hubbard Brook, uma pequena bacia hidrográfica localizada na região central norte do Estado de New Hampshire, Estados Unidos, têm sido exemplo de um estudo integrado de bacia hidrográfica, além de funcionar como importante instrumento para gerenciamento de recursos, decisões políticas relevantes em meio ambiente e ética ambiental.

Esse trabalho também mostra o contraste entre a ciência ecológica profissional e o *ambientalismo* – o qual tem sido confundido até certo ponto –, que produz e introduz visões contraditórias entre gerenciamento profissional e ativismo ambiental não profissional (este é importante, mas não pode ser desprovido de embasamento técnico e capacidade de solução de problemas, pois só o ativismo ambiental não resolve situações). Embora o foco em sistemas naturais possa ser um elo entre os ecólogos profissionais e os ambientalistas, os objetivos e as atividades são muito diferentes. Entretanto, a bacia hidrográfica, como conceito de estudo e gerenciamento, pode prover uma melhor integração entre ecologia profissional e ativismo ambiental.

A bacia hidrográfica tem certas características essenciais que a tornam uma unidade muito bem caracterizada e permitem a integração multidisciplinar entre diferentes sistemas de gerenciamento, estudo e atividade ambiental. Além disso, permitem aplicação adequada de tecnologias avançadas (Margalef, 1983, 1997; Nakamura; Nakajima, 2002; Tundisi et al., 2003).

A bacia hidrográfica, como unidade de planejamento e gerenciamento de recursos hídricos, representa um avanço conceitual muito importante e integrado de ação. A abordagem por bacia hidrográfica tem as seguintes vantagens, características e situações que são fundamentais para o desenvolvimento de estudos interdisciplinares, gerenciamento dos usos múltiplos e conservação (Tundisi et al., 1988, 1998b; Tundisi; Schiel, 2002):

- ≈ a bacia hidrográfica é uma unidade física com fronteiras delimitadas, podendo estender-se por várias escalas espaciais, desde pequenas bacias de 100 a 200 km² até grandes bacias hidrográficas como a bacia do Prata (3 milhões de km²) (Tundisi; Matsumura-Tundisi, 1995);
- ≈ é um ecossistema hidrologicamente integrado, com componentes e subsistemas interativos;
- ≈ oferece oportunidade para o desenvolvimento de parcerias e a resolução de conflitos (Tundisi; Straškraba, 1995);
- ≈ permite que a população local participe do processo de decisão (Nakamura; Nakajima, 2000);
- ≈ estimula a participação da população e a educação ambiental e sanitária (Tundisi et al., 1997);
- ≈ garante visão sistêmica adequada para o treinamento em gerenciamento de recursos hídricos e para o controle da eutrofização (gerentes, tomadores de decisão e técnicos) (Tundisi, 1994a);
- ≈ é uma forma racional de organização do banco de dados;
- ≈ garante alternativas para o uso dos mananciais e de seus recursos;
- ≈ é uma abordagem adequada para proporcionar a elaboração de um banco de dados sobre componentes biogeofísicos, econômicos e sociais;
- ≈ sendo uma unidade física, com limites bem definidos, o manancial garante uma base de integração institucional (Hufschmidt; McCauley, 1986);
- ≈ a abordagem de manancial promove a integração de cientistas, gerentes e tomadores de decisão com o público em geral, permitindo que eles trabalhem juntos em uma unidade física com limites definidos;
- ≈ promove a integração institucional necessária para o gerenciamento do desenvolvimento sustentável (Unesco, 2003).

Portanto, o conceito de bacia hidrográfica aplicado ao gerenciamento de recursos hídricos estende as barreiras políticas tradicionais (municípios, estados, países) para uma unidade física de gerenciamento, planejamento e desenvolvimento econômico e social (Schiavetti; Camargo, 2002).

A falta da visão sistêmica na gestão de recursos hídricos e a incapacidade de incorporar/adaptar o projeto a processos econômicos e sociais atrasam o planejamento e interferem em políticas públicas competentes e saudáveis (Biswas, 1976, 1983). A capacidade de desenvolver um conjunto de indicadores é um aspecto importante do uso dessa unidade no planejamento. A bacia hidrográfica é também um processo descentralizado de conservação e proteção ambiental, sendo um estímulo para a integração da comunidade e a integração institucional. Os indicadores das condições da bacia hidrográfica também podem representar um passo importante na consolidação da descentralização e do gerenciamento. Os indicadores das condições que fornecem o índice de qualidade da bacia hidrográfica são:
- ≈ qualidade da água de rios e riachos;
- ≈ espécies de peixes e vida selvagem (fauna terrestre) presentes;
- ≈ taxa de preservação ou de perda de áreas alagadas;
- ≈ taxa de preservação ou de perda das florestas nativas;
- ≈ taxa de contaminação de sedimentos de rios, lagos e represas;
- ≈ taxa de preservação ou contaminação das fontes de abastecimento de água;
- ≈ taxa de urbanização (% de área da bacia hidrográfica);
- ≈ relação – população urbana/população rural (Revenga et al., 1998; Tundisi; Matsumura-Tundisi; Reis, 2002).

Em conjunto com os indicadores de qualidade, devem-se considerar os indicadores de vulnerabilidade da bacia hidrográfica:
- ≈ poluentes tóxicos (Pimentel; Edwards, 1982);
- ≈ carga de poluentes;
- ≈ descarga urbana;
- ≈ descarga agrícola;
- ≈ alterações na população: taxa de crescimento e ou migração/imigração;
- ≈ efeitos gerais das atividades humanas (Tundisi, 1978);
- ≈ potencial de eutrofização (Tundisi, 1986a).

Para o gerenciamento adequado da bacia hidrográfica, a integração entre o setor privado e usuários, universidade e setor público é fundamental. Tundisi e Straškraba (1995) destacaram os seguintes aspectos participativos entre esses vários componentes do sistema:

Universidade
- ≈ diagnóstico qualitativo e quantitativo dos problemas;
- ≈ elaboração dos bancos de dados e sistemas de informação;
- ≈ apoio na implementação de políticas públicas;
- ≈ apoio no desenvolvimento metodológico e na introdução de novas tecnologias;

Setor público
- ≈ implantação de políticas públicas nos comitês de bacia;
- ≈ implantação de projetos para conservação, proteção e recuperação;
- ≈ informação ao público e educação sanitária e ambiental;

Setor privado
- ≈ apoio na implantação de políticas públicas;
- ≈ desenvolvimento tecnológico e implantação de novos projetos;
- ≈ financiamento de tecnologias em parceira;

Usuários e público em geral
- ≈ participação na mobilização, para conservação e recuperação;
- ≈ informações ao Ministério Público e setor público;
- ≈ participação no processo de educação sanitária.

Ainda em relação ao planejamento e gerenciamento integrado de recursos hídricos, deve-se considerar a sequência e os tópicos da Fig. 7.2 extremamente importantes e fundamentais.

7.3 Serviços e valoração dos ecossistemas aquáticos e dos recursos hídricos

A questão dos "serviços" dos ecossistemas deve ser considerada ponto fundamental em qualquer projeto de conservação ou recuperação (Constanza et al., 1997; Whately; Hercowitz, 2008). A Fig. 7.3 descreve as principais interações entre os diversos componentes dos sistemas terrestres e aquáticos, além da posição central ocupada pelos recursos hídricos em relação à biodiversidade, usos do solo, mudanças climáticas e produção de alimentos.

Para estabelecer opções de gerenciamento, deve-se, segundo JØrgensen (1980) e JØrgensen e Muller (2000), analisar e consolidar o seguinte conhecimento:

7 Planejamento e gestão dos recursos hídricos: novas abordagens e tecnologias 157

1
Componentes do ecossistema e processos em nível de organismos, populações, comunidades e ecossistemas
Roberts e Roberts (1984)
Wetzel (1992)
Reynolds (1997)

2
Valores do ecossistema, valores econômicos, componentes, processos, usos
Rosengrant (1996)

3
Usos do ecossistema
Serviços do ecossistema
Ayensu et al. (1999)
Goulder e Kennedy (1997)

4
Impactos nos ecossistemas e nos processos
Likens (1992)
Tundisi (1989)

5
Valor econômico dos processos e serviços
Constanza et al. (1997)
World Bank (1993a)

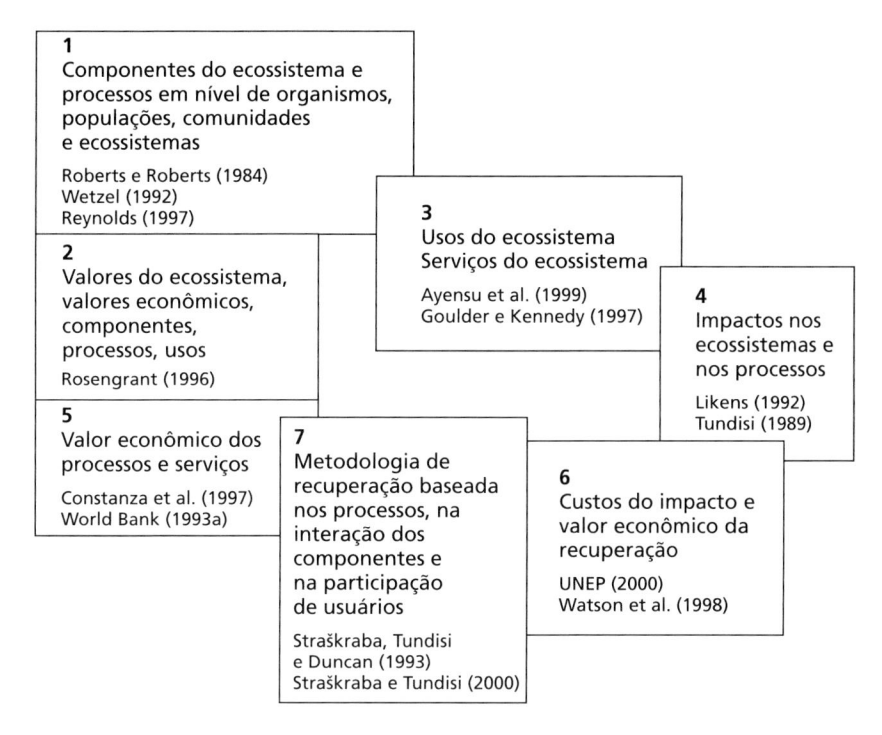

6
Custos do impacto e valor econômico da recuperação
UNEP (2000)
Watson et al. (1998)

7
Metodologia de recuperação baseada nos processos, na interação dos componentes e na participação de usuários
Straškraba, Tundisi e Duncan (1993)
Straškraba e Tundisi (2000)

Fig. 7.2 Sequência dos procedimentos e etapas na recuperação dos ecossistemas
Fonte: original de Tundisi et al. (2003).

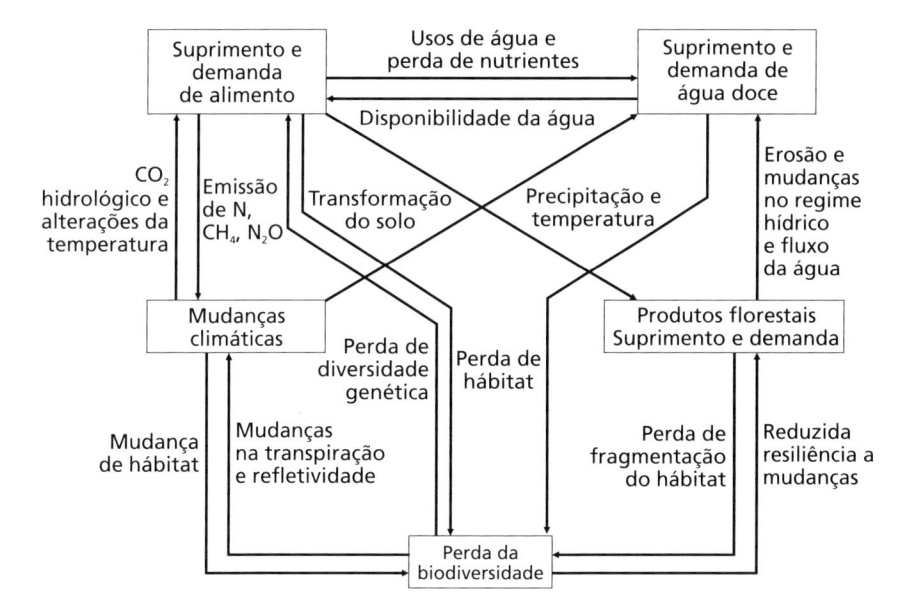

Fig. 7.3 Principais interações entre os componentes dos sistemas terrestres e aquáticos
Fonte: Ayensu et al. (1999).

- ≈ tecnologias de controle de processos de emissão de poluentes e caracterização qualitativa e quantitativa de efluentes industriais;
- ≈ conhecimento de fontes não pontuais de poluentes, incluindo metodologias de irrigação e alternativas que afetam descargas químicas (Minotti, 1995);
- ≈ conhecimento especializado em processos aquáticos, incluindo efeitos de substâncias químicas tóxicas provenientes de indústria (cadeias e redes alimentares, fluxo de substâncias tóxicas e potencial de "disrupção endócrina") (Matsui; Barrett; Barergee, 2002);
- ≈ física e química dos rios, reservatórios e lagos, incluindo mecanismos de dispersão de poluentes, eutrofização e interações sedimento-água (Overbeck, 1989);
- ≈ modelagem ecológica e matemática que deverá integrar os diferentes componentes, planejar e estabelecer cenários adequados, prevendo interações para soluções adequadas (Henderson-Sellers, 1984; JØrgensen; Muller, 2000).

A Fig. 7.4 apresenta as duas abordagens no gerenciamento de recursos hídricos e os objetivos de longo prazo.

As abordagens mais recentes que envolvem a base de conhecimento existente apontam para os seguintes aspectos fundamentais a considerar:

- ≈ reconhecimento das incertezas (Cooke et al., 1986);
- ≈ reconhecimento de que as decisões sobre a política de gerenciamento e planejamento a ser adotada não proverão soluções "exatas", mas "adaptativas" e em etapas, incorporando novas ideias e metodologias ao longo do processo (Cooke; Kennedy, 1988);
- ≈ desenvolvimento da capacidade preditiva por meio de interações entre clientes, usuários, planejadores e gerentes;
- ≈ definição de objetivos precisos: gerenciamento integrado, preditivo, adaptativo, avanço por etapas, introdução de ecotecnologias adequadas e implantação de sistemas de suporte à decisão com a participação. A construção de uma capacidade local de gerenciamento, com base no conhecimento e no desenvolvimento de capacidade local, é fundamental (PNUMA/IETC, 2000, 2001).

7 Planejamento e gestão dos recursos hídricos: novas abordagens e tecnologias

Preventiva
Prevenção de problemas na qualidade da água
Horizonte de longa duração

Exemplos:
- mistura epilimnética
- uso de áreas alagadas
- prevenção da poluição

Menos desperdício
Duradoura
Sem efeitos indiretos

Corretiva
Correção de problemas existentes na qualidade da água
Horizonte de curta duração

Exemplos:
- mistura hipolimnética
- uso de algicidas
- remoção de macrófitas
- precipitação de fósforo

Mais dispendiosa
Efeitos indiretos

Objetivos de longo prazo
- Aumento da capacidade preditiva
- Respeito para as futuras gerações
- Horizonte de longa duração (5-10 anos)
- Componente avançado de planejamento
- Gerenciamento integrado
- Ecotecnologia e engenharia ecológica
- Reciclagem de materiais
- Produção limpa

Fig. 7.4 Abordagens no gerenciamento de recursos hídricos e objetivos de longo prazo
Fonte: Straškraba e Tundisi (2000).

7.4 O reúso da água: novas oportunidades na gestão de recursos hídricos no Brasil

A reutilização de águas de esgotos tratados para fins não potáveis pode ser um importante mecanismo no aproveitamento de recursos hídricos. A água livre de organismos patogênicos e que normalmente é devolvida aos rios pode ser utilizada para várias finalidades, como: limpeza pública, irrigação de jardins, refrigeração de equipamentos industriais e lavagens de carros e caminhões. Há um mercado potencial muito grande para essa água ser reutilizada. Em São Paulo, a Sabesp introduziu em três estações de tratamento de esgotos (ETEs) a possibilidade de reúso da água a um custo bem inferior ao da água potável. O reúso é uma possibilidade muito importante de economia da água e de eliminação do desperdício. A Fig. 7.5 mostra algumas características

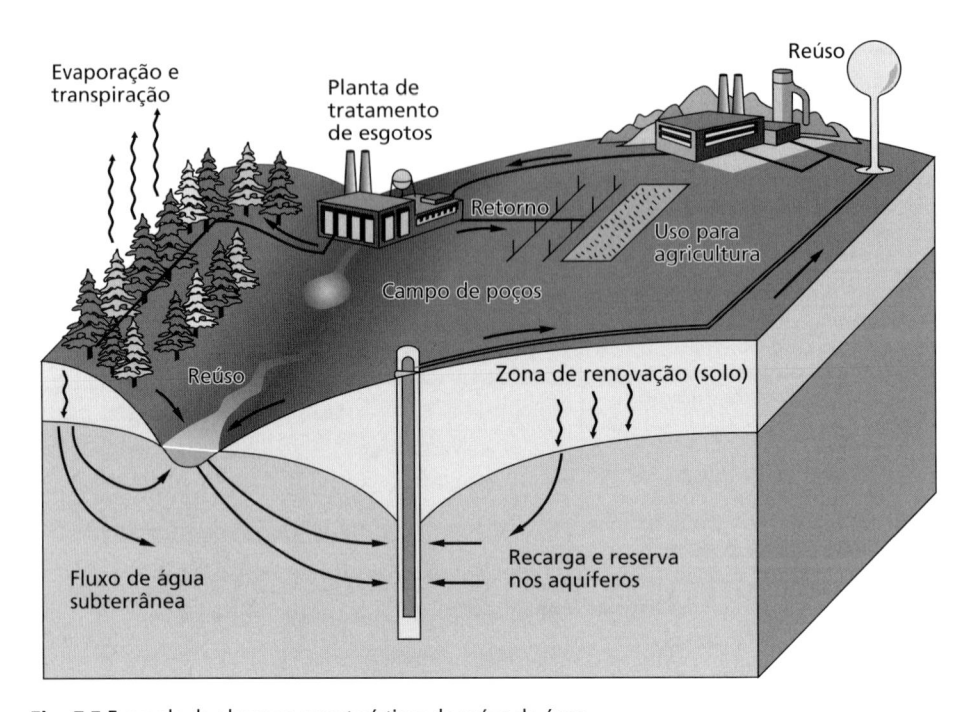

Fig. 7.5 Exemplo de algumas características do reúso da água
Fonte: modificado e simplificado de Soopper (1979) e Office of Technology Assessment (1988).

essenciais do reúso da água que, além de ter um componente econômico importante, elimina uma fonte de desperdício de água tratada e retarda, até certo ponto, o ciclo hidrológico regional. Os benefícios do reúso podem ser estimados com o aumento da produtividade da agricultura ou aquicultura, a redução de danos ambientais, o controle da erosão e o aumento da disponibilidade de empregos e de alternativas econômicas (Hespanhol, 1999; National Research Council, 1998).

7.5 Conservação da biodiversidade em ecossistemas aquáticos

A biodiversidade dos ecossistemas aquáticos continentais é fundamental para a manutenção da estabilidade e continuidade dos "serviços" proporcionados pelos ecossistemas, e para a estabilidade dos ciclos, como, por exemplo, ciclos de carbono, nitrogênio e fósforo.

As causas das pressões sobre a biodiversidade dos ecossistemas aquáticos estão relacionadas com a superexploração da pesca, a construção de represas, os impactos de substâncias tóxicas, a poluição da água em geral e a invasão de espécies exóticas, além da superexploração da água para usos agrícola, urbano e industrial (McAllister; Hamilton; Harvey, 1997; Barbosa, 1994).

Fotos: Daniela Cambeses Pareschi

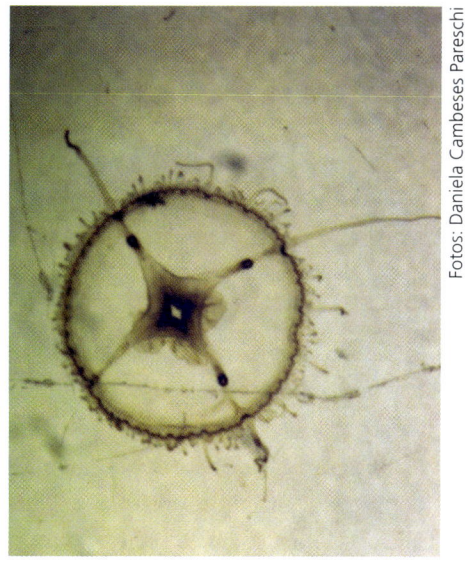

Organismos indicadores de qualidade da água são importantes componentes da biodiversidade aquática

Boxe 7.1
O gerenciamento de recursos hídricos em nível municipal: novos desafios

O grau elevado de urbanização produz novos problemas ao gerenciamento de recursos hídricos: municípios de médio e pequeno porte devem promover alterações na legislação, no controle e nas tecnologias para gerenciamento e tratamento de recursos hídricos, tendo em vista a minimização dos impactos e a otimização dos usos múltiplos. Grande parte dos municípios do Brasil tem entre 20 mil e 50 mil habitantes. As áreas metropolitanas têm problemas especiais de abastecimento de água e de tratamento de esgotos, os quais serão tratados em outro boxe. Nesses municípios pequenos e médios, um dos principais desafios é a conservação dos mananciais e a preservação das fontes de abastecimento superficiais e/ou subterrâneas. Essa conservação deve tratar dos usos do solo, do reflorestamento e da proteção da vegetação, inclusive das matas ciliares. O reflorestamento ciliar pode gerar inúmeras oportunidades de desenvolvimento econômico e social, uma vez que pode promover cooperativas populares para a construção de viveiros que produzam mudas e sementes. Por outro lado, pode ser um mecanismo efetivo de mobilização da população, principalmente da periferia e da zona rural de áreas urbanas, onde se encontram os mananciais. O tratamento de esgotos é outra ação importante para a recuperação das águas municipais, mas além de estações de tratamento, é necessário implantar sistemas de recuperação para rios urbanos (com o reflorestamento ciliar e o tratamento localizado de pequenos rios urbanos). Outra gestão municipal importante é a disposição de resíduos sólidos de forma que não afetem os mananciais e não aumentem os riscos à saúde das populações. O treinamento de gerentes municipais de meio ambiente, principalmente voltado para a gestão dos recursos hídricos e recuperação dos mananciais, é outro recurso importante para melhorar as condições ambientais. Finalmente, a introdução de tecnologias baratas de tratamento e despoluição (ecotecnologias), a educação sanitária da população, os cuidados com caixas de água nas residências, desde o manancial até a torneira, podem ser soluções de curto prazo com a educação de gerentes e do público em geral e com a introdução de novas tecnologias.

Os municípios também devem introduzir legislação específica para a proteção de mananciais e implantar programas de monitoramento, em tempo real, de grande efetividade na avaliação de riscos e no controle ambiental. Esse monitoramento pode diminuir consideravelmente os custos e as incertezas no tratamento de água, dando melhores condições de operação às estações de tratamento e estabilizando a qualidade da água servida à população.

É fundamental, também, que se possa dar condições adequadas aos municípios, aos gerentes de bacias hidrográficas e às administrações de hidrovias de avaliar continuamente os riscos e suas causas principais, por intermédio do monitoramento, do uso de imagens de satélite e do permanente controle da toxicidade.

De modo geral, no que tange aos municípios, pode-se sintetizar as soluções para os principais problemas relacionados com os recursos hídricos nos seguintes pontos fundamentais:

≈ proteção dos mananciais e das bacias hidrográficas;
≈ tratamento de esgotos e de águas residuárias industriais;
≈ tratamento e disposição dos resíduos sólidos (lixo doméstico, industrial e de construção civil);
≈ controle da poluição difusa;
≈ treinamento de gerentes, técnicos ambientais e de recursos hídricos;
≈ educação sanitária da população;
≈ programas de mobilização comunitária e institucional;
≈ campanhas e introdução de tecnologia para diminuir o desperdício da água tratada, pois as perdas são comuns, principalmente em grandes cidades, e atingem até 40% de toda a água tratada;
≈ estímulo e apoio às práticas coletivas de organização dos usos da água por associações ou grupos de pessoas.

A Tab. 7.1 mostra a eficiência do saneamento na queda da morbidez por diarreia. Isso pode ser um bom exemplo para muitos municípios.

Tab. 7.1 IMPACTO DO SUPRIMENTO DE ÁGUA E INTERVENÇÕES DE SANEAMENTO NA QUEDA DA MORBIDEZ POR DIARREIA

Fator a se melhorado	Números de estudos	Redução média da morbidez por diarreia
Qualidade da água	9	18%
Quantidade de água	17	25%
Qualidade e quantidade de água	8	37%
Disposição de excretas	10	22%

Fonte: Guerrant, Souza e Nations (1996).

A pesquisa para a conservação da biodiversidade envolve tópicos importantes, como:
- ≈ promoção de pesquisa sobre diversidade genética e genoma de espécies selecionadas;
- ≈ escolha de organismos prioritários representativos de diferentes tipos de estrutura e dinâmica populacional (De Bernardi; Giussiani, 2001);
- ≈ disponibilização de dados já existentes;
- ≈ promoção de acesso à informação por meio eletrônico (por exemplo, Biota-Fapesp);
- ≈ promoção de levantamentos florísticos e faunísticos das espécies aquáticas;
- ≈ consolidação das coleções;
- ≈ formação de recursos humanos em taxonomia, biogeografia, ecologia e informática;
- ≈ manutenção e conservação dos *hotspots* de biodiversidade (Tundisi; Saijo, 1997; Rocha; Matsumura-Tundisi; Tundisi, 2003).

7.6 Gerenciamento integrado dos recursos hídricos

O gerenciamento integrado de recursos hídricos é uma das soluções propostas no final da década de 1980 e decorre da incapacidade de construir um processo dinâmico e interativo somente com uma visão parcial e exclusivamente tecnológica.

O planejamento integrado deve desenvolver uma visão abrangente de planejamento, políticas públicas, tecnológicas e de educação, a fim de promover um processo de longo prazo que conte com a participação de usuários, autoridades, cientistas e do público em geral, além das organizações e instituições públicas e privadas. Tanto as interações entre os indivíduos e as organizações como o uso e os serviços dos ecossistemas aquáticos exigem ampla e completa análise, além de avaliação em um contexto local, regional e global (Rosengrant, 1996; Rosengrant e Binswanger, 1994; Rosengrand; Gasmuri; Yadav, 1995).

A resolução de conflitos, a otimização dos usos múltiplos de rios, lagos, represas e áreas alagadas e a promoção de bases científicas sólidas são componentes muito relevantes do gerenciamento integrado de recursos hídricos. Os principais tópicos que se referem ao planejamento e gerenciamento integrado são:

≈ bacia hidrográfica como unidade de gerenciamento, planejamento e ação;
≈ água como fator econômico;
≈ plano articulado com projetos sociais e econômicos;
≈ participação da comunidade, usuários, organizações;
≈ educação sanitária e ambiental da comunidade;
≈ treinamento técnico;
≈ monitoramento permanente, com a participação da comunidade;
≈ integração entre engenharia, operação e gerenciamento de ecossistemas aquáticos;
≈ permanente prospecção e avaliação de impactos e tendências;
≈ implantação de sistemas de suporte à decisão.

A educação sanitária e ambiental da população é parte importante do esforço para aumentar a consciência sobre os problemas da água. Neste painel, localizado à entrada do Museu de Ciências do Mar de Los Angeles, descreve-se o ciclo da água de forma sintética e estilizada, a fim de chamar a atenção dos visitantes para a sua importância

Foto: J. G. Tundisi

7.7 Principais métodos para a recuperação e o gerenciamento integrado de bacias hidrográficas

O conjunto de metodologias existentes promove a recuperação de bacias hidrográficas e a capacidade de autossustentação do sistema. Para cada uma dessas metodologias é fundamental calcular os custos de recuperação e conservação e a relação custo/benefício. A seguir, algumas técnicas são apresentadas e descritas sucintamente (Tundisi, 1999; Straškraba; Tundisi, 1999):

- ≈ reflorestamento da bacia hidrográfica, especialmente florestas ripárias, com espécies nativas (para aumentar a capacidade de retenção de sedimentos e nutrientes) (Rodrigues; Leitão Filho, 2001);
- ≈ recuperação dos rios da bacia hidrográfica (para diminuição das cargas pontuais) (Kortman et al., 1988);
- ≈ conservação e recuperação de áreas alagadas como sistemas tampão e de tratamento. Várzeas são importantes sistemas de reciclagem biogeoquímica e de controle de volumes e enchentes. Interferem na quantidade e na qualidade das águas (Whitaker, 1993; Mitsch, 1996);
- ≈ pré-reservatórios em tributários com altas taxas de material em suspensão (Straškraba et al., 1995);
- ≈ manutenção e expansão de fragmentos florestais na bacia hidrográfica como sistemas tampão, a fim de controlar fontes não pontuais;
- ≈ introdução de corredores de florestas de espécies nativas na bacia hidrográfica;
- ≈ remoção ou inativação química do sedimento dos rios e tributários para controle das cargas pontuais, principalmente de fósforo;
- ≈ gerenciamento e adequação da aplicação de fertilizantes, pesticidas e herbicidas na bacia hidrográfica, a fim de diminuir fontes não pontuais e controlar eutrofização e toxicidade (Matsui; Barrett; Barergee, 2002);
- ≈ controle da erosão para diminuir o assoreamento (Tundisi et al., 2003);
- ≈ controle das fontes pontuais e não pontuais de contaminação e eutrofização (várias técnicas) (Likens; Bormann; Johnson, 1972);
- ≈ tratamento de esgotos domésticos (várias técnicas ecotecnológicas);
- ≈ tratamento dos efluentes industriais e reúso da água;
- ≈ monitoramento permanente para avaliação de potenciais impactos (Tundisi; Matsumura-Tundisi, 2008).
- ≈ proteção das áreas de alta biodiversidade na bacia hidrográfica (Constanza; Greer, 1998);
- ≈ gerenciamento integrado dos usos do solo da bacia hidrográfica (Tundisi et al., 2003; Tulli; Mendes, 2006; Straškraba; Tundisi, 2008; IIEGA/SVMA/PMSP, 2009).

7.8 Métodos ecotecnológicos para aplicação no ecossistema aquático

Em geral, as ecotecnologias são referidas como tecnologias de baixo custo implementadas com uma visão de funcionamento dos ecossistemas, ou seja, ecotecnologias incorporam um conjunto de técnicas que promovem a utilização de mecanismos inerentes ao ecossistema. Por exemplo, o uso do tempo de retenção em reservatórios para controlar a biomassa de cianobactérias e, portanto, os florescimentos indesejáveis que podem produzir toxinas (Straškraba; Tundisi; Duncan, 1993a; Straškraba et al., 1995).

A biomanipulação pode ser considerada outro processo ecotecnológico bastante avançado e de custo relativamente baixo (Shapiro; Lamarra; Lynch, 1975; Shapiro et al., 1982; De Bernardi; Giussiani, 2002).

O Quadro 7.1 descreve um conjunto de técnicas aplicáveis ao sistema aquático – rio, lago, represa ou tanques artificiais para abastecimento público. A Fig. 7.6 descreve as inter-relações entre as tecnologias ambientais e a restauração de ecossistemas.

7.9 A gestão das águas e o papel dos gerentes

Os gerentes de qualidade da água são responsáveis, ou, no mínimo, parceiros, nos cuidados que visam à qualidade e quantidade da água sustentada nos sistemas aquáticos continentais.

São necessárias mudanças de atitudes, tanto de gerentes como do público, para obter a sustentabilidade para as gerações futuras. As seguintes atividades devem ser consideradas pelos gerentes como aplicáveis à interação bacias hidrográficas/rios/lagos/represas (PNUMA/IETC, 2001):

- ≈ introduzir tecnologias simples com métodos não agressores ao meio ambiente, como ecotecnologia e engenharia ecológica;
- ≈ empregar abordagens de gerenciamento integrado (integrar gerentes com engenheiros, cientistas e a comunidade local);
- ≈ envidar maiores esforços para evitar a poluição e a deterioração das águas, em vez de utilizar purificação ou outros métodos corretivos. Focar em "tecnologias limpas" e prevenção da poluição, em vez da dispendiosa extração de matéria diluída por meio de purificação. Trocar o método de "ao final da tubulação" por "no início da tubulação";
- ≈ implementar programas para reciclagem de materiais, visando à redução da poluição das águas;
- ≈ apoiar a redução do uso da água e medidas para sua conservação;
- ≈ avaliar diversas possibilidades de gerenciamento, inclusive aborda-

Quadro 7.1 GERENCIAMENTO ECOTECNOLÓGICO LOCAL PARA LAGOS, RIOS E REPRESAS

Medida	Meio	Referência
Mistura artificial e oxigenação para controlar e inativar o fósforo da carga interna	1. Desestratificação 2. Aeração hipolimnética 3. Mistura epilimnética 4. Mistura metalimnética 5. Aeração de camadas 6. Cone de Speece 7. Mistura por hélices	Symons et al. (1967) Bernhardt (1967) Straškraba (1986) Stefan et al. (1987) Kortman et al. (1994) Speece et al. (1982) Fay (1994)
Remoção de sedimentos	Dragagem dos sedimentos	Bjork (1994)
Aeração de sedimentos	Injeção nos sedimentos	Ripl (1976)
Cobertura dos sedimentos	Cobertura dos sedimentos com matéria orgânica e/ou argila fina ou sulfato de alumínio*	Peterson (1982)
Desativação do fósforo	Precipitação química	Cooke e Kennedy (1988)
Biomanipulação Controle do fitoplâncton e da eutrofização	Pesca Controle do zooplâncton – redução do fitoplâncton	Gulati (1990) Starling (1999)
Controle hidráulico Controle de florescimento de algas	1. Retirada seletiva de água 2. Sifonagem do hipolímnio 3. Cortinas de oxigênio	Straškraba (1986) Olszewski (1967)
Algicidas Controle de florescimento de algas	1. Proibido pela atual legislação (Portaria 1.469 MS) 2. Envenenamento por cobre 3. Outros algicidas	Straškraba e Tundisi (2000)
Redução da luminosidade para controle de florescimento do fitoplâncton	Sombreamento, cobertura, suspensões, cores	JØrgensen (1980)
Controle de macrófitas para redução da carga interna	1. Colheita/remoção 2. Peixes que se alimentam de fitoplâncton e macrófitas 3. Inimigos naturais	IETC (2000) PNUMA/CITA (2001)

Fonte: Straškraba (1994); Tundisi (1999); Tundisi, Matsumura-Tundisi e Reis (2002).

Sulfato de alumínio não pode ser utilizado para controle de lagos em sistemas de abastecimento que serão utilizados como fonte de água potável, por razões de saúde pública.

gens inovadoras, para determinar a escolha com maiores perspectivas. Os objetivos devem contemplar horizontes de longo prazo e recursos hídricos qualitativamente sustentáveis;

A economia da restauração de ecossistemas

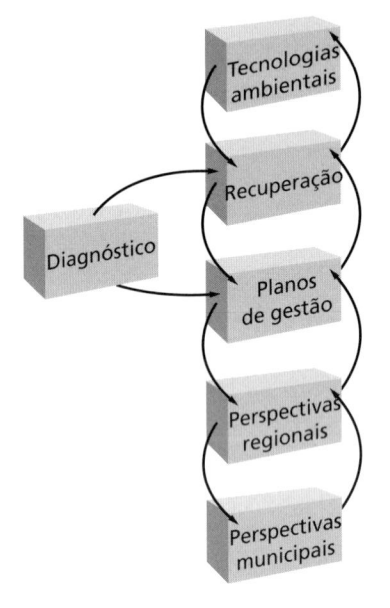

Fig. 7.6 Principais inter-relações entre as tecnologias ambientais e as perspectivas regionais e municipais

≈ dar maior atenção aos métodos de mitigação da poluição difusa;

≈ aumentar o emprego de modelos matemáticos para avaliação de problemas e soluções específicas (JØrgensen, 1980; JØrgensen; Muller, 2000);

≈ introduzir métodos para o monitoramento intensivo das "alterações globais", sob as óticas hidrológica, química e biológica. Sistemas confiáveis e baratos de monitoramento devem ser fabricados e instalados;

≈ apoiar o gerenciamento descentralizado atuando em conjunto com ações centralizadas de gerenciamento (Biswas, 1990a, 1990b);

≈ avaliar os processos ecológicos de componentes como várzeas e florestas sob a ótica econômica;

≈ preservar as biodiversidades terrestre e aquática das bacias hidrográficas mediante a proteção e recuperação de florestas e da heterogeneidade da paisagem, mantendo o mosaico dos hábitats, incluindo-se refúgios e corredores para a migração animal. Proteger as águas a montante e a jusante;

≈ treinar os gerentes e técnicos em métodos e abordagens inovadores de gerenciamento (Brezonik, 1996);

≈ fomentar a educação ambiental na região;

≈ demonstrar aos gerentes industriais e membros da comunidade as consequências de suas decisões e/ou atividades sobre a disponibilidade quantitativa e qualitativa de água (Hashimoto, 1995).

Essas atividades visam garantir:

a] desenvolvimento controlado capaz de garantir a manutenção, a longo prazo, dos recursos hídricos e minimizar os efeitos adversos sobre esses ou outros recursos;

b] que não se esgotem opções para um desenvolvimento futuro;

c) que a eficiência no uso da água ou de outros recursos seja o elemento-chave da estratégia de seleção.

Do exposto anteriormente surgem questões mais específicas, simples e complexas que o gerente deve fazer (Straškraba; Tundisi, 2008):

Questões importantes
1. Qual o tamanho e a área das bacias hidrográficas e qual a relação entre ambos?
2. Qual a rede hidrográfica existente nas bacias hidrográficas?
3. Quais os principais focos de poluição das bacias hidrográficas?
4. Como se organiza o mosaico existente nas bacias hidrográficas: várzeas, florestas de diversos tipos, vegetação, agricultura, indústria e assentamentos humanos? Qual a relação de áreas entre esses diversos componentes?
5. Quais os tipos e as declividades dos solos que compõem as bacias hidrográficas, considerando-se a erosão e seus efeitos na composição das águas?
6. Quais os tipos predominantes de uso do solo?
7. Quais as consequências desses tipos de uso? (Considerar a erosão, o transporte de material em suspensão, o transporte de poluentes e a contaminação das águas subterrâneas.)
8. Quais as possíveis consequências do desmatamento para os rios, reservatórios e lagos?
9. Quais as entradas de nutrientes (N, P) (a carga) no reservatório, rio e lago?
10. Qual o tempo de retenção do reservatório?
11. Qual a composição dos sedimentos do reservatório e dos lagos, e as concentrações de N e P nestes?
12. Há contaminantes nos sedimentos? Em caso afirmativo, em quais concentrações (carga interna)?
13. Qual a taxa de aplicação de herbicidas e pesticidas nas áreas de bacias hidrográficas?
14. Qual o tipo de uso que o público faz do reservatório, lago, rio e das bacias hidrográficas? (Incluir considerações sobre pesca, recreação, irrigação, transporte, geração de energia elétrica, abastecimento de água potável, agricultura existente nas bacias hidrográficas e tipos de cultura.)

15 Quais os valores econômicos das bacias hidrográficas relacionados à produção, recreação ou qualquer outro tipo?
16 Como ocorreu o desenvolvimento histórico? (Considerar o número atual de habitantes nas bacias e suas projeções para o futuro.)
17 Quais os dados disponíveis? (Considerar mapas, dados sobre qualidade da água, dados climatológicos, sensoriamento remoto, problemas de saúde pública relacionados ao abastecimento de água e dados demográficos.)
18 Qual o estado da cobertura vegetal? (Incluir considerações sobre a vegetação natural e os cultivos existentes nas bacias hidrográficas.)
19 Qual o estado das várzeas e florestas das bacias hidrográficas? Elas necessitam de recuperação ou proteção?
20 Qual a taxa de sedimentação do reservatório, lago ou rio?
21 Que legislação regula as bacias hidrográficas, os usos da água e as políticas de gerenciamento?
22 Quais os principais fatores impactantes existentes? [Considerar indústrias (tipo, produção, resíduos), mineração (tipo, produção, conservação), agricultura e outras.]
23 Analisar a posição e a distância dos focos de poluição em relação aos rios, várzeas e reservatório.

7.10 Integrando pesquisa, gerenciamento e políticas públicas

Os novos paradigmas para o gerenciamento de recursos hídricos incluem, necessariamente, uma base de dados sustentada pela pesquisa científica, a fim de gerar as informações necessárias à tomada de decisões pelos gestores, e interação contínua e permanente entre gerentes e pesquisadores da área básica, vital para a implantação de políticas públicas em nível municipal, regional, estadual e federal. O desenvolvimento de mecanismos institucionais que permitam essa integração é, portanto, uma das tarefas fundamentais de gestores e dirigentes de instituições científicas. A Fig. 7.7 mostra as interações entre pesquisa e gerenciamento no século XX e as perspectivas para este século.

Por outro lado, é necessário avaliação permanente desses processos interativos. Quais os mecanismos para essa interação? Há vários mecanismos desenvolvidos que podem estabelecer alguns princípios para essa integração. Um desses princípios é promover, entre gerentes e pesqui-

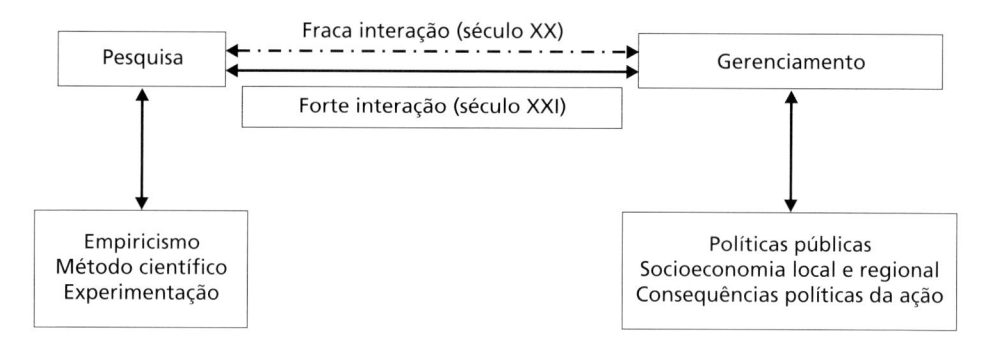

7 Planejamento e gestão dos recursos hídricos: novas abordagens e tecnologias

```
                    Fraca interação (século XX)
    ┌─────────┐ ◄─ ─ ─ ─ ─ ─ ─ ─ ─ ─ ─ ─ ─ ─ ─► ┌──────────────┐
    │ Pesquisa│                                  │ Gerenciamento│
    └─────────┘ ◄──────────────────────────────► └──────────────┘
                    Forte interação (século XXI)
         ▲                                              ▲
         │                                              │
         ▼                                              ▼
    ┌──────────────────┐                    ┌──────────────────────────────┐
    │ Empiricismo      │                    │ Políticas públicas           │
    │ Método científico│                    │ Socioeconomia local e regional│
    │ Experimentação   │                    │ Consequências políticas da ação│
    └──────────────────┘                    └──────────────────────────────┘
```

Fig. 7.7 Interações entre pesquisa e gerenciamento no século XX e perspectivas para o século XXI
Fonte: Naiman et al. (1995).

sadores, uma visão estratégica conjunta dos recursos hídricos, possibilitando analisar as economias de importância para os recursos hídricos, os benefícios dos usos dos recursos de águas continentais e a natureza econômica e social dos impactos. Essa promoção pode ser realizada por intermédio de estudos de caso, seminários conjuntos de avaliação e disseminação de informações e avaliação.

Uma auditoria ambiental que promova essa visão integrada e estratégica pode ser efetiva, pois estabelece compromissos reais entre gestores e pesquisadores para obtenção de resultados práticos com cronogramas definidos. A interação entre pesquisa e gerenciamento deve operar em períodos curtos e em períodos de longa duração (cinco anos), permitindo construir bases sólidas de atuação conjunta (Rosengrant; Shetty, 1994; Rosengrant et al., 1995).

Essa situação tradicional deve, portanto, mudar, tendo em vista as pressões quantitativas e qualitativas, econômicas e sociais envolvidas no processo. A integração entre pesquisa e gerenciamento em um contexto regional é a abordagem mais efetiva utilizada (Naiman et al., 1995; Tundisi; Straškraba, 1995) e com excelentes resultados comprovados (Reynolds, 1997). Por outro lado, é necessário preparar os pesquisadores e a pesquisa científica, notadamente em Limnologia, para atuar com respostas mais rápidas e abrangentes, procurando utilizar os resultados da pesquisa científica para efetivamente promover essa integração (Straškraba, 1996; Tundisi, 2008; Tundisi et al., 2008).

Por exemplo, é amplamente reconhecido que áreas alagadas são importantes ecótonos que podem proporcionar tratamento adequado e de baixo custo a certos tipos de efluentes líquidos, principalmente aqueles com descarga orgânica. Isso foi muito bem demonstrado cientificamente (JØrgensen; Vollenweider, 2000; Mitsch; Gosselink, 1986, 2007; Tundisi; Straškraba, 1994; Whitaker, 1993; Whitaher; Matvienko; Tundisi, 1994) e, mais tarde, incorporado como um importante componente do gerenciamento de ecossistemas aquáticos, tendo sido adotado recentemente em larga escala na cidade de São Paulo, região de Parelheiros, como um primeiro sistema de tratamento para as águas da represa de Guarapiranga que são despejadas na represa Billings.

Além dos benefícios de uma resposta mais eficiente e eficaz aos problemas de gerenciamento, a pesquisa científica pode dar embasamento adequado ao "gerenciamento adaptativo", ou seja, à capacidade que o sistema de gerenciamento e de promoção de políticas públicas deve ter para se adaptar às mudanças econômicas e sociais e, ao mesmo tempo, resolver conflitos. Tendem a se agravar à medida que aumenta a escassez e persistem as pressões econômicas e os conflitos sobre usos múltiplos de recursos hídricos (Salati; Mattos de Lemos; Salati, 1999).

Por exemplo, há conflitos sobre o uso do solo de mananciais e os usos múltiplos de recursos hídricos em muitas áreas urbanas no Brasil, os quais só poderão ser resolvidos se forem implantados um banco de dados e um sistema de informações que mostrem a realidade e possibilitem o

Foto: J. G. Tundisi

Área alagada de Parelheiros, na Região Metropolitana de São Paulo, que é utilizada para receber águas da represa Billings que são transpostas para a represa de Guarapiranga

estudo de alternativas. A metodologia para a solução desses conflitos deve ser introduzida e aperfeiçoada. O Quadro 7.2 relaciona interações entre os problemas de recursos hídricos, o gerenciamento e a administração, denotando a ampla complexidade dos problemas relacionados a usos múltiplos e a processos ambientais mais abrangentes.

A integração entre pesquisas, gerenciamento e políticas públicas pode ser mais bem caracterizada e mais efetiva quando utilizada no contexto de bacias hidrográficas como unidade de gerenciamento. Essa abordagem, já em fase de implantação em muitos Estados do Brasil, deve ser o grande promotor dessa integração. Frequentemente, há um esforço de saneamento e de implantação de tecnologias em ambientes com conflitos institucionais e desordem na ocupação dos mananciais (Salati, 1996).

A bacia hidrográfica é uma unidade biogeofisiográfica bem delimitada; está presente em todo o território, em várias dimensões; apresenta ciclos hidrológicos e de energia relativamente bem caracterizados e integra sistemas a montante, a jusante e as águas subterrâneas e superficiais pelo ciclo hidrológico (ver a seção "Experiências institucionais no Brasil", no Cap. 8).

Quadro 7.2 INTERAÇÕES ENTRE OS PROBLEMAS DE RECURSOS HÍDRICOS, O GERENCIAMENTO E A ADMINISTRAÇÃO

Problema na área de recursos hídricos	Manifestações físicas diretas e indiretas	Implicações para o gerenciamento	Implicações para a organização e administração
1. *Erosão e sedimentação*: produz perdas econômicas (pesca, hidroeletricidade e capacidade de reserva)	Aumento da sedimentação em rios e represas. Resultado: mau gerenciamento do sistema terrestre	Ausência de planejamento e gerenciamento adequado; de programas de proteção e restauração e ajuda técnica	Múltiplas agências de controle e falta de articulação em nível de bacias hidrográficas; ações não coordenadas
2. *Enchentes*: perdas econômicas em agricultura, residuárias e de infraestrutura	Aumento dos picos de enchentes, em razão da ocupação das várzeas, e aumento das taxas de sedimentação do sistema; mistura de águas residuárias e águas de enchentes	Deficiência no gerenciamento das bacias; falta de controle do sistema terrestre; mais práticas agrícolas; ausência de sistemas de alerta a enchentes	Ausência de articulação institucional e a consideração das enchentes como um problema mais amplo de gerenciamento integrado institucional

Quadro 7.2 INTERAÇÕES ENTRE OS PROBLEMAS DE RECURSOS HÍDRICOS, O GERENCIAMENTO E A ADMINISTRAÇÃO (CONTINUAÇÃO)

Problema na área de recursos hídricos	Manifestações físicas diretas e indiretas	Implicações para o gerenciamento	Implicações para a organização e administração
3. *Irrigação*: perdas econômicas para a agricultura, manejo florestal, disponibilidade doméstica e industrial da água; ameaças à saúde humana	Uso excessivo da água para irrigação; facilidades de drenagem inadequadas; redução do fluxo de águas de superfície	Deficiência ou ausência de gerenciamento em irrigação ou uso excessivo de águas subterrâneas	Falta de articulação institucional, especialmente no gerenciamento da irrigação
4. *Desequilíbrio*: entre suprimento e demanda, limitando o desenvolvimento econômico	Variabilidade da precipitação: causa incerteza no suprimento e limita atividades agrícolas	Dificuldade no gerenciamento das bacias; incapacidade de previsão dos picos de precipitação e seca; ausência de banco de dados confiável	Responsabilidades diluídas por várias agências
5. *Poluição das águas*: perdas econômicas para a agricultura, pesca, indústria, ameaças à saúde pública, contaminação química de rios, riachos, lagos e represas; aumento dos custos do tratamento de águas	Poluição biológica causada por disposição inadequada de resíduos sólidos e líquidos em zonas rurais e urbanas; poluição química proveniente de pesticidas, herbicidas e fertilizantes; poluição química gerada por indústrias	Ausência ou falta de adequação de programas de saneamento básico em áreas rurais; falta de sistemas de disposição de resíduos em zonas urbanas; uso inadequado de fertilizantes e pesticidas; ocupação irregular de mananciais	Falta de articulação entre agências de controle de poluição. Agências de recursos hídricos não têm controle sobre a poluição

Fonte: modificado a partir de várias fontes.

A Fig. 7.8 mostra um esquema geral de planejamento e gerenciamento de recursos hídricos e os mecanismos de análise para escolha das melhores alternativas que possam embasar e consolidar decisões. A Fig. 7.9 apresenta os processos e as ações que caracterizam as bacias hidrográficas e são fundamentais para a gestão.

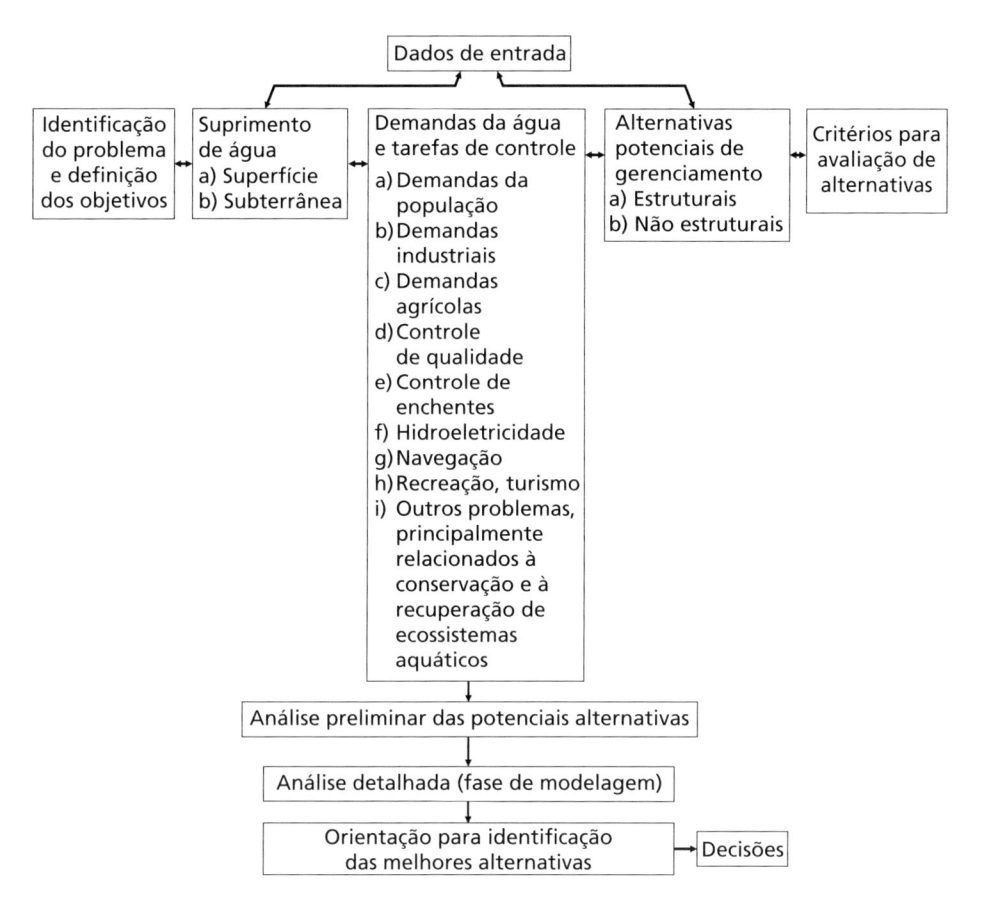

7 Planejamento e gestão dos recursos hídricos: novas abordagens e tecnologias

Fig. 7.8 Esquema geral para o planejamento e o gerenciamento de recursos hídricos
Fonte: Blair e Hufschmidt (1984).

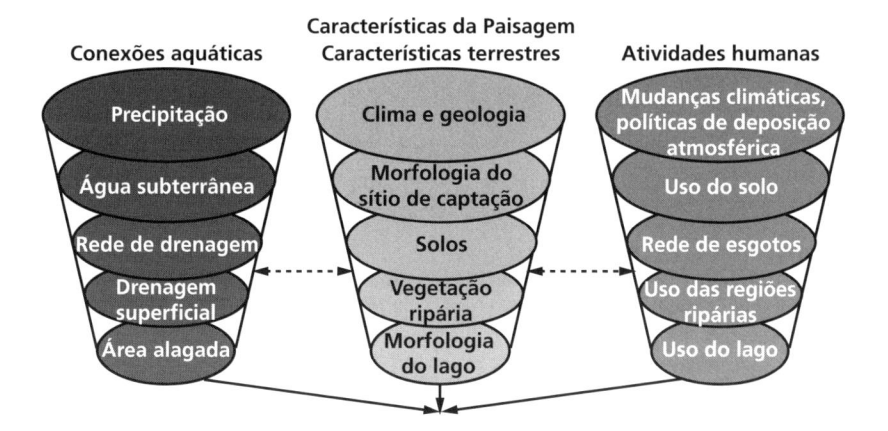

Fig. 7.9 Os diferentes processos e ações que caracterizam as bacias hidrográficas
Fonte: Soranno et al. (2009).

7.11 Gerenciamento preditivo – o papel do monitoramento em tempo real

O monitoramento em tempo real, apresentado na Fig. 7.10 como um dos exemplos de novas tecnologias em áreas metropolitanas e outras regiões, pode ser uma das ferramentas mais expressivas de controle da qualidade da água, muito útil para a gestão integrada dos recursos hídricos e para o controle da qualidade da água dos mananciais. Esse controle, realizado intensivamente a partir das informações sobre *pH, oxigênio dissolvido, condutividade, temperatura da água, turbidez e potencial redox, sólidos totais em suspensão, clorofila a e sólidos totais dissolvidos*, fornece aos gerentes de recursos hídricos e aos operadores das estações de tratamento de água uma série de informações preditivas sobre a situação de lagos e represas de abastecimento, dando condições de planejar o tratamento e reforçar a capacidade de gestão dos mananciais, além de prevenir potenciais desastres por acidentes tanto no lago como nas proximidades dele, ou em represas resultantes de desoxigenação súbita por desestratificação térmica e química rápida.

Fig. 7.10 Estação de monitoramento em tempo real, montada na Represa Guarapiranga, RMSP, para o apoio ao projeto Rodoanel. Inovação promovida pela Fapesp (Projeto Pipe, Proc. 00/007379-5). O sistema permite a coleta simultânea de informações climatológicas e de qualidade da água com transmissão contínua, via rádio e internet
Fonte: IIE (2010).

Monitoramento em tempo real é um dos instrumentos de gestão mais eficientes para o gerenciamento integrado e preditivo, e deverá ser adotado como rotina em muitas represas, lagos e rios que fornecem água para abastecimento público ou hidroeletricidade e irrigação. O monitoramento em tempo real pode proporcionar economia de milhões de reais no tratamento de água e no bombeamento de água de qualidade adequada a partir das informações em tempo real.

7.12 Monitoramento como atividade fundamental no gerenciamento de recursos hídricos

O efetivo gerenciamento de recursos hídricos implica a constante avaliação da quantidade e qualidade da água simultaneamente, a fim de que se conheça adequadamente o estado dos recursos hídricos, seu potencial e os possíveis problemas agregados de contaminação e poluição. Além disso, o monitoramento também pode apresentar e identificar regiões e áreas com baixa contaminação e, portanto, dar indicações seguras sobre o que conservar e qual o custo dessa conservação (Straškraba; Tundisi, 1999). O monitoramento é o primeiro passo importante para a elaboração de um banco de dados confiável e adequado que possa ser útil ao planejamento e gerenciamento. Há dois tópicos fundamentais quanto ao monitoramento: monitoramento para orientação e monitoramento sistemático (Fig. 7.11).

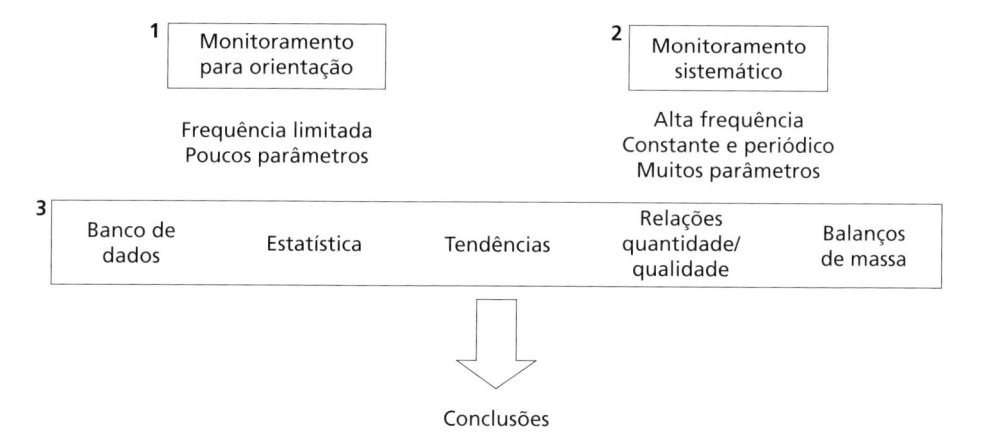

Fig. 7.11 Características dos principais processos de monitoramento, por orientação e sistematização, e a organização hierárquica do banco de dados, estatísticas, tendências, relações quantidade/qualidade e balanços de massa
Fonte: modificado de Straškraba, Tundisi e Duncan (1993a).

Os dois tipos de monitoramento referem-se à avaliação inicial, não permanente de um sistema, e à avaliação permanente regular de um sistema com a repetição de um conjunto de análises e informações que possibilitem verificar tendências, avaliar impactos, prevenir eventos catastróficos, até certo ponto, e dar orientações para futuras ações.

7.13 Metodologia e tecnologias avançadas

No século XX, houve progresso considerável do ponto de vista metodológico. No século XXI, técnicas de automação serão muito mais utilizadas, em razão da necessidade de obter respostas rápidas em tempo real. Sensores existentes já permitem a análise de 13 variáveis *in situ*. Os métodos de coleta e amostragem deverão ser substituídos, na maioria dos casos, por sistemas automáticos acoplados a computadores para transmissão de dados em tempo real, em curtos períodos de tempo. Um dos grandes avanços da Limnologia no século XX foi a conclusão de que as escalas espaciais e temporais em sistemas aquáticos são muito menores do que se conhecia, e se faz necessário um avanço metodológico para aprofundar esse conhecimento (Imberger, 1994). O uso das imagens de satélite acopladas à "verdade lacustre" deverá ser extraordinariamente incrementado.

O tipo de organização mostrado na Fig. 7.11 fornece credibilidade às informações e é fundamental para as ações de planejamento e gerenciamento (Biswas, 1991, 1993; Straškraba; Tundisi, 1999, 2008).

Os principais estágios do monitoramento que devem ser considerados são:

i definição de metas e das escalas espaciais horizontais e verticais do monitoramento (em bacias hidrográficas, reservatórios, rios e áreas alagadas);

ii plano para coleta de dados e informações, como período e frequência;

iii tipo de tratamento da amostra (armazenamento, transporte, preservação e métodos de análise);

iv análise dos dados – tipos de distribuição estatística, relações entre variáveis;

v interpretação dos resultados, apresentação das condições e recomendações.

Os seguintes tópicos devem ser considerados nas questões de monitoramento:

i seleção dos dados e informações necessárias, o que deverá estar relacionado com a definição dos objetivos da pesquisa e avaliação;
ii as medidas de cada variável devem compreender níveis de *sensibilidade*, *detectabilidade* e *acuracidade*;
iii a relação *custo-benefício* do monitoramento deve ser levada em conta (Fig. 7.12). Por exemplo, pode-se colocar poucas variáveis em muitos pontos de amostragem ou aprofundar o número de variáveis em pontos estratégicos e selecionados de amostragem;
iv Deve-se levar em conta o nível de informação proporcionado pelas amostras e pelo monitoramento, dependendo do rigor e da seleção dos melhores métodos de amostragem e avaliação.

Os fundamentos principais do monitoramento referem-se ainda aos seguintes tópicos, os quais necessitam de avaliação adequada quando se monta um projeto de monitoramento:

i rapidez na obtenção da informação;
ii baixos custos operacionais do monitoramento;
iii cobertura máxima para incorporação de todas as áreas críticas e áreas-problema;
iv erro mínimo de amostragem;
v ausência de ideias predeterminadas;
vi identificação dos usuários da informação.

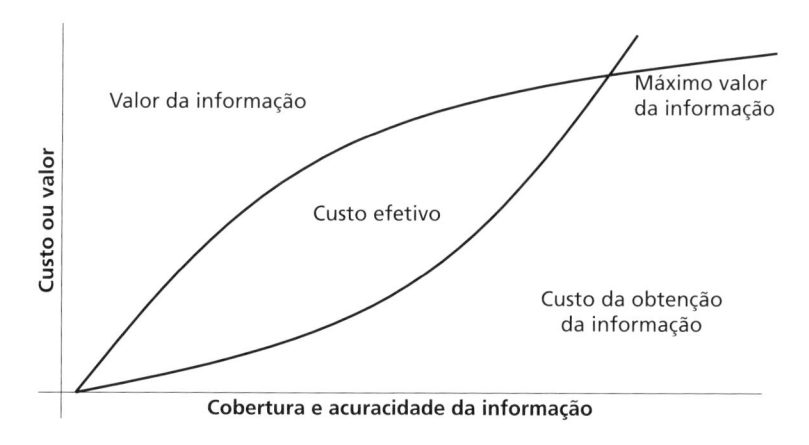

Fig. 7.12 Relação entre custo ou valor do monitoramento, cobertura e acuracidade da informação
Fonte: Biswas (1990b).

Para considerações práticas, o monitoramento deve levar em conta os seguintes componentes, os quais são indicadores das condições das massas de água, riscos à saúde humana e problemas de poluição e contaminação.

i microrganismos indicadores da poluição orgânica e riscos à saúde humana;
ii matéria particulada em suspensão (concentração de indicadores de condições físicas das águas de superfície);
iii indicadores da poluição orgânica (relacionados à situação das águas de superfície e seu uso);
iv nutrientes orgânicos e inorgânicos (fatores fundamentais no crescimento de organismos);
v salinidade e íons principais (fatores essenciais que determinam o uso das águas para diversas finalidades);
vi micropoluentes inorgânicos (com efeitos adversos em todos os usos não industriais);
vii micropoluentes orgânicos (com efeitos adversos na vida aquática e nos seres humanos);
viii acidez (impactos da precipitação em águas superficiais e subterrâneas);
ix nitrato (relacionado à saúde humana).

7.14 Exemplos de desenvolvimento sustentado e gerenciamento integrado

O desenvolvimento sustentado aplicado à reserva de Mamirauá no Instituto de Desenvolvimento Sustentável é um exemplo relevante de uso adequado de recursos naturais em reservas e de equilíbrio na apropriação da biodiversidade e biomassa. A reserva de Mamirauá, com 2,5 milhões de hectares, tem um plano de gerenciamento e conservação considerado extremamente avançado e com reconhecimento internacional. A Fig. 7.13 mostra as principais características do plano de manejo e conservação, que foi adotado pela comunidade, discutido amplamente com técnicos e cientistas e tem enorme repercussão no processo de gestão integrada dos recursos hídricos e dos recursos naturais da região. Há 200 famílias na reserva, que vivem basicamente de exploração pesqueira e da exploração dos recursos naturais – biodiversidade e ecoturismo.

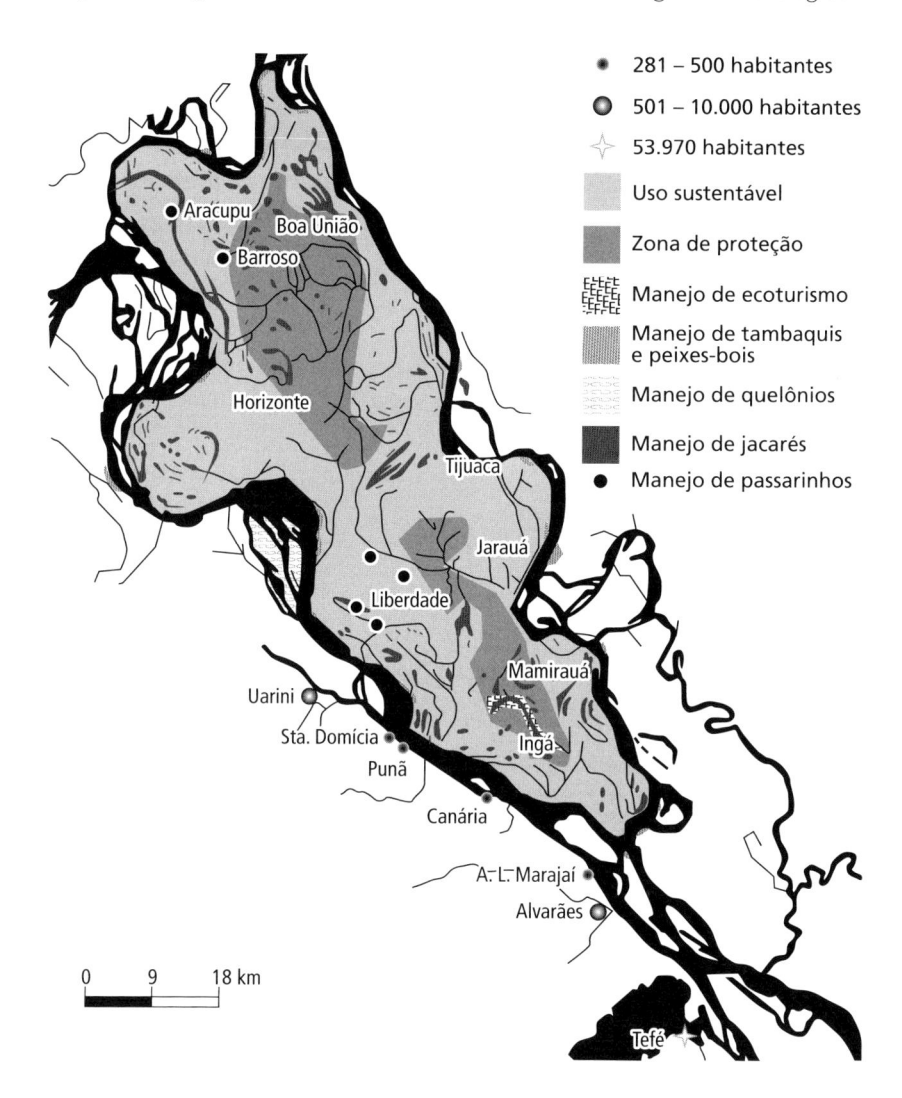

7 Planejamento e gestão dos recursos hídricos: novas abordagens e tecnologias

Fig. 7.13 O zoneamento da reserva de Mamirauá
Fonte: Sociedade Civil Mamirauá (1999).

Outro exemplo é o plano de gerenciamento e usos múltiplos aplicado à represa Luís Eduardo Magalhães, em Lajeado, Tocantins. Nessa região, o acoplamento de um conjunto de modelos aplicado a um projeto de desenvolvimento sustentado e de monitoramento em tempo real possibilita a antecipação de problemas e a implementação de ações preventivas de ampla repercussão regional e nacional. A construção do reservatório de grande porte na região do médio Tocantins (Lajeado, UHE Luís Eduardo Magalhães) deve desencadear uma série de projetos de usos múltiplos da represa, como navegação, irrigação, pesca, aquacultura e recreação. Para otimizar esses usos, montou-se um sistema de modelagem integrada, explicitado na Fig. 7.14 (Tundisi et al., 2003). Além desse sistema de gerenciamento, encadeou-se um conjunto de ações, tais como: reuniões de prefeitos da bacia do médio Tocantins; consórcio de municípios para gestão integrada; informações à população por meio de conferências; divulgação e treinamento de técnicos e gerentes para gestão das águas.

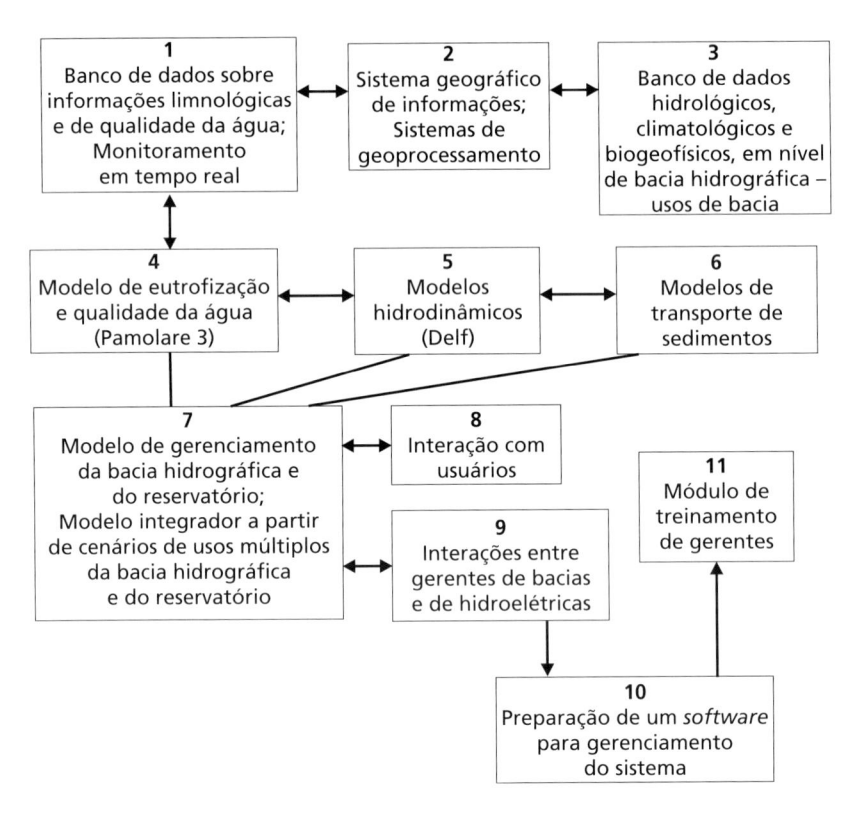

```
1                           2                       3
Banco de dados sobre        Sistema geográfico      Banco de dados
informações limnológicas    de informações;         hidrológicos,
e de qualidade da água;     Sistemas de             climatológicos e
Monitoramento               geoprocessamento        biogeofísicos, em nível
em tempo real                                       de bacia hidrográfica –
                                                    usos de bacia

4                           5                       6
Modelo de eutrofização      Modelos                 Modelos de
e qualidade da água         hidrodinâmicos          transporte de
(Pamolare 3)                (Delf)                  sedimentos

7                           8
Modelo de gerenciamento     Interação com
da bacia hidrográfica e     usuários                11
do reservatório;                                    Módulo de
Modelo integrador a partir  9                       treinamento
de cenários de usos múltiplos  Interações entre     de gerentes
da bacia hidrográfica       gerentes de bacias
e do reservatório           e de hidroelétricas

                            10
                            Preparação de um software
                            para gerenciamento
                            do sistema
```

Fig. 7.14 Síntese dos principais modelos em montagem para utilização no projeto de gerenciamento da UHE Luís Eduardo Magalhães, Tocantins
Fonte: original Investco/IIE; Tundisi e Schiel (2002); Tundisi et al. (2003).

O Quadro 7.3 apresenta os principais desenvolvimentos do sistema de gerenciamento e sua evolução durante a fase de transição.

A Fig. 7.15 apresenta as concepções de Zalewski (2004) para recuperação e revitalização de ecossistemas aquáticos continentais.

A Fig. 7.16 mostra as diferentes estratégias para manter a concentração de fósforo final em represas e rios a partir de controles na bacia hidrográfica.

Quadro 7.3 EVOLUÇÃO DOS SISTEMAS DE GERENCIAMENTO E A FASE DE TRANSIÇÃO EXISTENTE

Passado	Presente/Futuro (desejado/esperado)
(1) Gerais	
≈ problemas locais ≈ resposta rápida, reversibilidade ≈ número limitado de poluentes ≈ limitado a um meio (água) ≈ estático, determinístico, previsto ≈ independência regional ≈ fontes pontuais	≈ escala aumentada ≈ respostas retardadas ≈ poluentes múltiplos ≈ múltiplos meios (solar/ar/água) ≈ dinâmico, estocástico, incerto ≈ independência global ≈ fontes não pontuais
(2) Tipo de controle	
≈ final do processo	≈ controle da fonte; fechamento de ciclos da matéria; controle das bacias hidrográficas
≈ padrões para descarga	≈ uso e adaptação
≈ puramente técnico	≈ elementos não técnicos
(3) Infraestrutura e sistemas de tratamento	
≈ tecnologia tradicional	≈ métodos especiais de tratamento, ecotecnologias, tratamento natural e em pequena escala
≈ aterros sanitários	≈ reúso e reciclagem
≈ controle e exploração em larga escala	≈ desenvolvimento em pequena escala; gerenciamento integrado; conservação
≈ infraestrutura urbana maciça	≈ infraestrutura localizada; desenvolvimento de sistemas criativos
(4) Monitoramento	
≈ determinações locais	≈ redes, sensoriamento remoto, medidas contínuas
≈ parâmetros convencionais	≈ parâmetros especiais (micropoluentes, ecotoxicologia)
≈ monitoramento da água	≈ integração de monitoramento das fontes e dos efluentes
≈ dados pouco confiáveis	≈ melhora na confiabilidade; banco de dados; sistemas de informações
≈ dados não disponíveis	≈ fluxo aberto de informações
(5) Modelagem	
≈ tópicos limitados a gerações e processos	≈ integração GIS – sistemas de decisão
≈ resultados limitados numericamente	≈ cenários; estudos de caso; uso de multimídia
≈ uso somente pelos especialistas	≈ uso em administração e gerenciamento

Quadro 7.3 Evolução dos sistemas de gerenciamento e a fase de transição existente (continuação)

Passado	Presente/Futuro (desejado/esperado)
(6) Planejamento e avaliação de projetos	
≈ definição muito difusa dos objetivos	≈ objetivos bem definidos
≈ visão de curto prazo	≈ visão de longo prazo
≈ avaliação de custos	≈ avaliação global RIMAS; impactos políticos e sociais
≈ pouca preocupação com falhas ou ajustes necessários	≈ incertezas: adaptabilidade, resiliência, vulnerabilidade, robustez
≈ impactos positivos e negativos separados	≈ impactos positivos e negativos juntos
(7) Ciência e engenharia	
≈ ciência não dirige ações	≈ ciência para ação e combinação de ciência e engenharia
≈ isolamento do problema e soluções de engenharia	≈ planejamento mais eficiente
≈ barreiras e problemas interdisciplinares	≈ integração de qualidade, quantidade, hidrologia, economia, política, ciência, social e gerenciamento
≈ apenas um paradigma correto – uma disciplina	≈ muitos paradigmas aceitos dentro do conceito de disciplinas
(8) Legislação, instituições para gerenciamento e desenvolvimento	
≈ regras gerais e rigidez	≈ regras especiais e flexibilidade
≈ implementação rápida	≈ exame e análise crítica dos processos
≈ pouco reforço legal	≈ aumento do reforço legal
≈ organização institucional confusa	≈ estruturas e responsabilidades claras, menos barreiras, mais comunicação*
≈ decisão por políticos e administradores	≈ políticas internacionais
≈ políticas nacionais	≈ desenvolvimento sustentável (como prosseguir)

*Participação do público e de ONGs e integração de especialistas, gestores e administradores
Fonte: Somlyody, Yates e Varis (2001).

Boxe 7.2
Utilização consciente de água em residências

≈ Inspecionar a tubulação e prevenir vazamentos.
≈ Instalar sistemas capazes de controlar a quantidade de água nos chuveiros.

≈ Fechar o registro geral durante as férias ou quando a casa estiver vazia.
≈ Isolar as tubulações de água quente.
≈ Efetuar consertos imediatos.
≈ Diminuir a quantidade de água das descargas.
≈ Não utilizar pias como cestos de lixo.
≈ Esperar encher completamente a máquina de lavar roupas antes de acioná-la.
≈ Tomar uma "chuveirada" em vez de um "banho".
≈ Desligar a água do chuveiro enquanto estiver se ensaboando.
≈ Para ter água quente, ligar esse registro primeiro e depois misturar água fria.
≈ Ao lavar pratos, utilizar uma esponja só para detergente e outra só para água.
≈ Planejar as atividades de jardinagem, a fim de economizar água.
≈ Durante a construção ou reforma:
    i. instalar tubulações de diâmetro menor que as convencionais;
    ii. posicionar o aquecedor o mais próximo possível do local de consumo de água quente.

Fonte: Moore e Thornton (1988), simplificado por Straškraba e Tundisi (2000).

Eco-hidrologia e fitotecnologias em gerenciamento integrado de águas

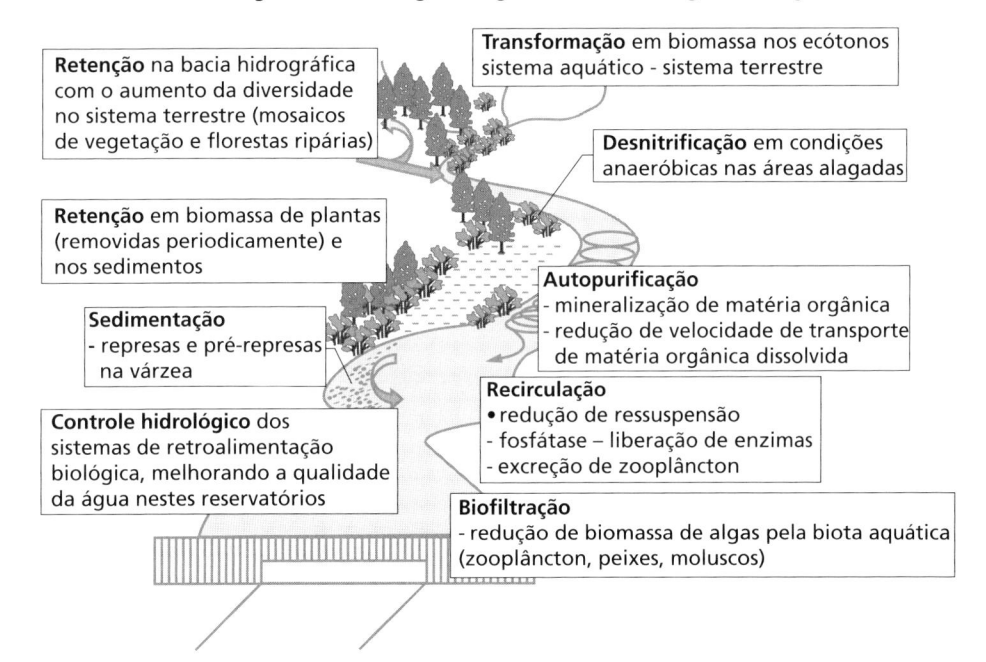

- **Retenção** na bacia hidrográfica com o aumento da diversidade no sistema terrestre (mosaicos de vegetação e florestas ripárias)
- **Retenção** em biomassa de plantas (removidas periodicamente) e nos sedimentos
- **Sedimentação**
  - represas e pré-represas na várzea
- **Controle hidrológico** dos sistemas de retroalimentação biológica, melhorando a qualidade da água nestes reservatórios
- **Transformação** em biomassa nos ecótonos sistema aquático - sistema terrestre
- **Desnitrificação** em condições anaeróbicas nas áreas alagadas
- **Autopurificação**
  - mineralização de matéria orgânica
  - redução de velocidade de transporte de matéria orgânica dissolvida
- **Recirculação**
  - redução de ressuspensão
  - fosfátase – liberação de enzimas
  - excreção de zooplâncton
- **Biofiltração**
  - redução de biomassa de algas pela biota aquática (zooplâncton, peixes, moluscos)

Fig. 7.15 Modelo integrado de gestão de uma bacia hidrográfica com utilização de técnicas de eco-hidrologia, controle hidrológico e aumento de sedimentação em regiões selecionadas. Quanto maior o número de ciclos, maior o retardamento biogeoquímico e maior a capacidade de biofiltração e controle
Fonte: Modificado de Zalewski (2004) e UNEP/GEMS Water (2008).

A
- Alta diversidade de ambiente
- Biomassa vegetal alta e estável
- Longo período de captação de nutrientes
- Alta retenção de nutrientes e de água no ambiente

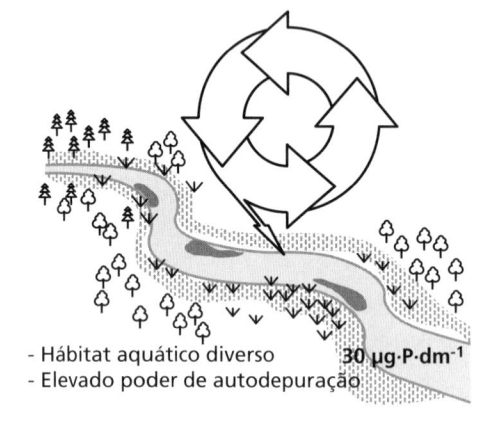

- Hábitat aquático diverso
- Elevado poder de autodepuração

$30\ \mu g \cdot P \cdot dm^{-1}$

B
- Paisagem homogênea
- Biomassa vegetal baixa e inconstante
- Altas taxas de nutrientes oriundos de fertilizantes
- Baixa retenção de nutrientes oriundos de fertilizantes
- Enriquecimento dos ambientes aquáticos (eutrofização)

Fertilizantes

Cultivos: 40% carga de fertilizantes

Fonte pontual de poluição

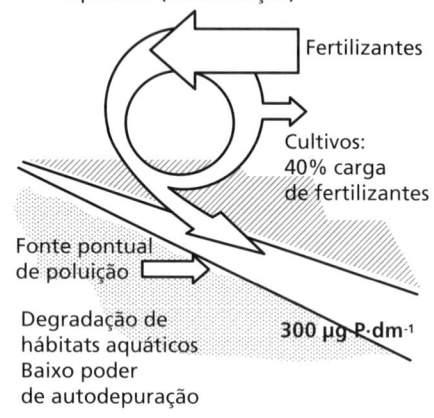

Degradação de hábitats aquáticos
Baixo poder de autodepuração

$300\ \mu g \cdot P \cdot dm^{-1}$

Fig. 7.16 Controle de fósforo nas bacias hidrográficas a partir da organização da paisagem
Fonte: UNEP/GEMS Water (2008); UNESCO/UNEP/IHP (2004).

Boxe 7.3
A experiência da França em gestão de recursos hídricos por bacias hidrográficas

Na França, há seis comitês de bacias hidrográficas e seis agências de financiamento, cujos territórios correspondem aproximadamente às seis bacias principais. Esses comitês são especializados em planejamento e macrogerenciamento, o que já vem sendo feito nos últimos 25 anos com eficiência. Entretanto, a tradição francesa de gerenciamento por bacias hidrográficas é bem mais antiga. Os comitês de bacia facilitam a coordenação entre os usuários e todos os responsáveis pelo gerenciamento. Esses comitês são o centro de negociações e implementação de políticas públicas no nível das bacias: formulam planos, reúnem metodologias e promovem avanços tecnológicos, sendo o centro de conhecimento e tecnologias em nível regional. Esses comitês aprovam os planos de longa duração (20 a 25 anos) para o desenvolvimento de recursos hídricos. A cada cinco anos, os planos são revisados, a fim de melhorar a qualidade da água. Além disso, os comitês anualmente decidem sobre as taxas que devem ser pagas pelos usuários: uma taxa relacionada ao volume de água consumido e outra baseada no nível de poluição de cada fonte pontual.

> Essas duas taxas estimulam melhoras na tecnologia de controle e conservação e são utilizadas como incentivos financeiros para a consecução dos planos quinquenais. Os comitês são compostos por 60 a 110 pessoas, em nível local, regional ou administração nacional: grupos de associações de indústrias, agricultores e usuários. As agências financeiras implementam a política estabelecida pelos comitês de bacia, propõem o valor das taxas e incentivos, financiam estudos, projetos e pesquisas, promovem seminários e reuniões técnicas e agregam e aperfeiçoam banco de dados.
>
> Fonte: adaptado de Banco Mundial (1993).

Conclusões

O gerenciamento *preditivo*, *integrado* e *adaptativo* de recursos hídricos implica um conjunto de *ações estratégicas* de planejamento, participação de usuários, organização institucional e implementação de tecnologias diferenciadas, avançadas (ecotecnologias) e de baixo custo.

O gerenciamento de recursos hídricos efetua-se a partir da bacia hidrográfica, sendo mais efetivo à medida que a organização institucional incorpora a participação de usuários, com a promoção de políticas públicas e treinamento de gerentes com visão sistêmica tecnológica de problemas sociais e econômicos. A gestão adequada dos recursos hídricos não pode prescindir de uma visão integrada da economia regional, local e global e das relações do desenvolvimento sustentável com a política pública de desenvolvimento. A gestão de recursos hídricos, atualmente, passa por um processo de transição no qual a descentralização, a gestão por bacias hidrográficas, o monitoramento permanente e a disponibilização de informações para a sociedade são pontos fundamentais. Novas tecnologias de gerenciamento e métodos de baixo custo que empregam tecnologias menos sofisticadas e mais efetivas estão em implementação em muitos países.

Só a ampliação do conhecimento dos principais processos e mecanismos poderá dar a fundamentação necessária para a recuperação dos ecossistemas e a proteção àqueles ainda não ameaçados pela deterioração da quantidade e da qualidade dos recursos hídricos. As alterações na distribuição, quantidade e qualidade das águas representam uma ameaça estratégica à sobrevivência da humanidade e das demais espécies que habitam o Planeta. É necessário esforço conjunto para aumentar a capacidade de predição e prognóstico e para integrar continuamente *ciência*, *planejamento* e *gerenciamento* na área de recursos hídricos, e, neste caso, a Limnologia, a

Hidrologia e o gerenciamento de recursos hídricos ocupam posição central. A gestão estratégica e inovadora da água procura desenvolver processos cooperativos institucionais com enfoque *sistêmico, preditivo* e *adaptativo*, com igual ênfase em medidas estruturais e não estruturais.

Avanços na legislação e descentralização de ações

8

No final do século XX, novas iniciativas na legislação de recursos hídricos e na organização institucional começaram a ser implementadas em muitos países. Essas ações decorreram do reconhecimento de que, sem evolução na legislação e sem novas formas de administração e organização das instituições que planejam e gerenciam recursos hídricos, é impossível implantar os avanços da tecnologia e da participação da comunidade.

O conhecimento acumulado em razão do fracasso e do sucesso de experiências de gerenciamento e organização contribuiu para alterações no processo de gestão.

Países como México, Chile, Argentina e Brasil implantaram mecanismos inovadores e criativos na gestão das águas, produzindo novos cenários e alternativas adequadas para uma gestão integrada, participativa, preditiva e descentralizada. Essa descentralização, hoje, é uma característica mundial. Países como Japão, Estados Unidos, Alemanha e França têm avançado na descentralização, especialmente na gestão de bacias hidrográficas, e nos instrumentos legais e regulatórios para diminuir desperdícios e estimular tratamentos de resíduos industriais e reúso da água em indústrias, municípios e residências.

O arcabouço legal também foi impulsionado por recomendações e iniciativas no plano internacional, como o Plano de Ação para o Desenvolvimento Sustentado das Américas e um conjunto de arcabouços institucionais locais e regionais que podem impulsionar a implementação de novas políticas públicas, de tecnologia adequada e reforçar as organizações em níveis nacional e regional.

A Lei Nacional para o Gerenciamento de Recursos Hídricos define a política de recursos hídricos no Brasil e cria o Sistema Nacional para o Gerenciamento de Recursos Hídricos.

Boxe 8.1
Princípios básicos para o gerenciamento seguro dos recursos hídricos

A água é essencial à vida

a] A água doce é um recurso finito e vulnerável, essencial para a vida, o desenvolvimento e o meio ambiente.

Gerenciamento integrado dos recursos hídricos

b] O gerenciamento integrado dos recursos hídricos baseia-se na percepção da água como parte integral do ecossistema, recurso natural e bem social e econômico, cuja quantidade e qualidade determinam a natureza de sua utilização. Nesse sentido, os recursos hídricos necessitam de proteção, levando-se em consideração o funcionamento dos ecossistemas aquáticos e a perenidade do recurso, a fim de satisfazer e reconciliar as necessidades de água nas diversas atividades humanas. Durante o desenvolvimento do uso dos recursos hídricos, deve ser dada prioridade à satisfação das necessidades básicas e à proteção dos ecossistemas. Entretanto, além dessas demandas, os usuários devem ser adequadamente cobrados.

c] O gerenciamento integrado dos recursos hídricos, incluindo a integração de aspectos relacionados à terra e às águas, deve ser feito em nível de manancial ou submanancial (bacia hidrográfica).

d] Os governos são responsáveis pela criação de um gerenciamento hídrico integrado e por assegurar a conservação dos recursos e o papel social das águas.

Valor da água

e] Para cada pessoa deve ser destinada uma quantidade mínima de água, considerando-a como bem social e econômico.

f] A água tem valor econômico em todos os seus tipos de uso, devendo, portanto, ser reconhecida como tal.

g] Deve haver uma contabilidade do valor social, ambiental e econômico da água.

h] A água deve ser vista como um recurso finito com valor econômico e com significativas implicações sociais e econômicas, que refletem a importância de atender às necessidades básicas.

i] Durante a avaliação do valor econômico da água, além do valor de mercado, devem ser inclusos fatores externos associados à conservação ambiental e à sustentabilidade dos recursos naturais.

A água deve ser protegida

j] A terra e a água devem ser protegidas contra a degradação em longo prazo que ameaça a produção de alimentos, os sistemas aquáticos, a saúde humana e a biodiversidade.

k] Os recursos naturais da bacia devem ser protegidos, a fim de conservar os recursos hídricos.

l] É responsabilidade do Estado estabelecer parâmetros quantitativos e qualitativos para as águas.

m] Todos os danos ao meio ambiente devem ser compensados e remediados pelo poluidor, o que, no entanto, não pode ser interpretado como direito de poluir (poluidor por princípio).

Participação dos interessados

n] As decisões devem ser tomadas no nível mais baixo indiciado, mediante consulta pública e envolvimento de usuários no planejamento e na implementação dos projetos sobre a água.

o] O desenvolvimento e o gerenciamento do uso da água devem basear-se em uma abordagem participativa que envolva usuários, planejadores e políticos em todos os níveis.

p] As mulheres desempenham papel central na provisão, no gerenciamento e na proteção das águas.

Fontes: *Conferência Internacional sobre Desenvolvimento das Águas e do Meio Ambiente (1992); Conferência das Nações Unidas (1992); Conferência sobre Avaliação e Gerenciamento de Recursos Hídricos (1996); Organização dos Estados Americanos (1996); Gleick (1998); PNUMA/IETC (2001).*

A organização da legislação e da administração da bacia do rio Ruhr, na Alemanha, é um exemplo ilustrativo e apresenta um grande conjunto de instrumentos tecnológicos a par dos processos de administração que envolvem, além disso, cooperação de governos locais, associações não governamentais, indústrias, universidades e centros de pesquisas.

8.1 A Agenda 21 e a gestão dos recursos hídricos

A Agenda 21 promoveu ampla alteração conceitual no processo de planejamento e gestão de recursos hídricos. Em primeiro lugar, o documento produzido por ela (Cap. 4 – Uso eficiente dos recursos) reconhece que a água doce é um recurso finito e indispensável para a sobrevivência de todas as espécies e do *Homo sapiens*. Nenhum desenvolvimento humano pode ocorrer sem o uso eficiente dos recursos hídricos; a reciclagem de água utilizada na indústria e o tratamento de esgotos municipais deveriam ser práticas correntes. A Agenda 21 propõe cinco pontos principais de organização de gestão de recursos hídricos:

a] Desenvolvimento e gerenciamento integrado de recursos hídricos:

Inclui considerações tecnológicas, socioeconômicas, ambientais e de saúde humana integradas em uma perspectiva dinâmica, interativa, adaptativa e multissetorial, incluindo proteção e recuperação de fontes potenciais de suprimento de água.

b] Provisão de água potável de qualidade adequada e saneamento básico para toda a população:

Requer reformas institucionais, em níveis internacional, regional e local, e a adoção de tecnologias avançadas com cooperação internacional. Tratamento avançado de baixo custo é outra prioridade para melhorar a potabilidade da água.

c] Água para produção de alimento sustentável e desenvolvimento rural:

Inclui-se neste tópico todo o processo de uso eficiente da água, sistemas de microirrigação, controle de salinidade e drenagem em áreas irrigadas. Inclui-se também educação sanitária da população rural e acesso a saneamento básico e água de excelente qualidade, com mobilização permanente de mulheres e grupos de usuários de água. Inclui-se, ainda, o gerenciamento de pesca em águas interiores e o aumento da produção em aquacultura sem aumentar a poluição resultante.

d] Proteção dos recursos hídricos, dos ecossistemas aquáticos continentais e da qualidade da água:

Neste tópico, considera-se essencial promover novos padrões de qualidade da água, implementar programas de controle de setores e melhorar a capacidade técnica e a tecnologia para a proteção e conservação dos recursos hídricos. Considera-se essencial manter uma infraestrutura adequada em níveis nacional, regional e local para implementar soluções técnicas, reforçar ações reguladoras e a legislação e mobilizar recursos.

e] Promoção de tecnologias e ações que integrem os setores público e privado no desenvolvimento e na inovação tecnológica:

Neste tópico, recomendam-se a promoção de programas de modernização tecnológica e novas abordagens na gestão de recursos hídricos. Recomenda-se, ainda, a implementação de fundos que poderão apoiar a pesquisa e o desenvolvimento tecnológico. Esses fundos podem ser obtidos por meio de taxas, impostos sobre a quantidade de água utilizada (cobrança pelo uso da água) ou outros mecanismos. Os fundos poderão impulsionar programas locais ou regionais em bacias hidrográficas (fundos de bacias hidrográficas) para projetos de recuperação e proteção de mananciais, rios, lagos e represas (Unced, 1992).

8.2 Arcabouço legal e diretrizes para a gestão das águas, União Europeia – 2000

As diretrizes da União Europeia referentes aos usos, à gestão e à legislação sobre recursos hídricos mostram claramente os avanços obtidos nesse processo de evolução institucional (Water Framework Directive – European Union, 2000).

≈ *Sobre o gerenciamento de bacias hidrográficas*: os Estados membros deverão identificar as bacias hidrográficas de seu território e colocá-las em distritos individuais de bacias hidrográficas. Todos os Estados membros devem assegurar que as bacias hidrográficas terão um Plano de Gerenciamento das Bacias em seu território (Artigo 3).

≈ *Sobre as questões ambientais*: os Estados membros deverão proteger e restaurar seus ecossistemas aquáticos com o objetivo de proporcionar água de boa qualidade até 15 anos após a emissão destas diretrizes. A proteção de águas subterrâneas, bem como a sua restauração, ficam incluídas nestas diretrizes. Deve ser assegurado equilíbrio adequado entre a retirada das águas subterrâneas e a recarga do aquífero (Artigo 13).

≈ *Sobre os custos da água*: fica assegurado que, em 2010, o princípio da recuperação dos custos dos serviços de água, incluindo custos ambientais, deve estar implementado em todos os Estados membros, utilizando o princípio do poluidor pagador, a fim de promover incentivos adequados para os usuários que utilizam os recursos eficientemente (Artigo 9).

> **Boxe 8.2**
> **Cobrança pelo uso da água**
>
> A cobrança pelo uso da água é um avanço institucional e legal muito importante para a gestão dos recursos hídricos. Em 14 de março de 2002, o Conselho Nacional de Recursos Hídricos aprovou a cobrança pela utilização das águas do rio Paraíba do Sul. Por essa nova legislação, indústrias e companhias de saneamento passarão a pagar R$ 0,02 por metro cúbico de água captada e devolvida sem tratamento, e R$ 0,008 por metro cúbico de água tratada. Essa cobrança está prevista na Lei do Gerenciamento de Recursos Hídricos, que deverá também fixar outros valores para irrigadores, termoelétricas e hidroelétricas. No caso da bacia hidrográfica do Paraíba do Sul, 92,5% do valor arrecadado estarão vinculados à recuperação da bacia: proteção de nascentes, recuperação de áreas degradadas e tratamento de esgotos e lixo. Esses recursos, injetados em programas ambientais, deverão recuperar os recursos hídricos do rio Paraíba do Sul, e um dos aspectos mais importantes é que serão investidos em sua maior parte na bacia hidrográfica do rio, pois 5,24 milhões de pessoas produzem, por dia, cerca de 800 milhões de litros de esgotos (150 litros/dia/pessoa), que retornam sem tratamento à bacia hidrográfica (Novaes, 2002a). Ainda quanto à cobrança pelos usos da água, Novaes (2002a) chama a atenção para os conflitos que podem se originar da relutância da indústria e da agricultura em pagar pelo uso, embora estudos demonstrem que o custo ficará entre 0,3% e 0,4% do faturamento. A cobrança pelo uso da água é, portanto, o primeiro passo importante para regular e disciplinar o consumo, que já chega a 55% da água doce disponível na bacia. Cerca de R$ 15 milhões anuais serão auferidos com a cobrança da água nessa bacia.
>
> *Fontes: DNAEE (1996); Rebouças (2002).*

- ≈ *Sobre informação e consulta*: os Estados membros devem encorajar a participação ativa de todas as partes interessadas na implementação destas diretrizes, em particular na produção, revisão e atualização dos Planos de Gerenciamento de Bacias. "[...] para cada bacia hidrográfica, deverão ser publicados os planos e estar disponíveis para comentários [...]". O cronograma de ações deve ser disponibilizado e revisões periódicas com adaptações do plano devem ser asseguradas (Artigo 14).
- ≈ *Sobre política integrada*: a integração da proteção e do gerenciamento sustentável de água deve considerar as interseções entre as várias políticas de gerenciamento das águas para a comunidade, como energia, transporte, agricultura, pesca, política regional e turismo (Parágrafo 16 do preâmbulo).

> **Boxe 8.3**
> **Cotas e cobrança pelo uso da água de irrigação em Israel: um exemplo concreto de planejamento e gerenciamento de recursos hídricos**
>
> Um dos mecanismos para gerenciar a água de irrigação, utilizado por Israel, combina taxas pelo uso da água com a distribuição anual de águas. Nesse sistema, a água é alocada para os fazendeiros, que a usam para irrigação, anualmente (cota anual). Cada cota é calculada com base na área cultivada, no tipo de cultivo e nos gerenciamentos de água de cada cultivo. Esse sistema de alocação de águas permite um incentivo para eficiência no uso (uma vez que os fazendeiros devem manter seus cultivos dentro dos volumes de água alocados), e práticas que levam ao desperdício podem reduzir as cotas anuais ou aumentar os custos da água por metro cúbico utilizado. As taxas para a água de irrigação são calculadas em função de uma estrutura de blocos progressiva, e a taxa de consumo acima do limite é fixada em um determinado custo por metro cúbico. Os preços também são indexados de acordo com as condições estacionais: uma taxa de 40% a mais é atribuída a gastos durante os meses em que há picos de irrigação, para cobrir os gastos que resultam de perdas hidráulicas em tubulações sobrecarregadas. Essa combinação de políticas de gerenciamento resultou em maior eficiência no uso da água de irrigação e declínio no uso de água por hectare. Entre 1951 e 1985, o uso de águas por hectare caiu 36%, o que significa que, mesmo com o incremento de 380% na área de irrigação, a água utilizada aumentou somente 200%.
> *Fonte: traduzido e adaptado de Watson et al. (1998).*

≈ *Sobre substâncias perigosas*: o Parlamento Europeu e o Conselho dos Estados Membros devem assegurar a adoção de medidas específicas para conter poluentes em grupos de poluentes que apresentam risco para substâncias tóxicas, com a redução progressiva e a cessação definitiva de descargas, emissões ou perdas (por desastre) (Artigo 16).

Essa legislação abrangente e extremamente integradora enfatiza a necessidade do controle desde os mananciais até as águas costeiras e, ao mesmo tempo, dá a cada país membro a oportunidade de estabelecer sua própria legislação e mecanismo de controle dentro do padrão do arcabouço institucional considerado. A instituição de mecanismos de cobrança e incentivos na legislação aplica-se a todos os Estados membros e deve incentivar a participação dos cidadãos, uma vez que, tratando-se de dinheiro e recursos, "esta é uma linguagem que todos podem entender melhor" (Water 21, abril, 2001). A ausência de tratamento de esgotos em municípios de alguns Estados membros pode ser considerada um subsídio e, portanto, elevar as tarifas de importação de produtos agrícolas que usam água para irrigação. Essa legislação é, portanto, bem restritiva, não sendo um mero conjunto de enunciados para obter água de boa qualidade, mas permite atuações efetivas na proteção, restauração e no tratamento de ecossistemas aquáticos, de águas superficiais e subterrâneas. A ênfase em bacias hidrográficas, princípios de incentivos e cobrança pelo uso da água articulada com legislação descentralizadora deverá promover alterações substanciais na organização institucional da União Europeia no que se refere à gestão das águas.

8.3 A Legislação no Brasil

Em 8 de janeiro de 1997, o então presidente Fernando Henrique Cardoso sancionou a Lei 9.433, que definiu a Política Nacional de Recursos Hídricos e criou o Sistema Nacional de Gerenciamento de Recursos Hídricos. Desde então, o País dispõe de um instrumento legal que, se efetivamente implementado, garantirá às gerações futuras a disponibilidade de água em condições adequadas.

O Sistema Nacional de Gerenciamento de Recursos Hídricos deve cumprir os seguintes objetivos:

- ≈ coordenar a gestão integrada das águas;
- ≈ arbitrar administrativamente os conflitos ligados ao uso da água;
- ≈ implementar a Política Nacional de Recursos Hídricos;
- ≈ planejar, regular e controlar o uso, a preservação e a recuperação dos recursos hídricos;

Boxe 8.4
Política Nacional de Recursos Hídricos

A Política Nacional de Recursos Hídricos tem o objetivo de assegurar:
1. à atual e às futuras gerações a necessária disponibilidade de água, em padrões de qualidade adequados aos respectivos usos;
2. a utilização racional e integrada dos recursos hídricos, incluindo o transporte aquaviário, com vistas ao desenvolvimento sustentável;
3. a prevenção e a defesa contra eventos críticos, de origem natural ou decorrentes do uso integrado dos recursos hídricos.

> **Boxe 8.5**
> **Política Nacional Brasileira para os Recursos Hídricos**
>
> A Lei Nacional para o Gerenciamento dos Recursos Hídricos define a Política Nacional de Recursos Hídricos brasileira e cria o Sistema Nacional para o Gerenciamento de Recursos Hídricos.
> A política nacional baseia-se em seis princípios:
> 1 a água é um bem público;
> 2 a água é um recurso finito e tem valor econômico;
> 3 quando escassa, o abastecimento humano é prioritário;
> 4 o gerenciamento deve contemplar usos múltiplos;
> 5 o manancial representa a unidade territorial para fins gerenciais;
> 6 o gerenciamento hídrico deve basear-se em abordagens participativas que envolvam o governo, os usuários e os cidadãos.

≈ promover a cobrança pelo uso da água.
≈ Integram o Sistema Nacional de Gerenciamento de Recursos Hídricos:
≈ o Conselho Nacional de Recursos Hídricos;
≈ a Agência Nacional de águas;
≈ os Conselhos de Recursos Hídricos dos Estados e do Distrito Federal;
≈ os comitês de bacia hidrográfica;
≈ os órgãos de governo cujas competências se relacionem com a gestão de recursos hídricos;
≈ as agências de água.

Outra característica relevante do sistema é a importância dada à participação pública. Garantiu-se a participação de usuários e da sociedade civil em todos os plenários constituídos pelo sistema, desde o Conselho Nacional de Recursos Hídricos até os comitês de bacia hidrográfica, como forma de legitimar a decisão e também garantir sua implementação. Nesse sentido, os Estados também avançaram rapidamente na criação dos comitês de bacia, e o Estado do Ceará criou seu primeiro Comitê de Bacia em 1998, num procedimento exemplar de trabalho com as comunidades de usuários.

Entre as principais inovações introduzidas pela Lei 9.433/97 está o estabelecimento claro dos instrumentos que devem ser utilizados para viabilizar a implantação da Política Nacional de Recursos Hídricos:

    i os Planos de Recursos Hídricos;
    ii o enquadramento dos corpos de água em classes de usos preponderantes;
    iii a outorga de direitos de uso dos recursos hídricos;
    iv a cobrança pelo uso dos recursos hídricos;
    v a compensação aos municípios;
    vi Sistema de Informações sobre Recursos Hídricos.

A Lei 9.433/97 é avançada e importante para a ordenação territorial do País, mas implica mudanças importantes dos administradores públicos e dos usuários, já que requer receptividade ao processo de constituição de parcerias.

O projeto de lei de criação da Agência Nacional de Águas (ANA) foi aprovado pelo Congresso Nacional em 20 de junho de 2000, resultando na Lei 9.984, que foi sancionada pelo presidente da República em exercício, Marco Maciel, em 17 de julho daquele ano. A ANA, vinculada ao Ministério do Meio Ambiente e dotada de autonomia administrativa e financeira, tem por objetivo disciplinar a utilização dos rios, de forma a controlar a poluição e o desperdício, a fim de garantir a disponibilidade das águas para as gerações futuras.

Para sua atuação, a ANA subordina-se aos fundamentos, objetivos, diretrizes e instrumentos da Política Nacional de Recursos Hídricos e articula-se com órgãos e entidades públicas e privadas, integrantes do Sistema Nacional de Gerenciamento de Recursos Hídricos. Sua missão é complexa e a lista de tarefas é extensa.

Ao longo de 2001, a ANA definiu sua forma de operação para os anos vindouros. A tarefa de longo prazo pode ser classificada em quatro grupos de ações:

    1 Implantação do Sistema de Gestão de Recursos Hídricos – instrumentos técnicos e de regulação: outorga, cobrança, fiscalização integrada, sistemas de informações de recursos hídricos, planos de recursos hídricos e uso múltiplo de reservatórios.
    2 Implantação do Sistema de Gestão de Recursos Hídricos – instrumentos institucionais: ações de articulação para a implementação e operação de comitês de bacia hidrográfica, de capacitação de recursos humanos e de viabilização de novas tecnologias para o gerenciamento de recursos hídricos.

3   Projetos Indutores: despoluição de bacias hidrográficas, controle de inundações, oferta sustentável de água no Nordeste e conservação e uso racional da água.
4   Descentralização da Gestão Integrada dos Recursos Hídricos: convênios de integração com Estados e agências de bacia para gestão integrada de recursos hídricos na bacia hidrográfica e convênios de cooperação com Estados, municípios e outras instituições públicas e privadas para fortalecimento institucional dos sistemas estaduais.

8.4 O papel das parcerias na descentralização de ações para a gestão de recursos hídricos

Já foi discutido neste capítulo o papel central que as novas ações na legislação e a descentralização podem desenvolver para gestões criativas e consolidadas de recursos hídricos. Nesse contexto, a organização de parcerias é fundamental na aplicação de novas tecnologias, especialmente as ecotecnologias de baixo custo.

Ecotecnologias, como definidas por Straškraba, Tundisi e Duncan (1993b), são "o uso de métodos tecnológicos para o gerenciamento de ecossistemas baseados no profundo conhecimento de princípios do funcionamento dos ecossistemas naturais, e a transferência deste conhecimento para o gerenciamento e aplicação de tal forma que os custos e os danos ambientais possam ser minimizados", ou seja, dá-se ênfase ao uso de tecnologias derivadas do conhecimento do próprio funcionamento dos ecossistemas, o que promove sustentabilidade de longo prazo.

Os princípios da ecotecnologia foram discutidos por Tundisi e Straškraba (1995). Os autores apresentaram, em resumo, 11 princípios gerais para o gerenciamento de bacias hidrográficas:

≈ considerar a dinâmica do ecossistema;
≈ reter as estruturas naturais;
≈ reter e proteger a biodiversidade;
≈ considerar a sensibilidade das bacias hidrográficas às entradas externas de material;
≈ utilizar o conhecimento das interações entre fatores abióticos e bióticos;
≈ respeitar a sustentabilidade do desenvolvimento;
≈ gerenciar a bacia hidrográfica como parte de um todo e adotar uma visão sistêmica;

- ≈ avaliar opções de longo prazo;
- ≈ avaliar efeitos globais do gerenciamento;
- ≈ confrontar usos conflitantes;
- ≈ determinar a capacidade assimilativa do sistema e não excedê-la.

Esses 11 princípios podem ser aplicados em parcerias entre as áreas de pesquisa, a comunidade e a iniciativa privada, o que já foi discutido no Cap. 7. O desenvolvimento de parcerias no gerenciamento de bacias hidrográficas se dá em dois níveis: abordagem sistêmica e articulada ao problema com a bacia hidrográfica como unidade e o objetivo de melhor qualidade de vida com desenvolvimento sustentável (SEMADS/GTZ, 2002).

8.5 Organização institucional para a gestão das águas

A discussão dos diferentes arranjos institucionais para a gestão das águas tem sido extremamente ativa nos últimos dez anos, na maioria dos países dos vários continentes e em fóruns nacionais e internacionais. Essas experiências foram discutidas por Lanna (2000, 2002), sendo apresentada nas Figs. 8.1, 8.2 e 8.3 uma síntese de vários tipos de organizações analisadas por esse autor. Deve-se considerar os seguintes itens: essa organização institucional é dependente de leis já existentes; alterações dessas leis; novas legislações; adaptações locais e regionais; participação e contribuição da sociedade, dos usuários, administradores e legisladores; e contribuição dos poderes executivos locais, estaduais e nacionais.

A estrutura desse sistema de gestão está muito inter-relacionada com as avaliações econômicas dos recursos hídricos e com as tradições e inovações que se incorporam ao sistema de gestão. Deve-se também considerar a capacidade de previsão de longo prazo e de isenção das questões relativas aos recursos hídricos nos programas, projetos e na organização do desenvolvimento sustentável nas diferentes regiões e países. Contribuem para isso as várias conferências internacionais de orientação.

8.6 Experiências institucionais no Brasil

No Brasil, as experiências de organização institucional na gestão de recursos hídricos multiplicam-se rapidamente. Essas experiências, com base especificamente em modelos descentralizados na gestão por bacias hidrográficas, estão descritas em vários trabalhos, como

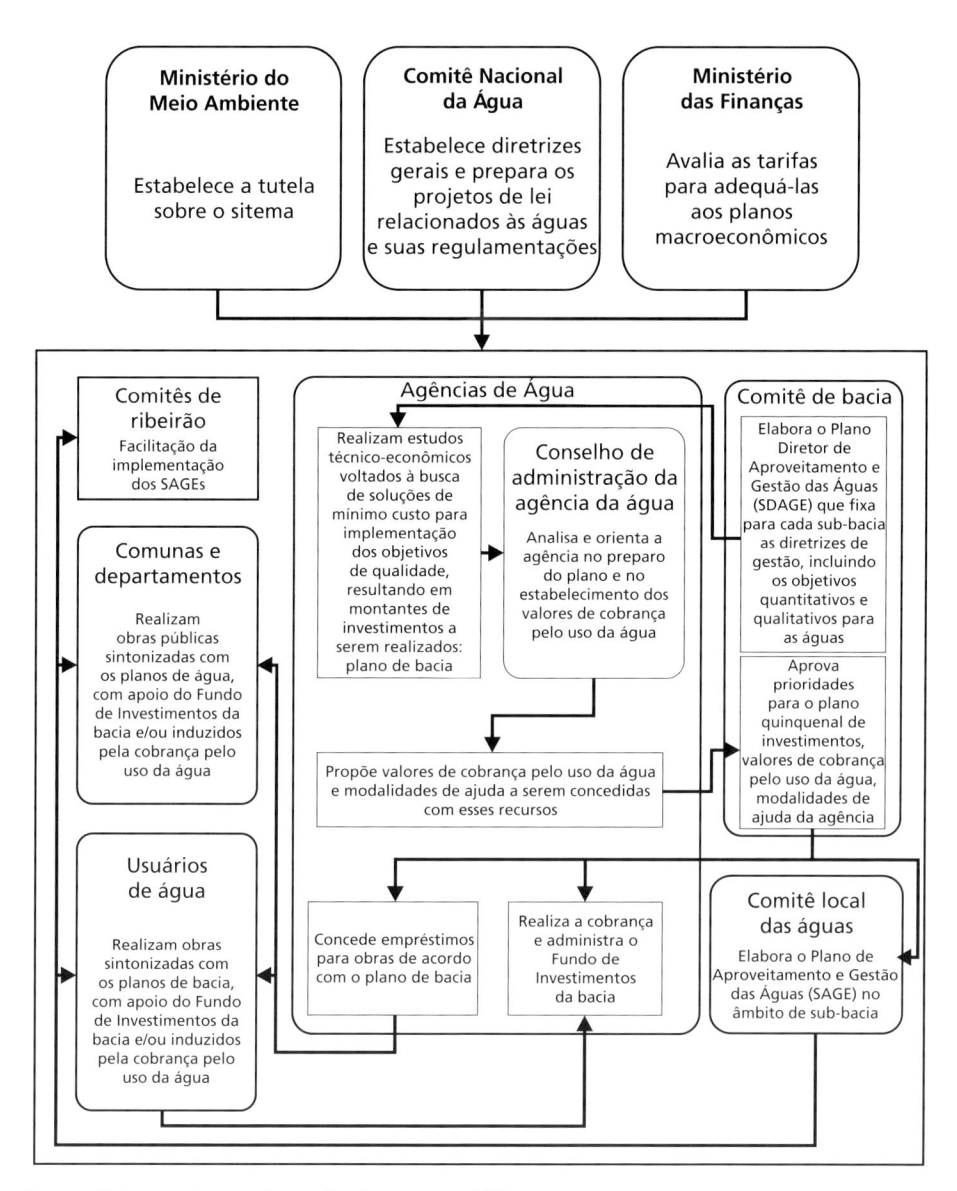

Fig. 8.1 O sistema francês de gestão dos recursos hídricos
Fonte: Lanna (2000).

Rebouças, Braga e Tundisi (2002), Monticelli e Barros (1991), Monticelli e Martins (1993), Monticelli (2002) e em outros documentos (Ciência e Ambiente, 2001 – Gestão das Águas) que descrevem o significado da descentralização, o processo de participação efetiva dos usuários como instrumento de gestão, o desenvolvimento de parcerias entre setor público e setor privado e as dificuldades de implantação de uma gestão

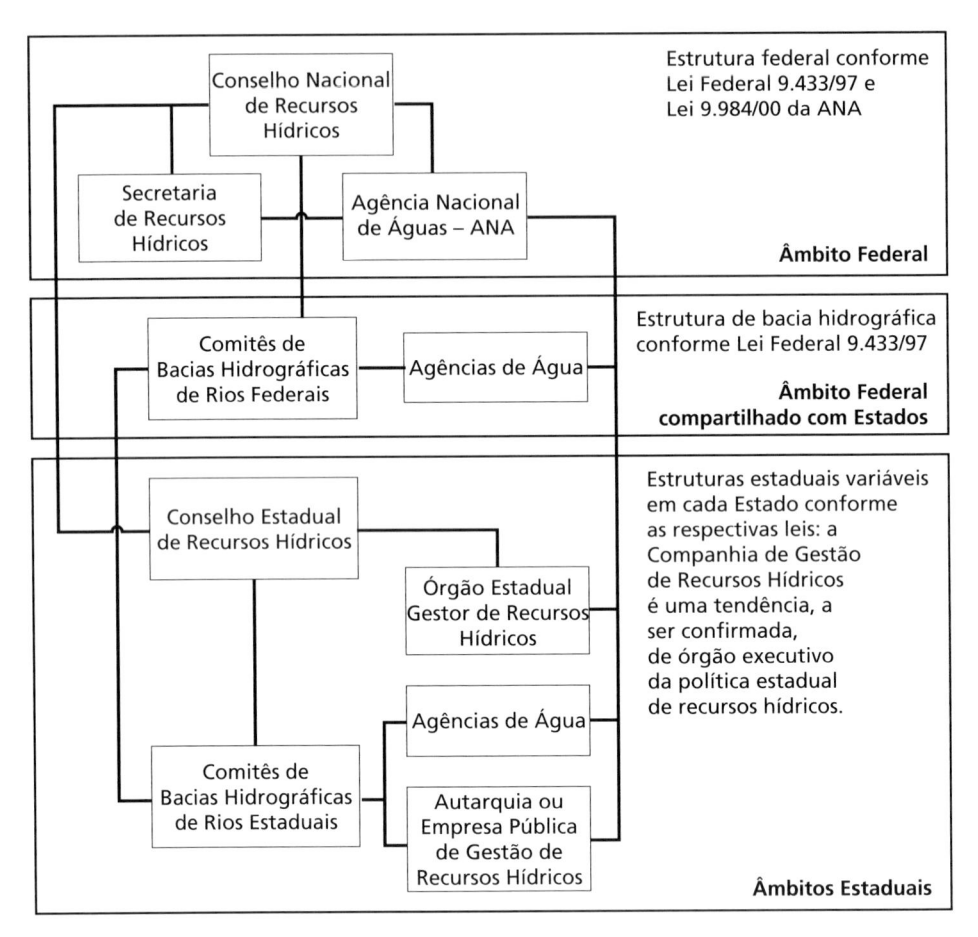

```
                    ┌─────────────────┐
                    │ Conselho Nacional│              Estrutura federal conforme
         ┌──────────│   de Recursos   │──┐           Lei Federal 9.433/97 e
         │          │     Hídricos    │  │           Lei 9.984/00 da ANA
         │          └─────────────────┘  │
         │                               │
  ┌──────┴──────┐    ┌─────────────────┐ │
  │  Secretaria │    │ Agência Nacional│ │
  │ de Recursos │────│ de Águas – ANA  │─┤
  │   Hídricos  │    │                 │ │            Âmbito Federal
  └─────────────┘    └─────────────────┘ │
                                         │
        ┌─────────────────┐               Estrutura de bacia hidrográfica
        │   Comitês de    │               conforme Lei Federal 9.433/97
     ┌──│ Bacias Hidrográficas│──┤ Agências de Água ├──
     │  │ de Rios Federais │                           Âmbito Federal
     │  └─────────────────┘                            compartilhado com Estados

                                         Estruturas estaduais variáveis
        ┌─────────────────┐              em cada Estado conforme
     ┌──│Conselho Estadual│──┐           as respectivas leis: a
     │  │de Recursos Hídricos│  │         Companhia de Gestão
     │  └─────────────────┘   │          de Recursos Hídricos
     │        ┌─────────────────┐         é uma tendência, a
     │        │  Órgão Estadual │         ser confirmada,
     │        │Gestor de Recursos│        de órgão executivo
     │        │    Hídricos    │          da política estadual
     │        └─────────────────┘         de recursos hídricos.
     │        ┌─────────────────┐
     │        │ Agências de Água│
     │   ┌────┤                 │
     │   │    └─────────────────┘
     │ ┌─┴───────────────┐
     │ │   Comitês de    │  ┌─────────────────┐
     └─│Bacias Hidrográficas│──│   Autarquia ou  │
       │ de Rios Estaduais│  │ Empresa Pública │
       └─────────────────┘  │   de Gestão de  │
                            │Recursos Hídricos│
                            └─────────────────┘   Âmbitos Estaduais
```

Fig. 8.2 O sistema de gestão de recursos hídricos do Brasil
Fonte: Lanna (2000).

inovadora que cria novos instrumentos legais, institucionais e tecnológicos para avanços na gestão das águas (Consórcio Intermunicipal das Bacias dos Rios Piracicaba e Capivari, 1992; Porto, 1998). As experiências em andamento e os processos de gestão implantados foram reforçados pela decisão da Agência Nacional de Águas, que elegeu quatro bacias hidrográficas como prioridade: Paraíba do Sul, São Francisco, Rio Doce e Piracicaba/Capivari/Jundiaí.

Os Comitês podem organizar-se em uma bacia hidrográfica, ou em sub-bacia do tributário do curso de água principal da bacia ou em grupos de bacias (Lanna, 2000).

Algumas das bacias hidrográficas no Brasil em que há organização institucional em andamento são:

8 Avanços na legislação e descentralização de ações

Empresas Regionais de Água

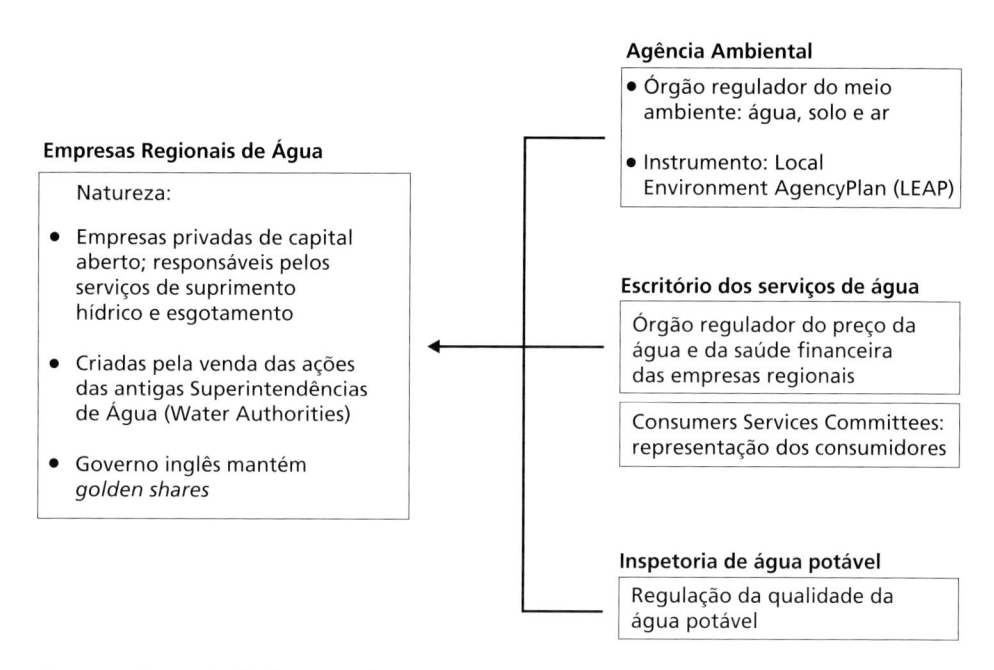

Natureza:
- Empresas privadas de capital aberto; responsáveis pelos serviços de suprimento hídrico e esgotamento
- Criadas pela venda das ações das antigas Superintendências de Água (Water Authorities)
- Governo inglês mantém *golden shares*

Agência Ambiental
- Órgão regulador do meio ambiente: água, solo e ar
- Instrumento: Local Environment AgencyPlan (LEAP)

Escritório dos serviços de água

Órgão regulador do preço da água e da saúde financeira das empresas regionais

Consumers Services Committees: representação dos consumidores

Inspetoria de água potável

Regulação da qualidade da água potável

Fig. 8.3 O sistema inglês de gestão de recursos hídricos
Fonte: Lanna (2000).

≈ consórcio intermunicipal de gestão ambiental das bacias hidrográficas dos rios Macaé e Macabu, da lagoa Feia e da Zona Costeira Adjacente;
≈ sistema de gerenciamento dos recursos hídricos do Estado do Paraná, baseado em associações de usuários, comitês de bacias hidrográficas e consórcios intermunicipais (Costa, 2002);
≈ gestão da bacia hidrográfica do rio Paraíba do Sul (Serrichio, 2002);
≈ gestão da bacia hidrográfica do rio Itajaí (Frank; Bohm, 2002);
≈ consórcio de municípios e comitês de bacia dos rios Piracicaba, Capivari e Jundiaí (Lahoz; Moretti, 2002);
≈ consórcio intermunicipal de gestão ambiental das bacias da região dos lagos São João e Zona Costeira (Pereira; Kelman, 2002);
≈ bacia do rio Piracicaba (Secretaria do Meio Ambiente, 1995).

Deve-se ainda considerar o processo de gestão das 22 bacias hidrográficas do Estado de São Paulo, os sistemas de gerenciamento por bacias hidrográficas nos Estados de Minas Gerais, Bahia, Ceará, Rio Grande do Sul, Rio de Janeiro e Mato Grosso do Sul, e inúmeras experiências regionais de participação de usuários, organizações não governamentais, instituições privadas e setor público na gestão das bacias hidrográficas. A Fig. 8.4 mostra as 22 bacias hidrográficas para a gestão integrada dos recursos hídricos no Estado de São Paulo, e a Fig. 8.5 apresenta a concepção de organização da gestão da bacia hidrográfica (Kelman et al., 2002). O Estado do Ceará apresenta um sistema avançado de gestão por bacias hidrográficas (11 bacias com área de 151.293 km², volume de 10.540.835.032 m³ e 188 açudes) (SRH, Estado do Ceará, 2000). Além da gestão por bacias hidrográficas, há um esforço em muitos Estados do Brasil em ampliar sua infraestrutura de monitoramento qualitativo e quantitativo e de tratamento de águas residuárias. Em 2002, a Sabesp, ao efetuar a transposição de águas do braço Taquacetuba da represa Billings para a represa de Guarapiranga, a fim de resolver problemas de déficit hídrico nessa represa, por recomendação da Secretaria do Meio Ambiente, implantou um sistema de Auditoria Ambiental, constituído por técnicos e cientistas internacionais. A auditoria acompanhou todo o processo e desenvolveu um conjunto de avaliações sobre a metodologia de transposição, os impactos dessa transposição, a questão do tratamento

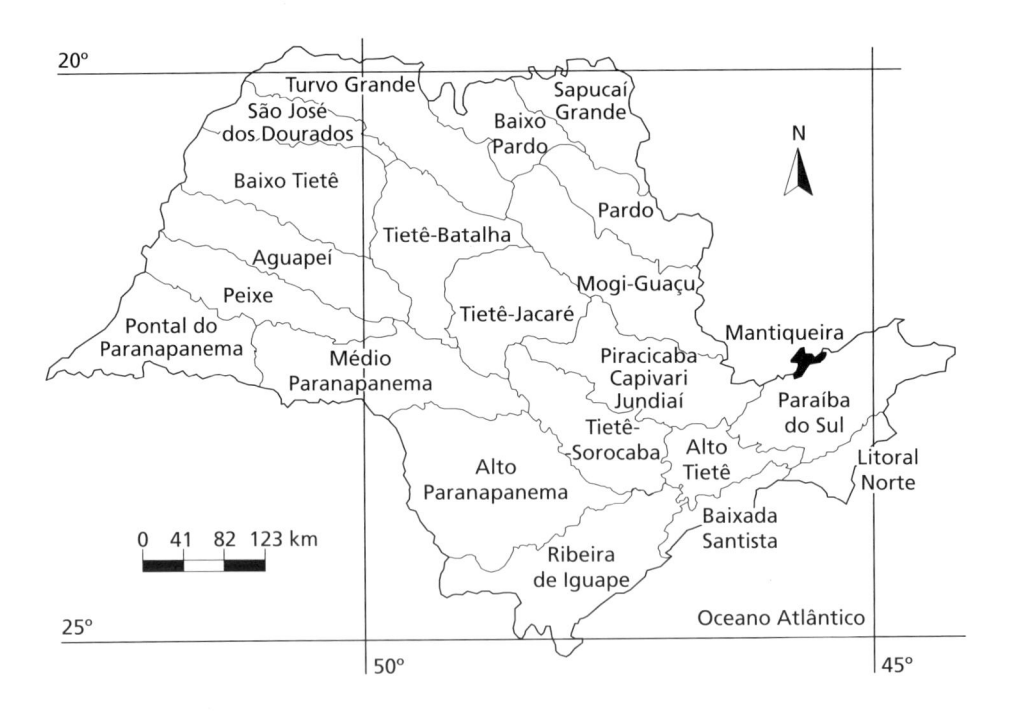

Fig. 8.4 As 22 bacias hidrográficas para gestão integrada dos recursos hídricos no Estado de São Paulo
Fonte: Biota-Fapesp (2000).

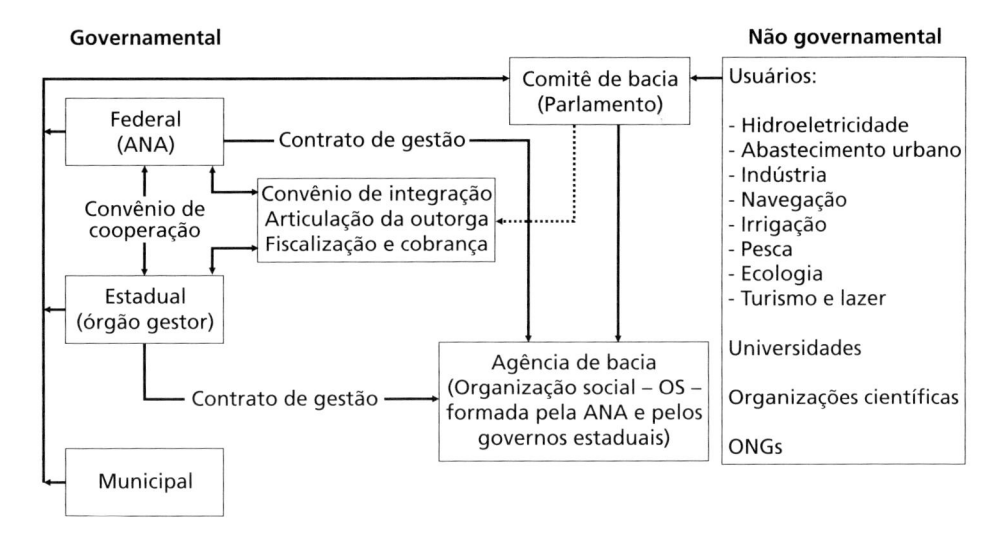

Fig. 8.5 Organização da gestão de bacia hidrográfica
Fonte: Kelman et al. (2002).

```
Governamental                                                              Não governamental
                                      ┌──────────────────────┐   ┌──────────────────────────┐
                                 ┌───▶│  Comitê de bacia     │◀──│ Usuários:                │
┌──────────────┐                 │    │  (Parlamento)        │   │                          │
│ Federal      │─── Contrato de gestão┘└──────────────────────┘   │ - Hidroeletricidade      │
│ (ANA)        │                                                  │ - Abastecimento urbano   │
└──────────────┘   ┌────────────────────────┐                     │ - Indústria              │
  │                │ Convênio de integração │                     │ - Navegação              │
  │ Convênio de    │ Articulação da outorga │◀·······             │ - Irrigação              │
  │ cooperação     │ Fiscalização e cobrança│                     │ - Pesca                  │
  ▼                └────────────────────────┘                     │ - Ecologia               │
┌──────────────┐                                                  │ - Turismo e lazer        │
│ Estadual     │                                                  │                          │
│ (órgão gestor)│                                                 │ Universidades            │
└──────────────┘                  ┌──────────────────────┐        │                          │
  │                               │ Agência de bacia     │        │ Organizações científicas │
  └─── Contrato de gestão ───────▶│ (Organização social  │        │                          │
  │                               │  – OS – formada pela │        │ ONGs                     │
  │                               │  ANA e pelos governos│        │                          │
  │                               │  estaduais)          │        │                          │
┌──────────────┐                  └──────────────────────┘        └──────────────────────────┘
│ Municipal    │
└──────────────┘
```

das águas e o monitoramento dos três sistemas: braço Taquacetuba, área alagada e represa de Guarapiranga. A implantação de auditorias no sistema de gestão das águas e na avaliação dos processos tecnológicos em funcionamento ou em fase de implementação é outro mecanismo institucional relevante e que pode promover novas ideias e avanços institucionais. A portaria 1469 deve promover esse trabalho de auditoria com mais vigor (ver Apêndice).

Boxe 8.6
Princípios de Dublin

≈ Águas doces são um recurso finito e vulnerável, essencial para manter a vida, o desenvolvimento e o meio ambiente.
≈ Desenvolvimento de recursos hídricos e gerenciamento devem ser baseados em uma abordagem participativa, envolvendo planejadores, usuários e administradores em todos os níveis.
≈ As mulheres têm papel central no gerenciamento, na provisão e conservação das águas.
≈ A água tem valor econômico em todos os seus usos competitivos e deveria ser reconhecida como um bem essencial.

Boxe 8.7
Plano de Ação para o Desenvolvimento Sustentado das Américas – Santa Cruz de la Sierra, 8 de dezembro de 1996 Recursos Hídricos e Áreas Costeiras

Iniciativas para Ações

Iniciativa 47 – Buscar estabelecer, fortalecer e implementar, onde indicados, programas específicos, leis e políticas que visem proteger a saúde pública, assegurando que a água potável esteja livre de microrganismos, metais pesados e contaminantes químicos perigosos para a saúde humana.

Iniciativa 48 – Implementar, em concordância com as leis e os costumes nacionais, ações integradas de gerenciamento dos recursos hídricos, utilizando, sempre que possível, mananciais e bacias dos rios como unidades para o planejamento. Essas ações devem incluir a avaliação das águas superficiais e subterrâneas, bem como a preparação de planos estratégicos para o gerenciamento dos recursos hídricos, com a utilização dos mananciais e o trabalho das autoridades responsáveis pelas bacias.

Iniciativa 49 – Desenvolver, fortalecer, implementar e coordenar em nível nacional, ou local, conforme for adequado, a política sobre recursos hídricos, leis e regulamentos que assegurem a proteção e a conservação dos recursos hídricos.

Iniciativa 50 – Promover a cooperação hemisférica em todos os níveis, inclusive mediante o emprego de acordos e iniciativas internacionais existentes, para conservação, gerenciamento e uso sustentável dos recursos hídricos e da diversidade biológica. Isso inclui a troca de informações e experiências em assuntos relacionados às águas interiores, bacias de rios e sub-bacias.

Iniciativa 51 – Melhorar o acesso às tecnologias adequadas e ambientalmente corretas, inclusive mediante a cooperação entre os setores público e privado com mecanismos de mercado, promovendo a transferência de informações entre as políticas e estratégias que visem sistematizar a crescente demanda de recursos hídricos gerada por atividades rurais, urbanas, agrícolas e industriais.

Iniciativa 52 – Cooperar, de acordo com a legislação nacional e com os instrumentos internacionais de importância, com o desenvolvimento de programas para a melhoria da prevenção da poluição, além de outros para a sua mitigação na origem, para a agricultura, aquiculutra e demais atividades urbanas e industriais, bem como para a integração desses esforços dentro das estratégias nacionais. Elas devem incluir ações para reduzir riscos à saúde humana ou ao meio ambiente, representados pela poluição de produtos químicos e substancias tóxicas resistentes no meio ambiente.

Iniciativa 53 – Promover a participação do público no processo de planejamento e na tomada de decisão referente aos recursos hídricos. A participação pública pode ser obtida por meio de educação e programas de conscientização em escolas e comunidades locais. Quando indicado, estabelecer parcerias entre o povo e o capital privado no sentido de promover programas que encorajem a obediência às leis e a adoção de medidas mitigadoras referentes aos recursos hídricos.
Fonte: PNUMA/IETC (2001).

Conclusões

Os avanços na legislação e na organização institucional promovem novas perspectivas para o planejamento e a gestão das águas. Essas novas perspectivas apontam para processos de descentralização na gestão, utilizando-se a bacia hidrográfica como unidade, e também para mecanismos adequados de financiamento, descentralizados, e arcabouços legais que permitam melhor gestão em níveis local, regional e internacional. Juntamente com os avanços tecnológicos e de gerenciamento referidos no Cap. 7, a nova gestão das águas deverá ser aperfeiçoada com os instrumentos legais disponíveis e o conjunto de ações para proteção, recuperação e conservação de águas superficiais e subterrâneas, que incluem instrumentos legislativos, sistemas de taxação e incentivos adequados. Nesses avanços, deve-se considerar como altamente eficientes na gestão integrada e descentralizada dos recursos hídricos: a participação das comunidades e dos usuários; os mecanismos de negociação e resolução de conflitos; os sistemas de cobrança pelo uso da água; a educação sanitária e ambiental da população; e a introdução de planejamento estratégico e de longo prazo na gestão das bacias hidrográficas, com sustentabilidade.

Água e economia

9.1 O valor econômico da água

O valor econômico da água só agora começa a ser mais bem reconhecido pelos economistas, gestores e administradores. O valor estimado de "serviços" promovidos anualmente por rios, lagos e represas apresentou-se como $1,7 \times 10^{12}$ dólares por ano, três vezes o valor total da produção mundial (Constanza et al., 1997). Essa estimativa inclui custos diretos como a venda de água para consumo humano, serviços proporcionados pela autopurificação, produção de alimentos, transporte e outros usos. Novas análises econômicas incluem a depreciação produzida por obras, como reservatórios e canais, e os efeitos cumulativos de impactos na qualidade da água. Abordagens econômicas para valoração da água estão sendo analisadas e estudadas. O princípio do poluidor/pagador, auditorias ambientais e Avaliações de Impactos Ambientais são novos desenvolvimentos em aplicação em muitos países. Tecnologias limpas são abordagens também utilizadas pela indústria para melhorar os lucros e aumentar o controle sobre a poluição, principalmente levando-se em conta a cobrança pelo uso da água e os custos do tratamento de afluentes. Nesse caso, o reúso de água tem relevante papel econômico a desempenhar.

As diferentes atividades humanas têm impacto econômico sobre os recursos hídricos superficiais e subterrâneos. Uma análise econômica dos benefícios produzidos pelos usos múltiplos de águas superficiais, subterrâneas, lagos, rios, represas, tanques e outros sistemas aquáticos deve avaliar as diversas atividades e também o custo da poluição e degradação, uma vez que usos múltiplos são comprometidos com a degradação de águas superficiais e subterrâneas. Danos irreversíveis produzem perdas econômicas também irreversíveis. Os esforços de recuperação devem considerar os componentes econômicos que envolvem a infraestrutura socioeconômica, os custos de tratamento e recuperação e o valor agregado que consiste em água de excelente qualidade que proporciona múltiplas atividades. Também se deve considerar que a visão econômica do Estado difere da visão econômica das comunidades locais quanto aos recursos hídricos e os seus usos pelas populações locais.

Qualquer sistema aquático, mesmo massas de água de pequenas dimensões, tem papel regional relevante. Há milhares de reservatórios e lagos de pequeno porte (de 5 milhões a 100 milhões de metros cúbicos e de 500 m² a 10 km²) espalhados por todos os continentes do Planeta. Esses sistemas aquáticos oferecem praticamente os mesmos serviços a populações urbanas e rurais próximas, da mesma forma que grandes rios ou lagos. Entretanto, os sistemas de pequeno porte (entre 500 m² e 10 km²) são mais suscetíveis aos efeitos da poluição e contaminação e podem rapidamente deteriorar-se além dos limites de recuperação. Essa situação de degradação pode ter efeitos imediatos na economia local (Rosengrant, 1996).

9.2 O impacto econômico dos usos da água

Nos capítulos anteriores deste livro foi destacada a importância da água nos ciclos biológicos e nos requerimentos para o desenvolvimento sustentável, para a manutenção da biodiversidade e para a própria sobrevivência da espécie humana, o *Homo sapiens*. Radiação solar, oxigênio, solo e água são os principais requerimentos essenciais à vida no Planeta. As interações do ciclo da água com as economias local, regional ou nacional e internacional serão analisadas neste capítulo. As características da hidroeconomia podem ser sintetizadas nos seguintes tópicos:

- ≈ suprimento de água doce: custos do fornecimento, transporte e tratamento de água doce para as necessidades humanas;
- ≈ usos e custos da água na agricultura e nas indústrias;
- ≈ tratamento da água residuária e seus custos;
- ≈ custos do reúso e da reciclagem da água, e a economia relacionada;
- ≈ custos decorrentes da perda de qualidade da água e investimentos necessários para a recuperação dessa qualidade;
- ≈ perda de "serviços" dos ecossistemas aquáticos, rios, lagos e represas, e os custos econômicos dessas perdas;

≈ conflitos internacionais referentes às perdas de qualidade da água, devido à poluição e degradação dos recursos hídricos e das bacias hidrográficas.

Do ponto de vista do suprimento de água para o ciclo hidrossocial, as seguintes etapas são fundamentais (Merret, 1997):
1. retirada de água dos mananciais, superficiais ou dos aquíferos subterrâneos, para fornecimento e abastecimento às zonas urbanas e rurais;
2. reserva de água;
3. tratamento de água;
4. distribuição de água;
5. coleta de águas residuárias (esgoto doméstico e industrial);
6. tratamento de águas residuárias;
7. disposição de águas residuárias;
8. reúso de águas tratadas.

Em cada uma dessas etapas, há um conjunto de investimentos necessários, os quais geralmente podem ser apresentados como:
a] investimentos em infraestrutura para retirada de água dos mananciais: sistemas coletores, como bombas e canalizações, e obras para transporte, reservas (como tanques e represas) e distribuição;
b] investimentos nos sistemas de tratamento de água: estações de tratamento, equipamentos, material e substâncias químicas utilizadas no tratamento;
c] investimentos nos sistemas de tratamento de águas residuárias, já utilizadas e resultantes dos usos domésticos, industriais ou agrícolas;
d] investimentos nos sistemas de coleta e transporte de águas residuárias de regiões urbanas e rurais para as estações de tratamento (Unep, 2000).

Em todo o ciclo, desde a coleta de águas dos mananciais até o tratamento e a distribuição e a coleta das águas residuárias e seu subsequente tratamento, é fundamental considerar que a demanda de água varia sazonalmente, que as indústrias usam diferentes volumes de água, dependendo do processo industrial, e que a produção de águas de esgoto doméstico ou industrial também varia de região para região, de tal forma que os custos não são uniformes. Por exemplo, o suprimento de água dos mananciais de superfície ou dos aquíferos subterrâneos depende de sua localização, assim, o custo do bombeamento depende da distância dos mananciais às estações de tratamento. Por outro lado, os vários processos industriais utilizam diferentes sistemas de tratamento e, consequentemente, os custos do tratamento de águas residuárias resultantes dos usos industriais, agrícolas ou domésticos também variam. Na Tab. 9.1, retirada do PNUMA/IETC (2002), são apresentados os custos do tratamento de águas com resíduos urbanos e na Tab. 9.2, os dados fornecidos pela Agência Nacional de Águas (ANA, 2002) para os custos de estações de tratamento de esgotos com vários graus de eficiência.

O problema dos custos de tratamento para produção de águas de abastecimento está relacionado com a qualidade da água, e não somente com sua quantidade. Se os mananciais estiverem em excelente estado de conservação e a qualidade da água for muito boa, apenas poucas intervenções serão necessárias para produzir suprimento de água adequado. Neste caso, os custos do tratamento são muito mais baixos. Em muitos municípios brasileiros com mananciais bem conservados e florestas ripárias mantidas com pouco ou nenhum grau de contaminação agrícola, o custo do tratamento da água é de R$ 0,50 a R$ 0,80/1.000 m³. Em águas com mananciais deteriorados, contaminação química ou degradação pela decomposição de biomassa, aumento da toxicidade por florescimentos de cianofíceas e liberação de toxinas, os custos do tratamento podem atingir de R$ 35,00 a R$ 40,00/1.000 m³. Portanto, os custos do tratamento estão diretamente relacionados à qualidade da água dos mananciais e das fontes de abastecimento.

O consumo da água e, consequentemente, as interações do ciclo hidrossocial com a economia dependem também dos usos, ou melhor, do consumo e da estrutura do consumo. Em muitos países, Kinnersley (1994) demonstrou que 4% da água é para consumo doméstico, 5% para o setor industrial e 91% para o setor agrícola. São países de baixa renda *per capita*, de 200 dólares a, no máximo, 500 dólares anuais.

Em países com alta renda *per capita* (entre 5 mil e 20 mil dólares), o consumo é de 14% para uso doméstico, 47% para uso industrial e 39% para a agricultura. Isso também reflete a disponibilidade da água para uso doméstico, representada por investimentos em captação e transporte, que sempre foi muito mais eficiente e bem estruturado em países industrializados e de alta renda *per capita*.

Tab. 9.1 Os custos do tratamento de águas com resíduos urbanos

Método	Problema de poluição	Eficiência (máxima = 1,0)	Custo (US$ 100 m³)
Tratamento mecânico*	Matéria suspensa Redução da DBO_5	0,75-0,90 0,20-0,35	3-8
Tratamento biológico	Redução da DBO_5	0,70-0,95	25-40
Floculação	Remoção de fósforo Redução da DBO_5	0,30-0,60 0,40-0,60	6-9
Precipitação química $Al_2(SO_4)_3$ ou $FeCl_3$	Remoção de fósforo Redução das concentrações de metais pesados Redução da DBO_5	0,65-0,95 0,40-0,80 0,50-0,65	10-18
Precipitação química $Ca(OH)_2$	Remoção de fósforo Redução das concentrações de metais pesados Redução da DBO_5	0,85-0,95 0,80-0,95 0,50-0,70	12-18
Precipitação química e floculação	Remoção de fósforo Redução da DBO_5	0,90-0,98 0,60-0,75	12-18
Redução de amônia	Remoção de amônia	0,70-0,95	25-40
Nitrificação	Amônia-nitrato	0,80-0,95	20-30
Carvão ativado	DQO (substâncias tóxicas) Redução da DBO_5	0,40-0,95 0,40-0,70	60-90
Desnitrificação	Remoção de nitrogênio	0,70-0,90	15-25
Troca iônica	Remoção da DBO_5 (ex.: proteínas) Remoção de fósforo Remoção de nitrogênio Metais pesados	0,20-0,40 0,80-0,95 0,80-0,95 0,80-0,95	40-60 70-100 45-60 10-25
Oxidação química (ex.: com Cl_2)	Oxidação de compostos tóxicos	0,90-0,98	60-100
Extração	Metais pesados e outros compostos tóxicos	0,50-0,95	80-120
Osmose reversa	Remove poluentes com grande eficiência, porém é cara	0,80-0,95	100-200
Métodos de desinfecção	Microrganismos	Alta, não se pode indicar	6-30
Lagoas de estabilização	Microrganismos Redução da DBO_5 Remoção de nitrogênio	Elevada 70%-85% 50%-70%	2-8
Várzeas artificiais**	Redução da DBO_5 Remoção de nitrogênio Remoção de fósforo	20%-50% 70%-90% 0%-80%	5-15

*Presume um pré-tratamento (DBO_5 = 75 mg/L).
**A remoção depende da capacidade de absorção do solo, onde é aplicado e se as colheitas de macrófitas foram previstas.

Fonte: PNUMA/IETC (2001).

Tab. 9.2 TABELA DE VALORES DE REFERÊNCIA. IMPLANTAÇÃO DE ESTAÇÕES DE TRATAMENTO DE ESGOTOS SANITÁRIOS (ETE)

Indicador[3]	Padrões de eficiência para tratamento de esgotos (em níveis mínimos de abatimento das cargas poluidoras afluentes)								
	A	B	C	D	E	F	G	H	I
DBO	30%	60%	75%	85%	85%	90%	90%	90%	90%
SST	40%	60%	75%/60%[1]	85%/60%[1]	85%/60%[1]	90%	90%	90%	90%
CF					100,00%		100,00%		100,00%
PT e/ou NTK								85% e/ou 80%	85% e/ou 80%
Pop. equivalente (hab.)[2]	Valores *per capita* de referência (R$/hab.)								
Até 10.000	20	35	55	80	85	100	105	120	125
De 10.001 a 20.000	20	30	50	70	75	90	95	110	115
De 20.001 a 50.000	15	25	45	60	65	80	85	100	105
De 50.001 a 100.000	10	20	40	55	60	75	80	95	100
De 100.001 a 200.000	10	20	40	55	60	75	80	95	100
Acima de 200.000	10	20	40	55	60	75	80	95	100

1. 60% somente para os tratamentos que contemplem lagoas produtoras de algas.
2. Carga média diária de DBO de projeto da ETE dividida por uma carga média per capita de 54 g DBO/dia.
3. DBO = demanda bioquímica de oxigênio, PT = fósforo total, SST = sólidos suspensos totais, NTK = nitrogênio total Kjeldahl, CF = coliformes fecais.

Fonte: Agência Nacional de Águas, Programa Despoluição de Bacias Hidrográficas – Prodes (2002).

O conhecimento das relações abastecimento/consumo/demanda é muito importante do ponto de vista econômico. Para os economistas, demanda efetiva de água é a "relação em um dado momento e em um determinado mercado definido entre o preço por unidade do produto ou serviço e a quantidade em determinado período de tempo, que consumidores estão interessados em adquirir por um certo preço" (Gibbons, 1987; Merret, 1997).

As condições da demanda efetiva estão relacionadas, evidentemente, a contextos econômicos e culturais relativos à água, aos hábitos e aos usos.

O *gerenciamento da demanda* pode ser um importante componente da administração do *ciclo hidrossocial*. Esse gerenciamento pode incluir reúso e redirecionamento dos usos múltiplos para maior economia; *planejamento adequado* para impedir aumento do custo do tratamento de águas de abastecimento e, portanto, conservação dos mananciais, além de impedir o desequilíbrio suprimento-demanda, redirecionando o *desenvolvimento urbano* e também utilizando medidas *educacionais* e de educação sanitária para reduzir a demanda e conservar a água. Outros componentes importantes do gerenciamento da demanda são a questão do preço da água e a cobrança pelo uso, o que pode redirecionar a demanda e melhorar o desempenho no consumo. A Tab. 9.3 mostra as tarifas de água e esgoto no Brasil.

9.3 Hidroeletricidade e economia

A construção de usinas hidroelétricas alcançou grande desenvolvimento no século XX, especialmente durante as décadas de 1920 e 1930 e as décadas de 1950 e 1970. Na segunda metade do século XX, o volume de águas represadas para produção de hidroeletricidade aumentou consideravelmente. Em muitos países, a hidroeletricidade foi o principal sistema produtor de energia. No caso do Brasil, cerca de 85% da energia produzida é proveniente de usinas hidroelétricas. Nos Estados Unidos, a produção de energia a partir de hidroeletrici-

Tab. 9.3 TARIFAS DE ÁGUA E ESGOTO NO BRASIL

Estado	Tarifa média de água e esgoto (US$/1.000 m^3)
Região Norte	**430**
Acre	ND
Amapá	460
Amazonas	820
Pará	270
Rondônia	470
Roraima	360
Região Nordeste	**420**
Alagoas	350
Bahia	640
Ceará	370
Maranhão	320
Paraíba	270
Pernambuco	410
Piauí	370
Rio Grande do Norte	280
Sergipe	500
Região Centro-Oeste	**410**
Distrito Federal	300
Goiás	460
Mato Grosso	540
Mato Grosso do Sul	500
Região Sudeste	**390**
Espírito Santo	430
Minas Gerais	400
Rio de Janeiro	300
São Paulo	500
Região Sul	**540**
Paraná	570
Rio Grande do Sul	550
Santa Catarina	470
Brasil	**420**

Fonte: Banco Mundial (1993); Lanna (1999).

dade atingiu 40% da produção total na década de 1930 (Gibbons, 1987), para declinar até 12% na década de 1980. É evidente que a construção de usinas hidroelétricas tem importante inserção nas economias locais, regionais e nacionais da água. Vantagens econômicas da produção de hidroeletricidade derivam da permanente renovação das reservas de água no ciclo hidrológico; a energia produzida é "limpa" em relação a combustíveis fósseis como carvão mineral e petróleo e os custos de manutenção são relativamente mais baixos. A despeito de impactos iniciais do reservatório nos sistemas terrestres e aquáticos (Tundisi, 1986b), há revitalização da economia regional com a construção das represas e a diversificação dos usos múltiplos, o que aumenta a abrangência econômica dos usos de recursos hídricos (UN, 1958).

Os investimentos iniciais são expressivos e a produtividade física da água para hidroeletricidade é relativamente constante. Os custos de manutenção das usinas variam, inclusive em razão das condições ambientais, da qualidade da água e dos usos da bacia hidrográfica. Os custos ambientais para a manutenção de usinas hidroelétricas e represas em áreas com usos múltiplos e condições iniciais relativamente desfavoráveis – como regiões não desmatadas na Amazônia que produzem rápida deterioração da qualidade da água – podem ser elevados e devem ser computados como custos operacionais de manutenção. Aliás, o autor tem apresentado inúmeras propostas desde 1980 para colocar os planos de monitoramento e gestão das hidroelétricas como parte dos custos da operação do sistema após o início da produção de hidroeletricidade. Isso promoveria a continuidade do sistema de monitoramento e gerenciamento em conjunto com a operação das hidroelétricas.

A Comissão Mundial de Barragens (World Commission on Dams, 2000) publicou extenso documento para revisão das efetividades das grandes represas dos pontos de vista ecológico, econômico e social, e das possíveis alternativas para o desenvolvimento de recursos hídricos e energia, e para promoção de critérios e padrões para planejamento, desenho, construção, operação e monitoramento de represas.

Do ponto de vista econômico, as principais conclusões sobre as represas construídas, principalmente para hidroeletricidade, consideram que o problema fundamental é a distribuição dos benefícios econômicos a números mais expressivos da sociedade, a fim de que possam utilizar adequadamente a prosperidade econômica gerada em investimentos, como eletrificação rural, e em expansão da infraestrutura física, como escolas e rodovias. Esses benefícios justificam as hidroelétricas como a opção mais competitiva do ponto de vista econômico para a produção de energia.

A revisão realizada pela Comissão Mundial de Barragens considerou os seguintes problemas, os quais têm repercussão econômica no uso e aproveitamento dos recursos hídricos para hidroeletricidade:

- ≈ aumentar a eficiência dos sistemas existentes;
- ≈ evitar impactos nos ecossistemas;
- ≈ desenvolver análises de multicritério para várias opções;
- ≈ melhorar a qualidade de vida de reassentados;
- ≈ conduzir monitoramento e avaliações regulares e periódicas;
- ≈ desenvolver incentivos, sanções e vários estímulos econômicos especialmente nas áreas ambientais e sociais.

Há, ainda, recomendações para ênfase na abordagem de bacias hidrográficas para estudos de funcionamento dos sistemas, enfoque em problemas sociais e de saúde humana e estudos de opções para evitar impactos significativos sobre espécies ameaçadas ou em extinção. Recomenda-se também um conjunto de planejamentos consistentes articulados com ações estimuladas e coordenadas por instituições de financiamento. O planejamento hidroelétrico não pode ser desconectado do planejamento ambiental integrado. Na reunião de Kyoto, em março de 2003, 170 países reconheceram a importância da hidroeletricidade na economia mundial e enfatizaram a necessidade de esforços para o gerenciamento desses ecossistemas artificiais.

9.4 A disponibilidade de água: custos da tecnologia não tradicional

A procura de novas fontes de abastecimento de água faz parte de novas metodologias e tecnologias de gestão dos recursos hídricos. Essas novas fontes não tradicionais têm custos, os quais são apresentados no Quadro 9.1.

9.5 Água, agricultura e economia

Embora a expansão global da área cultivada não tenha aumentado muito nas últimas décadas, a intensificação das atividades agrícolas foi muito rápida, com aumentos significativos de produção, decorrentes do desenvolvimento tecnológico que promoveu maior produção por hectare.

Quadro 9.1 TECNOLOGIAS NÃO TRADICIONAIS DE INCREMENTO DE DISPONIBILIDADE DE ÁGUA

Tecnologia	Usos indicados	Custo (US$/mil m³)	Observações
Coleta de água de chuva em telhados	Domésticos e em agricultura de menor escala	2.000-5.000	Varia, dependendo da localização do armazenamento e do tipo de material utilizado
Coleta de água a partir de cerrações (neblinas)	Doméstico, agricultura, pecuária e industrial	3.000	Valores do Chile; variam conforme a região
Captação de escoamentos utilizando estruturas superficiais e subterrâneas	Agricultura, pecuária, doméstico, indústria e mineração	100-2.000 600-1.200 660	Valores do Equador Valores da Argentina Custo de projeto que armazenava 3.000 m³
Transporte de água por navios	Geral	1.500, nas Bahamas	Custo geralmente alto, que declina com a quantidade transportada
Transporte de água com carros-pipa	Usos domésticos	910-11.140	Custo varia com a distância percorrida
Dessalinização por osmose reversa	Doméstico, industrial, mineração e agricultura	4.600-5.100, nas Bahamas; 120-370, no Brasil	Depende da localização, tamanho da planta e tipo de água a ser dessalinizada, sendo a água de mar a mais cara
Dessalinização por destilação	Doméstico, industrial, mineração e agricultura	1.470 4.310	Valores do Chile Valores das Antilhas Holandesas
Tratamento de águas de esgoto	Agrícola, irrigação de jardins, indústrias e mineração	9-34 3-15 12-25	Estações de tratamento Técnica: lagoas de estabilização Técnica: disposição no solo

Fonte: Lanna (2002).

Dados de OEA (1998), com exceção dos relativos a carros-pipa, que foram retirados de Campos e Campos (1997).

Evidentemente, há relação direta entre a água e a economia agrícola, tanto da economia de pequeno porte e produção de subsistência quanto dos agroecossistemas de grande produção. A intensificação da produção resultou em uso da irrigação em larga escala, tendo como resultado a retirada de 70% da água disponível. Somente 30%-60% da água utilizada para irrigação retorna a jusante, tornando a irrigação o maior usuário da água doce globalmente. A área irrigada cresceu 72% entre 1966 e 1996.

A intensificação da irrigação em todos os continentes, associada à aplicação comercial de fertilizantes, produziu extensa degradação ambiental – principalmente nos sistemas hídricos –, aumento da eutrofização, maior quantidade de material em suspensão na água e maior sedimentação de rios, lagos e represas. Essa degradação e a produção de efluentes com grande carga poluidora nas águas superficiais e subterrâneas são responsáveis por perdas econômicas elevadas com a deterioração dos sistemas.

Ao estresse produzido pela intensificação do uso do solo deve-se também sobrepor o estresse da contaminação e da degradação dos ecossistemas aquáticos. Salinização decorrente da irrigação e perda de áreas agrícolas devem ser contabilizadas em conjunto com os problemas de degradação dos recursos hídricos superficiais e subterrâneos. À medida que aumentam os usos competitivos da água para agricultura, indústria e abastecimento público, aumentam os custos da irrigação. Igualmente importante é o volume de águas residuárias produzido pelas atividades agrícolas em larga escala. Os diversos tipos de agronegócios produzem inúmeros e diversificados efluentes com impacto nos mananciais, nas bacias hidrográficas e nas águas superficiais e subterrâneas.

Os estudos relacionados à economia da água no agronegócio podem ser dirigidos para as seguintes questões (dados do Instituto Internacional de Ecologia e do Paraná Agroindustrial [AIIEGA/CITPAR] – estudo conjunto sobre o agronegócio paranaense, 2002):

1. Quanta água é usada na produção agrícola em larga escala?
2. Qual o custo dessa água para o produtor?
3. Qual o tipo e a especificação dos efluentes produzidos no agronegócio?
4. Qual o tipo e o custo de tratamento dos efluentes no agronegócio, incluindo as tecnologias disponíveis?
5. Qual a limitação imposta pela água na expansão do agronegócio?

Deve-se acrescentar ainda que o custo da água para o agronegócio inclui maior competitividade em relação à exportação. Barreiras não alfandegárias, introduzidas por países desenvolvidos para produtos agrícolas, podem incluir a qualidade da água dos efluentes produzidos como fator de novas taxas e impostos. Por exemplo, na União Europeia, a taxação não alfandegária inclui águas poluídas e afluentes não tratados, o que é considerado subsídio à produção agrícola, obrigando as indústrias e o agronegócio dos países membros a tratar seus efluentes.

A irrigação no Nordeste representa grande oportunidade econômica para o desenvolvimento, mas, por outro lado, gera aumento de problemas ambientais que podem atravancar o desenvolvimento. Por exemplo, pode ocorrer salinização de áreas irrigadas: cada lâmina de 100 mm de água de irrigação com concentração de sais de 0,5 g/L conduz 500 kg/hectare de sal à área irrigada. É provável que aproximadamente 30% das áreas irrigadas em projetos públicos do Nordeste estejam salinizadas (Bernardo, 1997).

São cinco os impactos ambientais decorrentes da irrigação, os quais geram impactos econômicos: a salinização do solo; a exaustão das disponibilidades hídricas por excesso de demanda; a contaminação dos recursos hídricos superficiais e subterrâneos; a intensificação de doenças de veiculação hídrica; e alterações ambientais, como degradação do solo, desmatamento e outras consequências. A cobrança pelo uso da água poderá ter papel relevante na formação de preços agrícolas. A Tab. 9.4 mostra, como exemplo, o custo do m³ de água e o reflexo da cobrança no custo de produção do feijão irrigado.

Tab. 9.4 REFLEXOS DA COBRANÇA DA ÁGUA NO CUSTO DE PRODUÇÃO DO FEIJÃO IRRIGADO

Custo por m³ de água (em centavos de dólar)	Reflexo da cobrança no custo de produção (%)
0,1	0,9
0,3	2,7
0,5	4,5
0,7	6,3
0,8	7,3
1,0	9,0
1,2	10,9
1,5	13,6
2,0	18,1
3,0	27,2

Fonte: Telles (1993).

9.6 Água, indústria e economia

Os processos industriais requerem água para várias finalidades, como resfriamento e condensação, uso em têxteis, frigoríficos, curtumes, celulose e papel, conservas, cervejarias, laticínios, ferro e aço, galvanotécnica, petróleo, petroquímicas e detergentes.

Todos os usos da água na indústria têm um componente econômico, que é o custo do tratamento para utilizar a água em determinado processo – o tratamento dos efluentes. Há inúmeros componentes resultantes dos processos industriais que devem ser tratados a custos elevados. Esses custos do tratamento fazem parte, evidentemente, da formação do preço dos produtos industrializados.

A cobrança pelo uso da água na indústria introduz outro componente importante do ponto de vista econômico: o custo do consumo da água. O princípio do poluidor/pagador desencadeará um conjunto de sistemas inovadores de tratamento e, por outro lado, deverá incentivar o reúso da água para usos industriais, produzindo economias acentuadas relacionadas ao uso dos recursos hídricos (Tab. 9.5).

No futuro, análises econômicas dos custos da reciclagem e do reúso da água deverão ser introduzidas e comparadas com o custo da água bruta retirada dos mananciais. Mas apenas a reciclagem da água e sua reutilização podem não contribuir para a diminuição do consumo total, o que é o mais importante para a sociedade (Gibbons, 1987).

Gibbons (1987) argumenta, entretanto, que o custo da água é muito menor do que os valores consumidos em energia, serviços e capital, e, portanto, há tendência em considerá-los muito baixos na formação dos preços dos produtos industrializados. Porém, o aumento dos custos da água relacionados com o uso, a cobrança e o princípio do poluidor/pagador podem aumentar esses dispêndios, e levam a indústria a considerá-los.

Experiências e desenvolvimentos em países como Alemanha, Japão, Estados Unidos, Inglaterra, Brasil e Israel demonstraram que uma combinação efetiva de preços da água para indústrias, o controle das descargas de efluentes e a regulação da poluição têm grande potencial para promover a economia do uso da água na indústria, estimulando investimento em reciclagem da água e tecnologias de conservação. Em Israel, o consumo da água industrial caiu 50% de 1962 a 1982, em decorrência do aumento da taxação por poluição e do desenvolvimento tecnológico com subsídios à economia da água industrial.

9.7 Lagos, represas e rios na economia regional – mudanças históricas no uso da água no lago Biwa, Japão, e os usos múltiplos

O lago Biwa é o maior lago do Japão, com área aproximada de 650 km². Desde tempos pré-históricos, o lago tem sido utilizado para inúmeras atividades humanas, as quais foram sendo alteradas com o tempo e com a evolução e sofisticação da sociedade. As águas do lago, ao longo

Tab. 9.5 DBO E SÓLIDOS EM SUSPENSÃO EM PROCESSOS INDUSTRIAIS. INTENSIDADE DA POLUIÇÃO HÍDRICA EM RELAÇÃO AO VALOR AGREGADO DE DIFERENTES SEGMENTOS INDUSTRIAIS (KG/MILHÕES DE DÓLARES)

Ramo industrial	DBO	Sólidos totais em suspensão
Alimentos	79,48	98,57
Laticínios	13.598,91	1.951,45
Conservas de frutas e vegetais	287,84	454,45
Derivados de peixe	932,64	1.589,97
Óleos de gorduras	310,95	351,32
Produtos de moinhos de grãos	0,01	0,1
Padarias e confeitarias	0,09	0,1
Indústrias açucareiras	3.420,72	4.904,52
Vinícolas	25,59	14,05
Indústrias fumageiras	1,01	1,23
Têxteis	102,45	159,1
Curtumes e acabamentos de couros	808,49	1.526,76
Couros	0	0,88
Calçados	87,41	85,71
Mobílias e acabamentos não metálicos	0	0,02
Polpa, papel e papelão	12.615,11	42.845,71
Caixas de papel	100,33	172,26
Indústrias químicas, exceto fertilizantes	3.988,81	6.165,45
Fertilizantes e pesticidas	37,83	7.362,28
Resinas sintéticas, materiais plásticos e fibras artificiais	217,85	703,98
Tintas	0,24	1
Sabão, material de limpeza e toalete	80,71	113,99
Refinarias de petróleo	596,76	2.994,95
Pneus e mangueiras	0,02	8,02
Produtos plásticos	468,31	10,12
Vidros e produtos de vidro	1,17	8,31
Ferro e aço	13,77	202.908,30
Metais não ferrosos	4.294,68	62.079,92
Máquinas e equipamentos agrícolas	0	4,64
Veículos automotores	0,32	1,61
Artigos atléticos e esportivos	0	19.292,69

Fonte: Lanna (1999).

do tempo, foram utilizadas para suprir alimentos e irrigar campos de arroz; seu sedimento foi utilizado como fertilizante e as plantas aquáticas que nele crescem, para a construção de casas, telhados e para o suprimento de material para pesca. O lago também foi utilizado para o transporte de mercadorias e pessoas. Atualmente é utilizado para lazer, recreação e contemplação. O lago sempre foi objeto de motivação simbólica e religiosa para budistas. A Tab. 9.6 mostra a evolução dos usos múltiplos do lago Biwa e a atividade predominante ao longo do tempo.

Tab. 9.6 Evolução dos principais usos do lago Biwa, Japão

	Período					
	Pré-histórico (séc. VI a.C.)	Antiguidade (séc. VI-XII d.C.)	Medieval (séc. XIII-XVI d.C.)	Feudal (séc. XVI-XIX d.C.)	Moderno (1900-1960)	Atual (1960 até hoje)
Uso do lago como recurso hídrico em geral	5	5	5	5	4	3-4
Recurso hídrico	3	3	3	3	4	5
Transporte	3	3	5	5	4	2
Reservatório para descarga de poluentes	1	1	1	1	3	3
Eletricidade	2	2	2	2	3	3
Beleza cênica	1	3	3	5	3	3
Lazer	1	1	1	1	3	4-5
Religião/simbolismo	1	4	4	3	3	4-5
Controle de enchentes	1	1	1	3	5	4

Escala de 1 a 5, em que 5 é a atividade mais importante
Fonte: Kada (1995).

Neste contexto econômico, deve-se considerar os custos da água para populações de baixa renda. A Tab. 9.7 mostra as relações entre famílias, custos de água tratada e não tratada, impactos na saúde humana e dados como mortalidade infantil e expectativa de vida na Bolívia.

A Tab. 9.8 compara o preço da água em países desenvolvidos.

As relações entre água, economia e saúde humana podem ser consideradas com base nas perdas ocorridas por doenças de veiculação hídrica

Tab. 9.7 Custos de água para populações de baixa, média e alta renda na Bolívia

Descrição	Vizinhança (em termos de distribuição de água)			Total
	Boa	Regular	Má	
Número de conexões				
Casos	18.695	19.884	7.688	46.267
Doméstico	16.249	18.663	7,552	42.464
Não doméstico	2.446	1.221	136	3.803
% de consumo				
Doméstico	45%	38%	17%	100%
Não doméstico	59%	36%	5%	100%
Total	48%	38%	14%	100%
Consumo doméstico (litros diários)				
Por família	731	430	125	429
Por pessoa	165	99	22	95
Tamanho da casa	4,4	4,4	5,7	4,8
Renda por mês (moeda local)	2,5	814	576	1,13
Preço da água (custo da água)	26,09	26,01	39,23	30,4
% da renda para pagar água	1%	3%	7%	3%
Expectativa de vida (anos)	67	57	47	58
Mortalidade infantil	45	105	146	97

Residências de acordo com o número de conexões. Consumo diário familiar e por pessoa, tamanho da residência, renda mensal, preço da água, porcentagem da renda gasta com água e mortalidade infantil (1996)

Fonte: Ledo Carmen (2002).

(mortalidade infantil e de adultos, horas de trabalho perdidas etc.), em razão dos processos de alteração de saúde humana. Afastamento de turistas e custos de recuperação da qualidade da água para o consumo humano podem ser considerados também como impactos econômicos produzidos pela deterioração de recursos hídricos superficiais e subterrâneos.

9.8 Valoração de serviços dos ecossistemas aquáticos

Os serviços ambientais proporcionados pela represa da UHE Carlos Botelho (Lobo/Broa) foram atualizados, em 2009, para um valor total de 300 milhões de reais. Esses serviços representam: o valor das áreas alagadas, como sistema de controle da poluição; os investimentos em recreação resultantes da construção de residências; os serviços gerados pelo valor despendido em recreação durante feriados e finais de semana; os serviços de geração hidroelétrica e de manutenção da biodiversidade.

Tab. 9.8 COMPARAÇÃO DO PREÇO DA ÁGUA EM DIFERENTES PAÍSES DESENVOLVIDOS

País	Preço da água (US$/m^3)
Alemanha	1,91
Dinamarca	1,64
Bélgica	1,54
Países Baixos	1,25
França	1,23
Grã-Bretanha e Irlanda do Norte	1,18
Itália	0,76
Finlândia	0,69
Irlanda	0,63
Suécia	0,58
Espanha	0,57
Estados Unidos	0,51
Austrália	0,50
Sul da África	0,47
Canadá	0,40

Fonte: Unesco (2003).

Boxe 9.1
Os valores dos serviços dos ecossistemas e o capital natural – uma nova dimensão na economia dos países e regiões

Os ecossistemas apresentam funções que podem ser qualificadas de "serviços" e benefícios à população humana. Por exemplo, a produção de alimentos e a reciclagem da água são funções que produzem um conjunto de benefícios que podem ser valorados e dimensionados. Constanza et al. (1997) agruparam os serviços proporcionados pelos ecossistemas em 17 categorias principais, que vão desde regulação climática até controle biológico, passando por recursos genéticos, recreação, controle da erosão, suprimento de água e regulação do ciclo hidrológico.

A valoração dos serviços dos ecossistemas pode ser feita em função do "capital natural", que pode ser a biodiversidade, o funcionamento de uma área alagada como promotor do saneamento de determinado volume de água ou a quantidade de alimento produzido. Para os ecossistemas aquáticos, Constanza e seus colaboradores avaliam que os 200 x 10^6 hectares de águas de lagos e rios do Planeta têm serviços de suprimento e de regulação de água, tratamento de resíduos, produção de alimentos e recreação, com valor anual de US$ 8.498 por hectare/ano e um total global do "fluxo de serviços" de US$ 1.700 x 10^9 por ano. Essa avaliação possibilita comparações entre o "capital natural" e o Produto Interno

Bruto. Geralmente, a avaliação dos serviços é relacionada com a soma dos usos ou o suprimento de serviços pelos consumidores por unidade de área do ecossistema. Por exemplo, valores estéticos ou de recreação podem ser estimados pelo número de turistas que aportam no local por ano e pelo consumo diário *per capita* na região.

A valoração dos serviços produzidos pela disponibilidade de água e pelos ecossistemas aquáticos tem enorme importância prática, pelas possibilidades que se abrem para o cálculo da recuperação da função ou para a estimativa de danos ambientais produzidos pelos impactos, ou, ainda, para estimar os gastos da sociedade, a fim de manter os serviços dos ecossistemas funcionando adequada e continuamente. Por exemplo, os "serviços" do lago Kariba, na África, foram analisados considerando-se produção de energia elétrica, produção de biomassa, exploração de biodiversidade e dispêndios de turistas.

Fonte: comunicação pessoal de C. Magzda.

Boxe 9.2
Os "serviços" proporcionados pela represa da UHE Carlos Botelho (Lobo-Broa), municípios de Itirapina e São Carlos

A represa da UHE Carlos Botelho (Lobo-Broa) é um reservatório de pequenas dimensões – 6,8 km^2 de área e volume de 22 milhões de m^3 – localizado nas cabeceiras do rio Jacaré-Guaçu, um afluente do rio Tietê. Além da produção de hidroeletricidade em pequena escala (2 MW), a represa é utilizada para recreação, turismo, lazer e pesca esportiva.

Os "serviços" proporcionados por esse ecossistema artificial são, portanto, múltiplos e variados e dependem essencialmente da qualidade da água e da paisagem. Em função dessas características, uma avaliação desses "serviços" foi realizada por Vergara (1996). Essa avaliação incluiu todos os investimentos em construção de residências nos últimos 25 anos, o valor de recreação e lazer e a taxa de desnitrificação produzida pela área alagada no montante da represa, que corresponderia ao valor de uma estação de tratamento de água que tratasse 30% do nitrogênio que entra na represa através de seus tributários principais.

O valor calculado e atualizado corresponde a um investimento de R$ 300 milhões, incluindo também empregos e dispêndios diversos com manutenção. Esse cálculo dá uma ideia clara dos valores a proteger quando se estabelecem planos de conservação de ecossistemas aquáticos naturais e artificiais. Mostra também que a manutenção da qualidade da água é essencial para a sustentabilidade dos "serviços" e do investimento.

Fontes: Vergara (1996); Tundisi et al. (2000); Tundisi e Matsumura-Tundisi (2010).

Boxe 9.3
Que valor as populações carentes pagam pela água?

Muitos estudos demonstram que as populações urbanas carentes pagam altos preços pelo fornecimento de água e despendem uma grande proporção de seus rendimentos com a água. Por exemplo, em Porto Príncipe (Haiti), os usuários mais carentes, às vezes, gastam 20% de seus rendimentos com o pagamento da água; em Onitaha (Nigéria), calculou-se que os mais carentes gastam 18% de seus rendimentos com água na época da seca, enquanto os usuários com rendimentos mais altos gastam de 2% a 3%; e em Addis Abeba (Etiópia) e em Ukunda (Quênia), as populações urbanas carentes despendem até 9% de seus rendimentos com água.

Em Jacarta (Indonésia), dos 7,9 milhões de habitantes, apenas 14% recebem água diretamente do sistema municipal. Outros 32% adquirem a água por intermédio de vendedores nas ruas, que cobram cerca de US$ 1,50 a US$ 5,20 por m³ de água, dependendo da distância da fonte pública. Em alguns casos, os usuários que adquirem água de vendedores pagam de 25 a 50 vezes mais que os usuários conectados ao sistema municipal. Alguns exemplos são encontrados em Karachi (Paquistão), Porto Prince, Jacarta, Nouakchott (Mauritânia), Dacca (Bangladesh), Tegucigalpa (Honduras), Onitcha, Cochabamba e em muitas metrópoles da América Latina. Deve-se acrescentar que a qualidade da água adquirida dos vendedores é inferior à da água distribuída na rede e que os volumes de água adquiridos no mercado da água são menores que o uso *per capita* de populações não carentes.

Fonte: modificado de Banco Mundial (1998).

Boxe 9.4
Aumento dos custos de abastecimento de água*

Muitas cidades transportam água a longas distâncias e utilizam intensamente o bombeamento de alto custo. Além disso, o uso intensivo da água criou a necessidade de tratamento adicional, em razão da perda de sua qualidade ou da rejeição de fontes existentes, resultante de prejuízos irreversíveis causados a sua qualidade.

Amman (*Jordânia*): Quando o sistema de fornecimento de água era baseado na exploração da água subterrânea, o custo médio incremental era estimado em US$ 0,41 por m³ de água, mas faltas crônicas subterrâneas levaram ao uso de fontes de água de superfície. Isso provocou o aumento do custo médio incremental para US$ 1,33 por m³ de água. As obras mais recentes incluem o bombeamento de água até 1.200 m de altura de um local a cerca de 40 km de distância da cidade. O próximo esquema contempla a construção de uma barragem e um canal condutor, a um custo estimado de US$ 1,50 por m³ de água, o que corresponde, aproximadamente, ao custo da dessalinização da água do mar, de US$ 1 a US$ 2 por m³ de água.

Shenyang (China): O custo de novos abastecimentos de água aumentaria, entre 1988 e 2000, de US$ 0,04 para US$ 0,11 por m³ de água, aumento de quase 200%. A principal razão é que a água subterrânea da aluvião do Vale do Hun, atual fonte de água, teve de ser rejeitada como fonte de água potável, por sua má qualidade. Como consequência, a água terá de ser transportada até Shenyang, por gravidade, de uma fonte de água de superfície a 51 km da cidade. Em YingKuo, o custo incremental médio da água desviada do rio Daliao, próximo à cidade, é de cerca de US$ 0,16 por m³ de água. Entretanto, em razão da forte poluição, essa fonte não pode ser utilizada para fins domésticos. Como consequência, a água, atualmente, está sendo transportada até a cidade a partir do rio Ki Lui, mais distante, a um custo de US$ 0,30 por m³ de água.

Lima (Peru): Durante 1981, o custo médio incremental de um projeto para satisfazer as necessidades a curto e a médio prazos, com base tanto na água de superfície do rio Rimac como nos suprimentos subterrâneos, era de US$ 0,25 por m³ de água. O aquífero tem sido severamente explorado, razão pela qual as fontes de água subterrânea não conseguirão satisfazer as necessidades de água além do início da década de 1990. Para satisfazer as necessidades urbanas, em longo prazo, está sendo planejada a transferência de água da bacia hidrográfica Atlântica, cujos custos médios incrementais foram estimados em US$ 0,53 por m³ de água.

Cidade do México: Atualmente, a água está sendo bombeada de uma elevação superior a 1.000 m até o Vale do México, a partir do rio Cutzamala, por uma tubulação de cerca de 180 km de comprimento. O custo médio incremental da água dessa fonte é de US$ 0,82 por m³, quase 55% a mais do que a fonte anterior, o aquífero do Vale do México. Essa fonte foi restringida em consequência de problemas de acomodações de terreno, rebaixamento do lençol freático e deterioração da qualidade da água. Espera-se que o projeto de fornecimento de água, recentemente planejado para a cidade, tenha custo ainda mais alto, já que inclui uma adutora mais longa, e a água será bombeada a uma elevação superior a 2.000 m. Essas informações mostram que os custos de abastecimento podem ter impacto relevante na economia municipal efetiva e na economia familiar.

* Os custos excluem o tratamento e a distribuição.
Fonte: Banco Mundial (1998).

Conclusões

A água e as economias local, regional e global estão diretamente relacionadas, uma vez que o desenvolvimento econômico, a produção agrícola e todas as atividades humanas dependem da disponibilidade e do acesso à água cuja qualidade seja adequada. A escassez de água impede o desenvolvimento econômico e limita alternativas econômicas. Poluição e contaminação de rios, lagos e represas produzem impactos econômicos, em razão da perda de atividades promovida pelos usos dos recursos hídricos e pelos efeitos diretos e indiretos.

Além desses aspectos fundamentais na gestão das águas, deve-se considerar o valor econômico total dos "serviços" proporcionados pelos ecossistemas aquáticos e os custos da perda desses serviços. A gestão das águas será mais eficiente à medida que instrumentos econômicos, como a cobrança pelo uso da água e o princípio do poluidor/pagador, forem introduzidos na legislação. Água abundante, de boa qualidade, amplia as perspectivas econômicas e as alternativas para o desenvolvimento local e regional. Águas despoluídas revitalizam as economias local, regional e internacional.

Os custos da recuperação de rios, lagos e represas têm impacto econômico sobre municípios, estados e países. A despoluição dos grandes lagos norte-americanos demandou um investimento de 20 bilhões dólares em 20 anos. Um dos grandes desafios atuais é calcular os custos de recuperação de sistemas aquáticos degradados e produzir tecnologias e novas iniciativas institucionais para baixar os custos. A apropriação de águas de várias bacias hidrográficas pode gerar conflitos institucionais e econômicos entre vários municípios.

10 Formação de recursos humanos: passado, presente, tendências e perspectivas

10.1 Limnologia e as bases científicas para o gerenciamento de águas

Limnologia é uma ciência interdisciplinar que integra estudos biológicos, químicos, físicos e geológicos para a compreensão científica dos mecanismos de funcionamento de águas continentais – lagos, rios, represas, áreas alagadas, pequenos tanques, águas temporárias e lagos salinos no interior dos continentes. O desenvolvimento científico da Limnologia nos últimos 100 anos foi muito intenso, culminando com a compreensão de que os sistemas continentais estão submetidos a permanentes impactos a partir das bacias hidrográficas. Cada sistema é único em seu funcionamento, e a resposta de cada ecossistema de água doce aos diferentes impactos depende da morfometria da bacia hidrográfica e dos lagos, do clima, dos usos de bacia hidrográfica, do tempo de retenção e da história da ocupação humana na bacia.

Como escreveu Falkenmark (1999):

> A menos que os princípios gerais de comportamento de lagos sejam bem conhecidos, qualquer ação para o desenvolvimento sustentável fica muito distante (p. 2).
>
> Lagos não são ilhas isoladas em uma paisagem, mas geograficamente estão inseridos em um sistema hidrográfico como pérolas em um colar. Se realmente quisermos fazer desenvolvimento sustentável, deveremos compreender as interações do lago com sua bacia hidrográfica e os impactos na zona litoral. A implicação disto é que o desenvolvimento sustentável do lago só é possível se for parte de um processo sistêmico, integrado, de gerenciamento da bacia hidrográfica (p. 6).

Esses conceitos enfatizam o caráter multidisciplinar e integrador da Limnologia como "ciência das águas continentais". Por muito tempo no século XX, a Limnologia e o gerenciamento de recursos hídricos permaneceram como abordagens isoladas e com poucas interfaces. Limnologia originou-se, em muitos casos, a partir de departamentos de biologia nas universidades, e estudos zoológicos, botânicos e geológicos em lagos foram dirigidos essencialmente por professores e alunos disciplinarmente, sem preocupação integradora e de abordagem sistêmica.

O gerenciamento de recursos hídricos ficou a cargo da engenharia civil e das escolas de engenharia. Portanto, as duas abordagens, a científica e a tecnológica, permaneceram, até certo ponto, paralelas durante muito tempo, com pouca interação.

A questão da qualidade da água também teve relativamente menor peso na abordagem de engenharia, uma vez que quantidade era a preocupação maior, em razão dos esforços corretos e necessários para abastecimento público e saneamento.

No início da última década do século XX, essa visão disciplinar e fracionada da Limnologia começou a mudar graças aos esforços e à visão de muitos pesquisadores, como H. Odum, E. Odum, M. Straškraba, S. E. JØrgensen, R. Wetzel, J. F. Talling, C. S. Reynolds, R. Margalef, W. T. Edmondson e Gene E. Likens. Essa mudança também ocorreu pela constatação de que era necessário profundo conhecimento básico em Limnologia para recuperar lagos e represas ameaçados pela poluição e pelo declínio do nível da água. A necessidade de integração entre educação e formação de recursos humanos, pesquisa em Limnologia e gerenciamento de recursos hídricos também se deve a uma visão integradora do processo de gerenciamento, particularmente enfatizada por Vollenweider (1968, 1975, 1976) e Schindler (1990a, 1990b). Outro biólogo, ecólogo e limnólogo com visão interdisciplinar, G. Evelyn Hutchinson (1957), também contribuiu decisivamente para a mudança de paradigma em Limnologia. E por fim, nos últimos 20 anos do século XX, o trabalho realizado por limnólogos tchecos, especialmente Milan Straškraba e colaboradores, contribuiu decisivamente para uma mudança de paradigma na visão de aplicação da Limnologia (Straškraba, 1993) e suas interações com sistemas e metodologias de gerenciamento e processos de engenharia.

A compreensão dos mecanismos de funcionamento dos sistemas aquáticos é complexa, em razão da interdependência dos fatores físicos, químicos e biológicos, tornada ainda mais complexa pela interação com a bacia hidrográfica e a climatologia como função de força. Os impactos das atividades humanas nos sistemas continentais e seus efeitos dificultaram ainda mais o diagnóstico. Compreender cientificamente, portanto, a maneira como sistemas continentais naturais e com pouca influência das ações humanas respondem a impactos é, evidentemente, tarefa primordial da Limnologia. Portanto, a formação de recursos humanos em Limnologia deve conter alguns conceitos fundamentais:

i Fornecer visão integrada e integradora do ecossistema aquático e suas relações com as bacias hidrográficas nas quais se inserem.
ii Destacar aspectos comparativos de funcionamento de lagos, rios, represas e áreas alagadas de forma a mostrar a hierarquia de fatores envolvidos nos processos.
iii A descrição regional é essencial para destacar aspectos comparativos, reconhecendo lagos e represas como sistemas complexos e organizados segundo hierarquias estabelecidas pela interação entre funções de força, variáveis de estado e processos.
iv A utilização de lagos como sistemas experimentais deve fazer parte do treinamento em Limnologia como base para manipulação e aplicação de técnicas de gerenciamento.
v Deve-se considerar o desenvolvimento de uma perspectiva de ecossistema, bem como o acoplamento de todos os subcomponentes, como a bacia hidrográfica e as interfaces sistema terrestre--sistemas aquáticos, e entre as comunidades de zona litoral e da zona limnética de lagos e represas.
vi A formação de recursos humanos em Limnologia deve dar condições para uma intervenção efetiva em questões de gerenciamento e decisões reguladoras e de legislação.
vii Deve-se estimular a exposição permanente a condições de campo, ao trabalho prático e aos vários mecanismos de funcionamento dos rios, lagos, represas e áreas alagadas, por intermédio de observações controladas, experimentação e comparações posteriores.

Segundo Brezonik (1996), um curso completo de pós-graduação na área de Limnologia deve ser composto pelas seguintes bases: Hidrologia Avançada, Limnologia Física, Biologia Aquática (Botânica e Zoologia

Aquáticas, Microbiologia), Química e Bioquímica de Sistemas Aquáticos, Genética e Biologia Molecular, Ecologia de Ecossistemas (com conceitos de termodinâmica e fluxo de energia), Matemática e Estatística, Modelagem Ecológica e Matemática.

Esse tipo de formação permitirá aos limnólogos não só desenvolver programas de pesquisa científica, mas também contribuir e participar de equipes multidisciplinares de gerenciamento de ecossistemas aquáticos, de planejamento ambiental e de planejamento regional centrado em águas. É claro que, nas ações de saneamento tradicionalmente desenvolvidas na área de engenharia, sempre houve preocupação com a qualidade da água. Entretanto, *qualidade* e *quantidade*, consideradas em conjunto, constituem importante inovação. Os pesos para a gestão são iguais atualmente.

10.2 A formação de gerentes

A formação de recursos humanos em gerenciamento de recursos hídricos segue linhas de atuação semelhantes às anteriores. Em geral, a mudança de paradigma que ocorreu em gerenciamento de ecossistemas se deve particularmente a Howard Odum e Bernard Patten, introdutores da visão sistêmica e da análise de sistemas ao processo de gerenciamento, ao qual são dadas condições de diagnóstico quantitativo mais avançado e capacidade preditiva. Outro pesquisador que contribuiu decisivamente para alterar conceitos nessa área foi Van Dyne (1971).

O gerenciamento de sistemas ecológicos também passou por mudanças fundamentais de paradigma no final do século XX. Em vez de setorial, localizado e reativo, no século XXI ele passará a ser **integrado, ecossistêmico** e **preditivo**, como já foi enfatizado. Para fazer frente a essa demanda, a formação de especialistas deve considerar a integração da ciência básica (Limnologia) com a tecnologia e a engenharia de recursos hídricos, promovendo, portanto, melhor capacidade gerencial, especialmente preditiva. Por exemplo, toda a questão do monitoramento – principalmente do biomonitoramento e da avaliação da qualidade da água – para fins de gerenciamento e manipulação dos sistemas depende, em grande parte, da interação entre a pesquisa básica em Limnologia e da aplicação tecnológica para recuperação de lagos, represas e rios. Todos os programas de conservação de ecossistemas aquáticos dependem, evidentemente, de conhecimento básico em Limnologia. Um curso de gerenciamento de recursos hídricos deve, portanto, ter por base os seguintes fundamentos:

i Bases científicas de funcionamento dos ecossistemas aquáticos.
ii Visão regional de funcionamento dos ecossistemas aquáticos e mecanismos de integração com a bacia hidrográfica – lagos, rios, represas. Água e as economias regional e mundial.
iii Hidrologia e aspectos quantitativos do ciclo da água, com exemplos regionais, locais e continentais.
iv Visão econômica dos usos múltiplos da água e sua degradação. Custos e sistemas de tratamento. Visão econômica das bacias hidrográficas.
v Técnicas de recuperação e gerenciamento, e sancamento.
vi Técnicas de gerenciamento integrado, georreferenciamento e uso de Sistema de Informação Geográfica (SIG).
vii Legislação ambiental e organização institucional pertinente.
viii Estudos de caso e exemplos de gerenciamento bem-sucedidos e malsucedidos para exame de falhas e limitações.
ix Técnicas para educação sanitária e ambiental do grande público.
x Modelagem matemática e ecológica de sistemas aquáticos (rios, represas, áreas alagadas, lagos).
xi Técnicas de auditoria ambiental.
xii Problemas sociais e econômicos relacionados aos usos da água, às culturas locais e tradicionais, às práticas agrícolas e aos impactos sobre a quantidade e a qualidade das águas (Kennedy et al., 2003).

As modernas "Ciências das Águas" necessitam de vasta gama de especialidades e áreas de atuação. Cientistas, professores e gerentes precisam de treinamento integrado nessas áreas e de conhecimento da complexidade e da magnitude das questões. Isso inclui capacidade interdisciplinar para promover e participar da cooperação entre cientistas, engenheiros, gerentes e a comunidade de usuários das águas continentais (Rigler; Peters, 1995).

Implementar programas de treinamento com visões interdisciplinares e capacidade de predição integradas, gerenciamento e pesquisa básica não é fácil e é uma ação de longo prazo. Entretanto, há ampla necessidade dessa implementação, por causa dos vários e acumulados impactos sobre as águas continentais. A ação interdisciplinar na formação de recursos humanos qualificados deve dar condições para efetivo gerenciamento e recuperação de recursos hídricos e, provavelmente, antecipar impactos diretos e indiretos, por intermédio da implementação de novas metodologias, visão sistêmica e estratégias inovadoras que dependem da análise conjunta de processos ecológicos, sociais, econômicos e biogeofísicos.

Um dos aspectos mais importantes que tem sido destacado pelos especialistas na formação de recursos humanos – pesquisadores e gerentes em recursos hídricos – é a necessidade, cada vez mais reconhecida, de trabalho prático que envolva pesquisas de campo e contato direto com os problemas.

Embora haja cada vez mais necessidade de uso de sistemas computacionais para a elaboração de modelos, o georreferenciamento de bacias hidrográficas e o uso de imagens de satélite são fundamentais, assim como reconhecer a importância de trabalhos práticos avançados que possibilitem a obtenção de medidas adequadas com metodologia moderna que inclua monitoramento em tempo real. O trabalho de campo, que inclui visitas, observações e medições em ecossistemas aquáticos selecionados, permite formação mais realista e integra a formação teórica e as hipóteses com as determinações, possibilitando análises avançadas e decisões adequadas para escolha tanto de linhas de pesquisa como de gerenciamento.

Também é necessário integrar, de forma decisiva, os mecanismos de obtenção da informação com o processamento e o gerenciamento, de modo a promover avanços na metodologia de tratamento dos resultados obtidos. Uma visão da abordagem necessária e dos métodos de estudo que podem ser úteis para a formação de pesquisadores e gerentes é apresentada na Fig. 10.1.

10.3 Capacitação e mobilização do público em geral

A mobilização do grande público e a necessidade de ampliar a percepção da população sobre os problemas críticos das águas e suas soluções são tópicos de fundamental importância na capacitação e no treinamento de recursos humanos. Tais mobilização e capacitação inicialmente podem ser elaboradas em relação aos problemas locais da água. Elas devem utilizar meios populares de comunicação (no Brasil, o meio de comunicação mais popular ainda é o rádio; em muitos municípios, mais de 90% das pessoas ouvem rádio durante o dia). Além disso, a comunicação deve ocorrer em torno de problemas econômicos, sociais e de saúde da população associados à água.

Essa visão integrada sempre deve ser parte do processo; deve incentivar iniciativas que produzam alterações no comportamento das pessoas diante dos usos múltiplos da água. A utilização da bacia hidrográfica

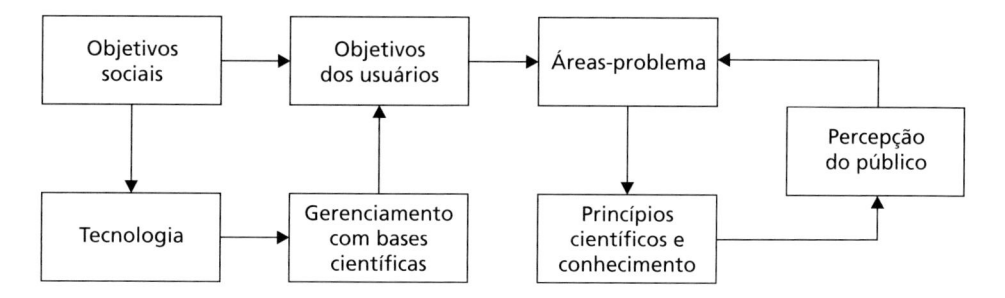

Fig. 10.1 Princípios estratégicos para o treinamento em gerenciamento de recursos hídricos

mais próxima como unidade de treinamento para manter o interesse da população também é fundamental. Frequentemente, também é necessário um interlocutor que tenha condições de decodificar adequadamente a informação para o grande público (Tundisi, 1990a, 1999, 2001), pois, em muitos países, o decodificador para a comunidade é o professor de ensino fundamental e médio. No Japão, esse decodificador é o agente da saúde pública, que, no Brasil, pode corresponder ao agente da vigilância sanitária.

Os programas necessitam de orientação prática e devem ser apropriados para cada comunidade, enfatizando sempre os problemas e processos locais. É importante também registrar os dados e as informações sobre o ciclo da água, bem como a quantidade e a qualidade da água disponível para a população. Em geral, a disponibilidade técnica das informações para a população tem efeito extremamente importante e pedagógico. A estrutura sociopolítica e econômica local deve ser envolvida no processo, pois, consequentemente, essa visão amplia a capacidade de decisão e de interferência da comunidade no processo de gerenciamento das bacias hidrográficas e dos recursos hídricos.

A criação de redes de comunicação por intermédio de internet, rádio, televisão e jornais também possibilita ampliar a capacidade de compreensão dos problemas pela comunidade e, sem dúvida, atingir o grande público de forma permanente, criando um movimento de grande repercussão (Matsumura-Tundisi et al., 2001). Nos vários programas de gerenciamento e recuperação de lagos, em muitas regiões do Planeta (Estados Unidos, China, França, Inglaterra, Alemanha, Japão, Uganda e Quênia), a participação da comunidade foi fundamental para o sucesso da iniciativa. É também importante a transparência dos sistemas públicos e privados na disponibilização de informações sobre o "estado dos mananciais" e a realidade da situação.

As várias formas de comunicação nesses casos foram: seminários, publicações (cartilhas, livros), audiovisuais, meios eletrônicos, painéis, teatro, trabalho e visitas de campo e à realidade local, conferências de imprensa, exploração de áreas com motivação ambiental e reuniões de bairro e com associações de classe.

A mobilização do grande público é fundamental para a sustentação do processo de conservação da água e o enfrentamento da escassez. O uso e a divulgação do conhecimento tradicional existente podem ser outra importante contribuição para a capacitação e o aumento da percepção do grande público (Likens, 1992).

10.4 Treinamento: destaques especiais

Com relação ao treinamento:
- ≈ deve-se ressaltar a promoção de novas abordagens e o desenvolvimento de parcerias;
- ≈ deve-se articulá-lo com o contexto ocupacional de planejadores, gerentes, tomadores de decisão e administradores.

As principais abordagens na formação de recursos hídricos tanto para a pesquisa como para o gerenciamento são:
- ≈ visão sistêmica dos processos;
- ≈ visão integrada e integradora;
- ≈ integração entre experimentação (observação) e síntese;
- ≈ trabalho de campo em unidade real e próxima;
- ≈ interação entre problemas biogeofísicos, econômicos e sociais, e demonstrações em estudos de caso.

Os principais métodos de estudo podem ser sintetizados em:
- ≈ excursões de campo e observações;
- ≈ técnicas para a mensuração de índices;
- ≈ técnicas de laboratório;
- ≈ uso de mapas e imagens de satélite;
- ≈ uso de SIG;
- ≈ uso de sistemas georreferenciados;
- ≈ uso de técnica de informação e de informática;
- ≈ usos e análises do banco de dados;
- ≈ integração de bases de dados e montagem de sistema de informação;

- ≈ reuniões e seminários de avaliação e de análise crítica;
- ≈ reuniões e seminários com usuários e administradores para avaliação crítica e discussão de alternativas.

Boxe 10.1
Ferramentas, mecanismos e metodologia para alertar a população para os problemas ambientais

- ≈ entrevistas com a comunidade, encontros e seminários;
- ≈ reuniões informais;
- ≈ palestras;
- ≈ mesas de trabalho;
- ≈ audiências públicas;
- ≈ painel de discussão;
- ≈ mala direta;
- ≈ notícias ao público;
- ≈ questionários;
- ≈ contatos telefônicos;
- ≈ linha quente (telefone);
- ≈ pesquisa de porta em porta;
- ≈ quadros de avisos;
- ≈ pôsteres;
- ≈ excursões por instalações;
- ≈ viagens de campo;
- ≈ locais de preservação ambiental (visitas e seminários);
- ≈ eventos especiais, ritos tradicionais;
- ≈ rádio;
- ≈ televisão;
- ≈ filmes e vídeos;
- ≈ painéis;
- ≈ videogames;
- ≈ internet (por exemplo, "A água na Web");
- ≈ cartas informativas e inserções em jornais;
- ≈ divulgação de notícias;
- ≈ notas para a imprensa.

Fonte: modificado de PNUMA/IETC (2001).

Boxe 10.2
Centros Internacionais de Treinamento em Limnologia e Recursos Hídricos

Para resolver os problemas de treinamento especializado e de alto nível oferecido a pesquisadores e gerentes de recursos hídricos, há propostas concretas de estabelecer, em diferentes continentes, Centros Especializados de Treinamento Internacional (Tundisi, 2000b). Esses centros, com participação de várias instituições, iniciativa privada e empresas de tratamento e distribuição de águas, estabelecidos em diferentes continentes e em rede, devem promover treinamento técnico e científico de alto nível em programas de curta duração (2 a 3 meses) que tenham enfoque interdisciplinar e utilizem dados e informações regionais sobre itens como ciclo hidrológico, água, saúde humana e economia regional. Os cursos terão avanços na qualidade da informação disponibilizada e deverão dar condições para discussão e apresentação de problemas relativos a tecnologias, organização institucional e trabalho prático. Tais cursos, localizados fora do sistema tradicional de mestrado e doutorado das universidades, devem promover rápidos progressos no treinamento para gerentes e pesquisadores.

A proposta já aprovada pela Sociedade Internacional de Limnologia Teórica e Aplicada e por 13 Academias de Ciências do IAP (Inter Academy Panel) produziu importantes resultados. A ideia é estabelecer tais centros na América Latina, África, China e Índia, promovendo uma rede mundial de treinamento avançado. Um dos centros já estabelecido e em funcionamento é o ITC (International Training Center) de São Carlos/SP, coordenado pelo Instituto Internacional de Ecologia, com apoio internacional, e que já ministrou dois cursos internacionais, em 2001 e 2002, para 35 pesquisadores e gerentes de recursos hídricos de dez países (parceria com IBAMA/CEPTA).

Boxe 10.3
A Escola da Água

A Escola da Água é uma das ações desenvolvidas pelo Instituto Internacional de Ecologia de São Carlos, para viabilizar e expandir a mobilização da população no que diz respeito a problemas relacionados com a conservação, a proteção dos recursos hídricos e a recuperação de rios, lagos e represas. A Escola da Água, além de ser um conceito, é um espaço físico (escola, casa, *trailer* ou outro espaço) onde a população aprende sobre a água e onde se desenvolvem ações de educação sanitária e ambiental, apresentam-se conferências, seminários e realizam-se visitas a campo e atividades de monitoramento de qualidade da água com alunos dos ensinos fundamental e médio. A Escola da Água procura desenvolver todas as ações possíveis de divulgação sobre o tema, de forma a disponibilizar para a população, professores e estudantes o máximo de informações e técnicas econômicas e sociais relacionadas com a água, a poluição e a conservação de recursos hídricos e de mananciais, os sistemas de tratamento de água e as relações entre disposição de resíduos sólidos (lixo urbano) e contaminação de recursos hídricos superficiais e subterrâneos. A Escola da Água é uma inovação do ponto de vista da disseminação de informações sobre a água para a população.

Fonte: contribuição de Thaís A. Prado Correa e Viviane Genovez.

A Escola da Água é uma organização que se utiliza de uma estrutura física – prédio, trailer – para informar o público sobre a água e seus problemas

Conclusões

O treinamento de cientistas, gerentes e administradores deve promover a integração entre as ciências básicas de pesquisa da água (Limnologia, Biologia Aquática, Química das Águas) e as áreas de Engenharia e Tecnologia (Hidráulica e Saneamento, Tratamento de Águas, Economia das Águas, Modelagem Matemática), com a finalidade de formar especialistas com visão sistêmica e integrada (e não generalistas). Além disso, deve-se incorporar uma visão social e econômica dos processos, a fim de promover capacidades de análise e gestão adaptativa e preditiva.

Para o grande público, é necessário empregar vasto arsenal de técnicas e tecnologias no estímulo à participação e ao interesse dos usuários de água nas bacias hidrográficas. A disponibilização de informações relevantes para os usuários é fundamental.

11 Água no terceiro milênio: perspectivas e desafios

"A água é a mãe de todas as coisas."
Píndaro

"A magia do mundo está na água: a água guarda o passado e prepara o futuro."
Provérbio indígena

Como ficou demonstrado nesta obra, água é um recurso natural, distribuído desigualmente pela superfície e pelos aquíferos do Planeta, e sua disponibilidade, uso e gerenciamento adequado são fundamentais para o futuro sustentável da humanidade. Algumas perspectivas e desafios são considerados neste capítulo para mostrar que há soluções que podem ser desenvolvidas com criatividade e inovação, colocando-se sempre a informação científica, a tecnologia, a disseminação dos problemas relativos à água, a resolução dos conflitos e a otimização dos usos múltiplos como pontos fundamentais.

Primeiro, é extremamente importante persistir no levantamento de informações e na elaboração de bancos de dados sobre balanços hídricos – em níveis global, regional e local. A continuidade desses programas, iniciados de forma mais organizada após 1967, a partir da Conferência Internacional "Água para a Paz", deverá fornecer informações cada vez mais precisas sobre a quantidade de água doce no Planeta, os ciclos globais e as alterações produzidas pelas mudanças globais e pela intervenção do homem. Essas informações mostram também reservas substanciais em aquíferos subterrâneos. A água, como recurso natural, apresenta algumas características essenciais (Speidel; Ruedisili; Agnew, 1988; Postel, 1997; Tundisi, 2001b):

≈ A *água é ubíqua* – está em quase todas as regiões do Planeta, principalmente onde há concentração humana, consequência natural da disponibilidade de água. A presença de água é constante no Planeta, e onde não há água, não há vida.

≈ *A água é um recurso heterogêneo* – a água existe nas formas líquida, sólida e gasosa, sendo a forma líquida a mais utilizada. Varia em composição química, dependendo da hidrogeoquímica regional e local. A qualidade da água líquida deve atender aos requerimentos da demanda. A água não está igualmente distribuída por todo o Planeta.

≈ *A água é um recurso renovável* – o ciclo da água implica permanente renovação do estoque de água e da sua qualidade. Tecnologias modernas têm interferido no ciclo natural (dessalinização, alteração nos padrões de precipitação, construções de canais, diques e represas).

≈ *A água é uma propriedade comum* – ainda não há definição clara dos direitos de propriedade da água em muitos países. Os custos de tomada de água, tratamento e transporte são reconhecidos, ao contrário dos custos de disponibilidade de água.

≈ *A água é usada em grandes volumes* – a quantidade de água utilizada excede consideravelmente as quantidades de outros recursos naturais usados pelo homem.

≈ *A água doce é muito barata* – os vários processos econômicos associados ao tratamento e à distribuição da água, além das economias de escala relacionadas ao suprimento de água, fazem com que todos os seus custos sejam relativamente baratos. Águas municipais custam menos de US$ 0,30 por tonelada métrica, enquanto areia, provavelmente o *commodity* mineral mais barato, custa três dólares a tonelada; o ferro, 30 dólares a tonelada. No Brasil, a água municipal, cujo custo varia, está em torno de R$ 0,40 a R$ 35/1.000 m³ para uso doméstico (custo do tratamento).

Essas questões estão promovendo novos e importantes progressos na resolução dos vários problemas de suprimento, abastecimento e tratamento de água. O primeiro tópico importante é o da questão econômica e a necessidade de tratar a água como uma reserva de recurso natural, cujos uso e tratamento têm custos. A escala da poluição é uma fração da taxa da atividade econômica, e os custos e tratamento dessa poluição têm valor considerável do ponto de vista econômico e como parte do produto interno bruto (PIB). As questões relacionadas à hidroeconomia são:

a] *Suprimento e retirada de água*: regulação das taxas pagas por monopólios ao Estado.
b] *Distribuição*: regulação e desenvolvimento tecnológico para diminuição das perdas.
c] *Usos da água*: regulação das taxas pagas por usuários (monopólios ou não) pelo uso da água.
d] *Usos do solo*: regulação das taxas pagas pela população local e os serviços proporcionados pelo solo (urbanização, agricultura e outros usos).
e] *Tratamento de esgotos e efluentes*: regulamentação dos tratamentos de esgotos e efluentes e seu uso. Taxação efetiva das descargas industriais e o princípio do poluidor/pagador.
f] *A regulamentação dos setores privados e dos monopólios* relativamente ao uso, distribuição e tratamento da água (Merret, 1997).

Do ponto de vista gerencial, é imprescindível persistir na proposta do gerenciamento integrado e preditivo em nível de ecossistema. Outra característica importante é o gerenciamento adaptativo da bacia hidrográfica como um mecanismo básico de gestão do solo e das águas. A formação de recursos humanos e a preparação de gerentes e técnicos de recursos hídricos, sem dúvida, são outros desafios importantes. Em nível gerencial e técnico, há grande deficiência tanto no Brasil como no mundo, o que, sem dúvida, deve promover grande demanda de treinamento nos próximos anos. Em nível municipal, este é um dos grandes desafios na gestão e no tratamento das águas.

As missões mais importantes relativas à gestão das águas e à política de gerenciamento das águas devem ser:

i Fornecer água adequada e com qualidade e quantidades suficientes para uso doméstico, industrial e na agricultura.
ii Promover e proporcionar suprimentos adequados a todos.
iii Gerenciar adequadamente a água, seu uso e seu suprimento.
iv Proteger a periódica capacidade de renovação das águas superficiais e subterrâneas.
v Conservar a biodiversidade dos sistemas aquáticos.
vi Reduzir conflitos internacionais, locais e regionais sobre o uso das águas.
vii Proteger comunidades rurais e urbanas de enchentes.
viii Purificar e tratar a água de esgoto e de efluentes.
ix Proteger os mananciais.

Os princípios de sustentabilidade para o uso da água e sua permanente renovação no Planeta são (Merret, 1997; Rebouças; Braga; Tundisi, 1999; Tundisi, 2001; Unep, 1999):

≈ proteção do hidrociclo e dos mananciais;
≈ purificação e tratamento da água;
≈ conservação da biodiversidade e dos hábitats. Manutenção dos *hotspots* (regiões com alta biodiversidade aquática ou terrestre ou ambas);
≈ gerenciamento da quantidade e da qualidade;
≈ suprimento eficiente de água doce a todas as pessoas, independentemente de classe e posição econômica;
≈ proteção do solo e prevenção da contaminação, poluição e eutrofização;
≈ gerenciar os usos múltiplos e adequá-los à economia regional;
≈ promover orientações estratégicas para a prospecção;
≈ promover avaliações adequadas da distribuição e do tratamento de águas e esgotos por sistemas públicos ou privados.

O suprimento de água; a questão tecnológica do tratamento, da purificação e da proteção dos mananciais; a manutenção do hidrociclo e do ciclo hidrossocial e sua otimização; e a gestão dos conflitos e dos usos múltiplos são a grande vocação e motivação do terceiro milênio. Novas estratégias para o gerenciamento e o desenvolvimento sustentável de recursos hídricos devem prevalecer no século XXI.

Os desafios referentes à escassez da água devem ser enfrentados com vigoroso gerenciamento do suprimento e da demanda, com a inclusão de novas fontes, como exploração sustentada dos aquíferos subterrâneos, reflorestamento intensivo para proteger recargas e proteção dos solos, além da sua recuperação, para melhor gestão da qualidade da água. O reúso da água deve ser um fator cada vez mais preponderante no século XXI. Este reúso pode desempenhar um papel econômico fundamental. Na Califórnia, por exemplo, o Estado com a maior taxa de reutilização da água nos Estados Unidos, a água de efluentes domésticos e industriais tem sido reutilizada para irrigação de parques e campos de golfe, resfriamento industrial, barreira como intrusão de águas costeiras e salobras e aplicação em certos tipos de agricultura. Entretanto, mesmo nesse Estado, o reúso da água de efluentes ainda é de 1% do suprimento da água (Rosegrant, 1996).

Além do reúso, a captura da água de precipitação ou de enchentes para suprir cultivos irrigados, prática muito comum em regiões semiáridas da Índia e do Paquistão, deve ser intensificada em outras regiões com as mesmas características. Na Índia, 800 mil hectares do solo agrícola são irrigados dessa forma (Clarke, 1991). A captura e a reserva de água podem, também, melhorar o padrão de conservação do solo, evitando a erosão.

Um movimento institucional importante deverá ocorrer por intermédio da descentralização. A integração dos municípios no sistema de conservação, tratamento de esgotos, reúso da água e monitoramento avançado depende de um conjunto de tecnologias que poderá ser colocado à disposição em função de treinamentos especializados, equipamentos e metodologias adequados, com custos acessíveis. As questões legais e de regulamentação também deverão prevalecer. As experiências no Japão, nos Estados Unidos e no Brasil demonstraram que o aumento dos custos da água e dos impostos sobre a poluição, por meio de taxas adequadas, resultaram em medidas efetivas de controle da poluição industrial.

11.1 Estratégias de sobrevivência para escassez da água

Uma série de estratégias têm sido propostas para enfrentar a escassez e aumentar a disponibilidade de água (Shiklomanov, 1998; De Villiers, 2000; PNUMA/IETC, 2001; Rebouças, 2002):

a] *Estratégia para obtenção de mais água*. Aumentar as reservas, proteger os aquíferos subterrâneos e desenvolver sistemas de transporte de água para onde há escassez. Há três sistemas de transporte de água em funcionamento em larga escala na Califórnia, em Israel e na Líbia. Esses sistemas transportam água do interior para a costa, o que protege os mananciais de águas superficiais. A *dessalinização* pode ser um importante instrumento para a obtenção da água doce no futuro. Por exemplo, no caso do Oriente Médio, a dessalinização pode ser uma das saídas para a obtenção de mais água. Para produzir 100 milhões de m^3 de água, o custo é de 100 milhões de dólares, ou seja, um dólar por m^3. Alguns experimentos recentes com osmose reversa produzem água dessalinizada com preço mais acessível: US$ 0,45 por tonelada. Experiências bem-sucedidas de dessalinização de lagos salobros no Nordeste do Brasil, empregando equipamento de baixo custo, devem ser retomadas e estimuladas. A dessalinização de água salobra de estuários, mais barata e acessível, seria outra tecnologia com potencial de utilização nos próximos 20 anos. O problema da dessalinização é o custo da energia despendida no sistema. Por exemplo, para produzir 9,25 milhões de m³ de água em Santa Bárbara (Califórnia), o gasto de energia é de 50 milhões de kW. A transposição da mesma quantidade de água do rio Colorado para a região metropolitana de Los Angeles exige entre 15 milhões e 26 milhões de kW. A transposição de águas pode ser um fator decisivo em muitas regiões e aliviar a pressão sobre determinados recursos e mananciais (De Villiers, 2000). Por exemplo, a transposição de águas da represa Billings para a represa de Guarapiranga na Região Metropolitana de São Paulo, foi fundamental para o suprimento de água da zona sul, uma vez que os estoques estavam completamente deplecionados e necessitavam de recarga. Transposição em regiões metropolitanas e em larga escala pode ser uma saída para a escassez. No entanto, a transposição, em qualquer escala espacial, deve ser acompanhada de um processo permanente de auditoria, cuja finalidade é avaliar o impacto da transposição e seus efeitos posteriores. O *monitoramento* é essencial para enfrentar a escassez e detectar fontes de água não poluída, além de servir como um sistema de diagnóstico precoce.

b] *Estratégias para diminuir o consumo e reciclar água.* É fundamental reduzir a demanda de água, colocando preços adequados no seu fornecimento, taxando a poluição ou tornando o seu consumo mais eficiente, com técnicas mais baratas, educação da população e uma nova *ética da água*. Técnicas inovadoras de irrigação (muitas em operação em Israel, como irrigação por gotejamento, irrigação de aspersão em baixa pressão, hidrocultura com água reciclada e captura de água em umidade do ar) podem ser introduzidas com muitos benefícios para a conservação.

c] *Estratégias para o gerenciamento integrado.* Estabelecer bases sólidas para o gerenciamento integrado significa: desenvolver capacidades institucionais adequadas; integrar sistemas federais, estaduais e municipais; implantar e consolidar os comitês de bacias hidrográficas; dar atenção para as questões relacionadas à proteção dos mananciais e aos usos múltiplos da água; e educar a população. Significa também organizar bases sólidas para a sustentação econômica do uso, tratamento e conservação da água e resolver conflitos sobre os usos múltiplos.

d] *Estratégias para a conservação da água em nível internacional e entre fronteiras estaduais.* Atualmente, há 200 bacias internacionais cujos usos múltiplos de água têm gerado conflitos. A escalada desses conflitos decorre, em grande parte, do problema de usos múltiplos da água, a montante e a jusante, produzindo efeitos no volume de água (enchentes) e grandes perdas econômicas por causa da poluição, da eutrofização e do uso excessivo de grandes volumes de água. A conservação da água em nível internacional, a recuperação de rios, lagos e represas, o controle da irrigação e do volume de represas e o controle da poluição só podem ser realizados se grupos internacionais puderem administrar os recursos hídricos com legislação apropriada, internacional, novas tecnologias e investimentos compartilhados, como foi feito nos grandes lagos norte-americanos e como está sendo paulatinamente implementado na bacia do Prata pela RIGA (Rede Integrada do Gerenciamento de Águas). No Brasil, o gerenciamento da água por comitês de bacia, como no caso do rio São Francisco ou do rio Paraíba do Sul, ou muitas outras bacias em vários estados, pode ser uma das soluções que estão acima das divisões estaduais e políticas e, portanto, podem acelerar o processo de gestão e otimizar o controle.

Um problema adicional muito importante, que deve ser considerado ao enfrentar a escassez de água, é *reduzir o desperdício*. Há enormes desperdícios no uso da água, e as perdas no transporte podem ser de até 40% em muitas áreas urbanas de todo o Planeta. Esse desperdício da água ocorre nos usos domésticos, na irrigação, nos usos industriais e em quase todas as atividades humanas que utilizam água para múltiplas finalidades. Expansão e aprofundamento das novas técnicas de irrigação deverão ser regras comuns no século XXI. Os métodos de irrigação serão cada vez mais adaptados ao tipo de solo, de cultura e ao clima. Análises da suscetibilidade de solos à irrigação e seu potencial para degradação de águas superficiais podem contribuir com a prospecção de futuras possibilidades regionais e o zoneamento de bacias hidrográficas (Tundisi et al., 2003). Técnicas de injeção de nutrientes com a água melhorarão muito a eficiência da irrigação e da fertilização. A irrigação em pequena escala, mais eficiente, será mais utilizada do que a irrigação em grandes complexos agroindustriais. O desperdício em áreas urbanas deve ser resolvido com a implantação de sistemas automáticos de distribuição, melhoria nos sistemas de transporte de água com tubulações mais eficientes e um conjunto de processos de educação que podem facilitar os usos múltiplos, preservar a água e reduzir o desperdício. A educação para controle da qualidade e da quantidade deve fazer parte de um conjunto de informações ao grande público.

11.2 O panorama internacional

Um dos grandes desafios do século XXI deverá ser a resolução e o acompanhamento de conflitos internacionais resultantes da disputa pela disponibilidade de água. Regiões de grande turbulência internacional relativa aos usos compartilhados da água são as bacias dos rios Jordão, Tigre-Eufrates e Nilo, todos no Oriente Médio. Por exemplo, a Turquia está construindo 21 represas no rio Eufrates (GAP – Greater Anatolia Project, Projeto da Grande Anatólia) ao custo de 21 bilhões de dólares. Essas represas deverão produzir hidroeletricidade e irrigar 1,5 milhão de hectares. O projeto pode reduzir em 40% o suprimento de água à Síria e em 90% o suprimento de água ao Iraque. O governo da Turquia comprometeu-se em manter um fluxo de 500 m^3/s a jusante, a fim de proporcionar ao Iraque água de irrigação e outros usos. O rio Nilo tem 3.030.300 km^2 da bacia hidrográfica em nove países e é fonte potencial de disputas futuras. A Fig. 11.1 mostra as principais bacias hidrográficas do Oriente Médio, que são fontes potenciais de problemas e conflitos relativos aos usos múltiplos da água e ao compartilhamento dos recursos hídricos (Biswas; Uitto, 2001; Grover; Howarth, 1991).

Outras bacias internacionais com problemas são a do Indus (Paquistão e Índia), com 2.900 km de extensão; a do rio Ganges (Índia e Bangladesh) e a bacia do rio do Prata (Brasil, Uruguai, Paraguai), que é compartilhada por cinco países. Nesta última, a implementação da RIGA possibilitou um mecanismo institucional de gerenciamento de águas adequado e avançado, que promoverá a integração do gerenciamento das águas nessa bacia.

11.3 Uma nova ética para a água

Quando a água é abundante e o volume *per capita* é muito alto, como nas regiões da bacia Amazônica ou em alguns lagos africanos, os vários aspectos dos usos múltiplos podem coexistir sem graves problemas. Entretanto, é na escassez que os conflitos sobre a água emergem e a competição se acirra.

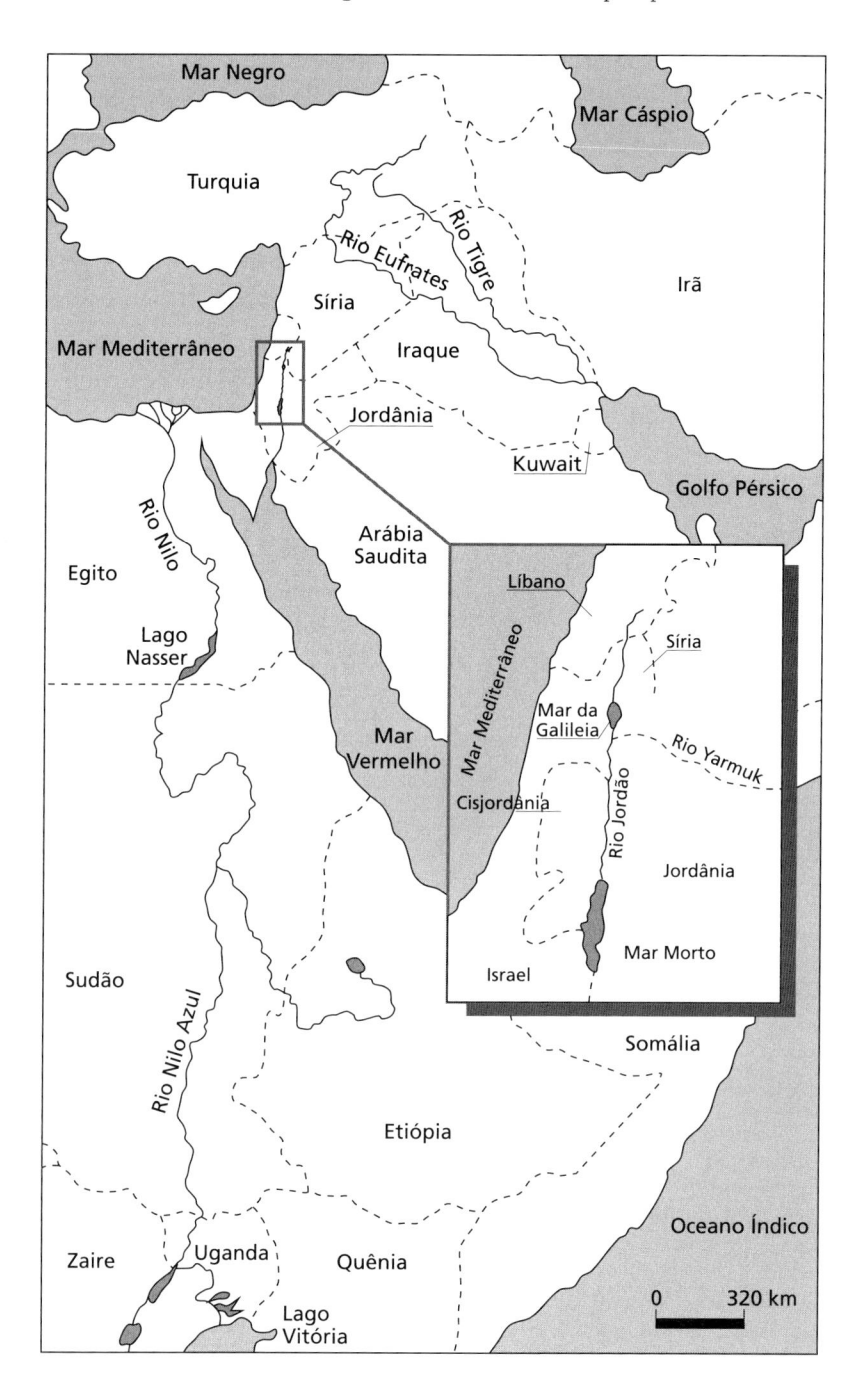

Fig. 11.1 Principais bacias hidrográficas do Oriente Médio, que são fontes de problemas e conflitos nos usos dos recursos hídricos
Fonte: Postel, 1997.

Essa escassez pode ser resultado de avidez no uso e de desequilíbrio permanente no ciclo hidrológico, ou pode resultar do excesso de poluição e contaminação, que limita os usos múltiplos e somente permite certos tipos de usos. Por exemplo, águas eutróficas podem ser utilizadas, até certo ponto, para a geração de energia elétrica ou irrigação, mas não podem ser utilizadas para abastecimento público ou recreação – necessitam de tratamento. O desafio para a sociedade do futuro é justamente o gerenciamento dos conflitos e a capacidade de acomodar os usos múltiplos cada vez com mais eficiência. A competição para os diversos usos será sempre maior e cada vez mais presente no século XXI.

Uma nova ética para a água deve ser considerada. Ela está muito acima das questões referentes à água como fator econômico ou de que os "sistemas de água" (abastecimento e disponibilidade) são canais, adutoras, medidores e plantas de tratamento. Deve-se considerar o ciclo hidrossocial, as relações da água com a saúde humana, o fornecimento de alimentos como a pesca e piscicultura, o turismo, o lazer e a cultura (Postel, 1997). É muito importante que os aspectos centrais do abastecimento e da distribuição de água sejam controlados pelos governos, uma vez que esses aspectos devem considerar a água e os ecossistemas aquáticos como "provedores de serviços". Concentração de poder para alguns monopólios privados, como tem ocorrido nas privatizações em Buenos Aires, Casablanca, Cidade do México e Adelaide, pode não ser totalmente desejável nesta nova ética (Postel, 1997; NRC, 1999; Tundisi et al., 2000).

A conservação dos recursos hídricos é também outro aspecto fundamental do problema. A conservação de mananciais e de fontes de águas subterrâneas deve fazer parte de um processo contínuo e de uma atitude permanente. Nessa conservação, a educação sanitária e ambiental do público como um todo, especialmente de políticos (prefeitos, governadores e legisladores), é fundamental. Há ausência quase total de apoio técnico a prefeitos de pequenos municípios no que diz respeito à água: desde o manancial até a torneira, desde a bacia hidrográfica até a estação de tratamento. Nesta ética da água, as articulações institucionais são imprescindíveis. A participação da comunidade de usuários, associada à tecnologia disponível, pode produzir alterações substanciais na situação atual.

Altos níveis de perda são intoleráveis e representam, em muitos países, bilhões de dólares de investimentos que poderiam resolver problemas de abastecimento e tratamento para milhões de pessoas. Se o gerenciamento contar com a participação ativa da comunidade, as perdas poderão ser substancialmente reduzidas. Por exemplo, no Nepal, onde atualmente 70% dos programas de irrigação são controlados pela comunidade de fazendeiros, há desempenho muito melhor e mais eficiente na distribuição e nos usos da água para irrigação (Banco Mundial, 1993).

A nova ética da água, que inclui a conservação, deve considerar os aspectos fundamentais da biodiversidade dos ecossistemas aquáticos e de sua proteção e manutenção. É esta biodiversidade que mantém os sistemas funcionando, que supre o homem com alimento e remédios e que pode, por fim, manter o Planeta funcionando ainda por um longo tempo (Chapin et al., 1997). Na busca de melhores padrões de vida e crescimento econômico, a sociedade atual tem considerado a água somente como uma *commodity* ou recurso, sem atentar para o fato de que os sistemas aquáticos são dinâmicos, contêm surpreendente e espetacular diversidade de formas de vida e organismos, e mantêm a harmonia e os processos fundamentais de funcionamento dos sistemas ecológicos e, em último caso, do Planeta (Chichilnisky; Heal, 1998). De acordo com Klessig (2001), a sociedade tem um conjunto de requerimentos para ser sustentável que, no caso da água, envolve *valores estéticos, segurança coletiva, oportunidade cultural, oportunidade educacional, segurança emocional, segurança ambiental, liberdade individual e variedade, segurança individual, oportunidade recreacional* e *espiritualidade* (Figs. 11.2 e 11.3).

Essas bases proporcionam o arcabouço para as parcerias e articulações entre profissionais e cidadãos. Uso estético de lagos e represas é parte da vida comum de muitos cidadãos do Japão, Estados Unidos e Europa. "Solidão e beleza" foram as duas principais razões para a aquisição de propriedade em um lago no Estado de Wisconsin (Klessig, 2001). Por outro lado, serviços educacionais proporcionados por lagos, represas e rios representam enorme oportunidade para estudantes de todos os níveis e para o público em geral. Um exemplo de aprendizado é desenvolvido pelos autores deste livro, que, há muito tempo, utilizam rios, lagos e represas como laboratórios para ensino de Ciências Biológicas e Limnologia e para treinamento prático de gerentes de recursos hídricos. Têm também estimulado a implementação das "Escolas da Água" em muitos municípios e zonas periurbanas de regiões metropolitanas.

Os gerentes de recursos hídricos podem, portanto, mudar seus conceitos em relação ao gerenciamento de águas superficiais e subterrâneas. É muito bom e importante prevenir a eutrofização e proporcionar oportunidade adequada para pesca esportiva e outras atividades, mas, por outro lado, devem-se reconhecer valores estéticos, valores que incluam as presentes e futuras gerações e valores que incluam água, ar, solo, plantas e animais (Leopold, 1940; Klessig, 2001).

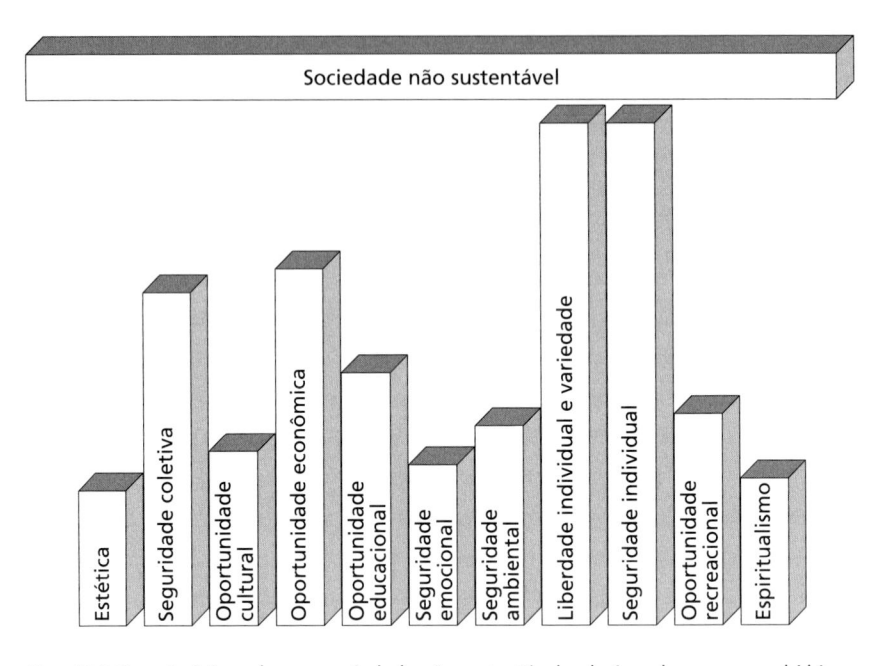

Fig. 11.2 Características de uma sociedade não sustentável, relacionada, a recursos hídricos
Fonte: Klessig (2001).

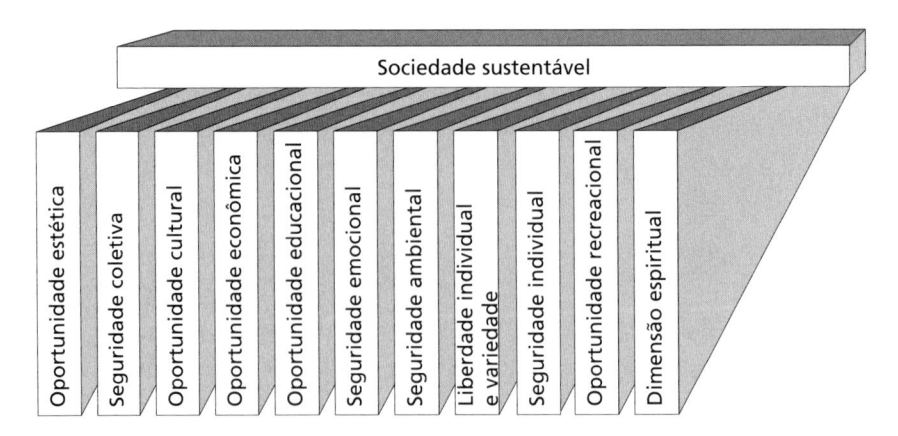

Fig. 11.3 Uma sociedade sustentável e os valores relativos a recursos hídricos
Fonte: Klessig (2001).

No Quadro 11.1 são descritas algumas tecnologias utilizadas para aumentar a disponibilidade de água, que incluem aumento da reserva, conservação de águas, aumento da eficiência e técnicas de gerenciamento mais adequadas e inovadoras. A Tab. 11.1 compara a disponibilidade de água *per capita* em 1990 com a prevista para 2025 em alguns países.

Quadro 11.1 TECNOLOGIAS PARA AUMENTAR A DISPONIBILIDADE DE ÁGUA

Efeito	Tecnologia	Comentários
Aumento da reserva de águas superficiais	≈ Mudanças na reserva de água da superfície (mais represas)	≈ Aumento das reservas e dos reservatórios de água sólida (neve)
	≈ Gerenciamento das bacias hidrográficas	≈ Ampliação da revegetação; Proteção da vegetação nativa
	≈ Modelos de fluxo hidrológico em rios	≈ Melhor uso da água de acordo com os ciclos hidrológicos
	≈ Dessalinização	≈ Altos custos são limitantes
Conservação das águas de superfície	≈ Liberação flexível da água	≈ Liberação relacionada com a demanda (para população agrícola, por exemplo)
	≈ Controle das perdas	≈ Limitação das perdas com tecnologias especiais
	≈ Controle da evaporação	≈ Limitação das superfícies, reflexão da luz solar, cobertura de represas de pequeno porte, mecânica ou quimicamente
	≈ Gerenciamento da vegetação	≈ Remoção de vegetação que causa evaporação excessiva
	≈ Gerenciamento da água de superfície	≈ Renovação da superfície do solo, mudança de propriedades do solo para conservar água da precipitação
	≈ Irrigação	≈ Há muitas técnicas disponíveis. Salinização do solo é um dos principais problemas
Aumento da eficiência no uso da água	≈ Uso adequado de plantas e animais	≈ Limitação do estresse de água; Utilização de água para produção agrícola em pequena escala
	≈ Biotecnologia	≈ Introdução de modificações genéticas para limitar o estresse de água
	≈ Introduzir e desenvolver técnicas de reúso	≈ Estímulo à inovação para reúso

Quadro 11.1 TECNOLOGIAS PARA AUMENTAR A DISPONIBILIDADE DE ÁGUA (CONTINUAÇÃO)

Efeito	Tecnologia	Comentários
Conservação dos aquíferos subterrâneos	≈ Recarga dos aquíferos ≈ Controle da poluição	≈ Depende da disponibilidade de águas superficiais ≈ Manutenção da qualidade das águas subterrâneas é difícil; Recuperação da qualidade tem altos custos
Técnicas de gerenciamento	≈ Gerenciamento da informação ≈ Gerenciamento adequado do solo e da agricultura (por exemplo, plantio direto) ≈ Gerenciamento integrado e preditivo	≈ Uso intensivo da informática ≈ Agricultura alternativa, usos múltiplos do solo ≈ Compreensão das peculiaridades e dos componentes do hidrociclo; Compreensão do potencial e das limitações do hidrociclo

Fonte: adaptado a partir de dados e informações de Speidel, Ruedisili e Agnew (1988) e do Office of Tecnology Assessment (EUA) (1983).

Tab. 11.1 DISPONIBILIDADE PER CAPITA DE ÁGUA EM 1990 E EM 2025 EM ALGUNS PAÍSES

Países	Disponibilidade *per capita* de água em 1990 (m³/pessoa/ano)	Disponibilidade *per capita* de água projetada para 2025 (m³/pessoa/ano)
África		
Argélia	750	380
Burundi	660	280
Cabo Verde	500	220
Comores	2.040	790
Djibuti	750	270
Egito	1.070	620
Etiópia	2.360	980
Quênia	590	190
Lesoto	2.220	930
Líbia	160	60
Marrocos	1.200	680
Nigéria	2.660	1.000
Ruanda	880	350
Somália	1.510	610
África do Sul	1.420	790
Tanzânia	2.780	900
Tunísia	530	330

Tab. 11.1 DISPONIBILIDADE PER CAPITA DE ÁGUA EM 1990 E EM 2025 EM ALGUNS PAÍSES (CONTINUAÇÃO)

Países	Disponibilidade *per capita* de água em 1990 (m³/pessoa/ano)	Disponibilidade *per capita* de água projetada para 2025 (m³/pessoa/ano)
América do Norte e América Central		
Barbados	170	170
Haiti	1.690	960
América do Sul		
Peru	1.790	980
Ásia/Médio Leste		
Chipre	1.290	1.000
Irã	2.080	960
Israel	470	310
Jordânia	260	80
Kuwait	<10	<10
Líbano	1.600	960
Omã	1.330	470
Qatar	50	20
Arábia Saudita	160	50
Singapura	220	190
Emirados Árabes	190	110
Iêmen	240	80
Europa		
Malta	80	80

Fonte: Gleick (1998).

Boxe 11.1
Uma agenda para mudanças: aperfeiçoando a gestão das águas

A disponibilidade de águas doces está relacionada com todas as atividades da existência humana, desde a saúde das populações até a produção de alimento e de energia. Somente na última década do século XX, a percepção sobre a complexidade do problema e as diversas interações entre os componentes do sistema tornou-se mais clara, gerando ações internacionais e iniciativas nacionais mais efetivas para o controle e a gestão das águas.

À medida que o crescimento populacional aumenta e o nível de desenvolvimento econômico melhora, cresce a necessidade de mais água. Muitos aspectos e componentes do ciclo hidrológico já foram modificados pela ação humana para fazer frente a essas demandas. Construção de reservatórios, transposição de águas, exploração de aquíferos subterrâneos e vasta exploração de mananciais de superfície foram implementados a fim de suprir as demandas de água para uma crescente população urbana e economias em expansão. Mesmo com os avanços tecnológicos produzidos em tratamento e saneamento básico, substancial contingente da população humana ainda não conta com água de boa qualidade nem saneamento adequado. A contaminação das águas superficiais e subterrâneas, o aumento das doenças de veiculação hídrica e as ameaças ambientais permanentes (como eutrofização e contaminação) aos ecossistemas aquáticos colocam em risco reservas de água em todos os continentes e bacias hidrográficas de muitas regiões do Planeta.

São necessários enormes recursos em investimentos para a proteção e a recuperação de ecossistemas aquáticos continentais. Estimativas recentes calculam em 600 bilhões de dólares os investimentos exigidos nos próximos dez anos para dar condições mínimas de saneamento básico e água disponível a dois bilhões de pessoas. Evidentemente, para mudar essa agenda é necessário inovar na gestão das águas, aumentar a eficiência dos sistemas de transporte de águas, incentivar o reúso e ampliar a informatização dos sistemas de distribuição de águas e do gerenciamento. A participação da comunidade, a educação sanitária e ambiental, o uso de técnicas tradicionais de gerenciamento e experiências positivas de gestão das águas devem ser incentivados. Por outro lado, as questões legal e institucional necessitam de avanços adequados para tornar o gerenciamento mais efetivo e flexível; novas tecnologias para uso industrial, comercial e residencial de água precisam ser introduzidas. As questões internacionais também devem ocupar parte importante dos fóruns de decisão sobre a questão das águas compartilhadas e seus usos múltiplos. A palavra-chave em todos os casos é: *mobilização em todos os níveis e ampliação da compreensão das diversas conexões e interações entre os sistemas aquáticos e as condições econômicas e sociais.*

A capacidade de resolver conflitos em níveis municipal, estadual, nacional e internacional faz parte do processo de gestão integrada de recursos hídricos a partir de agências de várias abrangências e de portes diversos.

11.4 Água e desenvolvimento sustentável

Desenvolvimento sustentável prevê manutenção dos recursos naturais e sua disponibilização às próximas gerações. A água ocupa papel central nesse desenvolvimento sustentável, dando condições para a renovação dos ciclos e para a sustentabilidade da vida no Planeta. O conceito de desenvolvimento sustentável deve apoiar-se em um conjunto de informações confiáveis – banco de dados – e em um *sistema de informações* de qualidade derivado desse banco de dados. Os tópicos fundamentais para a elaboração de um banco de dados, vital para a implementação de projetos de desenvolvimento sustentável, são (Banco Mundial, 1998):

≈ biodiversidade;

- ≈ recursos hídricos;
- ≈ dinâmica populacional;
- ≈ mudanças globais;
- ≈ degradação do solo;
- ≈ recursos humanos;
- ≈ poluição e contaminação;
- ≈ integração econômica.

Os bancos de dados em cada região devem partir dessa base, cujos itens são distribuídos em 29 tópicos individuais. As combinações dos tópicos individuais são:

Biodiversidade e biocomplexidade (O termo biocomplexidade é recente e tem sido utilizado com frequência para indicar as interações biológicas entre os organismos e entre os fatores abióticos. A biodiversidade seria produto da biocomplexidade.)
- ≈ Impactos da densidade populacional
- ≈ Uso do solo/cobertura do solo
- ≈ Desmatamento
- ≈ Suprimento de água
- ≈ Valor das espécies

Recursos hídricos
- ≈ Hidrologia
- ≈ Desmatamento
- ≈ Qualidade da água
- ≈ Águas de superfície/águas subterrâneas
- ≈ Usos do solo/cobertura do solo
- ≈ Densidade populacional
- ≈ Disposição de resíduos
- ≈ Biomassa
- ≈ Eutrofização

Dinâmica populacional
- ≈ Migração
- ≈ Taxa de natalidade/mortalidade
- ≈ Idade/distribuição por sexo
- ≈ Distribuição geográfica

> **Boxe 11.2**
> **A recuperação de rios urbanos e metropolitanos: uma necessidade urgente no Brasil**
>
> Rios urbanos de pequenas descargas (5-10 m^3/s) atravessam muitas áreas metropolitanas. Esses rios urbanos, cujas bacias hidrográficas foram totalmente impermeabilizadas, são um enorme problema ambiental, pois transportam poluentes, lixo urbano e são fontes de doenças de veiculação hídrica. Durante períodos de intensas precipitações, são a causa principal de inundações na área urbana e metropolitana. A recuperação desses rios é urgente e demanda ações localizadas nas bacias hidrográficas, como: a construção de áreas alagadas artificiais para conter as enchentes e remover fósforo, nitrogênio e metais pesados; a preparação de pequenas barragens, que possam conduzir a velocidade do fluxo da água e reter sedimentos; e o tratamento da água com carbonato de cálcio (cal) para remover fósforo. O uso de plantas aquáticas em barreiras, dentro desses pequenos rios urbanos, é outra iniciativa que tem auxiliado na contenção de enchentes e remoção de nutrientes (Zalewski, 2007). A recuperação dos rios urbanos pode também ser articulada com projetos paisagísticos e a construção de parques lineares, que também podem funcionar como áreas de recuperação de abastecimento de enchentes e de remoção de nutrientes. O uso de vegetação adequada nas margens desses rios urbanos, além de remover sedimentos e poluentes, contribui para renovar e melhorar a paisagem urbana.

Mudanças globais
- Desmatamento
- Biomassa
- Biodiversidade
- Hidrologia
- Clima
- Poluição
- Uso do solo/cobertura do solo
- "Saúde" (estado) humana
- "Saúde" (estado) do ecossistema
- Saúde da vida selvagem

Degradação do solo
- Cobertura do solo/usos do solo
- População
- Solos

- ≈ Produtividade
- ≈ Hidrologia
- ≈ Desmatamento
- ≈ Clima
- ≈ Poluição

Recursos humanos
- ≈ Saúde
- ≈ Educação
- ≈ Igualdade de renda
- ≈ Oportunidades
- ≈ População

Poluição e contaminação
- ≈ População
- ≈ Uso do solo/cobertura vegetal
- ≈ Indústria
- ≈ Transporte de resíduos
- ≈ Pesticidas no solo

Integração econômica
- ≈ População
- ≈ Recursos humanos
- ≈ Recursos financeiros
- ≈ Convênios e cooperações

A sustentabilidade de processos econômicos, sociais e ambientais, como sugere a Fig. 11.4, deve apoiar-se em uma integração de ciências.

11.5 Soluções inovadoras

Veremos a seguir 27 soluções inovadoras que visam promover o abastecimento de água de boa qualidade (UNDP, 2004; Tundisi, 2010).

Os estudos de caso aqui apresentados são uma síntese de soluções desenvolvidas em diversos países. São soluções factíveis, aplicáveis regionalmente e que podem beneficiar milhões de pessoas.

1. Eliminação da cólera por meio da filtração de águas com redes de plâncton: **Bangladesh**

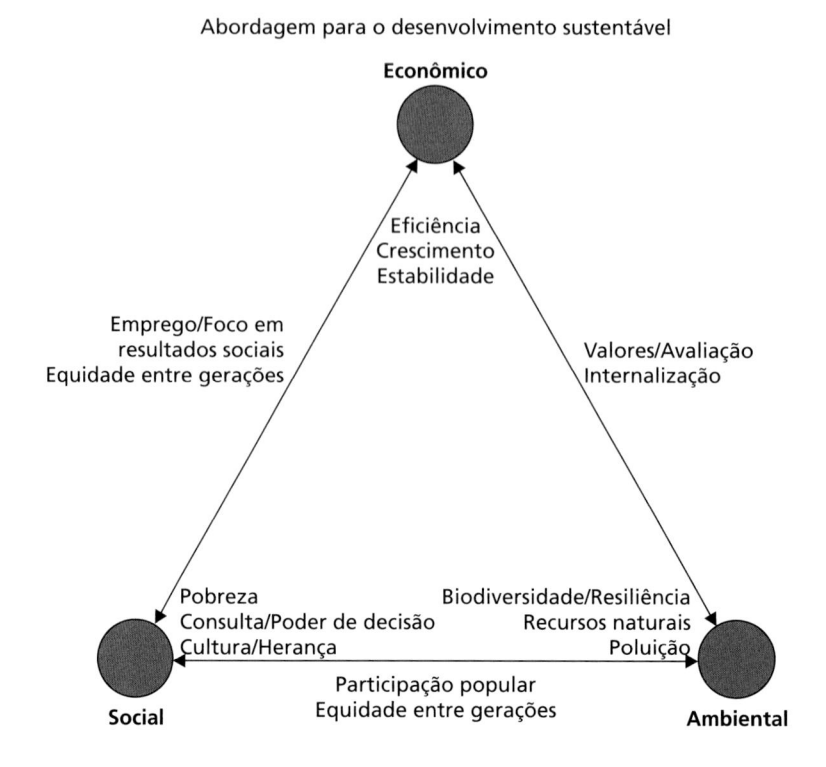

Fig. 11.4 O desenvolvimento sustentável deve promover a integração dos componentes econômico, social e ambiental (Munasinghe; Sheare, 1995)

Resultados: substancial redução no número de infectados. Aplicação prática: uso do sári para filtrar a água no campo. Custo do trabalho de campo e aplicação: 95 mil dólares (Colwell et al., 2003).

2   Uso de pequenos reservatórios de água para reserva familiar de água: **China**

Construção de reservatórios com características especiais (concreto e areia) e volumes de 100 m³ para reserva de água de chuva. Custo: 150 mil dólares (Li; Xie; Yan, 2004).

3   Melhoria de técnicas tradicionais: **Índia**

Uso de técnicas tradicionais para coleta de água da chuva. Construção de pequenos tanques de 1-200 m³, como cisternas de cimento, para coleta de água de drenagem. Custo: 35 mil dólares (Cazri Water, 1990).

4   Coleta de água da chuva que escorre pelos telhados: **Índia**
Coleta de água dos telhados em escolas, centros comunitários, hospitais regionais em regiões afastadas, casos de alteia. Custo: 10 mil dólares (Rainwater Harvesting, 2010).

5   Osmose reversa: **Índia**
Utilização de sistemas simplificados para aplicação de osmose reversa em regiões com água salobra, utilizando baixa pressão e tração animal como fonte de energia. Custo: 300 mil dólares (Shah et al., 2004).

6   Coleta de água das chuvas: **Quênia**
Metodologias e tecnologias de baixo custo utilizadas em regiões semiáridas do Quênia. Os métodos são: coleta de água da chuva em telhados de escolas e associações comunitárias, e construção de tanques e pequenas represas para coleta de água da chuva. Faz-se o tratamento da água da chuva coletada com cloro e sulfato de alumínio. Mais de 3 mil pequenas propriedades no Quênia adotaram essas técnicas de coleta e tratamento de água. Custo: 17 mil dólares (Gamba et al., 2000; Kiprono et al., 2002).

7   Melhoria da gestão de águas subterrâneas: **México**
Mapeamento e localização de águas subterrâneas em cavernas, no ambiente cáustico do Estado de Yucatán; a água doce flutua em camadas de alguns metros sobre a água salobra e salina em cavernas que se estendem por 130 km. O aproveitamento dessa fonte de água doce foi desenvolvido por hidrogeólogos da Universidade Nacional Autônoma do México. Custo: 460 mil dólares (Marin, 2004; Marin et al., 2004).

8   Gerenciamento de águas com a participação da comunidade: **Panamá**
A comunidade da Vila de Santa Isabel participa da avaliação da qualidade da água superficial, da gestão da água superficial, do reflorestamento de mananciais, da vigilância para uso controlado de pesticidas e da conservação de áreas de mananciais e fontes de suprimento de água subterrânea. Custo: 91.450 dólares (CATHALAC, 2000).

9   Desenvolvimento de sistemas simples de armazenamento de água e disposição e tratamento de resíduos: **Tailândia**
Desenvolvimento e construção de tanques, poços, caixas de água e latrinas especiais para tratamento de esgotos em áreas rurais da Tailândia e em mais de 100 mil pequenas propriedades rurais. Participação de associações de moradores, organizações não governamentais e universidades. Custo da implementação para cada propriedade: 1.700 dólares (Martin et al., 2001).

10 Mulheres em ação: **Trinidad e Tobago**
Disponibilidade de água em vilas e aldeias, com os suprimentos e as fontes controladas por mulheres organizadas em associações e cooperativas. Aumento das reservas de água por meio da construção de pequenas represas operadas por mulheres (distribuição e compartilhamento da água). Custo: Menos de 100 dólares. (Schneiderman; Reddock, 2004).

11 Descoberta de novos aquíferos: **Usbequistão**
A identificação de novos aquíferos, localizados entre 60 e 150 m de profundidade no Usbequistão, feita em cooperação com cientistas alemães (hidrogeólogos, geólogos, gerentes de recursos hídricos), possibilita novas fontes de água para a população de regiões semiáridas do país. Custo: 110 mil dólares (Nato, 2003).

12 Melhoria do sistema de distribuição de águas em pequenas comunidades: **Zâmbia**
O projeto consistiu no desenvolvimento de novos sistemas de abastecimento de água (poços subterrâneos) e de esgotamento de dejetos (com a construção de novas latrinas e sistemas de tratamento de esgoto), para melhorar a qualidade da água potável e diminuir doenças de veiculação hídrica, como cólera e diarreia. População atingida: 130 mil pessoas. Custo: 21 milhões de dólares para construção e capacitação (Japan International Cooperation Agency, 2003).

13 Desinfecção solar: **Bolívia, Equador, El Salvador, Guatemala, Honduras** e **Nicarágua**
Desinfecção solar (SODIS) é um método de produzir água potável de boa qualidade em residências. Consiste na exposição de garrafas de

plástico com água ao sol, por muitas horas, especialmente radiação ultravioleta, para inativar patógenos. Os custos são baixos, de dois a dez dólares por família. Custo: 400 mil dólares. (Encalada, 2003a, 2003b).

Nota: o método SODIS não remove todos os contaminantes da água, nem mesmo microrganismos. E não remove arsênico, metais, flúor e contaminantes orgânicos. Entretanto, é um método válido para diminuir o efeito de alguns microrganismos e prevenir doenças debilitantes, como diarreia e cólera.

14 Promoção de desinfecção solar: **Paquistão**
Introdução do método de desinfecção solar no Paquistão, em comunidades da periferia de grandes cidades do país e em áreas rurais. Custo: 50 mil dólares (Delft University of Technology, 2010; Unep, 2010).

15 Tratamento de água nas residências: **Nepal**
Este projeto promove a instalação de sistemas residenciais de tratamento de água, para evitar contaminação por microrganismos, utilizando solução de cloro (3 gotas por litro de água), combinado com o método SODIS (desinfecção solar) e acoplando um filtro de arsênico para eliminar e remover esse elemento. Tanques especiais são construídos para filtração com areia e sistemas de remoção de arsênico (com hidróxido químico). Custo: 115 mil dólares (Shrestha et al., 2004).

16 Proteção de águas subterrâneas: **Barbados**
Proteção e zoneamento de águas subterrâneas na ilha de Barbados. Este foi um programa desenvolvido pelo governo para, ao dividir as áreas de águas subterrâneas em cinco zonas, restringir e controlar atividades agrícolas e industriais, e evitar degradação dos mananciais de águas subterrâneas. Mediu-se os custos do tratamento para proteção das águas subterrâneas (US$ 0,50/m^3) que resultou na diminuição de doenças de veiculação hídrica na população. Custo: 100 mil dólares (Mwansa, 1999).

17 Proteção das fontes de água: **Jordânia**
Proteção e melhora da infraestrutura e qualidade das fontes de abastecimento de água da Jordânia. Custo: um milhão de dólares (CDM International Inc., 2002).

18 Mapeamento de fontes subterrâneas de água: **Tunísia**

Estudo integrado dos recursos hídricos subterrâneos da Tunísia, com a cooperação da Itália. São identificadas as fontes de água, subterrâneas para definir características de qualidade e quantidade, utilizando uma variedade de técnicas de exploração e capacitando engenheiros e técnicos. Custo: 4,8 milhões de dólares (governo italiano) (Trabelsi, 2003).

19 Remoção de arsênico: **Equador**

Remoção de arsênico da água de abastecimento no Equador (valores 10 mg/l para água de abastecimento – os valores de referência OMS são de 10 μg/l). Custo: dois mil dólares (de la Torre et al., 2004).

20 Planta de tratamento de água suprida com energia hidráulica: **México**

Suprimento de água potável de boa qualidade para comunidades rurais no México. Consiste em uma represa para coleta de água da chuva, um sistema de tratamento e desinfecção de água e uma bomba hidráulica. A água é transmitida por gravidade após tratamento, em diferentes estágios, e depois é bombeada por um sistema de pistão hidraulicamente acionado; portanto, sem uso de energia elétrica. Custo: 120 mil dólares (Dias-Delgado; Pulido; Morelos, 2000).

21 Monitoramento biológico de águas: **Zimbábue**

Consiste em utilizar biomonitoramento de invertebrados (macroinvertebrados, como larvas de insetos) para garantir a qualidade da água. Esse monitoramento é feito pela população rural, devidamente treinada para realizá-lo. Custo: 22 mil dólares (Chutler, 1995).

22 Coleta de água da chuva e abastecimento com água potável: Mamirauá, **Brasil**

Consiste em coletar água da chuva e tratá-la com cloro para prover água potável a residências no Amazonas. Custo do tanque para coleta e do cloro para tratamento: cinco mil dólares (IDMS <http://www.mamiraua.org.br/>).

23   Iniciativas para gestão compartilhada e integrada na bacia do alto Paraguai: **Brasil, Paraguai, Bolívia**

Este projeto promove o desenvolvimento integrado e sustentável da bacia hidrográfica do alto Paraguai, que inclui toda a região do pantanal mato-grossense e resulta em um planejamento estratégico para o gerenciamento integrado. O diagnóstico do Plano de Ação Estratégica, projeto de valoração dos recursos naturais, visa resolver conflitos sobre o uso da água. Gestão compartilhada com três países (ANA/GEF/PNUMA/OEA, 2005).

24   Programa Água para Todos: Governo do Estado da Bahia, **Brasil**

Construção de 5.000 cisternas e 1.700 poços subterrâneos para abastecimento de populações rurais no semiárido. Construção de coletores e sistemas de tratamento de esgotos na região metropolitana de Salvador. Custo: um bilhão de reais.

25   Programa Córrego Limpo: **Brasil**

Recuperação de 100 rios urbanos na Região Metropolitana de São Paulo, com internalização do processo de gestão nas comunidades. Aplicação de tecnologias e educação nas comunidades. Projeto realizado pela Companhia de Saneamento Básico do Estado de São Paulo (Sabesp). Custo: 200 milhões de reais.

26   Produtor de água/Fazendas da Água: **Brasil**

Em inúmeras localidades no interior do Brasil, há estímulos para os produtores rurais reflorestarem mananciais com espécies nativas, promovendo a recuperação de águas superficiais e subterrâneas. Os produtores recebem incentivos (isenção de impostos ou remuneração por área plantada). Custo: varia conforme a região.

27   Despoluição do rio Pinheiros e recuperação ambiental de sua bacia hidrográfica: São Paulo, **Brasil**

Consórcio de bancos, hotéis, *shoppings* e outras organizações privadas com a finalidade de contribuir para o projeto de despoluição e recuperação do rio Pinheiros. A Fundação da Associação Águas Claras do Rio Pinheiros contribui com o projeto de recuperação e revitalização do rio e sua bacia hidrográfica.

Conclusões

As estratégias para enfrentar a escassez da água devem considerar: tecnologias para a obtenção de mais água; diminuição do desperdício e do consumo excessivo; técnicas de reúso e para conservação e proteção de mananciais; e reservas superficiais e subterrâneas em níveis local, regional e global. O conceito de sustentabilidade deve promover a integração de todos os componentes biogeofísicos, econômicos e sociais para enfrentar a escassez e promover nova ética para a água, com base em considerações sociais, otimização dos usos múltiplos, controle do desperdício e recuperação de sistemas degradados. Os arcabouços legais e institucionais recentes implicam descentralização da gestão, conceito de "serviços" de sistemas aquáticos e uma revisão de valores para os recursos hídricos, que inclui valores estéticos, educacionais, recreacionais, liberdades individuais e coletivas, e segurança coletiva e individual. Esses conceitos, articulados com os conceitos de sustentabilidade dos recursos naturais e especificamente dos recursos hídricos, devem promover nova ética para a água, a qual, a par de novas tecnologias, produzirá avanços consistentes e consolidados na gestão das águas e no enfrentamento da escassez atual e futura.

Conclusões e considerações finais: o futuro da gestão de recursos hídricos

A gestão integrada e preditiva de bacias hidrográficas será o principal paradigma para a gestão global dos recursos hídricos (Tundisi, 2009). E, evidentemente, isso significa uma interação fundamental com problemas ambientais relevantes como o uso e a ocupação do solo, os impactos das mudanças globais e a contaminação crescente a partir da agricultura, da indústria e dos resíduos de dejetos humanos não tratados. A segurança coletiva das populações, no que se refere à qualidade e à quantidade de recursos hídricos, será outro componente fundamental da gestão. A história da água na Terra está diretamente relacionada com abundância, variedade e diversidade da vida e da produção biológica.

A Fig. 1 ajuda a compreender e resume a importância da interação entre os diferentes componentes do ciclo da água na gestão dos recursos hídricos.

Uma das grandes falhas da economia do século XX foi a incapacidade de distribuir água adequada e com saneamento satisfatório a todos os habitantes do Planeta. Para a gestão integrada

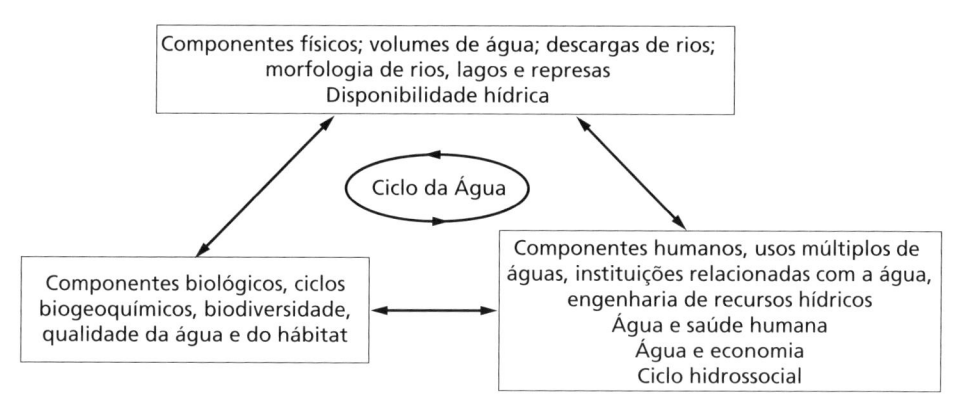

Fig. 1 O sistema de recursos hídricos relacionado com o ciclo da água
Fonte: Xia e Changming (2008).

dos recursos hídricos, deve-se considerar todos os componentes dos ciclos físico, biológico e humano. Na transição para a sustentabilidade, os usos da água devem ser racionalizados e mais eficientes, a preservação da contaminação dos mananciais e sua proteção devem ser muito mais adequadas às realidades local e regional e aos ciclos controlados. Descentralização das ações, legislações mais avançadas com cobranças pelo uso da água e o princípio do poluidor pagador devem ser implementados.

Aplicação da pesquisa, ciência, tecnologia e inovação devem ser a base para apoiar essas iniciativas. Inicialmente devem ser mais aprofundados os estudos sobre o valor econômico da água e os serviços ambientais proporcionados pelos ecossistemas aquáticos: rios, lagos, represas e áreas alagadas. A valoração da água como "recurso natural" requer concepções e abordagens que vão além dos usos múltiplos tradicionais. Por exemplo, o valor paisagístico de rios, lagos, represas e áreas alagadas deve ser considerado e estudado (Tundisi; Matsumura-Tundisi, 2010). O valor econômico da água está entre um valor de *commodity* como outros (alimentação, roupa, habitação) e "valores naturais", dos quais dependem todas as outras espécies do Planeta. As pesquisas com valoração econômica da água, que vão além do valor de mercado, devem ser aprofundadas, e é fundamental conhecer cientificamente a relação entre o estado do ecossistema e a infraestrutura dos recursos hídricos. Ainda há considerável espaço para estudos sobre a biodiversidade aquática, distribuição geográfica de espécies, ciclos biogeoquímicos e os efeitos das mudanças globais nesses ciclos e na distribuição. Pesquisas sobre reciclagem e reúso da água, dessalinização (novas tecnologias) e impactos da eutrofização sobre a biodiversidade e a saúde humana são fundamentais.

Os três grandes problemas que afetam a gestão de recursos hídricos no Brasil e que necessitam de um forte suporte acadêmico são:

a] melhor compreensão das interações entre os sistemas terrestres, os usos, a ocupação do solo e os sistemas aquáticos;

b] um constante e crescente desequilíbrio entre disponibilidade de água e demanda;

c] uma crescente contaminação e eutrofização, que tornam indisponíveis volumes expressivos de água, especialmente nas regiões Sul e Sudeste.

Os emergentes processos decorrentes da contaminação por poluentes orgânicos persistentes (POPs) demandam investigação científica e investimentos em sistemas de detecção e monitoramento, bem como elaboração de processos sofisticados de tratamento. E uma outra tecnologia que demanda investimento científico de alto nível é a modelagem matemática e ecológica de processos que incluem impactos de mudanças globais para elaboração de cenários, os quais possibilitam a transformação das bases científicas em políticas públicas que deverão prevenir e antecipar impactos.

A qualidade da água apresentou sensíveis melhoras em países industrializados graças a investimentos em tratamento de água, com tecnologias avançadas e saneamento básico. O mesmo não ocorreu em muitos países em desenvolvimento ou emergentes. Nunca, na história da humanidade, foram observados impactos da magnitude dos que ocorrem atualmente. Os incidentes de degradação ambiental local e global multiplicam-se, com consequências severas no ciclo e ameaças reais à sobrevivência da vida. Qual a melhor forma de enfrentar a escassez? Tem sido afirmado permanentemente que não há fórmula global definitiva e receita única para resolver o problema de escassez da água. Seja em razão de desequilíbrios no ciclo hidrológico ou da poluição excessiva, a água torna-se inadequada para usos múltiplos (Tundisi, 1992a, 2001a; Tundisi; Matsumura-Tundisi; Reis, 2002; Tundisi; Matsumura-Tundisi; Rodriguez, 2003).

A solução está relacionada a ações locais e regionais diversificadas, que usam a cultura local sobre a água e o ciclo hidrossocial, e que influenciam processos globais e estimulam novos procedimentos e atitudes em nível nacional e internacional. Há muitos exemplos de sucesso na gestão de águas que devem ser utilizados. Jornalistas, instituições, cientistas, técnicos, organizações, educadores, professores e população em geral podem contribuir para a compreensão efetiva do problema e ajudar a solucioná-lo. Como sempre ocorre em questões de desenvolvimento sustentável – a crise da água é um exemplo concreto desse problema –, a educação, a formação de novos valores e uma ética social voltada para a proteção e a recuperação dos recursos hídricos são fundamentais. Essa ética pode contribuir muito ao promover uma revolução no comportamento de pessoas e instituições diante da escassez da água e sua degradação. Quando a compreensão do problema for mais profunda e estiver disseminada por toda a sociedade, a segurança coletiva e a segurança individual relacionadas à água estarão garantidas, proporcionando alternativas de melhor qualidade de vida e maior capacitação produtiva a milhões de pessoas. A referida compreensão também estimulará melhores oportunidades de trabalho, renda e prosperidade coletiva e individual.

Boxe 1
Desafios diante da vida e do bem-estar

Desafio 1 – Satisfazer as necessidades humanas básicas
Resolver problemas fundamentais de doenças de veiculação hídrica e de distribuição de água de qualidade, e melhorar o comportamento higiênico de dois bilhões de pessoas.

Desafio 2 – Proteger os ecossistemas para benefício das populações e do planeta
Assegurar a sustentabilidade do ciclo da água e a manutenção da qualidade e da quantidade das reservas; proteger e recuperar as bacias hidrográficas; desenvolver visão estratégica para a recuperação e proteção dos recursos hídricos.

Desafio 3 – Água nas cidades e regiões urbanas
Ampliar a capacidade de distribuição de água a todos nas áreas urbanas e periurbanas e ampliar a implantação de serviços sanitários.

Desafio 4 – Assegurar a disponibilidade de alimentos para uma população mundial crescente
A produção de alimentos depende da água da chuva ou de irrigação. O suprimento de água adequado pode resolver definitivamente o problema da fome e da subnutrição.

Desafio 5 – Promover uma indústria mais limpa em benefício de todos
A matéria-prima água é fundamental para a indústria. O aumento previsto da demanda industrial da água poderá ser atendido com a articulação de uma oferta corretamente analisada e uma gestão nacional da demanda. Maior influência no uso e no reúso e redução das contaminações dos efluentes são fundamentais.

Desafio 6 – Utilizar a energia para cobrir as necessidades de desenvolvimento
Ampliar o acesso de energia hidroelétrica a populações carentes e melhorar a capacidade de uso dessa energia, contribuindo para diminuir a produção de gases de efeito estufa.

Desafio 7 – Reduzir os riscos e fazer frente à incerteza
Melhorar a gestão dos riscos, prevenir desastres naturais como as inundações, reforçar a segurança coletiva e familiar diante de desastres naturais e ampliar a capacidade de predição climática.

> **Desafio 8 – Compartilhar a água: definir o interesse comum**
> Integrar diferentes usos da água, promover gestão de bacias hidrográficas de forma integrada e considerar as águas superficiais e subterrâneas.
>
> **Desafio 9 – Identificar e valorizar as múltiplas facetas da água**
> Compreender a natureza múltipla dos recursos hídricos como valor econômico, social, religioso, ambiental e cultural, e ter consciência de que esses valores são interdependentes.
>
> **Desafio 10 – Assegurar a difusão dos conhecimentos básicos: uma responsabilidade coletiva**
> Promover a difusão de conhecimentos e aumentar a transparência sobre o "estado das águas" em todos os níveis (local, regional, continental, global).
>
> **Desafio 11 – Administrar a água de modo responsável para assegurar o desenvolvimento sustentável**
> Assegurar o desenvolvimento sustentável por meio da proteção e conservação do ciclo hidrológico e manter em funcionamento os ciclos do Planeta.
>
> *Fonte: Nações Unidas (2003).*

A solução para os problemas da água está, por um lado, nos avanços tecnológicos necessários (soluções científicas e de engenharia) e, por outro, nos avanços políticos, gerenciais e de organizações institucionais em nível de bacias hidrográficas, consórcios de municípios, bacias interestaduais e bacias internacionais. Haverá tempo para todas essas ações e mudanças efetivas? Sobre a água, o reúso e a fonte de belezas naturais de rios, lagos, oceanos e riachos escreveram-se muitas linhas, livros e poesias. Viver em harmonia com o ciclo da água será a chave para a gestão dos recursos hídricos do futuro.

No início deste século, as questões relativas à contaminação de recursos hídricos e à escassez têm sido discutidas em fóruns locais, regionais e globais. O ano de 2003 foi denominado o "Ano Internacional da Água" pelas Nações Unidas, e a recente Conferência Mundial das Águas, em Kyoto, no Japão, tratou de problemas fundamentais discutidos neste volume. O documento aqui sintetizado, "Água para todos", das Nações Unidas, com contribuições de organizações como Unesco, Undesa, PNUDE, Onudi, PNUMA e Unicef, ilustra bem as preocupações atuais e os desafios existentes nos níveis local, regional, nacional e internacional.

E, finalmente, como um dos objetivos do Desenvolvimento do Milênio, todos os Estados membros das Nações Unidas concordaram que até 2015 devem:

> Reduzir pela metade a proporção de pessoas que não têm acesso à água potável de qualidade.

E na reunião de Johannesburgo (Earth Sunmit) concordou-se que até 2015:

> Deverá ser reduzida à metade a proporção de pessoas sem acesso ao saneamento básico.

Na primeira década do século XXI aumentou consideravelmente a demanda pela água superficial e subterrânea sendo que as reservas subterrâneas estão sendo utilizadas mais intensamente. Também houve reconhecimento da comunidade cientifica internacional sobre a importância da água de boa qualidade para a saúde humana. Poluição e contaminação das águas superficiais e subterrâneas, agravaram-se em muitas regiões do Planeta Terra. No caso do Brasil há um reconhecimento generalizado que o principal entrave ao desenvolvimento sustentável é o tratamento de esgotos e o saneamento básico devendo ser esta uma das principais metas de governantes e tomadores de decisão nos próximos anos. Na área de pesquisa umas das prioridades é a avaliação das concentrações de matéria orgânica dissolvida na água (POPs – Poluição Orgânica Persistente) que constitue uma ameaça à Saúde Humana. Diagnostico e avaliação do POPs são ações fundamentais na pesquisa que deverão ter prioridade.

A governança da água é outra prioridade fundamental para o século XXI. Água e produção de alimentos, água virtual (água que é exportada ou importada, embutida em alimentos e produtos) deverão ter atenções prioritárias para este século. A segurança alimentar que depende do suprimento de água de boa qualidade será um tema importante do ponto de vista econômico e social. Água e economia deverão ser neste século objeto de análises e observações estratégicas.

Apêndice

Considerações sobre a Portaria nº 1.469 (CMS 518)

A Portaria nº 1.469 promoveu avanços relevantes na gestão das águas no Brasil. Esses avanços podem ser destacados nos seguintes aspectos:

- disponibilização dos resultados e controle da qualidade da água por intermédio do monitoramento pelas secretarias da Saúde dos Estados e municípios; e vinculação às autoridades de saúde pública;
- controle das condições tóxicas da água do manancial, destacando-se cianobactérias, cianotoxinas, microcistinas, cilindrospemopsina, saxitoxinas e substâncias químicas que representam riscos à saúde;
- transparência e direitos do consumidor no acesso a todas as informações relativas à qualidade e potabilidade da água;
- controle efetivo da qualidade da água das fontes de abastecimento, mantendo registros atualizados e sistematizados para informes permanentes à população. Informações à população sobre qualquer anomalia na qualidade da água das fontes de abastecimento;
- estabelecimento de padrões avançados de potabilidade para substâncias químicas que representam danos à saúde humana;
- vinculação da qualidade da água à saúde humana e vinculação do monitoramento às secretarias da saúde de Estados e municípios.

Análises críticas e avaliações da portaria foram feitas por Cintra Filho (2001) e Pires et al. (2001).

Portaria nº 1.469/GM de 29 de dezembro de 2000

Aprova a Norma de Qualidade da Água para Consumo Humano, que dispõe sobre procedimentos e responsabilidades inerentes ao controle e à vigilância da qualidade da água para consumo humano, estabelece o padrão de potabilidade da água para consumo humano e dá outras providências.

O Ministro de Estado da Saúde, no uso das atribuições que lhe confere o artigo 2º do Decreto nº 79.367, de 9 de março de 1977, resolve:

Art. 1º Aprovar a Norma de Qualidade da Água para Consumo Humano, na forma do Anexo desta Portaria, de uso obrigatório em todo o território nacional.

Art. 2º Fica estabelecido o prazo máximo de 24 meses, contados a partir da publicação desta Portaria, para que as instituições ou órgãos aos quais esta Norma se aplica promovam as adequações necessárias a seu cumprimento.

§ 1º No caso de tratamento por filtração de água para consumo humano suprida por manancial superficial e distribuída por meio de canalização e da obrigação do monitoramento de cianobactérias e cianotoxinas, este prazo fica aumentado para até 36 meses.

§ 2º No período de transição deverão ser observadas as normas estabelecidas na Portaria nº 36/GM, de 19 de janeiro de 1990.

Art. 3º É de responsabilidade da União, dos Estados, do Distrito Federal e dos municípios a adoção das medidas necessárias para o fiel cumprimento desta Portaria.

Art. 4º O Ministério da Saúde promoverá a revisão da Norma de Qualidade da Água para Consumo Humano estabelecida nesta Portaria no prazo de 5 anos ou a qualquer tempo mediante solicitação devidamente justificada por órgãos governamentais ou não governamentais de reconhecida capacidade técnica nos setores objeto desta regulamentação.

Art. 5º Esta Portaria entra em vigor na data de sua publicação.
José Serra
* Republicada por ter saído com incorreção do original no DO nº 1-E, de 2/1/2001, Seção 1, página 19.

Anexo

Norma de qualidade da água para consumo humano

Capítulo I
Das Disposições Preliminares

Art. 1º A presente Norma dispõe sobre procedimentos e responsabilidades inerentes ao controle e à vigilância da qualidade da água para consumo humano, estabelece o padrão de potabilidade da água para consumo humano e dá outras providências.

Art. 2º Toda a água destinada ao consumo humano deve obedecer ao padrão de potabilidade e está sujeita à vigilância da qualidade da água.

Art. 3º Esta Norma não se aplica às águas envasadas e a outras, cujos usos e padrões de qualidade são estabelecidos em legislação específica.

Capítulo II
Das Definições

Art. 4º Para os fins a que se destina esta Norma, são adotadas as seguintes definições:

I água potável – água para consumo humano cujos parâmetros microbiológicos, físicos, químicos e radioativos atendam ao padrão de potabilidade e que não ofereça riscos à saúde;

II sistema de abastecimento de água para consumo humano – instalação composta por conjunto de obras civis, materiais e equipamentos, destinada à produção e à distribuição canalizada de água potável para populações, sob a responsabilidade do poder público, mesmo que administrada em regime de concessão ou permissão;

III solução alternativa de abastecimento de água para consumo humano – toda modalidade de abastecimento coletivo de água distinta do sistema de abastecimento de água, incluindo, entre outras, fonte, poço comunitário, distribuição por veículo transportador, instalações condominiais horizontal e vertical;

IV controle da qualidade da água para consumo humano – conjunto de atividades, exercidas de forma contínua pelo(s) responsável(is) pela operação de sistema ou solução alternativa de abastecimento de água, destinadas a verificar se a água fornecida à população é potável, assegurando a manutenção desta condição;

V vigilância da qualidade da água para consumo humano – conjunto de ações adotadas continuamente pela autoridade de saúde pública para verificar se a água consumida pela população atende à presente Norma e para avaliar os riscos que os sistemas e as soluções alternativas de abastecimento de água representam para a saúde humana;

VI coliformes totais (bactérias do grupo coliforme) – bacilos gram-negativos, aeróbios ou anaeróbios facultativos, não formadores de esporos, oxidase-negativos, capazes de desenvolver na presença de sais biliares ou agentes tensoativos que fermentam a lactose com produção de ácido, gás e aldeído a 35,0 ± 0,5°C em 24-48 horas, e que podem apresentar atividade da enzima ß-galactosidase. A maioria das bactérias do grupo coliforme pertence aos gêneros *Escherichia*, *Citrobacter*, *Klebsiella* e *Enterobacter*, embora vários outros gêneros e espécies pertençam ao grupo;

VII coliformes termotolerantes – subgrupo das bactérias do grupo coliforme que fermentam a lactose a 44,5 ± 0,2°C em 24 horas, tendo como principal representante a *Escherichia coli*, de origem exclusivamente fecal;

VIII *Escherichia coli* – bactéria do grupo coliforme que fermenta a lactose e manitol, com produção de ácido e gás a 44,5± 0,2°C em 24 horas, produz indol a partir do triptofano, oxidase negativa, não hidrolisa a ureia e apresenta atividade das enzimas ß-galactosidase e ß-glucoronidase, sendo considerada o mais específico indicador de contaminação fecal recente e de eventual presença de organismos patogênicos;

IX contagem de bactérias heterotróficas – determinação da densidade de bactérias capazes de produzir unidades formadoras de colônias (UFC), na presença de compostos orgânicos contidos em meio de cultura apropriado, sob condições preestabelecidas de incubação: 35,0, ± 0,5°C por 48 horas;

X cianobactérias – microrganismos procarióticos autotróficos, também denominados de cianofíceas (algas azuis), capazes de ocorrer em qualquer manancial superficial, especialmente naqueles com elevados níveis de nutrientes (nitrogênio e fósforo), podendo produzir toxinas com efeitos adversos à saúde; e

XI cianotoxinas – toxinas produzidas por cianobactérias que apresentam efeitos adversos à saúde por ingestão oral, incluindo:

a) microcistinas – hepatotoxinas heptapeptídicas cíclicas produzidas por cianobactérias, com efeito potente de inibição de proteínas fosfatases dos tipos 1 e 2A e promotoras de tumores;

b) cilindrospermopsina – alcaloide guanidínico cíclico produzido por cianobactérias, inibidor de síntese proteica, predominantemente hepatotóxico, apresentando também efeitos citotóxicos nos rins, baço, coração e outros órgãos; e

c) saxitoxinas – grupo de alcaloides carbamatos neurotóxicos produzido por cianobactérias, não sulfatados (saxitoxinas) ou sulfatados (goniautoxinas e C-toxinas) e derivados de carbamil, apresentando efeitos de inibição da condução nervosa por bloqueio dos canais de sódio.

Capítulo III
Dos Deveres e das Responsabilidades

Art. 5º Cabe ao Ministério da Saúde e às autoridades de saúde pública dos Estados, do Distrito Federal e dos municípios, representadas pelas respectivas Secretarias de Saúde ou órgãos equivalentes, fazer observar o fiel cumprimento desta Norma, nos termos da legislação que regulamenta o Sistema Único de Saúde (SUS).

Art. 6º Cabe ao(s) responsável(is) pela operação de sistema ou solução alternativa de abastecimento de água exercer o controle da qualidade da água.

§ 1º Em caso de administração, em regime de concessão ou permissão, do sistema de abastecimento de água, é a concessionária ou a permissionária a responsável pelo controle da qualidade da água.

§ 2º Incumbe à autoridade de saúde pública definir responsabilidade pelo controle da qualidade da água de solução alternativa na ausência da definição desse responsável.

Art. 7º Cabe às autoridades de saúde pública da União, dos Estados, do Distrito Federal e dos municípios exercerem a vigilância da qualidade da água, de forma harmônica entre si e com os responsáveis pelo controle da qualidade da água, nos termos da legislação que regulamenta o SUS.

Art. 8º Nos termos do Código de Defesa do Consumidor, é direito do consumidor o acesso a todas as informações relativas à qualidade e potabilidade da água, à apresentação de queixas referentes às suas características e à obtenção de informações sobre as respectivas providências tomadas.

Art. 9º Ao(s) responsável(is) pela operação de sistema de abastecimento de água incumbe:

    I operar e manter sistema de abastecimento de água potável para a população consumidora que esteja em conformidade com as normas técnicas aplicáveis publicadas pela ABNT (Associação Brasileira de Normas Técnicas) e com outras normas e legislações pertinentes;

    II manter e controlar a qualidade da água produzida e distribuída, por meio de:

a] controle operacional das unidades de captação, adução, tratamento, reservação e distribuição;

b] exigência do controle de qualidade, por parte dos fabricantes de produtos químicos utilizados no tratamento da água e de materiais empregados na produção e distribuição que tenham contato com a água;

c] capacitação e atualização técnica dos profissionais encarregados da operação do sistema e do controle da qualidade da água; e

d] análises laboratoriais da água, em amostras provenientes das diversas partes que compõem o sistema de abastecimento, nos termos deste Anexo.

    III manter avaliação sistemática do sistema de abastecimento de água, sob a perspectiva dos riscos à saúde, com base na ocupação da bacia contribuinte ao manancial, no histórico das características de suas águas, nas características físicas do sistema, nas práticas operacionais e na qualidade da água distribuída;

    IV encaminhar à autoridade de saúde pública, para fins de comprovação do atendimento a esta Norma, relatórios mensais com informações sobre o controle da qualidade da água, segundo modelo estabelecido pela referida autoridade;

    V promover, em conjunto com os órgãos ambientais e gestores de recursos hídricos, as ações cabíveis para a proteção do manancial de abastecimento e de sua bacia contribuinte, assim como efetuar controle das características das suas águas, nos termos do artigo 20 deste Anexo, notificando imediatamente a autoridade de saúde pública sempre que houver indícios de risco à saúde ou sempre que amostras coletadas apresentarem resultados em desacordo com os limites ou condições da respectiva classe de enquadramento, conforme definido na legislação específica vigente;

VI fornecer informações a todos os consumidores sobre a qualidade da água distribuída, mediante envio de relatório, dentre outros mecanismos, com periodicidade mínima anual e contendo pelo menos as seguintes informações:

a] descrição dos mananciais de abastecimento, incluindo informações sobre sua proteção, disponibilidade e qualidade da água;
b] estatística descritiva dos valores de parâmetros de qualidade detectados na água, seu significado, origem e efeitos sobre a saúde; e
c] ocorrência de não conformidades com o padrão de potabilidade e as medidas corretivas providenciadas.

VII manter registros atualizados sobre as características da água distribuída, sistematizados de forma compreensível aos consumidores e disponibilizados para pronto acesso e consulta pública;

VIII comunicar, imediatamente, à autoridade de saúde pública e informar, adequadamente, à população a detecção de qualquer anomalia operacional no sistema ou não conformidade na qualidade da água tratada, identificada como de risco à saúde, adotando-se as medidas previstas no artigo 27 deste Anexo; e

IX manter mecanismos para recebimento de queixas referentes às características da água e para a adoção das providências pertinentes.

Art. 10. Ao responsável por solução alternativa de abastecimento de água, nos termos do § 2º do Artigo 6º deste Anexo, incumbe:

I requerer, junto à autoridade de saúde pública, autorização para o fornecimento de água apresentando laudo sobre a análise da água a ser fornecida, incluindo os parâmetros de qualidade previstos nesta Portaria, definidos por critério da referida autoridade;

II operar e manter solução alternativa que forneça água potável e que esteja em conformidade com as normas técnicas aplicáveis, publicadas pela ABNT (Associação Brasileira de Normas Técnicas), e com outras normas e legislações pertinentes;

III manter e controlar a qualidade da água produzida e distribuída, por meio de análises laboratoriais, nos termos desta Portaria e, a critério da autoridade de saúde pública, de outras medidas conforme inciso II do artigo anterior;

IV encaminhar à autoridade de saúde pública, para fins de comprovação, relatórios com informações sobre o controle da qualidade da água, segundo modelo e periodicidade estabelecidos pela referida autoridade, sendo no mínimo trimestral;

V efetuar controle das características da água da fonte de abastecimento, nos termos do artigo 20 deste Anexo, notificando, imediatamente, à autoridade de saúde pública sempre que houver indícios de risco à saúde ou sempre que amostras coletadas apresentarem resultados em desacordo com os limites ou condições da respectiva classe de enquadramento, conforme definido na legislação específica vigente;

VI manter registros atualizados sobre as características da água distribuída, sistematizados de forma compreensível aos consumidores e disponibilizados para pronto acesso e consulta pública;

VII comunicar, imediatamente, à autoridade de saúde pública competente e informar, adequadamente, à população a detecção de qualquer anomalia identificada como de risco à saúde, adotando-se as medidas previstas no artigo 27; e

VIII manter mecanismos para recebimento de queixas referentes às características da água e para a adoção das providências pertinentes.

Art. 11. São deveres e obrigações da autoridade de saúde pública responsável pela vigilância da qualidade da água:

I em relação às características da água nos mananciais, sistematizar e interpretar os dados gerados pelo responsável pela operação do sistema ou solução alternativa de abastecimento de água, assim como pelos órgãos ambientais e gestores de recursos hídricos, sob a perspectiva da vulnerabilidade do abastecimento de água quanto aos riscos à saúde da população;

II efetuar, sistemática e permanentemente, avaliação de risco à saúde humana de cada sistema de abastecimento ou solução alternativa, por meio de informações sobre:

a] a ocupação da bacia contribuinte ao manancial e o histórico das características de suas águas;
b] as características físicas dos sistemas, práticas operacionais e de controle da qualidade da água;
c] o histórico da qualidade da água produzida e distribuída, e da vulnerabilidade do sistema; e
d] a associação entre agravos à saúde e situações.

III estabelecer mecanismos de apoio e referência laboratorial, por meio de uma rede de laboratórios, para dar suporte às ações de vigilância da qualidade da água para consumo humano;
IV auditar o controle da qualidade da água produzida e distribuída e as práticas operacionais adotadas;
V garantir à população informações sobre a qualidade da água e riscos à saúde associados, nos termos do artigo 8 deste Anexo;
VI manter registros atualizados sobre as características da água distribuída, sistematizados de forma compreensível à população e disponibilizados para pronto acesso e consulta pública;
VII manter mecanismos para recebimento de queixas referentes às características da água e para a adoção das providências pertinentes;
VIII informar ao responsável pelo fornecimento de água para consumo humano sobre anomalias e não conformidades detectadas, exigindo as providências para as correções que se fizerem necessárias.

Capítulo IV
do Padrão de Potabilidade

Art. 12. A água potável deve estar em conformidade com o padrão microbiológico, conforme o Quadro A.1.

§ 1º No controle da qualidade da água, quando forem detectadas amostras com resultado positivo para coliformes totais, mesmo em ensaios presuntivos, novas amostras devem ser coletadas em dias imediatamente sucessivos até que as novas amostras revelem resultado satisfatório. Nos

Quadro A.1 PADRÃO MICROBIOLÓGICO DE POTABILIDADE DA ÁGUA PARA CONSUMO HUMANO

Parâmetro	VMP[1]
Água para consumo humano[2]	
Escherichia coli ou coliformes fecais termotolerantes	Ausência em 100 ml
Água na saída do tratamento	
Coliformes totais	Ausência em 100 ml
Água tratada no sistema de distribuição (reservatórios e rede)	
Escherichia coli ou coliformes termotolerantes	Ausência em 100 ml
Coliformes totais	Sistemas que analisam 40 ou mais amostras por mês: ausência em 100 ml em 95% das amostras examinadas no mês. Sistemas que analisam menos de 40 amostras por mês: apenas uma amostra poderá apresentar mensalmente resultado positivo em 100 ml

Notas: (1) valor máximo permitido; (2) água para consumo humano em toda e qualquer situação, incluindo fontes individuais como poços, minas, nascentes, dentre outras; (3) a detecção de Escherichia coli *deve ser preferencialmente adotada.*

sistemas de distribuição, a recoleta deve incluir, no mínimo, três amostras simultâneas, sendo uma no mesmo ponto e duas outras localizadas a montante e a jusante.

§ 2º Amostras com resultados positivos para coliformes totais devem ser analisadas para *Escherichia coli* e, ou, coliformes termotolerantes, devendo, neste caso, ser efetuada a verificação e confirmação dos resultados positivos.

§ 3º O percentual de amostras com resultado positivo de coliformes totais em relação ao total de amostras coletadas nos sistemas de distribuição deve ser calculado mensalmente, excluindo as amostras extras (recoleta).

§ 4º O resultado negativo para coliformes totais das amostras extras (recoletas) não anula o resultado originalmente positivo no cálculo dos percentuais de amostras com resultado positivo.

§ 5º Na proporção de amostras com resultado positivo admitidas mensalmente para coliformes totais no sistema de distribuição, expressa no Quadro A.1, não são tolerados resultados positivos que ocorram em recoleta, nos termos do § 1º deste artigo.

§ 6º Em 20% das amostras mensais para análise de coliformes totais nos sistemas de distribuição, deve ser efetuada a contagem de bactérias heterotróficas e, uma vez excedidas 500 unidades formadoras de colônia (UFC) por ml, devem ser providenciadas imediata recoleta, inspeção local e, se constatada irregularidade, outras providências cabíveis.

§ 7º Em complementação, recomenda-se a inclusão de pesquisa de organismos patogênicos, com o objetivo de atingir, como meta, um padrão de ausência, dentre outros, de enterovírus, cistos de *Giardia* spp. e oocistos de *Cryptosporidium* sp.

§ 8º Em amostras individuais procedentes de poços, fontes, nascentes e outras formas de abastecimento sem distribuição canalizada, tolera-se a presença de coliformes totais, na ausência de *Escherichia coli* e, ou, coliformes termotolerantes, nesta situação devendo ser investigada a origem da ocorrência, tomadas providências imediatas de caráter corretivo e preventivo e realizada nova análise de coliformes.

Art. 13. Para a garantia da qualidade microbiológica da água, em complementação às exigências relativas aos indicadores microbiológicos, deve ser observado o padrão de turbidez expresso na Tab. A.1.

§ 1º Dentre os 5% dos valores permitidos de turbidez superiores aos VMP estabelecidos na Tab. A.1, o limite máximo para qualquer amostra pontual deve ser de 5 UT, assegurado, simultaneamente, o atendimento ao VMP de 5 UT em qualquer ponto da rede no sistema de distribuição.

§ 2º Com vistas a assegurar a adequada eficiência de remoção de enterovírus, cistos de *Giardia* spp. e oocistos de *Cryptosporidium* sp., recomenda-se, enfaticamente, que, para a filtração rápida, se estabeleça como meta a obtenção de efluente filtrado com valores de turbidez inferiores a 0,5 UT em 95% dos dados mensais e nunca superiores a 5 UT.

§ 3º O atendimento ao percentual de aceitação do limite de turbidez, expresso na Tab. A.1, deve ser verificado, mensalmente, com base em amostras no mínimo diárias para desinfecção ou filtração lenta e a cada quatro horas para filtração rápida, preferivelmente, em qualquer caso, no efluente individual de cada unidade de filtração.

Tab. A.1 PADRÃO DE TURBIDEZ PARA ÁGUA PÓS-FILTRAÇÃO OU PRÉ-DESINFECÇÃO

Tratamento da água	VMP[1]
Desinfecção (água subterrânea)	1 UT[2] em 95% das amostras
Filtração rápida (tratamento completo ou filtração direta)	1 UT[2]
Filtração lenta	2 UT[2] em 95% das amostras

Notas: (1) *valor máximo permitido*; (2) *unidade de turbidez*.

Art. 14. Após a desinfecção, a água deve conter um teor mínimo de cloro residual livre de 0,5 mg/L, sendo obrigatória a manutenção de, no mínimo, 0,2 mg/L em qualquer ponto da rede de distribuição, recomendando-se que a cloração seja realizada em pH inferior a 8 e tempo de contato mínimo de 30 minutos.

§ 1º Admite-se a utilização de outro agente desinfetante ou outra condição de operação do processo de desinfecção, desde que fique demonstrado pelo responsável pelo sistema de tratamento uma eficiência de inativação microbiológica equivalente à obtida com a condição definida no artigo 14 deste Anexo.

Art. 15. A água potável deve estar em conformidade com o padrão de substâncias químicas que representam risco à saúde, expresso na Tab. A.2.

Tab. A.2 Padrão de potabilidade para substâncias químicas que representam risco à saúde

Parâmetro	Unidade	VMP[1]
Inorgânicas		
Antimônio	mg/L	0,005
Arsênio	mg/L	0,01
Bário	mg/L	0,7
Cádmio	mg/L	0,005
Cianeto	mg/L	0,07
Chumbo	mg/L	0,01
Cobre	mg/L	2
Cromo	mg/L	0,05
Fluoreto[2]	mg/L	1,5
Mercúrio	mg/L	0,001
Nitrato (como N)	mg/L	10
Nitrito (como N)	mg/L	1
Selênio	mg/L	0,01
Orgânicas		
Acrilamida	µg/L	0,5
Benzeno	µg/L	5
Benzo[a]pireno	µg/L	0,7
Cloreto de Vinila	µg/L	5
1,2 Dicloroetano	µg/L	10
1,1 Dicloroetano	µg/L	30
Estireno	µg/L	20
Tetracloreto de Carbono	µg/L	2

Tab. A.2 PADRÃO DE POTABILIDADE PARA SUBSTÂNCIAS QUÍMICAS QUE REPRESENTAM RISCO À SAÚDE (CONTINUAÇÃO)

Parâmetro	Unidade	VMP[1]
Orgânicas		
Tetracloroeteno	µg/L	40
Triclorobenzenos	µg/L	20
Tricloroeteno	µg/L	70
Agrotóxicos		
Alaclor	µg/L	20
Aldrin e Dieldrin	µg/L	0,03
Atrazina	µg/L	2
Bentazona	µg/L	300
Clordano (isômeros)	µg/L	0,2
2,4 D	µg/L	30
DDT (isômero)	µg/L	2
Endosulfan	µg/L	20
Endrin	µg/L	0,6
Glifosato	µg/L	500
Heptacloro e Heptacloro epóxito	µg/L	0,03
Hexaclorobenzeno	µg/L	1
Lindano (γ-BHC)	µg/L	2
Metolacloro	µg/L	10
Metoxicloro	µg/L	20
Molinato	µg/L	6
Pendimetalina	µg/L	20
Pentaclorofenol	µg/L	9
Permetrina	µg/L	20
Propanil	µg/L	20
Simazina	µg/L	2
Trifluralina	µg/L	20
Cianotoxinas		
Microcistinas[3]	µg/L	1
Desinfetantes e produtos secundários da desinfecção[4]		
Bromato	µg/L	0,025
Clorito	µg/L	0,2
Cloro livre	µg/L	5
Monocloramina	µg/L	3
2,4,6 Triclorofenol	µg/L	0,2
Trihalometanos total	µg/L	0,1

Notas: (1) valor máximo permitido; (2) os valores recomendados para a concentração de íon fluoreto devem observar a legislação específica vigente relativa à fluoretação da água, em qualquer caso devendo ser respeitado o VMP desta tabela; (3) é aceitável a concentração de até 10 µg/L de microcistinas em até 3 (três) amostras, consecutivas ou não, nas análises realizadas nos últimos 12 (doze) meses; (4) análise exigida de acordo com o desinfetante utilizado.

§ 1° Recomenda-se que as análises para cianotoxinas incluam a determinação de cilindrospermopsina e saxitoxinas (STX), observando, respectivamente, os valores-limite de 15 µg/L e 3 µg/L de equivalentes STX/L.

§ 2° Para avaliar a presença dos inseticidas organofosforados e carbamatos na água, recomenda-se a determinação da atividade da enzima acetilcolinesterase, observando os limites máximos de 15% ou 20% de inibição enzimática, quando a enzima utilizada for proveniente de insetos ou mamíferos, respectivamente.

Art. 16. A água potável deve estar em conformidade com o padrão de radioatividade expresso na Tab. A.3.

Tab. A.3 PADRÃO DE RADIOATIVIDADE PARA ÁGUA POTÁVEL

Parâmetro	Unidade	VMP[1]
Radioatividade alfa global	Bq/L	0,1[2]
Radioatividade beta global	Bq/L	1[2]

Notas: (1) valor máximo permitido; (2) se os valores encontrados forem superiores aos VMP, deverão ser feitas a identificação dos radionuclídeos presentes e a medida das concentrações respectivas. Nesses casos, deverão ser aplicados, para os radionuclídeos encontrados, os valores estabelecidos pela legislação pertinente da Comissão Nacional de Energia Nuclear (CNEN), para concluir sobre a potabilidade da água.

Art. 17. A água potável deve estar em conformidade com o padrão de aceitação de consumo expresso na Tab. A.4.

Tab. A.4 PADRÃO DE ACEITAÇÃO PARA CONSUMO HUMANO

Parâmetro	Unidade	VMP[1]
Alumínio	mg/L	0,2
Amônia (como NH_3)	mg/L	1,5
Cloreto	mg/L	250
Cor aparente	mg/L	15
Dureza	mg/L	500
Etilbenzeno	mg/L	0,2
Ferro	mg/L	0,3
Manganês	mg/L	0,1
Monoclorobenzeno	mg/L	0,12
Odor	-	Não objetável[3]
Gosto	-	Não objetável[3]
Sódio	mg/L	200

Tab. A.4 Padrão de aceitação para consumo humano (continuação)

Parâmetro	Unidade	VMP[1]
Sólidos dissolvidos totais	mg/L	1.000
Sulfato	mg/L	250
Sulfeto de Hidrogênio	mg/L	0,05
Surfactantes	mg/L	0,5
Tolueno	mg/L	0,17
Turbidez	UT[4]	5
Zinco	mg/L	5
Xileno	mg/L	0,3

Notas: (1) valor máximo permitido; (2) unidade Hazen (mg Pt–Co/L); (3) critério de referência; (4) unidade de turbidez.

§ 1º Recomenda-se que, no sistema de distribuição, o pH da água seja mantido na faixa de 6 a 9,5.

§ 2º Recomenda-se que o teor máximo de cloro residual livre, em qualquer ponto do sistema de abastecimento, seja de 2 mg/L.

§ 3º Recomenda-se a realização de testes para detecção de odor e gosto em amostras de água coletadas na saída do tratamento e na rede de distribuição de acordo com o plano mínimo de amostragem estabelecido para cor e turbidez na Tab. A.5 e no Quadro A.2.

Art. 18. As metodologias analíticas para determinação dos parâmetros físicos, químicos, microbiológicos e de radioatividade devem atender às especificações das normas nacionais que disciplinem a matéria, da edição mais recente da publicação *Standard Methods for the Examination of Water and Wastewater*, de autoria das instituições American Public Health Association (APHA), American Water Works Association (AWWA) e Water Environment Federation (WEF), ou das normas publicadas pela ISO (International Standartization Organization).

§ 1º Para análise de cianobactérias e cianotoxinas e comprovação de toxicidade por bioensaios em camundongos, até o estabelecimento de especificações em normas nacionais ou internacionais que disciplinem a matéria, devem ser adotadas as metodologias propostas pela Organização Mundial da Saúde (OMS) em sua publicação *Toxic cyanobacteria in water: a guide to their public health consequences, monitoring and management*.

§ 2º Metodologias não contempladas nas referências citadas no § 1º e *caput* deste artigo, aplicáveis aos parâmetros estabelecidos nesta Norma, devem, para

Tab. A.5 Número mínimo de amostras para o controle da qualidade da água de sistema de abastecimento, para fins de análises físicas, químicas e de radioatividade, em função do ponto de amostragem, da população abastecida e do tipo de manancial.

Parâmetro	Tipo de manancial	Saída do tratamento (número de amostras por unidade de tratamento)	Sistema de distribuição (reservatórios e rede)		
			População abastecida		
			< 50.000 hab.	50.000 a 250.000 hab.	> 250.000 hab.
Cor	Superficial	1	10	1 para cada 5.000 hab.	40 + (1 para cada 25.000 hab.)
Turbidez	Subterrâneo	1	5	1 para cada 10.000 hab.	20 + (1 para cada 50.000 hab.)
pH					
CRL[1]	Superficial	1	(Conforme § 3º artigo 19)		
	Subterrâneo	1			
Fluoreto	Superficial ou subterrâneo	1	5	1 para cada 10.000 hab.	20 + (1 para cada 50.000 hab.)
Cianotoxinas	Superficial	1 (Conforme § 5º do artigo 19)	–	–	–
Trihalometanos	Superficial	1	1[2]	4[2]	4[2]
	Subterrâneo	–	1[2]	1[2]	1[2]
Demais parâmetros[3]	Superficial ou subterrâneo	1	1[4]	1[4]	1[4]

Notas: (1) cloro residual livre; (2) as amostras devem ser coletadas, preferencialmente, em pontos de maior tempo de detenção da água no sistema de distribuição; (3) apenas será exigida obrigatoriedade de investigação dos parâmetros radioativos quando da evidência de causas de radiação natural ou artificial; (4) dispensada análise na rede de distribuição quando o parâmetro não for detectado na saída do tratamento e/ou no manancial, à exceção de substâncias que potencialmente possam ser introduzidas no sistema ao longo da distribuição.

Quadro A.2 Frequência mínima de amostragem para o controle da qualidade da água de sistema de abastecimento, para fins de análises físicas, químicas e de radioatividade, em função do ponto de amostragem, da população abastecida e do tipo de manancial

Parâmetro	Tipo de manancial	Saída do tratamento (frequência por unidade de tratamento)	Sistema de distribuição (reservatórios e rede)		
			População abastecida		
			< 50.000 hab.	50.000 a 250.000 hab.	> 250.000 hab.
Cor	Superficial	A cada 2 horas	Mensal	Mensal	Mensal
Turbidez					
pH	Subterrâneo	Diária			
Fluoureto					
CRL[1]	Superficial	A cada 2 horas	(Conforme § 3° artigo 19)		
	Subterrâneo	Diária			
Cianotoxinas	Superficial	Semanal (Conforme § 5°do artigo 19)	—	—	—
Trihalometanos	Superficial	Trimestral	Trimestral	Trimestral	Trimestral
	Subterrâneo	—	Anual	Semestral	Semestral
Demais parâmetros[2]	Superficial ou subterrâneo	Semestral	Semestral[3]	Semestral[3]	Semestral[3]

Notas: (1) *cloro residual livre;* (2) *apenas será exigida obrigatoriedade de investigação dos parâmetros radioativos quando da evidência de causas de radiação natural ou artificial;* (3) *dispensada análise na rede de distribuição quando o parâmetro não for detectado na saída do tratamento e/ou no manancial, à exceção de substâncias que potencialmente possam ser introduzidas no sistema ao longo da distribuição.*

ter validade, receber aprovação e registro do órgão responsável pela vigilância da qualidade da água para consumo humano do Ministério da Saúde.

§ 3º As análises laboratoriais para o controle e a vigilância da qualidade da água podem ser realizadas em laboratório próprio ou não que, em qualquer caso, deve manter programa de controle de qualidade interna ou externa ou ainda ser acreditado ou certificado por órgãos competentes para esse fim.

Capítulo V
dos Planos de Amostragem

Art. 19. Os responsáveis pelo controle da qualidade da água de sistema ou solução alternativa de abastecimento de água devem elaborar e aprovar, junto à autoridade de saúde pública, o plano de amostragem de cada sistema, respeitando os planos mínimos de amostragem expressos no Quadro A.2 e nas Tabs. A.5, A.6 e A.7.

§ 1º A amostragem deve obedecer aos seguintes requisitos:
  I distribuição uniforme das coletas ao longo do período; e
  II representatividade dos pontos de coleta no sistema de distribuição (reservatórios e rede), combinando critérios de abrangência espacial e pontos estratégicos, entendidos como aqueles próximos a grande circulação de pessoas (terminais rodoviários, terminais ferroviários etc.) ou edifícios que alberguem grupos populacionais de risco (hospitais, creches, asilos etc.), aqueles localizados em trechos vulneráveis do sistema de distribuição (pontas de rede, pontos de queda de pressão, locais afetados por manobras, sujeitos à intermitência de abastecimento, reservatórios etc.) e locais com sistemáticas notificações de agravos à saúde tendo como possíveis causas agentes de veiculação hídrica.

Tab. A.6 NÚMERO MÍNIMO DE AMOSTRAS MENSAIS PARA O CONTROLE DA QUALIDADE DA ÁGUA DE SISTEMA DE ABASTECIMENTO, PARA FINS DE ANÁLISES MICROBIOLÓGICAS, EM FUNÇÃO DA POPULAÇÃO ABASTECIDA

Parâmetro	Sistema de distribuição (reservatórios e rede)			
	População abastecida			
	< 5.000 hab.	5.000 a 20.000 hab.	20.000 a 250.000 hab.	> 250.000
Coliformes totais	10	1 para cada 500 hab.	30 + (1 para cada 2.000 hab.)	105 + (1 para cada 5.000 hab.) Máximo de 1.000

Tab. A.7 Número mínimo de amostras e frequência mínima de amostragem para o controle da qualidade da água de solução alternativa, para fins de análises físicas, químicas e microbiológicas, em função do tipo de manancial e do ponto de amostragem

Parâmetro	Tipo de manancial	Saída do tratamento (para água canalizada)	Número de amostras no ponto de consumo[1] (para cada 500 hab.)	Frequência de amostragem
Cor, turbidez, pH e coliformes totais[2]	Superficial	1	1	Semanal
	Subterrâneo	1	1	Mensal
CRL[2,3]	Superficial ou subterrâneo	1	1	Diário

Notas: (1) *devem ser retiradas amostras em, no mínimo, 3 pontos de consumo de água; (2) para veículos transportadores de água para consumo humano, deve ser realizada 1 (uma) análise de CRL em cada carga e 1 (uma) análise, na fonte de fornecimento, de cor, turbidez, pH e coliformes totais com frequência mensal, ou outra amostragem determinada pela autoridade de saúde pública; (3) cloro residual livre.*

§ 2º No número mínimo de amostras coletadas na rede de distribuição, previsto na Tab. A.6, não se incluem as amostras extras (recoletas).

§ 3º Em todas as amostras coletadas para análises microbiológicas deve ser efetuada, no momento da coleta, medição de cloro residual livre ou de outro composto residual ativo, caso o agente desinfetante utilizado não seja o cloro.

§ 4º Para melhor avaliação da qualidade da água distribuída, recomenda-se que, em todas as amostras referidas no § 3º do artigo 19 deste Anexo, seja efetuada a determinação de turbidez.

§ 5º Sempre que o número de cianobactérias na água do manancial, no ponto de captação, exceder 20 mil células/ml (2 mm^3/L de biovolume), durante o monitoramento que trata o § 3º do artigo 20, será exigida a análise semanal de cianotoxinas na água na saída do tratamento e nas entradas (hidrômetros) das clínicas de hemodiálise e indústrias de injetáveis, sendo que esta análise pode ser dispensada quando não houver comprovação de toxicidade na água bruta por meio da realização semanal de bioensaios em camundongos.

Art. 20. Os responsáveis pelo controle da qualidade da água de sistemas e de soluções alternativas de abastecimento supridos por manancial superficial devem coletar amostras semestrais da água bruta, junto do ponto de captação, para análise de acordo com os parâmetros exigidos na legislação vigente de classificação e enquadramento de águas superficiais, avaliando a compatibilidade entre as características da água bruta e o tipo de tratamento existente.

§ 1º O monitoramento de cianobactérias na água do manancial, no ponto de captação, deve obedecer frequência mensal, quando o número de cianobactérias não exceder 10 mil células/ml (ou 1 mm³/L de biovolume), e semanal, quando o número de cianobactérias exceder esse valor.

§ 2º É vedado o uso de algicidas para o controle do crescimento de cianobactérias ou qualquer intervenção no manancial que provoque a lise das células desses microrganismos, quando a densidade das cianobactérias exceder 20 mil células/ml (ou 2 mm3/L de biovolume), sob pena de comprometimento da avaliação de riscos à saúde associados às cianotoxinas.

Art. 21. A autoridade de saúde pública, no exercício das atividades de vigilância da qualidade da água, deve implementar um plano próprio de amostragem, consoante diretrizes específicas elaboradas no âmbito do Sistema Único de Saúde (SUS).

Capítulo VI
Das Exigências Aplicáveis aos Sistemas e Soluções Alternativas de Abastecimento de Água

Art. 22. O sistema de abastecimento de água deve contar com responsável técnico, profissionalmente habilitado.

Art. 23 Toda água fornecida coletivamente deve ser submetida a processo de desinfecção, concebido e operado de forma a garantir o atendimento ao padrão microbiológico desta Norma.

Art. 24. Toda água para consumo humano suprida por manancial superficial e distribuída por meio de canalização deve incluir tratamento por filtração.

Art. 25. Em todos os momentos e em toda sua extensão, a rede de distribuição de água deve ser operada com pressão superior à atmosférica.

§ 1º Caso esta situação não seja observada, fica o responsável pela operação do serviço de abastecimento de água obrigado a notificar a autoridade de saúde pública e informar à população, identificando períodos e locais de ocorrência de pressão inferior à atmosférica.

§ 2º Excepcionalmente, caso o serviço de abastecimento de água necessite realizar programa de manobras na rede de distribuição, que possa submeter trechos a pressão inferior à atmosférica, o referido programa deve ser previamente comunicado à autoridade de saúde pública.

Art. 26. O responsável pelo fornecimento de água por meio de veículos deve:
   I garantir o uso exclusivo do veículo para este fim;
   II manter registro com dados atualizados sobre o fornecedor e, ou, sobre a fonte de água;
   III manter registro atualizado das análises de controle da qualidade da água.

§ 1º A água fornecida para consumo humano por meio de veículos deve conter um teor mínimo de cloro residual livre de 0,5 mg/L.

§ 2º O veículo utilizado para fornecimento de água deve conter, de forma visível, em sua carroceria, a inscrição: "ÁGUA POTÁVEL".

Capítulo VII
Das Disposições Gerais e Transitórias

Art. 27. Sempre que forem identificadas situações de risco à saúde, o responsável pela operação do sistema ou solução alternativa de abastecimento de água e as autoridades de saúde pública devem estabelecer entendimentos para a elaboração de um plano de ação e tomada das medidas cabíveis, incluindo a eficaz comunicação à população, sem prejuízo das providências imediatas para a correção da anormalidade.

Art. 28. O responsável pela operação do sistema ou solução alternativa de abastecimento de água pode solicitar à autoridade de saúde pública a alteração na frequência mínima de amostragem de determinados parâmetros estabelecidos nesta Norma.

Parágrafo único. Após avaliação criteriosa, fundamentada em inspeções sanitárias e, ou, em histórico mínimo de dois anos do controle e da vigilância da qualidade da água, a autoridade de saúde pública decidirá quanto ao deferimento da solicitação, mediante emissão de documento específico.

Art. 29. Em função de características não conformes com o padrão de potabilidade da água ou de outros fatores de risco, a autoridade de saúde pública competente, com fundamento em relatório técnico, determinará ao responsável pela operação do sistema ou solução alternativa de abastecimento de água que amplie o número mínimo de amostras, aumente a frequência de amostragem ou realize análises laboratoriais de parâmetros adicionais ao estabelecido na presente Norma.

Art. 30. O descumprimento das determinações desta Norma é considerado infração de natureza sanitária e sujeita o responsável pela operação do sistema ou solução alternativa de abastecimento de água às sanções cabíveis, na forma da lei.

Fonte: <www.saude.gov.br>.

Glossário

Abastecimento público de água: Água utilizada para todas as atividades humanas e disponibilizada por instituições públicas ou privadas.

Acidificação: Processo pelo qual compostos químicos como amônia, óxido de nitrogênio e dióxido de enxofre são transformados em substâncias ácidas. Aumento de substâncias ácidas nos ecossistemas aquáticos altera o pH e prejudica o funcionamento desses ecossistemas.

Advecção: Transporte por uma corrente em um sistema aquático. Fluxos advectivos geralmente são horizontais, mas podem ser verticais, como a ressurgência.

Anaeróbico: Diz-se de ou metabolismo que ocorre quando há ausência de oxigênio.

Anoxia: Ausência de oxigênio na água.

Antropogênico: Que resulta de influência das atividades humanas nos ecossistemas.

Aquacultura (também **Aquicultura**): Cultivo comercial de organismos aquáticos, plantas ou animais.

Aquífero: Uma camada de água subterrânea sob rochas permeáveis ou de material não consolidado.

Aquífero confinado: Aquífero no qual a água subterrânea está confinada sob pressão maior do que a pressão atmosférica. Sinônimo: aquífero artesiano.

Bacia hidrográfica: Área de superfície drenada por uma rede de rios e riachos. A linha que junta os pontos mais altos no perímetro de uma bacia (inglês: *watershed* ou *catchment*).

Bioacumulação: Aumento na concentração de um elemento químico ou substância em organismos que habitam ecossistemas com baixas concentrações de metais ou substâncias tóxicas.

Biocomplexidade: Conjunto de processos biológicos e de interações entre os organismos vivos e os fatores abióticos. Biodiversidade, segundo alguns autores, é o resultado da biocomplexidade.

Biodisponibilidade: Fração de um elemento químico ou substância que fica disponível para os organismos aquáticos, possibilitando ou não sua absorção pelos organismos.

Biodiversidade: Número e abundância relativa de diferentes espécies que representam a heterogeneidade do processo biológico nos ecossistemas e na biosfera. Biodiversidade pode ser genética e funcional ou estrutural (Margalef, 1994).

Biomanipulação: Mudanças na estrutura biológica dos ecossistemas aquáticos pela introdução ou remoção de organismos vivos.

Biomonitoramento: Método que permite a inferência sobre as condições ecológicas de determinadas áreas pelo exame de organismos que habitam aquela área. Este sistema é utilizado para avaliar a qualidade das águas de rios, lagos, represas e áreas alagadas.

Bioperturbação: Remoção de partículas do sedimento por atividade biológica (produzida por peixes ou moluscos).

Carga interna: Carga de matérias orgânicas e inorgânicas adicionada às águas a partir do sedimento de lagos e represas.

Carga orgânica: Carga de matéria orgânica descarregada em rios, lagos e represas a partir de fontes difusas ou pontuais.

Cascatas de reservatórios: Séries de reservatórios em cadeia contínua, em determinados rios.

Chuva ácida: Chuva que contém ácidos produzidos por gases de enxofre e nitrogênio, dispersos na atmosfera por emissões industriais poluentes.

Ciclo biogeoquímico: Ciclo de elementos como carbono, fósforo e nitrogênio nos ecossistemas e na biosfera.

Ciclo hidrológico: Ciclo da água em uma bacia hidrográfica, nos continentes e no Planeta, constituindo-se no processo e no balanço de precipitação, evapotranspiração, fluxo e reserva nos aquíferos.

Comitê de bacias: Comissão, assembleia ou "parlamento das águas" em *uma bacia* ou *unidade hidrográfica*, com funções deliberativas e consultivas, dentro da nova política das águas. Os comitês são formados por representantes do poder público – federal, estadual e municipal –, dos usuários e da sociedade civil.

Deposição ácida: Poluição do ar produzida por NO_2 e SO_2, os quais, combinados com vapor d'água na atmosfera, formam ácidos nítricos e sulfúricos. Este termo significa precipitação ácida e queda de partículas depositadas a partir da atmosfera, contendo sais de nitrogênio e enxofre.

Desenvolvimento sustentável: Desenvolvimento com uso adequado e equilibrado dos recursos naturais, de forma que estes possam ser utilizados pelas gerações futuras. É o uso dos recursos naturais com responsabilidade social e visão de futuro.

Dessalinização: Processo de remoção de sal da água do mar (ou de lagos salinos no interior dos continentes) por meios químicos ou físicos, para produção de água doce.

Detritos: Produtos de decomposição de organismos ou material de origem inorgânica em suspensão na água.

Ecotecnologias: Tecnologias especiais de baixo custo que incorporam os mecanismos de funcionamento de ecossistemas na escolha de alternativas para o gerenciamento e a recuperação de ecossistemas aquáticos.

Ecótono: Zona de transição entre ecossistemas.

Efeito estufa: Os gases de efeito estufa absorvem radiação infravermelha que é emitida pela superfície da Terra, pela própria atmosfera e pelas nuvens. Os gases de efeito estufa absorvem calor no sistema superfície–atmosfera. Esse efeito é denominado "efeito estufa natural". É por causa desse efeito natural que se manteve no planeta Terra uma temperatura média que permitiu a vida. O aumento da concentração de gases que produzem o efeito estufa aumenta a capacidade à radiação infravermelha, causando aumento da temperatura no sistema superfície–troposfera. Este é denominado "efeito estufa exacerbado".

El Niño (El Niño Southern Oscillation – ENSO): Corrente de águas quentes que periodicamente flui ao longo da costa do Equador e do Peru, provocando perdas na pesca regional de "anchoveta". Esse evento oceânico é associado a flutuações na circulação e nos padrões de pressão intertropical da superfície dos oceanos Índico e Pacífico. Essa oscilação é denominada "oscilação do hemisfério Sul". Esse fenômeno acoplado de oscilação atmosfera-oceano é conhecido como *El Niño Southern Oscillation*. Durante o fenômeno *El Niño*, há aumento na intensidade das contracorrentes equatoriais, causando o fluxo de águas da área da Indonésia, que se posicionam acima das águas frias da corrente do Peru. Esse evento tem grande impacto nas temperaturas de superfície oceânicas e nos padrões de precipitação do oceano Pacífico tropical. Tem efeitos na região do Pacífico e em muitas outras regiões do Planeta, alterando padrões de precipitação e seca, além de interferir no ciclo hidrológico. O fenômeno contrário ao El Niño é denominado *La Niña* (IPCC, 2001a).

ESPÉCIES EXÓTICAS: Espécies que não são nativas de determinada área e que são introduzidas por ação humana ou acidentalmente.

EUTROFIZAÇÃO: Processo pelo qual o suprimento de nitrogênio e fósforo de um sistema aquático, continental, estuário ou água costeira é aumentado a partir de fontes pontuais e não pontuais. A eutrofização geralmente é acompanhada de aumento de biomassa, do hipolímnio anóxico e do crescimento anormal de cianobactérias. A eutrofização *cultural* é resultante da ação humana e a eutrofização *natural* ocorre naturalmente.

FONTES DIFUSAS DE POLUIÇÃO: Carga orgânica e inorgânica originada a partir de fontes dispersas na bacia hidrográfica.

FONTES PONTUAIS DE POLUIÇÃO: Carga orgânica e inorgânica que atinge pontualmente rios, lagos e represas. Geralmente é uma carga concentrada e se descarrega a partir de uma única intrusão superficial ou subterrânea (rios ou correntes).

GASES DE EFEITO ESTUFA: Gases que constituem a atmosfera, de origem natural ou antropogênica, que absorvem e emitem radiações em determinados comprimentos de onda dentro do espectro de radiação infravermelho emitido pela superfície da Terra, pela atmosfera e pelas nuvens. Esses gases produzem o "efeito estufa natural". Vapor d'água (H_2O), gás carbônico (CO_2), óxido nitroso (N_2O), metano (CH_4) e ozônio (O_3) são os principais gases de efeito estufa. Outros gases de origem antropogênica contêm cloro e bromo, hexafluoreto de enxofre (SF_6), hidrofluorcarbonetos (HFSc) e perfluoro carbonetos (PFCs).

GERENCIAMENTO ADAPTATIVO: Gerenciamento que adapta as ações para proteção e recuperação de ecossistemas com base no conhecimento científico acumulado. Esse gerenciamento reduz incertezas nas ações de proteção e recuperação.

GERENCIAMENTO PREDITIVO: Gerenciamento que procura eliminar o grau de incerteza e desenvolver estimativas quantitativas para antecipar eventos e preparar respostas adequadas a impactos.

HIDROLOGIA: Estudo da ocorrência, circulação, balanço quantitativo e distribuição das águas na superfície e nos aquíferos. Quantificação do ciclo hidrológico.

HIPOXIA: Perda de oxigênio dissolvido na água, com baixas concentrações derivadas de várias causas, especialmente aumento da matéria orgânica.

INDICADORES: Características específicas de um sistema natural que podem dar condições para avaliar mudanças e efeitos de impactos. Pode ser uma espécie, um grupo de espécies, comunidades, hábitats ou condições tróficas.

Lagos eutróficos: Lagos com elevado grau de eutrofização.

Lagos hipereutróficos: Lagos com altíssimo grau de eutrofização.

Lagos mesotróficos: Lagos com eutrofização em estágio intermediário.

Lagos oligotróficos: Lagos com baixa eutrofização e pouco alterados.

Limnologia: Ciência que estuda as águas interiores, rios, lagos, represas, tanques e áreas alagadas, e cujo objetivo é compreender o funcionamento integrado das águas continentais.

Macrófitas aquáticas: Plantas aquáticas superiores, comuns em muitos lagos, represas e rios, como aguapé e alface-d'água (respectivamente *Eichhornia crassipes* e *Pistia stratiotes*).

Matas galerias: Florestas adjacentes a cursos d'água, geralmente constituídas por vegetação especializada que tolera inundações. Têm efeito ecológico muito importante na proteção dos rios e na recarga de aquíferos (florestas ripárias). Geralmente são ecossistemas de diversidade mais elevada.

Monitoramento: Processo de determinação de variáveis físicas, químicas e biológicas em um ecossistema, que permite construir um banco de dados e um sistema de informação.

Recarga do aquífero: Processo pelo qual água é adicionada à zona de saturação do aquífero direta ou indiretamente a partir de fluxos horizontais.

Rede alimentar: Estrutura de organização em rede das relações alimentares entre os vários organismos em um ecossistema.

Substâncias tóxicas: Substâncias venenosas utilizadas para eliminar pestes e outros organismos (plantas e animais).

Tempo de retenção ou tempo de residência: Relação entre o volume de determinado sistema aquático e a vazão.

Turbidez: Condição causada pelo aumento de material em suspensão dissolvido e particulado, dando à água aspecto barrento ou leitoso, com grande diminuição da transparência.

Uso comercial da água: Água utilizada para suprir edifícios comerciais, como hotéis, facilidades comerciais, restaurantes e escritórios.

Uso industrial da água: Água utilizada para produção industrial, como aço, produtos químicos, alimento, papel e derivados, mineração e refinação de petróleo.

Referências bibliográficas

AB'SABER, A. N. Problemas geomorfológicos da Amazônia brasileira. Atas do Simpósio sobre a biota amazônica. *Geociências*, p. 35-67, 1967.

AB'SABER, A. N. Os domínios morfoclimáticos da América do Sul: primeira aproximação. *Geomorfologia*, Inst. Geogr. Univ. S. Paulo, v. 52, p. 21, 1977.

AB'SABER, A. N. Zoneamento ecológico e econômico da Amazônia: questões de escala e método. In: SEMINAR ON TECHNOLOGY FOR HUMAN SETTLEMENTS IN THE HUMID TROPICS, 1987. *Anais...* CEPAL/IPEA, Economic Commission for Latin America and Caribbean Institute of Economic and Social Planning, p. 1-25, 1987.

AB'SABER, A. N. O Pantanal Matogrossense e a teoria dos refúgios. *Ver. Bras. Geogr*, v. 50, p. 9-57, 1988.

ABE, D. S. et al. Contribution of free-living and attached bacteria to denitrification in the hypolimnion of a mesotrophic Japanese lake. *Microbes and Environ.*, v. 15, p. 93-101, 2000.

AGOSTINHO, A. A. et al. Patterns of colonization in neotropical reservoirs and prognoses on aging. In: TUNDISI, J. G.; STRAŠKRABA, M. (Eds.). *Theoretical reservoir ecology and its applications*. São Carlos: International Institute of Ecology, Brazilian Academy of Sciences, Backhuys Publishers, 1999. p. 227-265.

AGÊNCIA NACIONAL DAS ÁGUAS – ANA. *A evolução da gestão dos recursos hídricos no Brasil*. (Edição comemorativa do dia mundial das águas), 2002.

AGÊNCIA NACIONAL DAS ÁGUAS – ANA. *Conjuntura*. Recursos Hídricos no Brasil. Brasília, 2009.

AGÊNCIA NACIONAL DE ENERGIA ELÉTRICA. *Atlas hidrológico do Brasil*, 1997.

AIIEGA/CITPAR. Projeto Estratégico da Qualidade Atual e Futura no Agronegócio Paranaense. *Concentração e Arcabouço Conceitual*. Estudos de caso. Monitoramento e Treinamento. Relatório Técnico, 2002.

AKAGI, H. et al. Methyl-mercury pollution in Tapajós river basin, Amazon. *Environ Sci.*, v. 3, p. 25-32, 1994.

ANA/GEF/PNUMA/OEA. *Projeto implementação de práticas de gerenciamento integrado de bacia hidrográfica para o Pantanal e Bacia do Alto Paraguai*. Campo Grande: PNUMA, 2005.

ANEEL – AGÊNCIA NACIONAL DE ENERGIA ELÉTRICA. *Legislação básica do setor elétrico brasileiro*. Resolução ANEEL 024. Jan. 2000. Disponível em: <www.aneel.gov.br/cedoc/bres2000024.pdf>. Acesso em: 30 jul. 2010.

ANNIN, P. Down in the dead zone. *Newsweek*, USA, Society & The Arts, p. 58-59, 25 Oct. 1999.

AULA, I. et al. Levels of mercury in the Tucuruí reservoir and its surrounding area in Pará, Brazil. In: WATRAS, C. J.; HUCKABEE, J. W. (Eds.). *Mercury pollution*: integration and synthesis. Boca Raton: Lewis, 1994. p. 21-40.

AUSUBEL, J. H. Can technology spare the earth? *American Scientist*, v. 84, p. 166-178, 1996.

AYENSU, E. et al. International ecosystem assessment. *Science*, v. 286, p. 685-686, 1999.

AZEVEDO, S. M. F. O. Cianobactérias tóxicas: causas e conseqüências para saúde pública. *Rev. Bras. Pesq. e Desenvolvimento*, v. 3, n. 2, p. 81-94, 2001.

BANCO MUNDIAL. *Gerenciamento de recursos hídricos*. MMA, SRHAL, 1993.

BARBOSA, F. A. (Ed.). Workshop: Brazilian programme on conservation and management of inland waters. *Acta Limnologica Brasiliensia*, SBL, v. 5, 1994.

BARICA, J. Ecosystem stability and sustainability: a lesson from algae. *Verh. Internat. Verein. Limnol.*, v. 25, p. 307-311, 1993.

BARTH, F. T. *Modelos para gerenciamento de recursos hídricos*. Nobel/ABRH, 1987.

BARTH, F. T. Aspectos institucionais do gerenciamento de recursos hídricos. In: REBOUÇAS, A.; BRAGA, B.; TUNDISI, J. G. *Águas doces no Brasil*: capital ecológico, uso e conservação. São Paulo: ABC, IEA/USP, Escrituras Editora e Distribuidora de livros, 1999. p. 563-596.

BARTHEM, R.; GOULDING, M. *The catfish connection*: ecology, migration and conservation of Amazon predators. New York: Columbia Univ. Press, 1997.

BERNARDO, S. Impacto ambiental da irrigação no Brasil. In: MMA. *Recursos hídricos e desenvolvimento sustentável da agricultura*. Brasília, 1997. p. 79-88.

BERNHARDT, H. Aeration of Wahnbah Reservoir without changing the temperature profile. *J. Amer. Water Works Assoc.*, v. 59, p. 943-964, 1967.

BIRÓ, P. Temporal variation in Lake Balaton and its fish populations. *Ecol. Freshwater Fish.*, v. 6, p. 196-216, 1997.

BIOTA-FAPESP. *Projeto Temático*: biodiversidade do zooplâncton de água doce do Estado de S. Paulo e sua relação com áreas conservadas e degradadas. C.T. Matsumura-Tundisi (coord.). Relatório científico n. 2., 2000.

BISWAS, A. K. *Systems approach to water management*. New York: McGraw-Hill, 1976.

BISWAS, A. K. Major water problems facing the world. *Water Resources Development*, v. 1, p. 1-14, 1983.

BISWAS, A. K. Monitoring and evaluation of irrigation projects. In: THANT, N. C.; BISWAS, A. K. *Environmentally sound-water management*. New Delhi: Oxford University Press, p. 119-140, 1990a.

BISWAS, A. K. Objectives and concepts of environmentally sound water management. In: THANT, N. C.; BISWAS, A. K. *Environmentally sound-water management*. New Delhi: Oxford University Press, p. 30-58, 1990b.

BISWAS, A. K. Water resources in the 21st century. *Water Internatational*, v. 16, p. 142-144, 1991.

BISWAS, A. K. Management of international Waters. Problems and perspectives. *ISEM*, Oxford, 1993.

BISWAS, A. K. Agua para el mundo en desarollo en el siglo XXI: temas e implicaciones. *Ingeniería Hidráulica en México*, v. 11, n. 3, p. 5-11, 1996.

BISWAS, A. K.; UITTO, J. I. *Sustainable development of the Ganges-Brahmaputra Meghna Basins*. UNU University Press, 2001.

BISWAS, A. K.; JELLALI, M.; STOUT, G. (Eds.). *Water for sustainable development in the 21st century*. New Delhi: Oxford University Press, 1993. (Water Management Series 1.)

BJORK, S. Restoration methods and techniques. Sediment renoval. In: EISELTOVA, M (Ed.). *Restoration of lake ecosystems*. A Holistic approach. p. 82-89. 1994.

BLAIR, B. T.; HUFSHMIDT, M. M. A conceptual framework for water resources management in Asia. *Natural Resources Forum*, v. 8, n. 4, 1984.

BORGHETTI, J. R.; OSTRENSHY, A. Problemas e perspectivas para a pesca e para a agricultura continental no Brasil. In: REBOUÇAS, A.; BRAGA, B.; TUNDISI, J. G. *Águas doces no Brasil*: capital ecológico, uso e conservação. 2. ed. rev. São Paulo: ABC, IEA, Escrituras Editora e Distribuidora de Livros, 2002. p. 451-471.

BOTSFORD, L. W.; CASTILLA, J. C.; PETERSON, C. H. The management of fisheries and marine ecosystems. *Science*, v. 277, p. 509-515, 1997.

BRAGA, B.; ROCHA, O.; TUNDISI, J. G. Dams and the environment: the Brazilian experience. *Water Resources Development*, v. 14, p. 127-140, 1997.

BRANSKI, J. et al. Environmental impact assessment for the Porteira hydroelectric project. In: EXPERT GROUP WORKSHOP ON RIVER/LAKE BASIN APPROACHES TO ENVIRONMENTALLY SOUND MANAGEMENT: Focus on policy responses to water resources management issues and problems, 2., 1989. Anais... UNEP, UNCRD, ILEC, 1989.

BREZONIK, P. L. (Chairman). *Freshwater ecosystems*: revitalizing education programs in Limnology. USA: National Research Council, Committee on Inland Aquatic Ecosystems, National Academy Press, 1996. (Executive summary.)

BUTCHER, H. et al. *Hidrovia*: uma análise ambiental inicial da via fluvial Paraguai-Paraná. Humedales para las Américas, 1994.

BYCROFT, B. M. et al. Mercury contamination of the Lerderderg River, Victoria, Australia, from an abandoned gold field. *Environ Pollut.*, ser. A, v. 28, p. 135-147, 1982.

CABRAL, B. *O papel das hidrovias no desenvolvimento sustentável da região amazônica brasileira*. Brasília: Senado Federal (série Estudos), 1995.

CAMPOS, O.; CAMPOS, V. Custo do fornecimento da distribuição da água através de carro pipa: um estudo de caso. In: SIMPÓSIO BRASILEIRO DE RECURSOS HÍDRICOS, 12., Vitória, 1997. Anais... Vitória, 1997. v. 1. p. 61-67.

CAPMAN, D. C. (Ed.). *Water quality assessments*: a guide to the use of biota, sediments, and water in environmental monitoring. UNESCO, WHO, UNEP, Chapman and Hall, 1992. <Cap@fsd.parnet.com.pr.>

CARLSON, R. E. Atrophic state index for lakes. *Limnology and Oceanography*, v. 22, n. 2, p. 361-369, 1977.

CATHALAC. Coordinated research on hydrological processes in the humid tropics of Latin America and The Caribbean. In: SYMPOSIUM ON TROPICAL HYDROLOGY, 3., 2000, Puerto Rico. *Proceedings...* Puerto Rico, 2000.

CAZRI WATER: 2000. *The scenario for Arid Rajas Than*. Central Arid zone research Institute Jodhpur, 1990.

CDM INTERNATIONAL INC. *History, water quality and regulatory review of emergency v wells and Springs Assistance Project*. USAID Report. May, 2001.

CDM INTERNATIONAL INC. *Jordan water quality program*: compilation of technical memoranda. USAID Report, Dec., 2002.

CETEM. *Relatório anual do Projeto Poconé*. Rio de Janeiro: Centr. Tecnol. Mineral, 1989.

CHAPIN, F. S. et al. Biotic controls over the functioning of ecosystems. *Science*, v. 277, n. 5325, p. 500-504, 1997.

CHAPMAN, D. (Editor). *Water Quality Assessments*. WHO. UNESCO, UNEP, 1992.

CHICHILNISKY, G.; HEAL, J. Economic returns from the biosphere. *Nature*, v. 391, n. 6668, p. 629, 1998.

CHORUS, I.; BARTHRAM, J. (Eds.). *Toxic cyanobacteria in water*: a guide to their public health consequences, monitoring and management. London/New York: WHO, E. & F. N. Spon, 1999.

CHUTTER, F. M. *Research on the rapid biological assessment of water quality impacts in streams and rivers*. Final report. Division of Water Technology, CSIR Pretoria, South Africa, 1995.

CIÊNCIA E AMBIENTE. *Gestão das águas*. n. 21. Florianópolis: Universidade Federal de Santa Catarina, 2001.

CINTRA FILHO, A. O. Análise crítica da portaria 1469/MS. *Ver. Bras. Pesq. e Desenvoulimento*, v. 3, n. 2, p. 69-76, 2001.

CLARKE, R. *Water*: the international crisis. London: Earthscan, 1991.

CODECHOCO. *Estudio del impacto ambiental en zonas mineras de los municipios de Taolo, Condoto y Istmina I*: parte final. Bogotá: Corporación Nacional para el Desarrollo del Choco, 1991.

COHEN, A. N.; CARLTON, J. T. *Biological study*: nonindigenous aquatic species in a United States estuary: a case study of the biological invasions of the San Francisco Bay and Delta. Washington: US Fish and Wildlife Service, 1995.

COLWELL, R. et al. Reduction of cholera in Bangladesh villages by simple filtration. *Proceedings of the National Academy of Sciences*, v. 100, p. 1051-1055, 2003.

COMMITTEE ON SUSTAINABLE WATER SUPPLIES FOR THE MIDDLE EAST. *Water for the future*. Israel, Jordan: The West Bank and Gaza Strip, Washington: National Academy Press, 1999.

COMMITTEE ON INLAND AQUATIC ECOSYSTEMS FRESHWATER. *Ecosystems*: revitalizing educational programs in Limnology. USA: National Academy Press, 1996.

CONFERÊNCIA INTERNACIONAL SOBRE DESENVOLVIMENTO DAS ÁGUAS E DO MEIO AMBIENTE. 1992.

CONSÓRCIO INTERMUNICIPAL DAS BACIAS DOS RIOS PIRACICABA E CAPIVARI. *Semana de debates sobre recursos hídricos e meio ambiente*. São Paulo: Edilem, 1992.

CONSTANZA, R.; GREER, J. The Chesapeske Bay and its watershed: a model for sustainable ecosystem management? In: RAPPORT, D. et al. (Eds.). *Ecosystem health*. Oxford: Blackwell Science Ltd., 1998. Cap. 18, p. 261-302.

CONSTANZA, R. et al. The value of the world's ecosystem services and natural capital. *Nature*, v. 387, p. 253-260, 1997.

COOKE, G. D.; KENNEDY, R. H. Water quality management for reservoirs and tailwaters. Report 2. In: *Reservoir water quality management techniques*. Vicksburg, Mississippi: U. S. Army Engineer Waterways Experiment Station, 1988. (Techinal Report E – 88 – X.)

Cooke, G. D. et al. *Lake and reservoir restoration*. Butterworth: Stonebam, 1986.

CÓRREGO LIMPO. <http://www.corregolimpo.com.br/>

CRISTOFIDIS, D. *Recursos hídricos e irrigação no Brasil*. Brasília: UNB, Centro de Desenvolvimento Sustentável, 1999.

CTHIDRO, MCT, CGEE. *Diretrizes estratégicas do Fundo de Recursos Hídricos de Desenvolvimento Científico e Tecnológico*, 2000.

COSTA, F. J. L. DA. Sistema de gerenciamento de recursos hídricos do Estado do Paraná: um modelo com base em associações de usuários. In: WORKSHOP PLANÁGUA – ORGANISMOS DE BACIAS HIDROGRÁFICAS, 2002. Anais... SEMADS/GTZ, 2002. p. 74-78.

DE BERNARDI, R.; GIUSSANI, G. (Eds.). *Diretrizes para o gerenciamento de lagos*. Biomanipulação para o gerenciamento de lagos e reservatórios. v. 7. Tradução de Dino Vannucci (IIE). ILEC, IIE, 2001.

DE LA TORRE, E.; GUEVARA, A.; MUNOZ, G.; CRIOLLO, E. *Study of surface waters and sediments of the micro basin of the Sucus*. Tambo and Papallacta Rivers Report, 2004.

DE VILLIERS, M. *Water the fate of our most precious resource*. Boston, New York: Houghton Miflin Company, 2000.

DELFT UNIVERSITY OF TECHNOLOGY – TUDELFT. Disponível em: <www.tudelft.nl/en>. Acesso em: 25 jul. 2010.

DEPARTAMENTO DE ÁGUAS E ENERGIA ELÉTRICA. *Elaboração de estudo para implantação da cobrança pelo uso dos recursos hídricos no Estado de São Paulo*. São Paulo: Consórcio CNEC/FIPE, 1996. (Relatório RP 10 – Plano geral de implementação.)

DESBORDES, M.; DEUTSCH, J. C.; FREROT, A. El agua de lluvia en las ciudades. In: El Agua. *Mundo Científico Especial*, p. 717-825, 1990.

DIAS-DELGADO, C.; PULIDO, D. G.; MORELOS, C. S. Abastecimento de água potable para pequeñas comunidades rurales por medio de um sistema de colección de lluvia – planta potabilizadora. *Ciencia Ergo Sum*, UAEM, v. 7, p. 129-134, 2000.

DNAEE. Ministério de Minas e Energia. *Inventário das estações pluviométricas e fluviométricas*. Brasília, 1996.

DOOGE, J. G. I. et al. *An agenda of science for environment and development into the 21st Century*. Cambridge: ICSU, University Press, 1992.

DUMANOSKI, D. Keynote paper synthesis. In: ILEC SUSTAINABLE MANAGEMENT MEETING, 1999, Copenhagen. *Proceedings...* Copenhagen, 1999.

ENCALADA, M. *Desinfección solar del água*: guía de aplicación. Programa de Água y Saneamiento, EAWAG/SANDEC, Fundación SODIS, UNICEF and the Swiss Agency for Development and Cooperation (COSUDE). 2003a. Disponível em: <www.fundacionsodis.org/sitio/pdf/articulos/GuiaSODIS.pdf>. Acesso em: 6 ago. 2010.

ENCALADA, M. El sol para desinfectar el água. *Caudal,* Comité Sectorial, Bolivia, n. 3, p. 28-29, 2003b.

ESTADO DE SANTA CATARINA. *Legislação Ambiental referente ao manejo de dejetos de suínos*. Núcleo Regional Sul, cap. 4, p. 89, 1994.

FALKENMARK, M. Lakes in a global perspective: pearls on a river string – Keynote paper synthesis. In: ILEC SUSTAINABLE MANAGEMENT MEETING, 1999, Copenhagen. *Proceedings...* Copenhagen, 1999.

FARID, L. H.; MACHADO, J. E. B.; SILVA, A. O. Emission control and mercury recovery from mining (garimpo) tailings: Poconé experience. In: INT. SYMP. ENVIRON. ON TROPICAL RAIN FLORESTS, 1991, Rio de Janeiro. *Proceedings...* Rio de Janeiro: Biosfera Ed., 1991. p. 217-224.

FAY, F. M. Oxygeration and agitation of Lakes using proven marine technology. *Lake reservoir management*, n. 9, v. 1, p. 105-110, 1994.

FEARNSIDE, P. M. China's three Gorges Dam: "fatal" project or step toward modernization? *World Development*, v. 16, n. 5, p. 615-630, 1988.

FEARNSIDE, P. M. The Canadian feasibility study of the three Gorges Dam proposed for China's Yangzi River: a grave embarrassment to the impact assessment profession. *Impact Assessment*, v. 12, n. 1, p. 21-54, 1994.

FEARNSIDE, P. M. Uncertainty in land-use change and forestry sector mitigation options for global warming: plantation silvicuture versus avoided deforestation. *Biomass and Bioenergy*, v. 18, n. 6, p. 457-468, 2000.

FERNANDO, C. H.; HOLCIK, J. Fish in reservoirs. *Int. Revue Ges. Hydrobiol.*, v. 76, p. 149-167, 1991.

FLADER, S. L.; CALLICORT, B. *The river of the mother of God and other essays by Aldo Leopold*. Wisconsin: The University of Wisconsin Press, 1949.

FORSBERG, B. R. et al. High levels of mercury in fish and human hair from the Rio Negro basin (Brazilian Amazon): natural background or anthropogenic. In: *Environmental mercury pollution and is health effects in Amazon River Basin*. Rio de Janeiro: Natl. Inst. Minamata Disease, Inst. Biophysics of the Univ. Federal do Rio de Janeiro, 1994. p. 33-39.

FRANCEYS, R.; PICKFORD, J.; REED, R. *A guide to the development of on site sanitation*. Geneva: World Health Organization, 1992.

FRANCKO, D.; WETZEL, R. G. *To quench our thirst*: the present and future status of freshwater resources of the United States. Ann Arbor: University of Michigan Press, 1983.

FRANK, B.; BOHM, N. Gestão da bacia hidrográfica: a experiência da bacia do Rio Itajaí. In: *Organismos de bacias hidrográficas*. SEMADS/GTZ, 2002. p. 94-100.

FRANK, L. A. *The big splash*. Secaucus, N. J.: Carol Publishing, 1990.

FREDERICK, K. *Balancing water demands with supplies*: the role of management in a world of increasing scarcity. Washington: The World Bank, 1993. (Paper n. 189.)

FUNDAÇÃO GETÚLIO VARGAS. *Plano Nacional de Recursos Hídricos*, 1998. 9. v.

GAMBA, P.; WANJAMA, J. K.; ONYANGO, T.; RIUNGU, T. C.; TUITOEK, D. K.; MACHARIA, M.; NASSIUMA E. W. Participatory dissemination of livestock, crop production and water harvesting technologies in Lare Division, Nakuru District, Kenya. In: NETHERLANDS SUPPORT TO THE NATIONAL AGRICULTURAL RESEARCH PROJECT CONFERENCE, 2000, Nairobi. *Proceedings...* Nairobi, Kenya: KARI Headquarters Dec., 2000. p. 265-281.

GIBBONS, D. *The economic value of water*. Resources for the Future Inc., 1987.

GLANTZ, M. H. Creeping environmental problems in the Aral Sea Basin. In: KOBORI, I.; GLANTZ, M. (Eds.). *Central Eurasian water crisis*: Caspian, Aral and Dead Seas water resources management and policy. UNU, Univ. Press, 1998. p. 25-52.

GLEICK, P. H. (Ed.). *Water in crisis*: a guide to the world's fresh water resources. New York: Oxford University Press, 1993.

GLEICK, P. H. *The World's water*: the biennial report on freshwater resources. Island Press: Washington D. C., 1998.

GLEICK, P. H. The changing water paradigm: a look at twenty first century water resources development. *Water International*, 25 (I), p. 127-138, Mar. 2000.

GOODLAND, R. Environmental sustainability in the hydro industry: desegregating the debate. In: DORSY, T. (Ed.) *Large Dams*: learning from the past, looking at the future. Gland, Switzerland: IUCN, 1997.

GOULDER, L. H.; KENNEDY, D. Valuing ecosystem services: philosophical bases and empirical methods. In: DAILY, G. C. (Ed.). *Nature's services*: societal dependence on natural ecosystems. Washington: Island Press, 1997.

GOVERNO DO ESTADO DE SÃO PAULO. *Bacia do Rio Piracicaba*: estabelecimento de metas ambientais e reenquadramento dos corpos de água. São Paulo: SEMA, 1994.

GROVER, B.; HOWARTH, D. Evolving international collaborative arrangements for water supply and sanitation. *Water International*, v. 16, p. 146-152, 1991.

GUERRANT, R. L.; SOUZA, M. A. DE; NATIONS, M. K. *At the edge of development*: health crisis in a transitional society. Durham, NC: Carolina Academic Press, 1996.

GULATI, R. D. Structural and grazing responses of zooplankton community to biomanipulation of some Dutch water bodies. *Hydrobiologia*, v. 200201, p. 99-118, 1990.

HACHICH, E. M.; SATO, M. I. Z. Protozoários e vírus patogênicos em águas: riscos, regulamentações e métodos de detecção. *Ver. Brás. Pesq. e Desenvolvimento*, v. 3, n. 2, p. 95-106, 2001.

HASHIMOTO, M. (Ed.). *Diretrizes para o gerenciamento de lagos*: Aspectos sócio-econômicos do gerenciamento de lagos e reservatórios. 1. ed. v. 2. Tradução de A. Tosui e Elizabeth

Arens. Editor da série em português: J. G. Tundisi. ILEC, UNEP, 1995.

HASSINE, S. *The management of the water resources of the Chaffan water table.* 2003.

HEATH, R. Ground water. In: SPEIDEL, D. H.; RUESDISILI, L. C.; AGNEW, A. F. *Perspectives on water*: uses and abuses. Oxford: Oxford University Press, 1988. p. 73-89.

HENDERSON-SELLERS, B. *Engineering limnology*. Pitman Advanced Publishing Program, 1984.

HERI, M. T. *Water Harvesting*. RELMA Technical Book n. 16, Soil and Water Conservation Brarch. Minutry of Agriculture. Nairobi, Kenya, 1998.

HESPANHOL, I. Água e saneamento básico: uma visão realista. In: REBOUÇAS, A. C.; BRAGA, B.; TUNDISI, J. G. *Águas doces no Brasil*: capital ecológico, uso e conservação. Academia Brasileira de Ciências, Inst. de Estudos Avançados/USP. 1999. Cap. 8. p. 249-303.

HIDROCONSULT/IIE. *Relatório técnico à SABESP.* 2003.

HOUGHTON, J. T. et al. Climate change 1995: the science of climate change. In: INTERGOVERMENTAL PANEL ON CLIMATE CHANGE, 2., 1996. *Proceedings...* Cambridge University Press, 1996. (Contribution of the working group I.)

HUFSCHMIDT, M. M.; McCAULEY, D. *Strategies for integrated water resources management in a river/lake basin context*. Nagoya, Otsu: UNEP, UNCRD, ILEC, 1986.

HUTCHINSON, G. E. *A treatise on limnology*. I: Geography, physics, and chemistry. II: Introduction to lake biology and limnoplankton. III: Limnological botany. New York: John Wiley & Sons, 1957, 1975.

IIE – INSTITUTO INTERNACIONAL DE ECOLOGIA. *Plano de gerenciamento e otimização de usos múltiplos da bacia hidrográfica e do reservatório de UHE Luiz Eduardo Magalhães*. FINEP. (1º relatório). 2003.

IMBERGER, J. Transport process in Lakes: a review. In: MARGALEF, R. (Ed.). *Limnology now a paradigm of planetary problems*. Amsterdam: Elsevier, 1994. p. 99-194.

IBGE – INSTITUTO BRASILEIRO DE GEOGRAFIA E ESTATÍSTICA. Diretoria de Pesquisas, Departamento de População e Indicadores Sociais, Pesquisa Nacional de Saneamento Básico, 1989/2000.

IBGE – INSTITUTO BRASILEIRO DE GEOGRAFIA E ESTATÍSTICA. *Serviços de Saneamento Básico, iluminação elétrica, coleta de lixo*: estatísticas. Rio de Janeiro: IBGE, 1997. p. 140.

IBGE – INSTITUTO BRASILEIRO DE GEOGRAFIA E ESTATÍSTICA. *Síntese de indicadores sociais – 1998*. Rio de Janeiro: IBGE, 1999.

IBGE – INSTITUTO BRASILEIRO DE GEOGRAFIA E ESTATÍSTICA. *Anuário estatístico do Brasil – 1999*. Rio de Janeiro: IBGE, 1999. v. 59.

IBGE – INSTITUTO BRASILEIRO DE GEOGRAFIA E ESTATÍSTICA. *Censo demográfico 2000*: resultados preliminares. Rio de Janeiro: IBGE, 2000a.

IBGE – INSTITUTO BRASILEIRO DE GEOGRAFIA E ESTATÍSTICA. *Pesquisa nacional de saneamento básico*. Rio de Janeiro: IBGE, 2000b.

IIEGA/SVMA/PMSP. *Manual de Gerenciamento de bacias hidrográficas.* 2009.

INSTITUTO DE DESENVOLVIMENTO SUSTENTÁVEL MAMIRAUÁ – IDSM. < http://www.mamiraua.org.br/>.

INTERNATIONAL ENVIRONMENTAL TECHNOLOGY CENTRE – IETC. *Planning and management of lakes and reservoirs*: an integrated approach to eutrophication. UNEP, 1999. (Publication series, 11).

INTERNATIONAL ENVIRONMENTAL TECHNOLOGY CENTRE – IETC. *Environmentally sound management of lake Erhai and Xier River Basin*. v. 10. UNEP, CICETEC, China: Peking University, 2000. (Technical Publication Series.)

INTERNATIONAL ENVIRONMENTAL TECHNOLOGY CENTRE – IETC. *Planejamento e gerenciamento de lagos e reservatórios*: uma abordagem integrada ao problema da eutrofização. v. 11. Tradução de Dino Vannucci. Responsabilidade pela edição em português de: J. G. Tundisi, 2001.

IMBERGER, J. Transport process in lakes: a review. In: MARGALEF, R. (ed.). *Limnology now*: a paradigm of planetary problems. Amsterdam: Elsevier, 1994. p. 99-197.

IPCC. *Climate change 2001*: impacts, adaptation and vulnerability. Cambridge University Press, 2001a.

IPCC. *Climate change 2001*: synthesis report. Cambridge University Press, 2001b.

IPS. *Inter American strategy for public participation in Environment and Sustainable Development Decision making in the Americas Organization of American States*. Washington, D.C., USA, 1998.

JAPAN INTERNATIONAL COOPERATION AGENCY – JICA. *Thematic Evaluation of JICA's cooperation in water and sanitation in Africa*, 2003.

JOBIN, W. *Dams and disease*. London: E. & F. N. Spon, 1999.

JONES, W. I. *The World Bank and irrigation*. Washington: The World Bank, 1995.

JORDAN WATER QUALITY MANAGEMENT PROGRAM. *Compilation of Technical memoranda*. USAID Report, Dec., 2002.

JØRGENSEN, S. E. *Lake management*. New York: Pergamon Press, 1980.

JØRGENSEN, S. E. Parameters, ecological constraints, and energy. *Ecol. Modelling*, v. 62, p. 163-170, 1992.

JØRGENSEN, S. E.; MULLER, F. *Handbook of ecosystem, theories and management*. Boca Raton: CRC Press Ltda., 2000.

JØRGENSEN, S. E.; VOLLENWEIDER, R. A. *Diretrizes para o gerenciamento de lagos*: Princípios para o gerenciamento de lagos. v. 1. Tradução de Dino Vannucci. Editor da série em português: J. G. Tundisi. São Carlos: ILEC, IIE, UNEP, 2000.

JUNK, W. (ed.). *The Central Amazon floodplain*: ecology of a pulsing system: ecological studies. Berlin, Heilderberg: Springer Verlag, 1997.

KADA, Y. Entendendo a situação do meio ambiente lacustre de uma perspectiva sóciocultural: um exemplo do Lago Biwa, Japão. In: *Diretrizes para o gerenciamento de lagos*: Aspectos sócio-econômicos do gerenciamento de lagos e reservatórios. v. 2. São Carlos: ILEC, UNEP, 1995. p. 7-25.

KATES, R. W.; TURNER, B. L.; CLARK, W. C. The great transformation. In: TURNER, B. L. et al. (Eds.). *The earth as transformed by human action*. Cambridge: Cambridge University Press, 1990.

KELMAN, J. et al. Hidreletricidade. In: REBOUÇAS, A.; BRAGA, B.; TUNDISI, J. G. *Águas doces no Brasil: capital ecológico, uso e conservação*. Academia Brasileira de Ciências, Inst. de Estudos Avançados/USP, Escrituras Editora e Distribuidora de Livros, 1999. p. 371-418.

KELMAN, J. et al. Hidroeletricidade. In: REBOUÇAS, A. BRAGA, B.; TUNDISI, J. G. *Águas doces do Brasil: capital ecológico, uso conservação*. 2. ed. Escrituras Editora, 2002. p. 371-408.

KENNEDY, R.H.; TUNDISI, J.G.; STRASKRABOVA, V.; LIND, O.; HJLAN, J. Reservoirs and the limnologists growing role in sustainable water resource. *Hydrobiologia*, v. 504:XI-XII, 2003.

KHAN, M. R. et al. Development of supplies and sanitation in Saudi Arabia. *African Technical Review*, Jun, 1984.

KINNERSLEY, D. *Coming clean: the politcs of water and the environment* New York: Peguin Books, 1994.

KIRA, T. Major environmental problems in world lakes. *Mem. Ist. Ital. Idrobiol.*, v. 52, p. 1-7, 1993.

KIPRONO, A.; MBUI, J.; MACHARIA, M.; TUITOEK, D.; WANJAMA, J. K. *Water harvesting in dry lands*. A case study of Lare Division, Nakuru Distric, Kenya. Paper presented at the Dryland Farming Workshop. Agriculture Resource Centre, Egerton University, Njoro, Jan., 2002, p. 20-24.

KLESSIG, L. L. Lakes and society: the contribution of lakes to sustainable societies. *Lakes and reservoirs, research and management*, v. 6, p. 95-101, 2001.

KOBORI, I.; GLANTS, M. (Ed.). *Central Eurasian water crisis. Caspian, Aral and Dead Seas. Water Resources Management and Policy*, UNU University Press, 1998.

KORTMANN, R. W. et al. Utility of layer aeration for reservoir and lake management. *Lake and Reservoir Management*, v. 4, p. 35-50, 1988.

KRATZER, C. R.; BREZONIK, P. L. A Carlson-type trophic state index for nitrogen in Florida lakes. *Water Resources Bulletin*, v. 17, n. 4, p. 713-715, 1981.

LACERDA, L. D. et al. Mercury distribution in fish from the Itacaiúnas-Parauapebas River system, Carajá region, Amazon. *An. Acad. Brasil. Ciên.*, v. 66, p. 373-379, 1994.

LACERDA, L. D.; SALOMONS, W. *Mercury from gold and silver mining*: a chemical time bomb? Berlin: Springer Verlag, 1998. (Environmental Science Series.)

LAHOZ, F. C. C.; MORETTI, L. C. A relação entre consórcio e comitês nas bacias dos rios Piracicaba, Capivari e Jundiaí: participação e integração. In: WORKSHOP PLANÁGUA, ORGANISMOS DE BACIAS HIDROGRÁFICAS, 2002. *Proceedings...* SEMADS/GTZ, 2002.

LAMPARELLI, M. *Grau de trofia em corpos de água do Estado de São Paulo*: avaliação dos métodos de monitoramento. 235 f. 2004. Tese (Doutorado) – Dep. de Ecologia, USP, São Paulo, 2004.

LANNA, A. E. L. Hidroeconomia. In: REBOUÇAS, A.; BRAGA, B.; TUNDISI, J. G. *Águas doces no Brasil*: capital ecológico, uso e conservação. São Paulo: Escrituras, 1999. p. 533-563

LANNA, A. E. Sistemas de gestão de recursos hídricos: análise de alguns arranjos institucionais. In: *Ciência e ambiente*: gestão das águas 21. Universidade Federal de Santa Maria, 2000. p. 21-56.

LANNA, A. E. Hidroeconomia. In: REBOUÇAS, A.; BRAGA, B.; TUNDISI, J. G. *Águas doces no Brasil*: capital ecológico, uso e conservação. Escrituras Editora Distribuidora de Livros Ltda., Academia Brasileira de Ciências, Inst. Estudos Avançados/USP, 2002. p. 531-562.

LEDO, C. *Urbanisation and poverty in the cities of the national economic corridor in Bolivia*: case study: Cochabamba: Delft University Press, 2002.

LEOPOLD, A. Origin and ideals of wilderness areas. In: *Living wilderness*. 1940. v. 5.

LI, X. Y.; GONG, J. D.; WEI, X. H. In situ rainwater harvesting and gravel mulch combination for crop production in the dry semiarid region of China. *Journal of Arid Environments*, v .46, p. 371-382, 2000.

LI, X. Y.; XIE, Z. K.; YAN, X. K. Runoff characteristics of artificial catchment materials for Rainwater Rainwater harvesting in the semiarid regions of China. *Agricultural Water Management*, v. 65, p. 211-224, 2004.

LIKENS, G. E. Beyond the shoreline: a watershed-ecosystem approach. *Verh. Internat. Verh. Limnolg.*, v. 22, p. 1-22, 1984.

LIKENS, G. E. (Ed.). *An ecosystem approach to aquatic ecology*: mirror Lake and its environment. New York: Springer-Verlag, 1985.

LIKENS, G. E. (Ed.). *Long-term studies in ecology*: approaches and alternatives. New York: Springer-Verlag, 1989.

LIKENS, G. E. *The ecosystem approach*: its use and abuse. Oldenhorf/Luhe: Ecology Institute, 1992.

LIKENS, G. E.; BORMANN, F. H.; JOHNSON, N. M. Acid rain. *Environment*, v. 14, n. 2, p. 33-40, 1972.

LIMA, A. C. R. Riscos e conseqüências do uso do mercúrio: a situação do Rio de Janeiro. In: Hacon, S. (Ed.). *Riscos e conseqüências do uso do mercúrio*. Rio de Janeiro: FINEP/MS/CNPq/IBAMA, 1990. p. 268-272.

LINDBERG, S.; STOKER, P. M.; GOLDBERG, E. Group report: mercury. In: Hutchinson, T. C.; Meema, K. M. (Ed.). *Lead, mercury, cadmium and arsenic in the environment*. Chichester: John Wiley & Sons. 1987. Cap. 2, p. 17-33.

LISHERON, M. Fertilizer overdoses harm fields, water. *The Milwaukee Journal*, v. 6, p. B11, Sep. 1991.

LOMBORG, B. *O ambientalista cético*: revelando a real situação do mundo. Editora Campus, 2002.

L'VOVICH, M. I. *World water resources and their future*. Tradução de Raymond L. Nace Washington: American Geophysical Union, World population data sheet, 1979.

L'VOVICH, M. I.; WHITE, G. F. Use and transformation of terrestrial water systems. In: TURNER, B. L. et al. (Eds.). *The earth as transformed by human action*: global and regional changes in the biosphere over the past 300 years. New York: Cambridge University Press, 1990. Cap. 14, p. 235-252.

MAGEED, Y. A.; WHITE, G. F. Critical analysis of existing institutional arrangements. *Water Resources Development*, v. 11, n. 2, p. 103-111, 1995.

MALM, O. *Contaminação ambiental e humana por mercúrio na região garimpeira do Rio Madeira, Amazônia*. 1991. Tese (Doutorado) – Instituto de Biofísica, Universidade Federal do Rio de Janeiro, Rio de Janeiro, 1991.

MALM, O. et al. Mercury pollution due to gold mining in the Madeira River Basin, Brazil. *Ambio*, v. 19, p. 11-15, 1990.

MARGALEF, R. *Limnologia*. Barcelona: Ediciones Omega S.A., 1983.

MARGALEF, R. (Ed.) *Limnology now a paradigm of planetary problems*. Amsterdam: Elsevier, 1994.

MARGALEF, R. Our biosphere. In: KINNE, O. (Ed.). *Excellence in ecology*. Oldendorf, Luke: Ecology Institute, 1997.

MARIN, L. E. *Role of science in managing Yucatans groundwater in review*. National Academy of Sciences/Academia Mexicana de Ciencias, report from Science-based decision making for sustainable ground water management. L. E. MARIN; H. VANUX (Eds.). (In press). 2004.

MARIN, L. E; PACHECO, J. A.; MENDEZ, R. La Hidrobiologia de la Peninsula de Yucatan. In: *El futuro del água em México*. B. JIMENEZ; L. E. MARIN (Eds.). Academia Mexicana de Ciências: México City, 2004.

MARTIN, R.; SAVAGE, R.; PYVIS, R. *Taking ownership*: self sustainable community development in rural Thailand. PDA internal draft. Jul., 2001.

MARTINELLI, L. A. et al. Mercury contamination in the Amazon: a gold rush consequence. *Ambio*, v. 17, p. 252-254, 1988.

MATSUI, S.; BARRETT, B. F. D.; BARERGEE, J. *Diretrizes para o gerenciamento de lagos*: Gerenciamento de substâncias tóxicas em lagos e reservatórios, v. 4. Tradução de Dino Vannucci. ILEC, IIE, 2002.

MATSUMURA-TUNDISI, T. et al. *Cartilha da água*: água e sua importância. IIE, Biota-Fapesp, EPTV, 2001.

MATVIENKO, B.; TUNDISI, J. G. Biogenic gases and decay of organic matter. In: INT. WORKSHOP ON GREENHOUSE GAS EMISSIONS FROM HYDROELECTRIC RESERVOIRS, 1996, Rio de Janeiro. Anais... Rio de Janeiro: Eletrobrás, 1996. p. 1-6.

McALLISTER, D. E.; HAMILTON, A. L.; HARVEY, B. *Global freshwater biodiversity*: striving for the integrity of freshwater ecosystems. Ottawa: Ocean Voice International, 1997.

McCAFFREY, S. C. Water, politics and international law. In: GLEICK, P. H. (Ed.). *Water in crisis*: a guide to the world's fresh water resources. New York: Oxford University Press, 1993.

MEYBECK, M.; CHAPMAN, D.; HELMER, R. *Global freshwater quality*: a first assessment. WHO, UNEP, 1989. (Blackwell Reference.)

MERRET, S. *Introduction to the economic of water resources*: an international perspective. UCL Press Limited, 1997.

MERRET, W. J.; GRAY. *Owner occupation in Britain*. London: Routledge & Kegan Paul, 1982.

MICKLIN, P. P.; WILLIAMS, W. D. (Eds.). *The Aral Sea Basin*. Berlin: Heidelberg Springer-Verlag, 1996. (NATO ASI Series, 12.)

MILLER, D. W. Basic elements of ground water contamination, In: CHERRY HILL, N. J. *Seminar on the fundamentals of ground water quality protection*. Geraghty and Miller. Inc., American Ecology Services, 1981.

MINISTÉRIO DA SAÚDE. Doenças relacionadas ao saneamento ambiental inadequado. *Manual de Saneamento*. Fundação Nacional de Saúde, 1999. p. 139.

MINISTÉRIO DO PLANEJAMENTO, ORÇAMENTO E GESTÃO. *Pesquisa nacional de saneamento básico*. IBGE, Caixa Econômica Federal, Funasa, 2000.

MINISTRY OF ENERGY AND WATER DEVELOPMENT. *Government of Zambia*. National Water Policy, 1994.

MINOTTI, R. T. *Avaliação do uso de coeficientes de exportação para o cálculo de entrada de N e P totais na bacia do Médio-Tietê e suas conseqüências no Reservatório de Barra Bonita (Estado de São Paulo)*. São Carlos: Escola de Engenharia de São Carlos (CRHEA-EESC-USP), 1995. (Relatório Técnico Científico/CNPq.)

MITSCH, W. J. *Managing the world's wetlands*: preserving and enhancing their ecological functions. Verhandlungen: SIL, 1996. v. 26. part I. p. 139-148.

MITSCH, W. J.; GOSSELINK, J. G. *Wetlands*. New York: Van Nostrand Reinhold, 1986.

MITSCH, W. J.; GOSSELINK, J. G. *Wetlands*. New York: John Wiley & Sons, 2007.

MONTICELLI, J. J. A fundação da associação de usuário das águas do médio Paraíba do Sul. In: WORKSHOP PROJETO PLANÁGUA – ORGANISMOS DE BACIAS HIDROGRÁFICAS, 2002. *Anais*... SEMADS GTZ, 2002. p. 55-69.

MONTICELLI, J. J.; BARROS, F. G. Atuação do consórcio intermunicipal das bacias dos Rios Piracicaba e Capivari. In: SIMPÓSIO BRASILEIRO DE RECURSOS HÍDRICOS, 9., 1991, Rio de Janeiro. *Anais*... São Paulo: Associação Brasileira de Recursos Hídricos, 1991.

MONTICELLI, J. J.; MARTINS, J. P. S. *A luta pela água nas bacias dos Rios Piracicaba e Capivari*. São Paulo: EME, 1993.

MONTICELLI, J. J.; STREVA, S.; TEMBER, W. A fundação da associação de usuários das águas do Médio Paraíba do Sul. In: *Organismos de bacias hidrográficas*. SEMADS/GTZ, 2002. p. 55-69.

MOORE, L.; THORTON, K. *Lake and reservoir restoration guidance manual*. North America Lake Management Society. USAEPA, 1988.

MUNASIGHE, M.; SHEARES, W. *Defining and measuring sustainability*: the biogeophysical foundations. Washington: UNU, World Bank, 1995.

MUNDO CIENTÍFICO. *Edição especial*: el agua, n. 104, p. 716-825, 1990. (La Recherche, versão em castelhano.)

MWANSA, J. B. Groundwater Protection in Barbados. In: WORKSHOP ON THE FUNDAMENTALS OF SAFE DRINKING WATER, 1999, Trinidad and Tobago. *Proceedings*... Trinidad and Tobago, 1999.

NAÇÕES UNIDAS. *Conferência das Nações Unidas sobre Meio Ambiente e Desenvolvimento*.

Resumo, p. 1-6, 1992.

NAÇÕES UNIDAS. *Água para todos*: água para a vida. Edições Unesco, 2003. (Informe das Nações Unidas sobre o desenvolvimento dos recursos hídricos no mundo.)

NAIMAN, J. R. et al. *The freshwater imperative*: a research agenda. Washington: Island Press, 1995.

NAKAMURA, M.; NAKAJIMA, T. (Eds.). *Lake Biwa and its watersheds*: a review of. Lake Biwa Research. Institute, 2002. (LBRI research notes.)

NATIONAL ACADEMY OF SCIENCES – NAS. *Water for the future*. 1999.

NATIONAL RESEARCH COUNCIL. *Issues in potable reuse*: the viability of augmenting drinking water supplies with reclaimed water. Washington: National Academy Press, 1998. (Committee to Evaluate the Viability of Augmenting Potable Water Supplies with Reclaimed Water.)

NATIONAL RESEARCH COUNCIL. *Our common journey*: a transition toward sustainability. Washington: National Academy Press, 1999.

NATO. Desertification problems in Central Asia and its regional strategic development. In: NATO ADVANCED RESEARCH WORKSHOP, 2003, Samarkand. *Proceedings...* Samarkand, Uzbekistan, 2003.

NICO, L. G.; TAPHORN, D. C. Mercury in fish from gold-mining regions in upper Cuyuni River system, Venezuela. *Fresenius Environ. Bull.*, v. 3, p. 287-292, 1994.

NOVAES, W. A água que vem do alto. *O Estado de S. Paulo*, São Paulo, p. A2, 2002a.

NOVAES, W. A água e as boas intenções. *O Estado de S. Paulo*, São Paulo, p. A2, 2002b.

NOVAES, W. Que se fará com a água? *O Estado de S. Paulo*, São Paulo, 14 mar., p. A2, 2003.

OFFICE OF TECNOLOGY ASSESSMENT. *Water related technologies for sustainable agriculture in U.S. semi-arid lands*. Washington, D. C., US Government Printing Office, 1983.

OLIVERA, E. B. *Especies exóticas de Mollusca en la cuenca del Río de la Plata con énfasis en Limnoloperna fortunei* (Dunker, 1857) como especie invasora, 2002. (Manuscrito.)

OLSZEWSKI, P. Die Ableitung des hypolimnischen Wassers aus einem See. *Mitt. Blatt Fed. Europ. Gewässerschutz*, v. 14, p. 97-89, 1967.

ORGANIZAÇÃO DOS ESTADOS AMERICANOS – OEA. *Conferência sobre Avaliação e Gerenciamento de Recursos Hídricos*. Washington D. C., 1996.

ORGANIZATION OF AMERICAN STATES – OEA. *Interamerican strategy for public participation in environmental and sustainable development decision making*. Washington, D.C. U.S.A., 1998.

OVERBECK, J. Ecosystem concepts. In: JØRGENSEN, S.E.; VOLLENWEIER, R. A. (Eds.). *Guidelines of lake management*: principles of lake management. v. 2. Otsu: ILEC-UNEP, 1989. p. 9-26.

PENCHASZADETH, P. E. (ed). *Invasores*: Invertebrados exóticos em el río de La Plata y región marina aledaña. Eudeba, 2005.

PEREIRA, D. S. P.; KELMAN, J. O sistema de gestão de recursos hídricos. In: WORKSHOP

PLANASA – ORGANISMOS DE BACIAS HIDROGRÁFICAS, 2002. *Anais...* Senads, GTZ, 2002. p. 79-83.

PETERSON, S. A. Lake restoration by sediment removal. *Water Res. Bull.*, v. 18, p. 423-435, 1982.

PETRERE, M. *Pesca na Amazônia.* Belém: Secretaria de Estado, Ciência, Tecnologia e Meio Ambiente. SIMDA Amazônia, Prodepa, 1992. p. 72-78.

PFEIFFER, W. C. et al. Mercury contamination in goldminning areas of Rio de Janeiro State, Brazil. In: *Int.* CONF. HEAVY METALS IN THE ENVIRONMENT, 1., 1989, Geneve. *Proceedings...* Geneve, 1989. p. 222-225.

PIMENTEL, D.; EDWARDS, C. A. Pesticides and ecosystems. *Bioscience*, v. 32, n. 7, 1982.

PIRES, M. A. F. et al. Qualidade da água para consumo humano: uma oportunidade de avaliação da concepção e aplicabilidade da nova legislação – Portaria 1469/MS/00. *Rev. Bras. Pesquisa e Desenvolvimento*, v. 3, n. 2, p. 127-138, 2001.

PIELOU, E. C. *Freshwater.* Chicago: The University of Chicago Press, 1998.

PNUMA, ANA, IIE, PROÁGUA, UNESCO, BANCO MUNDIAL, 385p. (Série de Publicações Técnicas). 2001.

PNUMA/CITA. *Eutrofização e seus impactos.* Ciclo do fósforo e crescimento de macrófitas. 2001.

PNUMA/IETC. *Planejamento e Gerenciamento de lagos e reservatórios*: uma abordagem integrada ao problema da eutrofização. IIE,ANA, UNESCO, Banco Mundial, 2001.

PORTO, M. The Brazilian water law: a new level of participation and decision making. *Water Resources Development*, v. 14, n. 2, p. 175-182, 1998.

POSTEL, S. *Last Oasis*: facing water scarcity. New York: World Watch Institute, 1992.

POSTEL, S. *Last oasis*: facing water scarcity. New York: W.W. Norton & Company, 1997. (The World Watch Environmental Alert series.)

PPGCEA. *Recursos hidroenergéticos*: usos, impactos e planejamento integrado. v. 1. CRHEA, SHS, EESC, USP, 2002. (Série Ciências da Engenharia Ambiental).

PYE, I. V.; KELLY, J. Ground water contamination in the United States. In: SPEIDEL, D. H.; RUEDISILI, L. C.; Agnew, A. F. *Perspectives on water, uses and abuses.* Oxford: Oxford University Press, 1988. n. 4. p. 205-213.

RAINWATER HARVESTING. Disponível em: <http://www.rainwaterharvesting.org/>. Acesso em: 6 ago. 2010.

RAST, W.; HOLLAND, M.; OLOF, R. S. *Eutrophication*: management framework for the policy maker. Unesco, 1989. (MAB Digest.)

RAVEN, P. H.; BERG, L. R.; JOHNSON, G. B. *Environment.* Philadelphia: Saunders College Publishing, 1998.

REBOUÇAS, A. C. *Recursos hídricos subterrâneos da bacia do Paraná: análise de previabilidade.* 138f. 1976. Tese (Livre Docência) – Instituto de Geociências, Universidade de São Paulo, São Paulo, 1976.

REBOUÇAS, A. C. Groundwater in Brazil. *Episodes*, v. 2, n. 3, p. 209-214, 1988.

REBOUÇAS, A. C. Water crisis: facts and myths. *An. Acad. Bras. Ciências*, v. 6, n. 1, p. 136-147, 1994.

REBOUÇAS, A. Aspectos relevantes do problema de água: In: REBOUÇAS, A.; BRAGA, B.; TUNDISI. J. G. *Águas doces no Brasil*: capital ecológico, uso e conservação. 2. ed. Escrituras Editora e Distribuidora de Livros Ltda., 2002. p.687-701.

REBOUÇAS, A. C.; BRAGA, B.; TUNDISI, J. G. (Eds.). *Águas doces no Brasil*: capital ecológico, uso e conservação. Academia Brasileira de Ciências, Inst. de Estudos Avançados/USP, Escrituras Editora e Distribuidora de Livros Ltda., 1999.

REBOUÇAS, A. C.; BRAGA, B.; TUNDISI, J. G. (Eds.). *Águas doces no Brasil*: capital ecológico, uso e conservação. 2. ed. rev. ampl. Escrituras, Editora e Distribuidora de Livros Ltda., 2002.

REBOUÇAS, A. C.; BRAGA, B.; TUNDISI, J. G. (Eds.). *Águas doces no Brasil*: capital ecológico, uso e conservação. 3. ed. rev. ampl. Escrituras, Editora e Distribuidora de Livros Ltda., 2006.

REVENGA, C. et al. *Watersheds of the world ecological value and vulnerability*. WRI and WWI, 1998.

REVENGA, C. et al. *Pilot analysis of global ecosystems*: freshwater systems. WRI, 2000.

REYNOLDS, C. S. Vegetation processes in the pelagic: a model for ecosystem theory: In: KINNE, O. (Ed.). *Excellence in ecology*. v. 10. Oldenhorf, Luke: Ecology Institute, 1997.

RIDLEY, J. E.; COOLEY, P.; STEEL, J. A. Control of thermal stratification in Thames Valley reservoirs. *Proc. Soc. Wat. Treat. Exam.*, v. 15, p. 225-244, 1966.

RIGLER, F. H.; PETERS, R. H. *Science and limnology*. Oldenhorf, Luhe: Institute of Ecology, 1995.

RIPL, W. Biochemical oxidation of polluted lake sediment with nitrate: a new lake restoration method. *Ambio*, v. 5, p. 132-135, 1976.

RIPL, W. Natural and induced sediment rehabilitations in hypertrophic lakes. In: Barica, J.; Muher, L. (Eds.). *Hypertrophic ecosystems*. The Hague: Junk, 1980.

ROBERTS, R. D.; ROBERTS, T. M. (Eds.). *Planning and ecology*. London: Chapman and Hall, 1984.

ROCHA, G. A. O grande manancial do Cone Sul. *Revista Inst. Estudos Avançados*, USP. v. 11, n. 30, p. 191-212, 1997.

ROCHA, O.; MATSUMURA-TUNDISI, T.; TUNDISI, J. G. Hot spots for zooplankton diversity in São Paulo: origin and maintenance. *Verh. Internat. Verein. Limnol.*, v. 28, p. 872-876, 2002.

RODRIGUES, B. A.; LENZI, E.; LUCHESE, E. B.; RAUBER, T. Níveis de concentração de mercúrio em águas do Rio Paraná/Baía, Região de Porto Rico. *Acta Limnol. Bras.*, v. 4, p. 255-260, 1992.

RODRIGUES, L. C. S. S. Comitê da bacia hidrográfica, oportunidade democrática de planejamento. In: *Organismos de bacias hidrográficas*. Planágua, SEMADS, GTZ, 2002. 2002. p. 70-73.

RODRIGUES, R. R.; LEITÃO FILHO, H. F. *Matas ciliares*: conservação e recuperação. São Paulo: Edusp, Fapesp, 2001.

ROLICH, G. A. Eutrophication: causes, consequences and correctives. In: ROLICH, G. A. (Ed.). *Proceedings of a Symposium*. Washington: National Academy of Sciences, 1969.

ROSA, L. P.; SCHAEFFER, R. Global warming potentials: the case of emissions from dams. *Energy Policy*, v. 23, p. 149-58, 1995.

ROSA, L. P.; SANTOS, M. A. (Eds.). *Dams and climate change*. Coppe, IYIG, 1999.

ROSA, L. P.; SCHAEFFER, R.; SANTOS, M. A. DOS. Are hydroelectric dams in the Brazilian Amazon significant sources of "greenhouse" gases? *Environmental Conservation*, v. 23, p. 2-6, 1996.

ROSENGRANT, M. W. *Water resources in the 21st century*: increasing scarcity, declining quality, and implications for action. UNU, IAS, 1996. (Working paper n. 3.)

ROSENGRANT, M. W.; BINSWANGER, H. P. Markets in tradable water rights: potential for efficiency gains in developing country water resources allocation. *World Development*, v. 22, n. 11, p. 1613-1625, 1994.

ROSENGRANT, M. W.; SHETTY, S. Production and income benefits from improved irrigation efficiency: what is the potential? *Irrigation and Drainage Systems*, v. 8, p. 251-270, 1994.

ROSENGRANT, M. W.; GAZMURI, S.; YADAV, S. Water policy for efficient agricultural diversification: market based approaches. *Food Policy*, v. 20, n. 3, 1995.

SAKAMOTO, M.; NAKANO, A.; KINJO, Y.; HIGASHI, H.; FUTATSUKA, M. Present mercury levels in red blood cells of nearby inhabitants about 30 years after the outbreak of Minamata disease. *Ecotoxicology and Environmental Safety*, v. 22, p. 58-66, 1991.

SALAS, H.; MARTINO, P. A simplified trophic state model for warm water tropical lakes. *Wat. Res. Vol.*, v. 25, n. 3, p. 341-350, 1991.

SALATI, E. *Diagnóstico ambiental sintético e qualidade da água do Rio Corumbataí como um subsídio para o planejamento regional integrado da bacia hidrográfica do Rio Corumbataí*. 200f. 1996. Tese (Doutorado) – Escola de Engenharia de São Carlos, Universidade de São Paulo, São Carlos, 1996.

SALATI, E.; KLABIN, I. Algumas observações sobre a avaliação dos impactos ambientais e hidrológicos do Projeto da Hidrovia Paraguai-Paraná. In: *O projeto de navegação da hidrovia Paraná-Paraguai*: Relatório de uma análise independente. USA: National Headquarters, 1997. p. 107-121.

SALATI, E.; MATTOS DE LEMOS, H.; SALATI, E. Água e desenvolvimento sustentável. In: REBOUÇAS, A.; BRAGA, B.; TUNDISI, J. G. *Águas doces no Brasil*: capital ecológico, uso e conservação. Academia Brasileira de Ciências, Inst. de Estudos Avançados/USP, Escrituras Editora e Distribuidora de livros, 1999, p. 39-63.

SAVAGE, M. R.; PYVIS, R. *A sustainable demand-driven socially responsible public-private partnership model for water supply creation in rural Thailand*. PDA internal draft, Feb., 2004.

SAWYER, D. (Org.). *Disponibilidade de água e fruticultura irrigada no Nordeste*. Inst. Sociedade Pop. Natureza, 1999.

SCHIAVETTI, A.; CAMARGO, A. F. M. *Conceitos de bacias hidrográficas*. Florianópolis: Editora da UESC, 2002.

SCHILLER, E. J.; DROSTE, R. L. (Eds.). *Water supply and sanitation in developing countries*. Ann Arbor, Michigan: Ann Arbor Science, 1992.

SCHINDLER, D. W. Natural an anthropogenically imposed limitation to biotic richness in fresh waters. In: WOODWELL, G. M. (Ed.). *The Earth in transition*: patterns and processes of biotic impoverishment. Cambridge: Cambridge University Press, 1990a.

SCHINDLER, D. W. Experimental perturbations of whole lakes as tests of ecosystem theory. *Oikos*, v. 57, p. 25-41, 1990b.

SCHNEIDERMAN, J.; REDDOCK, R. *Water, women and community in Trinidad*. University of West Indies. Natural Resources Forum, v. 28, p. 179-188, 2004.

SCOPE COMMITTEE. *Wetlands*: conservation and management. Report, 1986.

SECKLER, D. *Private sector irrigation in Africa*: irrigation in Sub-Saharan Africa: the development of public and private systems. Washington: The World, 1990. (Technical Paper n. 123.)

SECRETARIA DE ESTADO DO MEIO AMBIENTE E DESENVOLVIMENTO SUSTENTÁVEL, SECRETARIA DE ESTADO DE SANEAMENTO E RECURSOS HÍDRICOS. *Organismos de bacias hidrográficas*. Workshop. Projeto Planágua, SEMADS/GTZ, 2002.

SECRETARIA DE RECURSOS HÍDRICOS, ESTADO DO CEARÁ. *Anuário do monitoramento quantitativo dos principais açudes do Estado do Ceará*. Governo do Estado do Ceará, COGERH, 2000.

SECRETARIA DO MEIO AMBIENTE. *Recursos hídricos*: histórico, gestão e planejamento. São Paulo, Coordenadoria de Planejamento Ambiental, 1995.

SERRICHIO, C. Seis anos do comitê para integração da bacia hidrográfica do Rio Paraíba do Sul. CEIVAP. In: *Organismos de bacias hidrográficas*. Projeto Planágua, SEMADS, GTZ, p. 84-93, 2002.

SHAH, V. J. et al. A case study of long term RO plant operation without chemical pre treatment. *Desalination*, v. 161, p. 137-144, 2004.

SHAPIRO, J.; LAMARRA, V.; LYNCH, M. *Biomanipulation an ecosystem approach to lake restoration*. Minnesota: Limnological Research Centre, Univ. Minnesota, 1975. (Contribution 143.)

SHAPIRO, J. et al. *Experiments and experiences in biomanipulation*: studies of biological ways to reduce algal abundance and eliminate blue-greens. Minnesota: Limnological Research Centre, Univ. Minnesota, 1982. (Interim Report n. 19.)

SHIKLOMANOV, I. World fresh water resources. In: GLEICK, P. H. l. (Ed.). *Water in crisis*: a guide to the world's fresh water resources. Pacific Institute for studies in Development, Environment and Security, Stockholm Environmental Institute, 1993. p. 13-23.

SHIKLOMANOV, I. *World water resources*: a new appraisal and assessment for the 21st century. IHP, Unesco, 1998.

SHRESTA, R. R.; NAGAI T. K.; DOUGOL, B.; DAHAL, B.; PANDYAL, P. Arsenic biosand filter a promising technology for semoval of arsenic in Nepal. *ENPHO Magazine*, p. 11-17, 2004.

SIMON, P. *Tapped out*: the coming world crisis in water and what we can do about it. New York: Welcome Rain, 1998.

SILVA, K. S. T.; MENDONÇAS, X. C. O Conselho Nacional de Recursos Hídricos: CNRH. In: *Organismos de bacias hidrográficas*. Projeto Planágua, SEMADS, GTZ, 2002. p. 30-36.

SOCIEDADE CIVIL MAMIRAUÁ. *Plano de gerenciamento da reserva sustentável de Mamirauá*. CNPq, IPAAM, 1996.

SOMLYODY, L.; YATES, D.; VARIS, O. Challenges to freshwater management. *Ecohydrology & Hydrobiology*, v. 1, n. 1-2, p. 65-95, 2001.

SOOPPER, W. E. Surface application of sewage effluent. In: BEATTY, M. T. et al. (Eds.). *Planning the uses and management of land*. Madison: American Society of Agronomy, 1979. p. 633-663.

SORANNO, P. A. et al. *The lake landscape-context framework*: linking aquatic connections, terrestrial features and human effects at multiple spatial scale. Vern. Internat. Verein. Limnol., v. 30(5): 695-700, 2009.

SPEECE, R. E. Lateral thinking solves stratification problems. *Water Quality Intern.*, v. 3, p. 12-15, 1994.

SPEECE, R. E. et al. Hypolimetric oxygention studies in Clark Hill lake. Hydrodinamics Eng. Division. ASCE, v. 108, p. 225-244, 1982.

SPEIDEL, D. H.; RUEDISILI, L. C.; AGNEW, A. F. (Eds.). *Perspectives on water*: uses and abuses. New York: Oxford University Press, 1988.

STARLING, F. I. Manipulação de cadeias tróficas (ou biomanipulação) em regiões tropicais. In: REBOUÇAS, A.; BRAGA, B.; TUNDISI, J. G. *Águas doces no Brasil*: capital ecológico, usos e conservação. Academia Brasileira de Ciências, Inst. de Estudos Avançados/USP, Escrituras Editora e Distribuidora de Livros Ltda., 1999.

STEFAN, H. G.; BENDER, M. D.; SHAPIRO, J.; WRIGHT, D. I. Hydrodynamic design of metalimnetic lake aerator. *J. Environ. Eng. Div.*, ASCE, v. 113, p. 1249-1264, 1987.

STRAŠKRABA, M. Ecotechnological measures against eutrophication. *Limnologica*, Berlin, v. 17, p. 239-249, 1986.

STRAŠKRABA, M. Some new data on the latitudinal differences in the physical limnology of lakes and reservoirs. In: BOLTROVSKY, A.; LOPEZ H. L. (Ed.). *Conferenciais de Limnologia*. Inst. Limnologia Dr. Raul A. Ringuelet, 1993. p. 19-41.

STRAŠKRABA, M. Ecotechnological models as a new means for environmental management. *Ecol. Modelling.*, v. 74, p. 1-38, 1994.

STRAŠKRABA, M. Models for reservoirs, lakes and wtlands. In: Novotny J. Somlyody (Eds). *Remediation and Management of degraded river basins with emphais on central and eastern Europe*. NATO ASI Series. Berlin: Springer Verlag, p. 73-156. 1995.

STRAŠKRABA, M. Lake and reservoir management. *Verh. Int. Verein. Limnol.*, v. 26, p. 193-209, 1996.

STRAŠKRABA, M.; TUNDISI, J. G. *Reservoir water quality management*. ILEC, 1999. (Guideline series n. 9.)

STRAŠKRABA, M.; TUNDISI, J. G. *Diretrizes para o gerenciamento de lagos*: Gerenciamento da qualidade da água de represas. v. 9. Tradução de Dino Vannucci. CNPq, ILEC, IIE, 2000.

STRAŠKRABA, M.; TUNDISI, J. G. *Diretrizes para o gerenciamento de lagos*: Gerenciamento da qualidade da água de represas. IIE/ILEC, 2a ed., v. 9, 2008.

STRAŠKRABA, M.; TUNDISI, J. G.; DUNCAN, A. (Eds.). *Comparative reservoir limnology and water quality management*. Dordrecht: Kluwer Academics Publisher Group, 1993.

STRAŠKRABA, M; TUNDISI, J. G.; DUNCAN, A. State of the art of reservoir limnology and water quiality management. In: STRAŠKRABA, M.; TUNDISI, J. G.; DUNCAN, A. Comparative reservoir limnology and water quality management. Dordrecht: Kluwer Academics Publisher Group, 1993. p. 213-288.

STRAŠKRABA, M.; DOSTALKOVÁ, I.; HEJZLAR, J.; VYHNÁLEK, V. The effect of reservoirs on phosphorous concentration. *Intern. Revue. Ges. Hydrobiol.*, v. 80, p. 403-413, 1995.

SYMONS, J. M. et al. Management and measurement of DO in impoundments. Proc. ASCE, *J. Saint. Engng. Div.*, v. 93, p. 181-209, 1967.

TELLES, D. A. O setor de irrigação como usuário de recursos hídricos. In: SEMINÁRIO SOBRE RECURSOS HÍDRICOS, 1993, Campinas. *Anais...* Campinas: Unicamp, 1993. (Mimeografado).

TELLES, P. D. A. Água na agricultura e pecuária. In: REBOUÇAS, A.; BRAGA, B.; TUNDISI, J. G. *Águas doces no Brasil*: capital ecológico, uso e conservação. 2. ed. Escritura Editora e Distribuidora de Livros Ltda, 2002. p. 305-336.

THANH, N. C.; BISWAS, A. K. *Environmentally sound water management*. New Delhi: Oxford University Press, 1990.

THE JOINT ACADEMIES COMMITTEE ON THE MEXICO CITY WATER SUPPLY. *Mexico City's water supply: improving the outlook for sustainability*. Washington: National Academy Press, 1995.

TORRES, E. B. Environmental and health survelliance of mercury use in small scale gold processing industries in the Philippines. In: INT SYMP EPIDEMIOL STUD ENVIRON POLLUT AND HEALTH EFFECTS OF METHYLMERCURY, 1992, Kumamoto. *Proceedings...* Kumamoto: Natl. Inst. for Minamata Disease, 1992, p. 56-65.

TRABELSI, R. *Hydrogeology of the phreatic aquifer at the North of Sfax*: mineralisation and marine intrusion evolution. MsC. Thesis, 2003.

TSUKATANI, T. The Aral Sea and socio economic development. In: Kobori, I.; Glantz, M. H. (Eds.). *Central Eurasian water crisis*. Caspiani Aral and Dead Seas. UNU, 1998.

TUCCI, C. E. M. Controle de enchentes: In: TUCCI, C. (Org.). *Hidrologia: ciência e aplicação*. Porto Alegre: ABRH, Editora UFRGS, 1993.

TUCCI, C. E. M. *Modelos hidrológicos*. Porto Alegre: Editora UFRGS, ABRH, 1998.

TUCCI, C. E. M. Água no meio urbano. In: REBOUÇAS, A.; BRAGA, B.; TUNDISI, J. G. *Uso e conservação*. 1. ed. Academia Brasileira de Ciências, Inst. de Estudos Avançados/USP, 1999. p. 475-508.

TUCCI, C. E. M. *Hidrologia*: ciência e aplicação. 2. ed. Porto Alegre: Editora da UFRGS, ABRH, 2000.

TUCCI, C. E. M. *Apreciação do plano nacional de recursos hídricos e visão prospectiva dos programas e ações*. Brasília: Agência Nacional de Águas, 2001. (Documento de apoio às ações de planejamento.)

TUCCI, C. E. M. *Visão dos recursos hídricos da bacia do rio da Prata*: visão regional. CIC, 2004.

TUCCI, C. E. M.; CLARKE, R. R. Environmental issues in the La Plata basin. *Water Resources Development*, v. 14, n. 2, p. 157-173, 1998.

TUCCI, C. E. M.; MENDES, C. A. *Avaliação integral da bacia hidrográfica*. Rhama Consultoria Ambiental, 2006.

TUCCI, C. E. M.; MOTTA, D. M. M. L. DA (Org.). *Avaliação e controle da drenagem urbana*. v. 2. ABRH, FINEP, CNPq, 2001.

TUCCI, C. E. M.; PORTO, R. L. L.; BARROS, M. T. DE. *Drenagem urbana*. Porto Alegre: ABRH, Editora UFRGS, 1995.

TUNDISI, J. G. *O ecossistema como unidade ecológica*. Ibid, 1978. p. 3-13.

TUNDISI, J. G. Ambiente, represas e barragens. *Ciência Hoje*, v. 5, p. 49-54, 1986a.

TUNDISI, J. G. Local community involvement in environmental planning and management: focus on river basin management: the Lobo, Broa reservoir case study. In: EXPERT GROUP WORKSHOP ON ENVIRONMENTALLY PLANNING AND MANAGEMENT, FOR LOCAL AND REGIONAL DEVELOPMENT: FOCUS ON TRAINING ASPECTS DERIVED FROM STUDIES OF INLAND WATER MANAGEMENT, 1986. *Proceedings*...UNEP, UNCRD, ILEC, 1986b.

TUNDISI, J. G. *Environmental impact of the Porto Primavera Dam in the wetlands of the Feio River*. Report the Public Ministry, S. Paulo State, Environmental Section, 1989. p. 1-18.

TUNDISI, J. G. Ecology and development: perspectives for a better society. *Physiol. Ecol. Japan*, v. 27, special number, p. 93-130, 1990a.

TUNDISI, J. G. Key factors of reservoir functioning and geographic aspects of reservoirs limnology. Chairman's overview. *Arch. Hydrobiol./Beith Ergeih. Limnol.*, v. 33, p. 645-646, 1990b.

TUNDISI, J. G. Perspectives for ecological modeling of tropical and subtropical reservoirs in South America. *Ecol. Modell.*, v. 52, p. 7-20, 1990c.

TUNDISI, J. G. Profile F: Amazonian reservoirs – Brazil. In: HASHIMOTO, M.; BARRET, B. F. D. (Ed.). *Guidelines on lake management*. v. 2. Socio economic aspects of lake reservoir managment. ILEC, 1991. p. 172-176.

TUNDISI, J. G. *Estudos comparados das Represas de Barra Bonita e Jurumirim e os impactos das bacias hidrográficas*. 1992a. (Relatório Científico à FAPESP. Projeto Temático 0922/91-5.)

TUNDISI, J. G. *Estudo comparado dos mecanismos de funcionamento das Represas de Barra Bonita (Médio Tietê) e Jurumirim (Paranapanema) e dos impactos das bacias hidrográficas*. Fapesp, Projeto Temático 0612/91-5, 1992b.

TUNDISI, J. G. The environmental impact assessment of lakes and reservoirs. In: SALÁNSKI, J.; ITSVÁNOVICS, V. (Eds.). *Limnological bases of lake management*: proceedings of the ILEC/UNEP int. training course. Tihany, Hungray: 1993a, p. 38-50.

TUNDISI, J. G. Man-made lakes: theoretical basis for reservoir management. *Verh. Internat. Verein. Limnol.*, v. 25, p. 1153-1156, 1993b.

TUNDISI, J. G. Regional approaches to river basin management in La Plata: an overview. In: *Environmental and social dimensions of reservoirs development and management in the La Plata River basin*. Nagoya: UNCRD, 1994a. p. 1-6.

TUNDISI, J. G. Tropical South America: present and perspectives. In: MARGALEF, R. (Ed.). *Limnology now a paradigm of planetary problems*. Amsterdam: Elsevier Science, 1994b. p. 353-424.

TUNDISI, J. G. *Limnologia no século XXI*: perspectivas e desafios. São Carlos: Instituto Internacional de Ecologia, 1999.

TUNDISI, J. G. *International training center (ITC) in limnology and water resources management in S.Carlos, S.Paulo State, Brazil*, 2000a. (Proposta apresentada à Academia Brasileira de Ciências, Sociedade Internacional de Limnologia e Inter Academy Panel.)

TUNDISI, J. G. Limnologia e gerenciamento de recursos hídricos: avanços conceituais e metodológicos. *Ciência e Ambiente: Gestão das Águas 21*, Universidade Federal de Santa Maria, p. 10-21, 2000b.

TUNDISI, J. G. Gerenciamento da qualidade da água: interações entre pesquisa, desenvolvimento tecnológico e políticas públicas. *Rev. Bras. Pesq. e Desenvolvimento*, v. 3, n. 2, p. 57-68, 2001a.

TUNDISI, J. G. *Usos múltiplos conflitantes da água*: integração entre pesquisa e gerenciamento. IEA/USP, São Paulo, 2001b.

TUNDISI, J. G. Recursos hídricos no futuro: problemas e soluções. *Estudos Avançados*, 22(63): 8-16, 2008

TUNDISI, J. G. IAP Water Programme. Bridging water research, innovation and management: enhancing global water management capacity. In: INTEGRATED WATER RESOURCES MANAGEMENT. Jordan: Royal Scientific Society, Waitro, 1-10, 2009.

TUNDISI, J. G. A situação no Brasil envolve problemas de quantidade e qualidade. *Revista Nova Escola Meio Ambiente*, 2010.

TUNDISI, J. G.; MATSUMURA-TUNDISI, T. Limnology and eutrophication of Barra Bonita Reservoir, S. Paulo, Southern Brazil. *Arch. Hydrobiol. Beih. Ergeb. Limnol.*, v. 33, p. 661-676, 1990.

TUNDISI, J. G.; MATSUMURA-TUNDISI, T. The Lobo-Broa: ecosystem research. In: TUNDISI, J. G.; BICUDO, C. E. M.; MATSUMURA-TUNDISI, T. (Eds.). *Limnology in Brazil*. Brazilian Academy of Sciences, Brazilian Limnological Society, 1995. p. 219-243.

TUNDISI, J. G.; MATSUMURA-TUNDISI, T. *Limnologia*. São Paulo: Oficina de Textos, 2008.

TUNDISI, J. G.; MATSUMURA-TUNDISI, T. Ciência, tecnologia, inovação e Recursos Hídricos: oportunidades para o futuro. In: BICUDO, C.; TUNDISI, J. G.; CORTESÃO, M. S. *Água no Brasil*: estudos estratégico. (No prelo). 2010.

TUNDISI, J. G.; MATSUMURA-TUNDISI, T. *Impactos potenciais das alterações do Código Florestal nos recursos hídricos* (no prelo).

TUNDISI, J.G.; MATSUMURA-TUNDISI, T.; SIDAGIS GALLI, C. (eds.) *Eutrofização na América do Sul*: causas, consequências e tecnologias para gerenciamento e controle. IANAS, IAP, ABC, CNPq, IIE, 2006.

TUNDISI, J. G.; SAIJO, Y. (Eds.). *Limnological studies on the Rio Doce Valley Lakes, Brazil*. Brazilian Academy of Sciences, EESC/USP, CRHEA, 1997.

TUNDISI, J. G.; SCHIEL, D. A bacia hidrográfica como laboratório experimental para o ensino de Ciências, Geografia e Educação Ambiental. In: SCHIEL, D.; MASCARENHAS, S. (Eds.). *O estudo das bacias hidrográficas*: uma estratégia para a educação ambiental. IEA, CDCC, Ford Foundation, p. 12-17, 2002.

TUNDISI, J. G.; STRAŠKRABA, M. Ecological basis for the application of ecotechnologies to watershed reservoir management. Workshop Brazilian Programme on Conservation and Management of Inland Waters. *Acta Limnologica Brasileira*, Sociedade Brasileira de Limnologia, v. 5, p. 49-72, 1994.

TUNDISI, J. G.; STRAŠKRABA, M. Strategies for building partnerships in the context of river basin management: the role of ecotechnology and ecological engineering. *Lakes & Reservoirs: Research and Management*, v. 1, p. 31-38, 1995.

TUNDISI, J. G.; STRAŠKRABA, M. *Theoretical reservoir ecology and its applications*. Brazilian Academy of Sciences, International Institute of Ecology. Leiden: Backhuys Publishers, 1999.

TUNDISI, J. G.; BICUDO, C. E.; MATSUMURA-TUNDISI, T. (eds.). *Limnology in Brazil*. Brazilian Academy of Sciences, Brazilian Limnological Society, 1995.

TUNDISI, J. G.; BRAGA, B.; REBOUÇAS, A. Water for sustainable development: the Brazilian perspective. In: MIRANDA, C. E. R. (Ed.). *Transition to sustainability*. Brazilian Academy of Sciences, 2000. p. 237-246.

TUNDISI, J. G.; MATSUMURA-TUNDISI, T.; REIS, V. L. Sustainable water resources in South America: the Amazon and La Plata basins. In: JANSKY, L.; NAKAYAMA, M.; UITTO, J. *Lakes and reservoirs as international water systems, towards world lake vision*. UNU University Press, 2002. p. 28-44.

TUNDISI, J. G.; MATSUMURA-TUNDISI, T.; ROCHA, O. Theoretical basis for reservoir management. In: TUNDISI, J. G.; STRAŠKRABA, M. (Eds.). *Theoretical reservoir ecology and its applications*. Brazilian Academy of Sciences, International Institute of Ecology. Leiden: Backhuys Publishers, 1999. p. 505-528.

TUNDISI, J. G.; MATSUMURA-TUNDISI, T.; ROCHA, O. Ecossistemas de águas interiores. In: REBOUÇAS, A.; BRAGA, B.; TUNDISI, J. G. *Águas doces no Brasil*: capital ecológico uso e conservação. São Paulo: Escrituras Editora, 2002. p. 153-194.

TUNDISI, J. G.; MATSUMURA-TUNDISI, T.; RODRÍGUEZ, S. L. *Gerenciamento e recuperação das bacias hidrográficas dos rios Itaqueri e do Lobo e da Represa Carlos Botelho (Lobo-Broa)*. IIE, IIEGA, PROAQUA, ELEKTRO, 2003.

TUNDISI, J. G.; YAMAMOTO, Y.; KRONKA DIAS, J. A. (Eds.). *São Carlos no 3º milênio*: perspectivas para o desenvolvimento sustentável. SMCTDE, 2000.

TUNDISI, J. G.; MATHEUS, C. E.; CAMPOS, E. G. C.; MORAES, A. J. DE. Use of the hydrographic basin and water quality in the training of school teachers and teaching of environmental science in Brazil. In: JØRGENSEN, S. E.; KAWASHIMA, M.; KIRA, T. *A focus on Lakes/Rivers in Environmental Education*. ILEC, 1997.

TUNDISI, J.G; MATSUMURA-TUNDISI, T.; ROCHA, O; ABE, D.; STARLING, F. Ecossistemas de águas interiores. In: REBOUÇAS A.; BRAGA, B.; TUNDISI, J. G. *Águas doces no Brasil*: capital ecológico, uso e conservação. Escrituras Editora, 2006.

TUNDISI, J. G. et al. A utilização do conceito de bacia hidrográfica como unidade para atualização de professores de ciências e geografia: o modelo Lobo (Broa), Brotas/Itirapina. In: TUNDISI, J. G. (Ed.). *Limnologia para manejo de represas*. EESC/USP/CRHEA, ACCESP, 1988. v. 1, p. 311-355. (Série Monografias em Limnologia.)

TUNDISI, J. G. et al. Reservoir management in South América. *Wat. Res. Developm.*, v. 14, p. 141-155, 1998a.

TUNDISI, J. G. et al. Aquatic biodiversity as a consequence of diversity of habitats and functioning mechanisms. *Acad. Bras. Ci.*, v. 70, n. 4, p. 767-773, 1998b.

TUNDISI, J. G. et al. *Limnologia e gerenciamento integrado de represas na América do Sul*: avanços recentes e novas perspectivas: represas, desenvolvimento e meio ambiente. BID, IWRA, 2000. p. 17-30.

TUNDISI, J. G. et al. *Plano de gerenciamento e otimização de usos múltiplos da bacia hidrográfica e do reservatório da UHE Luiz Eduardo Magalhães*. IIE/IIEGA, Finep, 2003. (1º relatório.)

TUNDISI, J.G. et al. A bacia hidrográfica do Tietê/Jacaré: estudo de caso em pesquisa e gerenciamento. *Estudos Avançados*, v. 22, n. 63, p. 159-172, 2008.

TURNER, B. L. et al. *The Earth as transformed by human action*: global and regional changes in the biosphere over the past 300 years. Cambridge: Cambridge University Press, 1990.

UITTO, J. I.; SCHNEIDER, J. (Eds.). Freshwater resources in arid lands. In: UNU GLOBAL ENVIRONMENTAL FORUM, 5., 1997. Proceedings... 1997.

UNITED NATIONS CONFERENCE ON THE ENVIRONMENT AND DEVELOPMENT – UNCED. *Agenda 21*: programme of action for sustainable development. Rio de Janeiro, Brazil, 1992.

UNDP. *Sharing innovative experiences*. Examples of successful experiences in providing safe drinking water. TWAS, TWNSO, 2006.

UNEP. *Global environment outlook, 2000*. Earthscan Publications Ltda., 1999.

UNEP. *World resources people and ecosystems*: the fraying web of life. 2000-2001. Washington: UNDP, UNEP, World Bank, WRI, 2000.

UNEP. *Environmentally sound technologies for urban and domestic water use efficiency*. TUDeft, 2008.

UNEP – UNITED NATIONS ENVIRONMENT PROGRAMME. Disponível em: <www.unep.org>. Acesso em: 15 ago. 2010.

UNEP-GEMS WATER PROGRAMME. *Water Quality for Ecosystem and Human Health*. Ontario: UNESCO, ERCE, 2008.

UNEP–IETC. *Lagos e reservatórios*: qualidade da água: o impacto da eutrofização. Tradução de J. G. Tundisi e T. Matsumura-Tundisi. ILEC, IIE, 2001.

UNESCO. *World water balance and water resources of the earth studies and reports in hydrology*. Unesco Press, 1978.

UNESCO. Compartilhar a água e definir o interesse comum. In: *Água para todos*: água para a vida. Edições Unesco, 2003. p. 25-26. (Informe das Nações Unidas sobre o desenvolvimento dos recursos hídricos no mundo.)

UNESCO/UNEP/IHP. *Ecohydrology and phytotechnology manual*. ICE-PAS, CEHK UL, 2004.

UNITED NATIONS. *Integrated river basin development*. New York: Department of Economic and Social Affairs, 1958.

U.S. COMPTROLLER GENERAL. *Desalting water probably will not solve the nation's water problems, but can help*. Washington: U.S. General Accounting Office, 1979.

U.S. OFFICE OF TECHNOLOGY ASSESSMENT. *Water-related technologies for sustainable agriculture in U.S. arid/semiarid lands*. Washington: U.S. Government Printing Office, 1983.

VAN DYNE, G. N. (Ed.). *The ecosystem concept in natural resources management*. London: Academic Press, 1971.

VERGARA, F. E. F. *Avaliação econômica de ambientes naturais*: o caso das áreas alagadas: uma proposta para a Represa do Lobo, Broa, Itirapina, SP. 143f. 1996. Dissertação (Mestrado) – Escola de Engenharia de São Carlos, Universidade de São Paulo, São Carlos, 1996.

VITOUSEK, P. M.; MOONEY, H. A.; LUBCHENCO, J.; MELILLO, J. M. Human domination of earth's ecosystems. *Science*, v. 277, p. 494-499, 1997.

VOLLENWEIDER, R. A. *Scientific fundamentals of the eutrophication of lakes and flowing waters with particular reference to nitrogen and phosphorus as factors in eutrophication*. Paris: OECD, 1968.

VOLLENWEIDER, R. A. Scientific concepts and methodologies pertinent to lake research and lake restoration. *Swiss. J. Hydrol.*, v. 49, n. 2, p. 129-147, 1987.

VOLLENWEIDER, R. A.; KEREKES, J. J. Background and summary results of the OEDC Cooperative Program on Eutrophication. In: INT. SYMP. ON INLAND WATERS AND LAKE RESTORATION PORTLAND – RESTORATION OF LAKES AND INLAND WATERS, 1981, Washington. *Proceedings...* Washington: Maine, EPA, 1981.

WATSON, R. et al. *Protecting our planet securing our future*: linkages among global environmental issues and human needs. UNEP, NASA, World Bank, 1998.

WETZEL, R. G. *Limnology*. Philadelphia, London: Sec. Ed., Sanders Co., 1983.

WETZEL, R. G. Clean water: a fading resource. *Hydrobiologia*, v. 243/244, p. 21-30, 1992.

WHATELY, M.; HERCOWITZ, M. *Serviços Ambientais*: conhecer, valorizar, cuidar. São Paulo: ISA, PNUMA, 2008.

WHITAKER, V. A. *A área alagada da represa do Lobo (Itirapina, SP)*: os processos ecológicos associados ao potencial de desnitrificação dos sedimentos. 137f. 1993. Tese (Doutorado em Ciências da Engenharia Ambiental) – Escola de Engenharia de São Carlos, Universidade de São Paulo, São Paulo, 1993.

WHITAKER, V. A.; MATVIENKO, B.; TUNDISI, J. G. Physiological responses of the denitrification process in two wetland environments to distinct nitrogens inflows. *An Acad. Bras. Ci.*, 1994.

WINPEMMY, J. (Ed.). Financing water for all. In: WORLD PANEL ON FINANCING WATER INFRASTRUCTURE. WORLD WATER FORUM, 3., 2003. *Proceedings...* Global Water Partnership, World Water Council, 2003.

WORLD BANK. *Natural resource management in Nepal*: 25 years of experience, 1992.

WORLD BANK. *Water resources management*: a world bank policy paper. Washington, 1993a.

WORLD BANK. *A strategy for managing water in the Middle East and North Africa*. Washington: The World Bank., 1993b.

WORLD COMMISSION ON DAMS. *Dams and development*: a new framework for decision making. Earthscam, London and Sterling, 2000.

WORLD DEVELOPMENT REPORT. Washington: The World Bank, 1993.

WORLD RESOURCES INSTITUTE. *World Resources, 1990-1991*. WRI, UNEP, UNDP, Oxford University Press, 1991.

WORLD RESOURCES INSTITUTE. *A Guide to the global environment*: environmental change and human health. WRI, UNEP, UNDP; World Bank, Oxford University Press, 1998.

WORLD RESOURCES INSTITUTE. *World Resources 2000-2001*: people and ecosystems: the fraying web of life. Oxford: Elsevier Science, 2000.

ZAKOVÁ, Z. Constructed wetlands in the Czech Republic: survey of the research and practical use. *Water Sci. Tech.*, v. 33, p. 303-308, 1996.

ZALEWSKI, M. Ecology of basin for sustainable water diversity and ecosystem services. *Ecohydrology and Hydrobiology*, v. 4, n. 3, p. 229-236, 2004.

ZALEWSKI, M. Ecohydrology in the face of the Anthropocene. *Ecohydrology and Hydrobiology*. v. 7, n. 2, p. 99-100, 2007.